车辆交互行为与车流特性及控制优化

曲大义 杨 建 邴其春 张晓靖 贾彦峰 著

科学出版社
北 京

内 容 简 介

本书从微观的行驶车辆交互行为入手,探讨宏观车流运行的动态特性,建立车流模型,提出并建立车流有序化组织理论与控制优化方法;系统地阐述行驶车辆行为模型、车流态势特性及感知方法、车流演化机理与稳定性分析、路网车流时空特征信息数据平台、车流有序化组织理论、车流运行控制优化方法及其系统仿真分析。本书的特色是所建立的模型和技术案例相对应,系统关联且具有较强的实用性。

智能网联车辆和车路协同及其控制是与时俱进的现代学科,作为智能网联交通的基础理论,研究车辆交互行为、车流运行动态特性及其控制优化方法,涉及数学物理、汽车交通、土木环境、机械电子、信息控制和社会经济等诸多学科。本书可作为高等院校交通工程、车辆工程、交通运输、系统工程、自动控制、机械电子专业高年级本科生和研究生教材,也可供有关科研人员参考。

图书在版编目(CIP)数据

车辆交互行为与车流特性及控制优化/曲大义等著. —北京:科学出版社,2020.6

ISBN 978-7-03-064285-1

Ⅰ. ①车… Ⅱ. ①曲… Ⅲ. ①交通流-研究 Ⅳ. ①U491.1

中国版本图书馆 CIP 数据核字(2020)第 017762 号

责任编辑:周 炜 裴 育 罗 娟/责任校对:王萌萌
责任印制:吴兆东/封面设计:陈 敬

科学出版社 出版
北京东黄城根北街 16 号
邮政编码:100717
http://www.sciencep.com
北京建宏印刷有限公司 印刷
科学出版社发行 各地新华书店经销

*

2020 年 6 月第 一 版 开本:720×1000 1/16
2024 年 1 月第三次印刷 印张:16 3/4
字数:338 000
定价:**138.00 元**
(如有印装质量问题,我社负责调换)

前　言

交通问题已经成为制约我国大中城市可持续发展的关键因素，各城市不惜巨资投入进行交通整治。由于城市路网交通流运行状态是交通系统规划、建设、运营、管理的综合结果，涉及土地利用、路网结构、交通结构、交通政策、交通组织、交通控制等诸多因素，决策者面临复杂的交通问题时常常不知症结所在，难于找到解决问题的有效办法。究其原因，是国内外在交通问题的研究中没能把城市交通作为复杂系统进行综合考虑，在城市规划、交通规划、交通设计、政策制定等环节中没能把上述各影响因素作为复杂系统的要素去研究它们之间的相互关系。城市交通系统是一个由各要素相关联组成的具有层次性、开放性、非线性的复杂系统，可以通过研究系统的演化机理、各子系统之间的耦合关系、子系统内部要素的协同机制以及引发系统失稳的相关因素，去发现交通问题的症结，寻找系统建立、系统控制或系统优化的方法，为城市交通系统决策、城市建设和发展决策提供理论依据。

城市路网车流运行复杂系统中，车辆的跟驰与换道行为、车流、车流簇等各组成部分之间相互联系、相互影响，呈现出微观车辆行为的粒子特性和宏观车流的波动特性。本书研究各子系统及其要素间的交互耦合关系，解析其内在特性机理；定量描述各环节之间的关联性，预测其态势演化规律；并由表象到实质地探讨各子系统内部要素的协同机理以及引发系统失稳的相关要素，揭示其稳定性机理，为自动驾驶和交通控制及其优化提供理论依据。

微观车辆动态交互行为的分子动力学特性以及在时空域上的车流波动特性有渐变，也有突变。某个或某些子系统的突变可能导致各子系统合作关系变化，从而在整体上表现出一些独特的、新的性质，涌现出宏观的形态、特性、行为、功能等。例如，路网车流在一定的范围内是一个渐变过程，随着车流的增加，系统仍能维持正常运转，但是当交通流量达到某一个临界值时，随机扰动就可能发生由点到线、由线到面的交通状态突变，最终导致城市系统局部瘫痪。本书研究微观车辆运动的分子力学特性和宏观车流的波动特性及其稳态响应机理，归纳总结车流有序运行的变化规律，结合工程技术案例，提出管控优化方法。

本书是作者及研究团队近五年在微观车辆行为模型、宏观车流复杂特性及其控制优化方面学术成果的总结，主要包括车辆运行行为模型、车流态势特性及其感知、车流演化机理及其稳定性分析、路网车流时空特征信息数据平台、车流有序化组织理论、车流运行控制优化方法及其系统仿真分析；同时包含了在交通流理论和交通控制优化研究方向的理论方法及技术应用，撰写中尽力突出研究的系统性、创新性和前瞻性。

研究团队的杨建、贾彦峰、郝亮、卞晓华、杨万三、郭涛、郝杰、陈文娇、王兹林、曹俊业、万孟飞、李娟、王进展、许翔华、刘冬梅、刘聪、杨晶茹、周警春、林璐、韩乐潍、黑凯先等研究生参与了与本书有关的研究工作，在此表示感谢。特别感谢邴其春博士、张晓靖女士、贾彦峰博士生和林璐同学对全书的统稿和整理工作。

感谢国家自然科学基金(51678320, 51178231)、国家高技术研究发展计划(863计划，2012AA102309)和亚洲开发银行技术援助项目(TA-NO.7308-PRC)的资助。本书科研成果的技术案例和方法应用得到国家智能交通系统工程技术研究中心和青岛海信网络科技股份有限公司等单位的大力支持，在此表示深深的感谢。

智能网联车辆与交通领域的定量分析方法涉及多学科、多领域的相关知识，新理论、新技术和新方法不断涌现与发展。由于作者水平有限，尽管倍加努力，书中仍难免存在瑕疵，恳请各位专家学者和读者批评指正。

曲大义

2020 年 1 月

目 录

前言
- 第1章　绪论 ··· 1
  - 1.1　研究目的与意义 ·· 1
    - 1.1.1　交通现象描述和问题提出 ·· 1
    - 1.1.2　科学意义 ··· 2
  - 1.2　国内外研究现状 ·· 3
    - 1.2.1　跟驰-换道行为分析 ··· 3
    - 1.2.2　交通流模型及其稳定性分析 ··· 5
    - 1.2.3　宏观车流运行特性 ·· 7
    - 1.2.4　路网交通控制优化 ·· 8
    - 1.2.5　研究发展动态分析 ·· 10
  - 1.3　本书研究技术路线和主要内容 ··· 10
    - 1.3.1　研究技术路线 ··· 10
    - 1.3.2　主要内容 ··· 11
  - 1.4　本章小结 ··· 12
- 第2章　行驶车辆交互行为及其模型 ··· 13
  - 2.1　分子跟驰理论 ··· 13
    - 2.1.1　车辆跟驰需求安全距离 ·· 14
    - 2.1.2　分子跟驰模型 ··· 15
  - 2.2　干路车辆换道行为分析 ··· 23
    - 2.2.1　换道运行环境 ··· 23
    - 2.2.2　换道产生原因 ··· 23
    - 2.2.3　换道基本形式 ··· 25
  - 2.3　干路车辆换道影响因素 ··· 27
    - 2.3.1　驾驶员交通特性 ··· 28
    - 2.3.2　车辆因素 ··· 29
    - 2.3.3　道路因素 ··· 30
    - 2.3.4　交通条件 ··· 30
  - 2.4　车辆交互行为理论基础 ··· 31
    - 2.4.1　驾驶员-车辆行为体 ··· 31
    - 2.4.2　交互特性分析 ··· 31

2.5 车辆换道交互行为模式划分 33
    2.5.1 交互行为间隙接受模型 33
    2.5.2 交互行为模式判定 34
2.6 基于间隙接受的换道交互行为决策分析 36
    2.6.1 目标车辆交互决策分析 36
    2.6.2 跟随车交互决策分析 37
2.7 基于最小安全距离的车辆换道交互行为建模 40
    2.7.1 模型假设 40
    2.7.2 模型建立 42
2.8 仿真分析 45
2.9 车辆换道实施过程决策树 48
    2.9.1 换道行为决策优化理论基础 48
    2.9.2 车辆换道过程决策分析 50
    2.9.3 车辆换道行为决策树建立 51
2.10 模型建立 51
    2.10.1 目标车道 52
    2.10.2 间隙接受 52
2.11 模型参数标定 54
    2.11.1 目标车道参数标定 54
    2.11.2 间隙接受参数标定 55
2.12 快速路车辆换道行为特性分析 55
    2.12.1 换道产生原因 55
    2.12.2 换道基本形式 57
2.13 快速路车辆换道可行性分析 59
    2.13.1 驾驶员-车辆行为体 59
    2.13.2 可行性标准 59
    2.13.3 汇入及速度的计算 61
    2.13.4 换道计划 63
2.14 基于最小安全距离的车辆换道模型 65
    2.14.1 模型假设 65
    2.14.2 最小纵向安全距离模型 66
    2.14.3 仿真分析 68
2.15 本章小结 74

第3章 车流运行复杂特性 75
3.1 系统相似性解析 75
    3.1.1 换道分子动力学分析 75

3.1.2　换道交通波产生机理 ………………………………………… 76
3.2　车辆换道交通波模型 ……………………………………………………… 78
　　　3.2.1　拥挤波与消散波 ………………………………………………… 78
　　　3.2.2　换道密集度模型 ………………………………………………… 79
3.3　数值验证 …………………………………………………………………… 81
3.4　宏观车流波动特性解析及稳定性分析 …………………………………… 83
　　　3.4.1　车辆换道时侧向车影响分析 …………………………………… 83
　　　3.4.2　经典 FVD 模型 …………………………………………………… 85
　　　3.4.3　车辆行为建模 …………………………………………………… 85
3.5　宏观车流波动特性解析 …………………………………………………… 88
　　　3.5.1　单车道车流簇加速度波动特性 ………………………………… 89
　　　3.5.2　多车道车流簇加速度波动特性 ………………………………… 90
　　　3.5.3　加速度标准波 …………………………………………………… 91
3.6　车流簇的二维空间稳态响应机理 ………………………………………… 92
　　　3.6.1　纵向稳定性分析 ………………………………………………… 92
　　　3.6.2　横向分布稳定性 ………………………………………………… 94
　　　3.6.3　实例验证分析 …………………………………………………… 95
3.7　数据采集环境 ……………………………………………………………… 96
3.8　参数标定 …………………………………………………………………… 98
　　　3.8.1　模型标定 ………………………………………………………… 98
　　　3.8.2　模型评价 ………………………………………………………… 100
　　　3.8.3　效果分析 ………………………………………………………… 102
3.9　本章小结 …………………………………………………………………… 104

第 4 章　车流态势感知及其模型 ……………………………………………… 105
4.1　加速度波动特性分析 ……………………………………………………… 105
　　　4.1.1　加速度波动特性定义 …………………………………………… 105
　　　4.1.2　车辆加速度标准波模型 ………………………………………… 106
4.2　加速度波动指数分析 ……………………………………………………… 107
　　　4.2.1　加速度波动指数定义 …………………………………………… 107
　　　4.2.2　加速度波动指数表达式 ………………………………………… 108
　　　4.2.3　加速度波动模型参数标定 ……………………………………… 109
　　　4.2.4　加速度波动指数定性分析 ……………………………………… 110
4.3　加速度波动指数与车流状态的关系 ……………………………………… 111
　　　4.3.1　车流状态相互转化解析 ………………………………………… 111
　　　4.3.2　自由-同步-阻塞状态的转化 …………………………………… 111
　　　4.3.3　阻塞-同步-自由状态的转化 …………………………………… 113

4.4 车流运行状态分析 ··· 114
  4.4.1 自由状态 ··· 114
  4.4.2 同步状态 ··· 115
  4.4.3 阻塞状态 ··· 115
4.5 车流稳定性影响因素 ··· 115
  4.5.1 驾驶员心理特性 ··· 115
  4.5.2 车流均一性 ··· 117
4.6 稳定性条件 ··· 117
  4.6.1 必要条件 ··· 117
  4.6.2 充分条件 ··· 118
4.7 扰动波的产生及传播机理 ··· 119
  4.7.1 扰动波产生机理 ··· 119
  4.7.2 扰动波传播机理 ··· 120
4.8 车流稳定性分析 ··· 123
  4.8.1 局部稳定性分析 ··· 123
  4.8.2 渐近稳定性分析 ··· 127
4.9 本章小结 ··· 131

第 5 章 车流运行信息支撑平台 ··· 132
5.1 车辆检测器工作原理 ··· 132
  5.1.1 环形感应线圈检测器 ··· 132
  5.1.2 视频检测器 ··· 133
  5.1.3 微波检测器 ··· 133
  5.1.4 地磁检测器 ··· 134
  5.1.5 多普勒雷达交通检测系统 ··· 134
5.2 检测器技术优势分析 ··· 137
5.3 系统设计 ··· 137
  5.3.1 试验场地 ··· 137
  5.3.2 系统整体架构 ··· 137
  5.3.3 检测器系统构成 ··· 138
  5.3.4 检测器设置 ··· 140
  5.3.5 试验方案 ··· 142
  5.3.6 参数计算 ··· 142
5.4 常规交通状态辨识 ··· 145
  5.4.1 交通拥堵程度定义 ··· 145
  5.4.2 交通拥堵类型 ··· 146
  5.4.3 交通拥堵传播 ··· 147

5.5 本章小结······147

第6章 车流有序化组织理论与方法······148
6.1 潮汐交通流特性分析······148
    6.1.1 潮汐交通流特征······148
    6.1.2 潮汐交通流形成原因······149
    6.1.3 临界方向分布系数分析······150
6.2 转向交通流特性分析······151
    6.2.1 转向不均衡交通特性······151
    6.2.2 转向不均衡系数分析······152
6.3 潮汐交通流与转向交通流的影响分析······153
    6.3.1 交织特性分析······153
    6.3.2 跟驰特性分析······154
    6.3.3 冲突特性分析······155
6.4 导向可变车道模型······156
    6.4.1 逆向可变车道模型······156
    6.4.2 同向可变车道模型······157
6.5 潮汐车道与导向可变车道协同模型构建······159
6.6 变向车道控制优化模型······161
    6.6.1 信号参数的确定······161
    6.6.2 相位相序的确定······162
6.7 实例分析······165
6.8 干线变向车道模型构建······167
6.9 周期优化······169
    6.9.1 低饱和流状态······171
    6.9.2 高饱和流状态······171
6.10 绿信比优化······172
6.11 相位相序优化······173
6.12 相位差计算优化模型······174
    6.12.1 交叉口排队车辆数确定······174
    6.12.2 相位差计算模型······175
6.13 实例验证分析······177
    6.13.1 控制策略设计分析······177
    6.13.2 绿波信号方案设计······178
6.14 交叉口群特性分析······180
    6.14.1 交叉口群交通特性分析······180
    6.14.2 交叉口群的关键路径特性······181

6.14.3 交叉口群影响下的变向车道运行特性 ································ 182
6.15 交叉口群拥堵消散分析 ··· 183
6.16 主路径变向车道控制优化模型 ··· 184
    6.16.1 周期分析优化模型 ·· 184
    6.16.2 相位差约束模型 ··· 186
6.17 实例分析 ··· 188
6.18 本章小结 ··· 191

第 7 章 路网车流控制优化方法 ·· 192
7.1 基于交通波理论的单个交叉口排队特性分析 ··························· 192
    7.1.1 交通波理论 ·· 192
    7.1.2 排队形成与消散分析 ·· 193
7.2 协调交叉口排队特性分析 ··· 197
    7.2.1 影响因素分析 ·· 197
    7.2.2 排队过程解析及模型建立 ··· 198
7.3 协调交叉口车辆到达类型解析 ··· 206
7.4 不停车状态下的相位差模型构建 ·· 207
    7.4.1 无排队下的相位差模型 ·· 207
    7.4.2 一次排队下的相位差模型 ··· 208
    7.4.3 二次排队下的相位差模型 ··· 209
7.5 延误最小状态下的相位差模型构建 ······································· 210
    7.5.1 车队头部受阻延误下的模型建立 ······························· 210
    7.5.2 车队尾部受阻延误下的模型建立 ······························· 214
7.6 经典双向绿波协调控制模型 ·· 219
    7.6.1 MAXBAND 模型 ··· 219
    7.6.2 改进 MAXBAND 模型 ·· 220
    7.6.3 MULTIBAND 模型 ·· 221
7.7 基于相位相序优化的双向绿波带宽最大化模型 ······················· 222
    7.7.1 问题提出 ··· 222
    7.7.2 模型构建 ··· 223
7.8 本章小结 ··· 235

第 8 章 车流运行系统仿真与评价 ··· 237
8.1 工程技术案例分析 ·· 237
    8.1.1 案例简介 ··· 237
    8.1.2 交通调查现状及问题分析 ··· 237
8.2 模型应用与控制方案设计 ··· 240
    8.2.1 配时参数的确定 ·· 240

8.2.2 信号控制方案优化 ··· 242
8.3 系统仿真验证分析 ··· 246
　　8.3.1 方案仿真模拟 ··· 246
　　8.3.2 仿真结果分析 ··· 247
8.4 本章小结 ··· 251
参考文献 ··· 252

第1章 绪 论

1.1 研究目的与意义

1.1.1 交通现象描述和问题提出

1. 交通现象

道路上来来往往的车流就像河流或某种连续的流体,看起来平稳运行的车流会自发地突然中断,即发生车流速度离散或时走时停现象,这种交通现象的发生常常是由于初始小的速度扰动在沿着车队传播时不断扩大。道路上的运行车辆不会始终维持某一恒定速度,而是在某一速度范围内变化和波动,即产生扰动,若系统是稳定的,小扰动在传播过程中会逐渐缩小并消失,或最终控制在一定的小范围内,使得系统中的车辆仍然能够畅行;若系统不稳定,小扰动会沿着车流向上游传播,逐渐使畅行车流演化为交通阻塞。

道路上向某一方向运动的具有紧密交互影响关系的一股车流,称为车流簇,即行驶的车队,当车流发生离散后,则不具备有效的交互影响关系。在某一速度下很难压缩整个行驶的车队,物理表现为一定温度下不容易压缩气体,也不容易使之膨胀,当整个车队的速度减小时,车间距离会自行变小,好像车队在低温下被压缩了;车队高速行驶时,车辆间距变大,好像车队在高温下膨胀了。

2. 车流的动力学特性表征

车流在宏观层面呈现出的复杂特征,其微观根源在于车辆之间存在交互耦合的粒子特性。车辆是运行车流中的基本单元,其行驶状态会影响车流的态势变化,车流的运动微化到粒子,就是当前粒子被后面的粒子推着同时被前面的粒子拉着往前运动,车辆间不容易靠近也不容易远离,从动力学角度就是在引力与斥力共同作用下运动。道路上行驶车辆之间的跟驰和换道交互耦合关系与分子之间的力学关系有相似的特征,称为行驶车辆动态交互行为的分子动力学特性。

车流里的运行车辆如同处于运动状态的分子一样,存在从高密度区域向低密度区域运动的态势,即有从拥堵的车道向畅通车道运动的趋势。微化到粒子级会发现,粒子在运动的过程中总是从拥挤的分支向畅通的分支运动,并且每一个粒子都会有这种运动态势。从整体效果上看,车流运行或行驶的车队处于一种动态平衡状态；流体是在自身重力作用下顺势而下，当流动过程中遇到扰动和阻碍时就会激起波浪向四周传播，当车流在车道空间里运行时，就会产生向后的涌动，这种涌动即为车流在遇到交通扰动时产生的车流波。这恰似流淌的水流，当前方遇到阻碍时就会流向没有阻碍的线路；当越过障碍时，水流又会恢复到平衡状态继续流动。

微观车辆行为的分子动力学特性，演化为车流的波动特性，均呈现出复杂的动力学特征，研究车流系统内部要素的耦合关系，剖析各子系统之间的相互作用机理，并描述其交互耦合力学特性，可为客观把握车流运行的变化规律奠定基础。

3. 问题的提出

行驶车辆间动态交互行为的分子动力学特性以及在时空域上的车流波动特性既有渐变，也有突变，某个体或子系统的突变可能导致各子系统合作关系的变化，从而整体上表现出一些新的独特性质，涌现出宏观的形态、特性、行为、功能等。车流运行态势存在时空两个维度上的分布特征，微观车辆的运动状态和宏观车流的时空分布特性称为车流运行状态，因对应的道路供给和管控策略的实时动态变化，很难从车流状态的判别中直接反映交通系统的服务水平和负荷状况，故引入"车流态势"的概念来系统描述车流需求分布状态与交通场景的匹配程度及动态耦合形势。本书拟从微观的车辆跟驰-换道行为入手，研究车辆交互耦合作用演化的车流非线性动力学特性，建立车流态势特性指数模型，感知车流态势变化，由表象到实质地剖析其稳定性机理，探讨各子系统之间的耦合关系、各子系统内部要素的协同机理及引发系统失稳的相关因素，发现交通问题的内在症结，为寻找交通系统优化方法和科学决策提供理论依据。

1.1.2 科学意义

本书从车辆间的分子跟驰力学关系和车流的波动规律解析车流的非线性动力学特性，感知其运行态势变化，探讨更符合车流运行内在规律的稳定性机理，提出并建立车流有序化运行组织理论和控制优化方法。

(1) 基于分子动力学研究车流运行特性，从微观车辆跟驰行为推演宏观车流的运行规律，从事物发展的本源揭示车流运行本质，对车流态势研究具有较大的理论价值和科学意义，为交通科学研究开辟新的研究方向。

(2) 从分子动力学角度，基于需求安全距离微观描述车辆跟驰和换道的动态交互行为；运用数学物理方法、交通波理论和稳定性理论系统分析车流时空域波动特性，预测其运行态势，为交通系统优化和评价提供理论基础及方法依据。

(3) 研究车辆交互行为特征及其运行规律，系统分析影响车辆行驶决策行为的特性因素及其对车流运行的影响机理，揭示不同状态下的车辆运行决策行为及其波动特性规律，引导车辆按照队列行驶，优化组织车流运行，为道路交通诱导和控制优化提供方法依据。

(4)运用车流加速度波动特性研究二维空间的车流稳定性机理，对于车流特性分析、追尾事故和交通阻塞的成因分析与抑制方法提供理论依据，有效阻止交通拥挤的扩散，提高车流运行效率，具有科学的应用价值和重要的现实意义。

1.2 国内外研究现状

道路交通系统是一个复杂系统，系统内部各层次、各子系统之间相互联系、相互影响；车流运行各个环节的相互作用，可能在某一环节埋下隐患，当期运行达到临界状态时，必将引起车流的混乱和无序。交通工程领域的专家、学者和工程师在道路交通运行行为特性及其状态方面做了大量研究工作，国内外相关方面的研究现状可以从以下三个方面进行分析。

1.2.1 跟驰-换道行为分析

1. 跟驰行为特性

跟驰行为和换道行为是影响车辆行驶安全最主要的两种行为，涉及纵向运动和横向运动。车辆跟驰行为实质上是反应与刺激关系的描述，即跟驰车驾驶员根据车辆的相对运行状态和对交通状态的预测判断而采取的相应操作及其结果。从Pipes[1]利用运筹学技术成功解析了跟驰现象以来，国外学者运用微分、模糊推理、混沌和非混沌等理论方法建立了单车道微观交通模型。匹兹堡大学Bullen提出Pitt跟驰模型[2]的思想：仿真过程中跟驰车与前导车始终保持一定的间距；后来Wicks提出的综合交通仿真(integrated traffic simulation, INTRAS)模型是在Pitt跟驰模型上做了一些改进；Benekohal和Treiterer提出的汽车模拟(car simulation, CARSIM)跟驰模型[3]，结合INTRAS模型和网络仿真(network simulation, NETSIM)模型的思想，考虑驾驶员的启动延误、反应时间的产生、期望速度以及不同密度下最大加/减速度的差异等因素。1981年，Gipps提出了著名的Gipps安全车距模型[4]，实现了车辆跟驰行为特性定量描述较大的突破。

从驾驶员的生理-心理行为角度研究车辆安全跟驰的国内外研究成果，比较著名的是Wiedemann在1974年提出了的生理-心理跟驰模型[5]，此后著名微观交通仿真软件VISSIM的核心就是应用此模型。该模型的主要思想是：跟驰车的驾驶员发现其与前导车车间距小于心理安全距离时，跟驰车就开始减速；由于跟驰车驾驶员无法准确地判断前导车的速度，跟驰车速度会在一段时间内一直小于前导车,等到两车的车间距达到另一个心理安全距离时,跟驰车才开始缓慢加速,这样就形成一个加速、减速、再加速的循环过程。

20世纪90年代以后,人工智能领域的各种方法开始在车辆行驶安全研究领域得以应用。其中,模糊理论和人工神经网络[6]应用得最多;建模运用模糊推理的优点表现在可直接用人类的语言来描述跟驰驾驶规则,以及一些难以用精确数学表达的驾驶员行为安全特性。

蒋璜等在1983年出版的《交通流理论》译著中开拓了国内交通学者研究车辆跟驰理论之路,所以跟驰理论研究方面国内起步相对较晚。20世纪90年代以后发展较快,尤其针对我国特有的一些交通现象进行理论研究,提出一些能够解决现实交通问题的跟驰模型[7],建立了基于期望间距、神经网络、车辆性能与道路因素的微观跟驰模型。

徐杰等[8]通过量化驾驶员的反应能力,分析速度判断过程以及研究其他因素干扰下的驾驶员行为,并计算该状况下行车时的安全距离,寻求一个既可规避交通事故又不影响道路通行能力的安全距离恰当值。

许伦辉等[9]认为车辆在制动过程中减速度是渐变的,并非之前模型假定突变的减速度,在此基础上研究前导车在不同运行状态(静止、匀速、匀减速)下跟驰车与前导车避免发生碰撞的最小安全距离模型。

喻丹等[10]提出了一种动态期望车头时距跟驰模型,用韦布尔分布拟合车头时距,使其成为伴随跟驰车性能差异和驾驶员自身差异而变化的动态变量。

卢文玉等[11]提出高速公路上前后车的相对速度对临界安全距离存在影响,根据道路上制动过程以及最大减速度的变化,合理设定驾驶员的反应时间、制动协调时间及减速度增长时间,并建立高速公路临界安全车距模型。

吴新烨等[12]根据高速公路上碰撞事故的特征,分析汽车制动过程,得出三个不同的安全间距,研究了汽车安全行驶的控制与执行过程,提出安全等级车距预警方法,用以提高高速行驶状态下车辆的主动安全性能。

上述研究表明,车辆可否安全跟驰取决于前后车间距、前后车的速度、后车的期望速度以及交通流状态等因素;大多数模型假定车辆只受同车道前导车的影响,没有考虑相邻车道的车辆,且认为车辆都行驶在道路中心线上;在实际的交通场景中,车辆经常会偏离中心线行驶,故客观描述复杂环境下的跟驰交互行为特性是非常必要的。

2. 换道行为特性

车辆换道行为是驾驶员基于自身驾驶特性,针对周围车辆的车速、空档等周边环境信息的刺激,调整并完成自身驾驶目标策略的综合行为过程,包括信息判断和操作执行,行为十分复杂且难以用数学模型进行描述;与跟驰模型相比,换道模型作为描述个体驾驶行为不可或缺的子模型,其研究与发展远不如跟驰模型,其中的重要原因在于微观单车数据难以获得。因与周围环境交通因素之间的交互作用对交通流产生了一系列的影响,宏观特性体现在速度及交通流的波动性上。特别是在交通拥堵状况下,车辆的这些波动特性主要由换道行为导致而非跟驰行为造成。车辆换道会同时引起当前车道和目标车道的车流波动,而其所导致的道路通行能力下降可能会成为引发拥堵条件下交通流崩溃的诱因。

2001 年,Golias 和 Karlaftis 从宏观方面对车辆换道行为进行研究,但是未对换道原因和影响因素进行分析[13];Kim 等在对换道行为分析的基础上探究速度-流量的关系,发现其在公路合流段与基本段存在差异[14];Dangazo 和 Laval 在 Kim 研究的基础上分析认为换道行为会在交通流中形成空档,使得道路流量下降[15]。相较于国外的研究进展,国内对此方面的研究伴随自动驾驶技术而日趋成为热点。Jia 等的研究表明换道行为在同质交通流中变化不明显,却能够提高异质交通流的通行能力[16];徐慧智等通过对调查数据进行数理统计,揭示了换道行为与交通流运行速度之间的关系,并引入速度判断因子的概念,基于调查数据对其值进行标定[17];张发等基于车辆行驶有限状态自动机框架,通过对不同交通条件下的换道行为进行研究,得出换道行为对交通流宏观特性的影响与车辆差异性质和交通流密度有密切关系的结论[18];杨小宝在现有换道模型的基础上,提出了一种考虑换道实施过程的模型,定量分析换道对交通流的影响[19]。

如若满足则执行换道行为,反之则不执行。也就是说,若前后间隙不符合换道要求,换道行为就不会发生,但这与复杂交通场景(如交通拥堵)下的实际交通不相符。其实,车辆间可进行沟通和交流,在潜在的后车协作下来完成换道,因此许多模型很难准确地描述不同交通流状态下的换道行为。相关研究成果系统考虑了邻道间隙,但忽略了其他间隙的存在,车辆完全可以加速至前方间隙或减速至后方间隙,并完成换道。

1.2.2 交通流模型及其稳定性分析

交通流的稳定性可以分为局部稳定性和渐近稳定性两个方面。前者主要研究跟驰车对前车速度波动的反应,后者主要研究车队的整体动态特性随头车速度波动的变化。局部稳定性多数从交通干扰的角度进行分析,即将微分方程线性化,给局部不稳定提供了充分条件,即若车流是稳定的,则模型中的相关参数必须小于某个特定值。分析渐近稳定的常用方法是李雅普诺夫判断方法,它可以提供稳定的充分条件,同时也可以用来确定不稳定的范围,但采用李雅普诺夫方法的困难在于找不到合适的李雅普诺夫函数。目前,交通流的稳定性分析主要集中在:①道路纯机动车流模型及其稳定性研究,其中以优化速度(optimal velocity,OV)模型及各种改进的跟驰模型为主要研究内容。②加入自适应巡航控制(adaptive cruise control，ACC）的车辆对交通流稳定性的影响。结果表明，在跟驰模型的基础上考虑车辆间的位置、速度、加速度等信息都可以很好地改善交通流的稳定性，而在普通车流中加入 ACC 车辆，也可以对车流的稳定性起到改善作用。

1995 年，Bando 等提出了优化速度模型并进行了线性稳定性分析，发现模型的稳定性是由驾驶员敏感系数和最优速度在某一车头间距下的导数共同决定的[20]。Jiang 等在 OV 模型的基础上，考虑了车辆间的速度差信息，提出全速度差（full velocity difference，FVD）模型，经过稳定性分析表明，FVD 模型比 OV 模型具有更好的稳定性[21]。Gong 等指出 FVD 模型存在不足，如当两辆车距离很近时跟驰车可能还是没有刹住车，这就可能引起撞车现象，并认为一般情况下车辆的减速度会比加速度高一些；并提出了非对称全速度差模型，即将减速度和加速度分开处理，使模型更加符合实际情况。经稳定性分析发现，与 FVD 模型相比，非对称全速度差模型反而不容易达到稳定状态[22]。Nagatani 认为前车与次前车的位置信息对提高交通流稳定性有很重要的作用，分析了考虑前车和次前车位置的扩展跟驰模型的稳定性，研究表明，随着考虑前车与次前车作用的增大，模型的稳定性区域不断增大，而不稳定区域逐渐减小[23]。Lenz 等进一步考虑了多辆前车的车头间距信息对稳定性的影响，结果表明，向前考虑多辆前车能够扩大稳定区域[24]。另外，Nakayama 等还考虑了跟驰车车头间距信息的作用，提出了后视优化速度（backward looking optimal velocity，BLOV）模型。与 OV 模型相比，考虑后车的车头间距信息同样能够增大模型的稳定性区域[25]。Zhao 和 Gao 在 OV 模型中引入一个反馈控制项，使车辆在速度更新时考虑前车与当前车速度差的影响，提出最优速度反馈控制（optimal velocity feedback control，OVFC）模型，并从理论上抑制了阻塞发生的条件。数值模拟分析表明，在没有施加反馈控制时，车辆系统在小干扰下偏离了稳态，并最终出现交通阻塞；施加反馈控制后，交通阻塞得到抑制[26]。在此基础上，Wang 等考虑多辆前车速度差并提出多速度差（multiple velocity difference，MVD）模型。MVD 模型中交通流的稳定区域明显增大，说明考虑多辆前车的速度差在交通流演化过程可以起到稳定作用[27]。Zhao 和 Gao 分析发现，在紧急情况下，OV 模型和 FVD 模型都会出现撞车现象。为了避免这种情况的发生，在 FVD 模型的基础上提出了全速度和加速度差（full velocity and acceleration difference，FVAD）模型，稳定性分析发现，与仅考虑速度差相比，同时考虑车辆间的速度差和加速度差可以更好地提高交通流的稳定性，缓解交通阻塞[28]。

Yu 等通过考虑任意辆前车的车头间距和相对速度提出了扩展的 OV 模型，并将其应用于合作驾驶控制系统，通过线性和非线性稳定性分析，找到稳定性区域，并用扭结-反扭结密度波描述交通阻塞行为。结果显示，考虑多辆前车的车头间距及相对速度可以有效地抑制交通阻塞现象[29]。结合智能交通系统的应用，Ge 等提出考虑多辆前车车头间距信息的车辆跟驰模型,经线性及非线性稳定性分析发现,模型的稳定区域随着考虑前车数量的增加而不断扩大,但是扩大的幅度逐渐减小,具体地说,只有距当前车最近的三辆车对稳定性有较大影响,而考虑更多车辆对交通流稳定性的影响很小[30]。Xie 等在 OV 模型及其扩展模型的基础上,同时考虑任意多辆前车的车头间距信息和速度差信息,提出多车头间距和速度差模型,经线性和非线性稳定性分析发现,与仅考虑一种智能交通信息相比,同时考虑车头间距和速度差两种信息能够更好地提高交通流的稳定性,抑制交通拥堵[31]。基于智能运输系统,假设车辆可以接收前车及跟驰车辆的信息,Han 等提出了一个双映射跟驰模型来描述单车道车辆的行为特性。线性及非线性稳定性分析及数值模拟显示,在反馈控制下,考虑更多的前车及后车信息可以使交通流更容易保持稳定性,有效抑制交通拥堵现象[32]。

系统性关联研究车流的微观行为与宏观特性,通过对跟驰和换道理论的解析来描述反应宏观层面的交通流特性,揭示其内在的演化规律和关联性尚待深入。

1.2.3 宏观车流运行特性

国内关于交通状态识别的研究文献多关注路段或路网交通流状态的识别。其识别方法主要为通过交通流参数来估计或通过聚类分析、模糊分析等方法来评价。东南大学过秀成等学者系统地总结了道路交通运行状态分析的方法;王炜、程琳等学者建立了以灰数表示评价指标和聚类阈值的基于梯形白化权函数的灰数表达公式和聚类模型来评价具有典型灰数特征的信号交叉口服务水平。同济大学杨晓光、林瑜等学者提出间断流阻塞度概念,并使用行程速度和排队长度作为指标模糊量化各个指标,把城市道路间断流分为较通畅、一般、较阻塞、阻塞和非常阻塞五类。华南理工大学许伦辉和唐德华运用相干定量递归分析分别确定了常发性拥挤和偶发性拥挤交通状态的转变时刻,得到不同交通状态的统计特征值。吉林大学姜桂艳等以 Scoot 系统感应线圈检测器采集到的交通数据为基础,设计了基于模糊聚类的城市道路交通状态实时判别算法及其评价方法,并提出了交通状态判别时间间隔的确定方法。北京交通大学关伟等学者使用同态度量指标、时空差异度指标等定性判断交通系统的状态,并运行变参数线性方程描述交通系统状态转移的正负反馈交互迭代的过程,仿真分析了交通拥堵发生时车道非同态性变化的过程。

车流运行状态预测的数据采集主要采用浮动车、定点检测及浮动车与定点检测融合三种方式。Kerner、Ruey 等基于浮动车进行道路交通数据采集,提出一种交通状态判别方法,并利用仿真数据进行交通状态判别可靠性分析,阐述了浮动车数量对判别可靠性的影响规律[33,34]。Sarvi 等采集探测车的运行轨迹数据,从时间和空间上对其进行研究[35]。翁剑成等利用实时的浮动车驻留时间数据,提出一种行程速度估计算法[36]。张存保等基于实时浮动车数据构建了交通参数估计方法，如平均速度、行程时间、源点-终点（origin-destination, OD）矩阵等的估计[37]。Stathopoulos 和 Karlaftis 利用感应线圈进行交通数据采集，提出交通参数估计和交通状态预测的方法[38]。Geroliminis 和 Daganzo 提出了利用宏观基本图分析城市路网的交通流运行状况，为城市路网交通状态分析提供依据[39]。邹亮等选取广州市道路出租车和感应线圈数据，提出神经网络融合算法的行程估计模型，提高了道路行程时间估计得完备性和精度[40]。

车流宏观波动特性方面，唐铁桥和黄海军基于速度梯度的动力方程建立交通流动力学模型，揭示车流的小扰动失稳和走走停停等非平衡特性，包括冲击波、稀疏波和一阶波传播等非线性波动特性[41]；曲大义等建立基于相互作用势函数的分子跟驰模型，对加速度波动特性进行了验证分析[42]；郝媛等提出密集交通流随机波动是交通扰动的诱因，并借助交通流基本图和车辆轨迹图，分析了各因素影响下交通扰动在车流中的演变[43]；关伟和何蜀燕在流量-密度平面上将交通流划分为自由流、谐动流、同步流和阻塞流各稳态相位[44]；杨海飞等发现交通波在经过模型空间尺度发生变化的边界时能够连续传播，传播速度并未出现降低或振荡现象[45]。

由表象到实质地研究道路车流的非线性动力学特性及其态势感知与稳定性机理尚待进一步深入，而且从微观到宏观研究跟驰-换道行为及其波动特性缺乏更为细致的阐述和解析。

1.2.4 路网交通控制优化

1. 路网交通状态分析

获取网络中的交通流向分布状态可以有效地获悉网络内不同路段的交通负荷，以此为基础对控制策略与信号配时方案进行优化能获得更好的控制效果。常用的流量分布估计方法有全样本统计法、OD 估算法、浮动车扩展法与基于车流集聚特性的数据挖掘法。

在国外，Hu 和 Wang 对用于 OD 估计的车辆检测器布设策略进行了研究[46]；Mishalani 等[47]及 Dixon 和 Rilett[48]提出利用流量数据及车辆识别信息对实时 OD 数据进行估算的方法；Park 和 Rilett[49]采用基于蒙特卡罗法的马尔可夫链对应用于智能交通系统的 OD 数据进行了完善。基于浮动车信息的流量分布估计算法是局部取样算法，其根据样本浮动车的行驶轨迹来估计整个网络交通负荷情况。目前，实际应用较广的数据采集方法为车载 GPS（全球定位系统）。基于车流集聚特性的数据挖掘法通过检测集计车流状态，用数学方法对比上下游车流参数的异同，以此判断车流的流向。Dailey[50]采用相关分析技术对交通检测数据进行研究，以此估计行驶时间。

在国内,刘梦涵等[51]采用小波变换技术对交通流数据的集聚状态进行分析,将其应用于高速公路匝道控制;程余东等[52]考虑到从孤立检测点采集到的数据难以直接应用于交通流状态或交通网络运行状态的分析,采用小波变换、自组织映射等方法对交通数据特征进行了挖掘;林瑜等[53]对交通拥堵状态演化规律进行探索,针对交通拥堵的量化问题,提出了拥堵度的概念,并利用模糊推理方法建立了拥堵度的量化模型;高云峰[54]提出以停车线处道路断面饱和度和路段排队空间内车流密度为依据的二维控制状态空间划分方法,对各控制状态的特性进行了详细的定性和定量分析;李岩[55]采用交通波动模型分析交叉口的最大排队长度和滞留排队长度,应用过饱和状态负面效应所造成的无效绿灯时间和总绿灯时间的比值定义过饱和系数识别交叉口群的过饱和状态;沈峰[56]在对信号控制交叉口群交通流特征分析的基础上,提出了以细胞传输模型(cell transmission model, CTM)对交叉口群进行建模的思路,并应用时序 Petri 网对 CTM 进行改良;任敏[57]通过引入元胞密度提出可变元胞长度的 CTM,为饱和状态下交叉口群交通控制建模提供了理论依据。

2. 信号协调控制优化

就近年的研究趋势而言,区域信号协调控制参数的优化调整表现出两个特点:一是随着专家系统、遗传算法及启发式算法等已引入信号协调控制参数的优化中,公共周期、绿信比、相位差不再被分阶段求解,而是部分或全部同步生成优化结果。二是针对公共周期的设置,最初为了保证稳定的相位差,控制子区内的交叉口都采用相等的周期或周期时长的一半。但目前对于协调控制区域内的交叉口是否都应该采用相同的周期时长,部分学者也提出了疑义。Karoonsoontawong 和 Waller[58]基于元胞传输模型建立了双层鲁棒优化模型用以优化信号配时,降低道路的总行程时,优化结果表明各交叉口采用不同的信号周期并合理地调整相位差能获得更好的优化结果。Hajbabaie 等[59]对一个过饱和交通网络进行配时优化时设置了两种方案:各交叉口采用相等周期、各交叉口在一定范围内选择不同的周期,通过遗传算法对配时参数寻优,结果同样表明非等周期方案交通运行效益优于等周期方案。

在国内对交叉口群信号协调控制参数的研究方面,高云峰等[60]考虑交叉口群内部车辆在交叉口连线上的离散过程、路段双向流量不均衡现象、相邻交叉口相位相序方案及交叉口滞留排队等因素,以使交叉口群内部的总控制延误最小为目标,建立了相位差优化模型。吴洋[61]对过饱和状态下的干道交叉口群进行数学建模,以行程时间最小化为目标函数,以防止过饱和车队超范围溢流为约束条件,对非线性规划问题进行了极值求解。李岩等[62]研究过饱和条件下交叉口群的信号控制机制和实现框架,将通过关键路径的最大车辆数和最小平均队列长度作为优化目标，建立包括交叉口群层、关键路径层和单点交叉口层的三层控制结构。牟海波和俞建宁[63]设计了由本地模糊控制器与特殊情况控制器共同组成的分布式控制系统，当检测器接收到的本地车辆排队长度正常时，由模糊控制器确定绿灯延长时间，当交通负荷超出本地模糊控制器控制能力时，特殊情况控制器采用模拟退火算法整体优化交叉口群各交叉口的绿灯时间。徐建闽等[64]首先根据干道等级将区域路网划分为多个协调控制子区，然后对各个子区初步计算信号配时方案，并计算子区间路段集合的平均权重，对子区进行合并采取逐级协调的控制方法。

1.2.5 研究发展动态分析

车辆行为特性及其模型，包括跟驰模型和换道模型，其核心价值在于为现实交通提供理论指导。首先，行驶车辆行为特性的研究应系统考虑有关的主客观因素，以精准表征与驾驶行为相关的交通现象；其次，现有车辆行为特性的建模基础各有特色，但可比性不强，应系统考虑建立规范化的标定与评价标准；此外，随着车联网、大数据和自动驾驶等新技术的迅速发展，车联网环境下的驾驶员认知机理、多车道混行状态下的车-车耦合机理等出现新的特征规律。

随着智能交通技术的蓬勃发展，车联网技术极大地改变了交通信息的获取方式，从而影响驾驶员的驾驶行为，使得当前基于驾驶经验的理论假设不再适用。基于此，从分子动力学角度准确反映车联网环境下的车辆动态交互行为，从车辆行驶轨迹数据中挖掘新的驾驶行为特性尤为重要；自动驾驶车辆需要采用高精度车辆行为模型作为其控制策略，以保证行驶可靠性和安全性。

国内外学者针对车流控制优化问题进行了广泛的探索，提出多种交叉口群的范围界定方法、路网交通状态分析、交通控制策略及配时参数优化算法，有效缓解了城市路网的交通拥堵，但方法和算法也存在一定不足。交通流量具有明显的时间和空间特征，基于关联度的交叉口群的划分不应局限于静态，而应是一种动态的过程。在路网交通状态分析上，基于流体力学的交通流理论是大多数宏观交通模型的基础，虽然并不完美，但由于易于理解而广泛应用于交通工程分析中。在交叉口群的信号控制优化参数上，从学者的研究成果可总结出，信号周期、相位差、绿信比仍是交叉口群动态与静态控制的关键参数。依据路网交通流的运行状态，采用合理的控制策略，应用分布式控制结构是多数交叉口群协调控制算法的一致选择。

1.3 本书研究技术路线和主要内容

1.3.1 研究技术路线

基于车辆交互行为的车流运行动态特性及其模型，以及车流有序化组织理论及其控制优化的研究技术路线如图 1.1 所示。

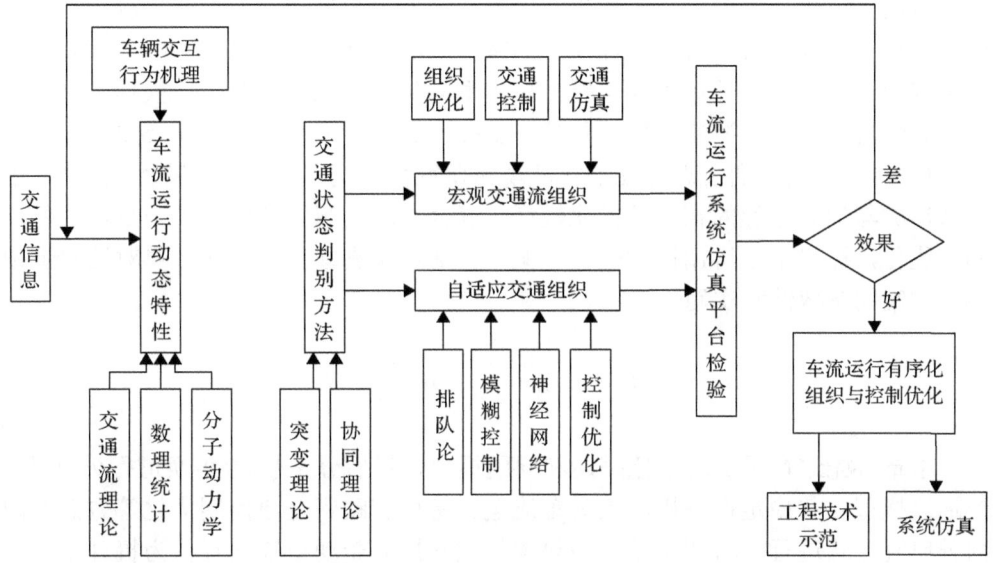

图 1.1　基于车辆交互行为的车流有序化组织理论及控制优化的研究技术路线

1.3.2　主要内容

车辆跟驰行为和换道行为是车辆运行中最基本的行为。与单车道的跟驰行为相比，车辆换道行为因其运行环境复杂，其行为决策过程需综合考虑驾驶员心理、生理及周围交通场景等因素的作用，致使换道行为过程存在较强的随机性和复杂性，这在一定程度上为定量研究其行为特性增加了挑战性。研究表明，车辆换道行为是引起道路速度波动及通行能力下降的主要原因。

(1) 系统描述车辆跟驰特性和车辆换道行为，分别从驾驶员交通特性、车辆因素、道路因素和交通条件四个方面对行驶车辆交互行为影响因素进行分析；引入"驾驶员-车辆"的概念，对车辆换道过程中目标车辆与目标车道跟随车之间的交互行为进行分析，以间隙接受和最小安全距离模型为基础建立车辆换道交互行为模型；根据车辆换道的实施过程，基于效用理论对车辆换道目标车道选择及间隙接受过程进行分析，归纳影响换道行为决策的影响因素，利用最大似然估计对相关参数进行标定。

(2) 在对车辆交互微观特性分析的基础上，基于分子动力学和交通流理论探究车辆微观换道行为对宏观车流的影响，将车辆微观行为与宏观现象相结合，剖析其影响机理。基于加速度波动特性建立的车流态势指数模型，融合交通流空间密度和车流速度，涵盖交通流量、速度和密度三个基本参数，使车流态势的定量描述更加贴合有效。

(3) 融合多源交通信息技术，探究车辆运行状态实时判别技术，包括车辆实时运行轨迹、车辆违章检测、车辆事故检测、交通事故导致交通拥堵检测；全息交通拥堵状态成因分析，将交通拥堵分别按产生的条件、发生时间频率、拥堵的空间位置等进行分类，并对不同交通拥堵类型的传播方式进行分析。根据交通拥堵态势制定自适应分级控制策略，并提出以缓解交通拥堵为目标的分级控制方法。

(4) 针对道路交通普遍存在的排队现象研究协调交叉口的排队特性，构建基于排队形成与消散过程的相位差优化模型，联合以双向绿波带宽最大为目标的相位相序优化，提出干线协调控制优化方案，并通过仿真模拟与方案效果对比验证模型与方案的有效性和实用性。

1.4 本章小结

本章首先进行了交通现象描述和问题提出，然后分别从跟驰-换道行为特性、交通流模型及其稳定性分析、宏观车流运行特性和路网交通控制优化等方面对国内外研究现状进行分析和总结。为更深层次地探究微观车辆交互行为机理及宏观车流运行规律，提出开展车辆交互行为、车流运行动态特性、路网车流有序化组织理论及其控制优化的研究。

第2章 行驶车辆交互行为及其模型

车辆跟驰和换道模型是交通微观仿真两个最基本的模型。而换道模型是在跟驰模型基础上发展起来的。与单一车道的跟驰行为相比，车辆的换道行为更为复杂。换道过程中，车辆驾驶行为策略的改变是交通场景中驾驶员、周围车辆等因素综合作用的结果，表现为目标车辆与周围车辆之间不断交互的过程，描述了目标车辆及其周围车辆之间的复杂关系。本章从描述车辆换道的运行环境入手，对换道行为进行层层剖析，总结归纳影响换道行为的因素，基于对车辆换道特性的分析，探究车辆在三种换道模式（自由、强制和协作）下的交互行为变化，探讨驾驶员决策对车辆换道过程的影响，引入分层评定模型（Logit 模型），以驾驶行为决策的效用最大化为目标建立车辆换道实施过程模型，进一步详尽描述实际交通场景中车辆驾驶行为的连续性及动态性。

2.1 分子跟驰理论

车辆的跟驰行为是交通系统中一直存在的问题，因此研究跟驰行为是保证交通流稳定运行的基础。车辆的跟驰交互关系与分子之间的动力学关系具有极大的相似性，分子之间受引力和斥力的作用，使分子之间保持一定的距离，将行驶车辆之间的相互制约看作"引力与斥力"，使得车辆之间不会靠得太近但也不会太远，称为行驶车辆跟驰交互行为的分子动力学特性。

分子之间存在引力和斥力两种作用力，这两种力称为分子间的分子力。分子间的引力与斥力作用不是单独存在的，引力与斥力在 $r=r_0$ 时相等，此时两分子间相互作用的合力为零。实验证明，引力、斥力与分子间中心距离成反比。当 $r<r_0$ 时，随着分子间中心距离减小，引力、斥力作用逐渐增大，但两者增加幅度不同，斥力增加幅度较大，故分子间相互作用力表现为斥力；当 $r>r_0$ 时，随着分子间中心距离增大，引力、斥力作用逐渐减小，但引力减小幅度较小，故分子间作用力表现为引力。

将快速路上车流的运动看作粒子的运动，即当前粒子受后面粒子的推力作用，同时受前面粒子的拉力作用，车辆之间不会靠得太近但也不会太远，从分子动力学的角度考虑就是车辆在引力和斥力的共同作用下行驶。车辆是运行车流簇中的最小单元，车流簇的动态变化受到车辆运行状态的影响，车流簇中的行驶车辆与运动中的分子一样，更加倾向于在低密度区域运动，也就是说，行驶车辆优先选择在畅通车道中行驶。

2.1.1 车辆跟驰需求安全距离

为了确保安全驾驶，道路上行驶车辆之间的距离不会相隔太远，但也不会跟随太近，跟随车与前导车之间会保持一定距离，确保前导车紧急制动时，跟随车来得及减速甚至停车，以避免发生碰撞，这个距离定义为跟随车的需求安全距离。

需求安全距离不是一个定量，随着车辆本身的速度变化。道路上行驶车辆之间的距离过大或过小时，都是车流的不稳定状态，最有效率的跟驰状态是当车间距满足跟驰车的需求安全距离时，两车以相同速度行驶。需求安全距离可以看作分子动力学理论中的平衡距离 r_0，当车间距为需求安全距离时车辆之间的相互作用合力为零。

跟驰车辆速度-车头间距表示为

$$s = l + \tau v + \delta v^2 \quad (2\text{-}1)$$

速度-需求安全距离表示为

$$X_\text{n} = s - l = \tau v + \delta v^2 \quad (2\text{-}2)$$

式中，s 为车头间距，m；l 为车辆长度，m；τ 为驾驶员反应时间，s；δ 为跟随车二倍的最大减速度的倒数；X_n 为需求安全距离，m；v 为车辆即时速度，m/s。

车流的稳定行驶状态是一种理想状态，在现实交通系统中几乎是不可能存在的。在此引入距离需求饱和系数 C，其表达式如下所示：

$$C = \frac{X_\text{n}}{L} \quad (2\text{-}3)$$

式中，L 为车辆间车间距，m。

当 $C<1$，即车间距大于需求安全距离时，跟随车不满足现状，为了达到期望速度(道路最大限速)会加速行驶；当 $C>1$ 时，即车间距小于需求安全距离时，跟随车被前导车约束，会减速行驶。

引入失误系数 ϕ 和预测系数 φ 来更加确切地描述车流簇中车间距的随机不均衡性。失误系数 ϕ 是在跟随车驾驶员由于各种原因消极跟随的情况下，跟随车与前导车的车间距与需求安全距离之比，即 $\phi = L/X_\text{n}$，显然 $\phi = 1/C$。驾驶员会因为怠于驾驶或新手开车担心安全问题，与前导车保持较大的距离，即车间距 L 要大于等于跟随车需求安全距离 X_n，故 $\phi \geqslant 1$。预测系数 φ 是在跟随车驾驶员判断车流簇运行状态良好的情况下，执行积极跟随时的车间距与需求安全距离的比值，即 $\varphi = L/X_n$，显然 $\varphi = 1/C$。驾驶员对车流簇运行状态的良好估计，会让驾驶员存在侥幸心理，觉得即使车间距小一些也不会发生危险，车间距 L 会小于跟随车需求安全距离 X_n，故 $\varphi < 1$。

交通系统中实际车间距为 $L = \phi\varphi X_n$。研究表明，跟随车驾驶员执行的跟随方式以需求安全距离为分界线分为两种，一是消极跟进，二是积极跟进。失误系数 ϕ 只在 $L \geqslant X_n$ 时有意义，当 $L < X_n$ 时，失误系数 $\phi = 1$。预测系数 φ 只在 $L < X_n$ 时有意义，当 $L \geqslant X_n$ 时，预测系数 $\varphi = 1$。以上分析可得 $\phi\varphi = 1/C$，所以实际车间距的表达式写为：$L = \phi\varphi X_n = X_n/C$。$\phi$、$\varphi$ 和 C 的曲线关系如图 2.1 所示。

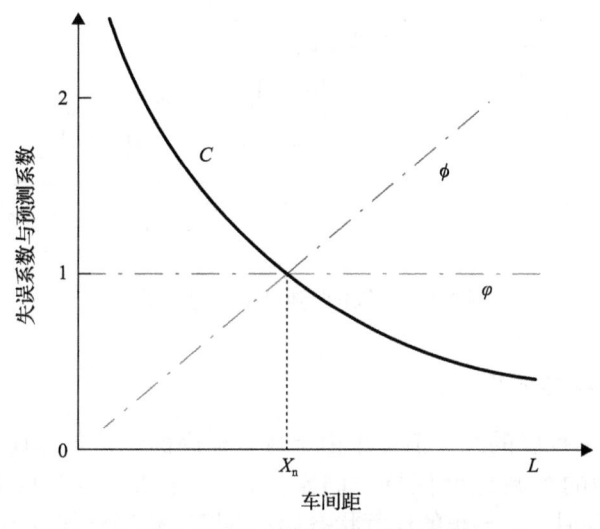

图 2.1　ϕ、φ 和 C 的曲线关系

2.1.2　分子跟驰模型

分子跟驰模型的两个主要参数是车间距和需求安全距离，而驾驶员对两者差值的反应是分子跟驰模型关注的重点。将跟驰行为按照其变化特点分为四个状态过程（图 2.2）：原始跟随状态、反应开始状态、跟随车变速开始状态和二次平衡状态。本节研究的主要内容为单车道跟驰状态模型，建立基于反应-刺激关系的分子跟驰模型，主要研究若干刺激项与跟随车加速度之间的变化关系，即在不同行驶状态下需要的刺激权重配比。

车辆跟驰的运行状态变化过程非常复杂，本节先建立分子跟驰状态方程，再在状态方程的基础上构建分子跟驰模型方程。

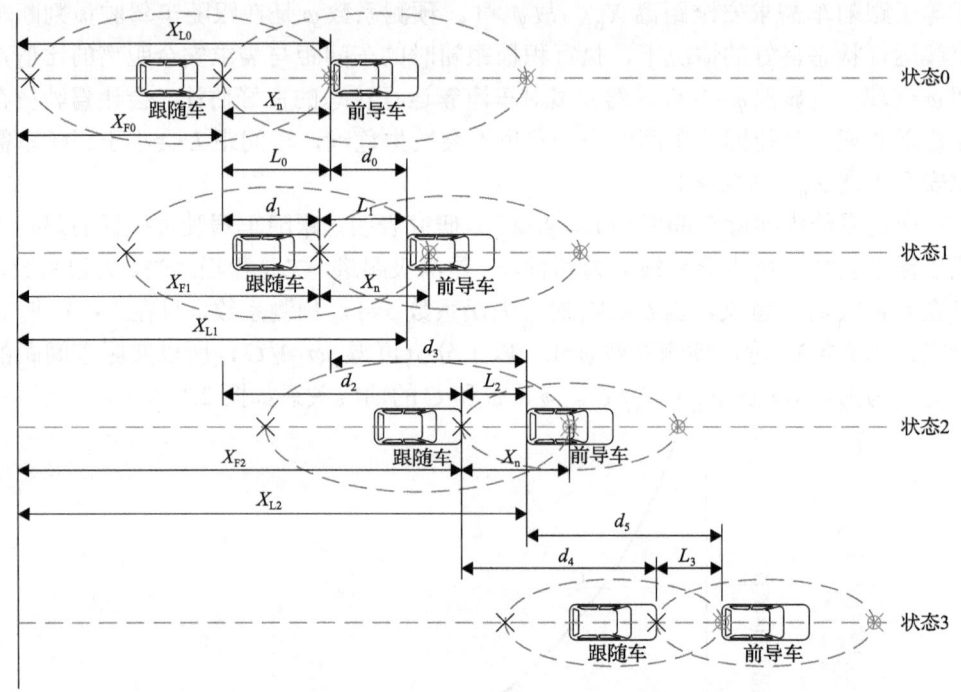

图 2.2　单车道跟弛模型变速示意图

1. 分子跟驰状态方程

假设在道路上行驶的某一前导车由于特殊原因而保持匀加速或匀减速两种运行状态，即车辆的加减速度保持一固定值，在图 2.2 四个状态中均如此，即 $\ddot{X}_L = \ddot{X}_{L0} = \ddot{X}_{L1}$。同时，前导车的运行状态影响跟随车也同样保持匀加速或匀减速两种运行状态，即 $\ddot{X}_F = \ddot{X}_{F2}$，但是前导车加速度 $\ddot{X}_L$ 与跟随车加速度 $\ddot{X}_F$ 不一定相等。

状态 0 即原始跟随状态：定义 L_0 为状态 0 时前导车车尾与跟随车车头之间的距离，定义 X_{L0} 为状态 0 时前导车车尾与测量基准点之间的距离，定义 X_{F0} 为状态 0 时跟随车车头与测量基准点之间的距离。定义 X_n 为跟随车在跟随速度 $\dot{X}_F$ 下的需求安全距离，表达式为

$$X_n = \beta V + \alpha V^2 \tag{2-4}$$

假设两车处于平衡状态，且两车速度相同，即 $\dot{X}_{F0} = \dot{X}_{L0}$，此时车间距等于需求安全距离，由图 2.2 可知，$X_{L0} = L_0 + X_{F0}$。然后前导车的速度开始发生变化，经时间 t_0 后进入状态 1，这段时间内前导车的加（减）速度为 $\ddot{X}_L$。

状态 1 是反应开始状态：前导车速度变化为 $\ddot{X}_{L1}$，和跟随车之间的距离变为 L_1。

状态 2 是跟随车变速开始状态：跟随车经过 t_1 时间后其需求前沿超过前导车，此时车间距为 L_2，小于需求安全距离，跟随车为了安全起见开始变速行驶，经过时间 t_2 后进入下一个状态，前导车在 t_3 时间后结束变速过程，恢复匀速行驶状态。有研究表明，跟驰行为中车辆总是存在滞后反应，且 t_3 总比 t_2 小，但也不排除会出现 $t_3=t_2$ 的可能。

状态 3 是二次平衡状态：此时跟随车在 t_2 时间段内完成变速运动，两车速度相近，跟随车在前导车要求后沿附近继续跟弛驾驶行为。

由前两个状态可得如下方程：

$$L_0 + d_0 = L_1 + d_1 \tag{2-5}$$

t_0 时间内前导车行驶的距离为 d_0：

$$d_0 = t_0 \dot{X}_{L0} + \frac{t_0^2}{2} \ddot{X}_L \tag{2-6}$$

t_0 时间段内跟随车行驶的距离为 d_1：

$$d_1 = t_0 \dot{X}_{F0} \tag{2-7}$$

将式(2-6)和式(2-7)代入式(2-5)可得

$$L_0 + t_0 \dot{X}_{L0} + \frac{t_0^2}{2} \ddot{X}_L = L_1 + t_0 \dot{X}_{F0} \tag{2-8}$$

由状态 0 和状态 2 可得

$$L_0 + d_3 = L_2 + d_2 \tag{2-9}$$

t_0+t_1 时间段内前导车行驶的距离为 d_3：

$$d_3 = (t_0 + t_1) \dot{X}_{L0} + \frac{(t_0 + t_1)^2}{2} \ddot{X}_L \tag{2-10}$$

t_0+t_1 时间段内跟随车行驶的距离为 d_2：

$$d_2 = (t_0 + t_1) \dot{X}_{F0} \tag{2-11}$$

将式(2-10)和式(2-11)代入式(2-9)可得

$$L_0 + (t_0 + t_1) \dot{X}_{L0} + \frac{(t_0 + t_1)^2}{2} \ddot{X}_L = L_2 + (t_0 + t_1) \dot{X}_{F0} \tag{2-12}$$

跟驰驾驶行为中驾驶员是一个重要元素，其中从驾驶员感知到需要改变运动状态的信号开始，经过辨认信号、判断等一系列心理作用，随后采取相应的动作使车辆的运动状态发生相对应变化这一完整过程所需要的时间称为反应时间，将其记作 τ。在上述模型中，时间 t_1 是跟随车驾驶员确认车间距发生变化之后至开始制动的时间，不是反应时间的全部，即时间 t_1 和 t_0 之和才等于反应时间 τ：

$$\tau = t_0 + t_1 \tag{2-13}$$

将式(2-13)代入式(2-12)可得

$$L_0 + \tau \dot{X}_{L0} + \frac{\tau^2}{2}\ddot{X}_L = L_2 + \tau \dot{X}_{F0} \tag{2-14}$$

将关系式 $\dot{X}_{F0} = \dot{X}_{L0}$、$L_0 = X_n$ 代入式(2-14)可得

$$\frac{\tau^2}{2}\ddot{X}_L = L_2 - X_n \tag{2-15}$$

由状态 2 和状态 3 可得

$$L_2 + d_5 = L_3 + d_4 \tag{2-16}$$

t_2 时间段内前导车行驶的距离为 d_5：

$$d_5 = t_3 \dot{X}_{L2} + \frac{t_3^2}{2}\ddot{X}_L + (t_2 - t_3)\dot{X}_{L3} \tag{2-17}$$

t_2 时间段内跟随车行驶的距离为 d_4：

$$d_4 = t_2 \dot{X}_{F2} + \frac{t_2^2}{2}\ddot{X}_F \tag{2-18}$$

将式(2-17)和式(2-18)代入式(2-16)可得

$$L_2 + t_3 \dot{X}_{L2} + \frac{t_3^2}{2}\ddot{X}_L + (t_2 - t_3)\dot{X}_{L3} = L_3 + t_2 \dot{X}_{F2} + \frac{t_2^2}{2}\ddot{X}_F \tag{2-19}$$

将式(2-15)代入式(2-19)可得方程：

$$\ddot{X}_F = \frac{2}{t_2^2}\left[\frac{t_3^2}{\tau^2}(L_2 - X_n) + t_3 \dot{X}_{L2} - t_2 \dot{X}_{F2} + (t_2 - t_3)\dot{X}_{L3} + L_2 - L_3\right] \tag{2-20}$$

第 2 章　行驶车辆交互行为及其模型

在一般情况 $t_3 \leqslant t_2$ 时，前导车比跟随车先结束减速过程进入匀速 $\dot{X}_{L3}$ 行驶状态，即

$$\dot{X}_{L3} = \dot{X}_{L2} + t_3 \ddot{X}_L \tag{2-21}$$

将式(2-21)代入式(2-20)可得方程：

$$\ddot{X}_F = \frac{2}{t_2^2}\left[\frac{2t_2 t_3 - t_3^2}{\tau^2}(L_2 - X_n) + t_2(\dot{X}_{L2} - \dot{X}_{F2}) + L_2 - L_3\right] \tag{2-22}$$

2. 分子跟驰模型方程

为对式(2-22)进行简化处理，设 $t_2 = b\tau$、$t_3 = e\tau$，代入式(2.22)可得

$$\ddot{X}_F = \frac{2}{b^2\tau^2}\left[(2be - e^2)(L_2 - X_n) + b\tau(\dot{X}_{L2} - \dot{X}_{F2}) + (L_2 - L_3)\right] \tag{2-23}$$

为了更好地描述驾驶员对行驶中刺激的反应，引入无量纲的 η、μ 和 ρ 对式(2-23)右边进行如下变换：

$$\frac{2}{b^2\tau^2}\left[\eta(L_2 - X_n) + \mu\tau(\dot{X}_{L2} - \dot{X}_{F2}) + \rho(L_3 - L_2)\right]$$
$$= \frac{2}{b^2\tau^2}\left[(2be - e^2)(L_2 - X_n) + (b\tau\dot{X}_{L2} - b\tau\dot{X}_{F2}) + (L_2 - L_3)\right] \tag{2-24}$$

设 $L_2 - X_n = d(L_3 - L_2)$、$\dot{X}_{L2} = f\dot{X}_{F2}$，对于减速度设 $\tau\dot{X}_{F2} = g(L_2 - L_3)$（对于加速度设 $\tau\dot{X}_{F2} = g(L_3 - L_2)$；其中 $0 \leqslant d,f,g \leqslant 1$），代入式(2.24)可得

$$\left[\eta d + \mu g(1-f) + \rho\right](L_3 - L_2) = \left[d(2be - e^2) + bg(1-f) - 1\right](L_3 - L_2) \tag{2-25}$$

当驾驶员只考虑 $(L_2 - X_n)$ 因素时，$\mu \to 0$、$\rho \to 0$，有

$$\eta_{\max} d = d(2be - e^2) + bg(1-f) - 1 \tag{2-26}$$

则 $\dfrac{2\eta_{\max}}{b^2\tau^2} = \dfrac{2}{b^2\tau^2}\left[\dfrac{d(2be - e^2) + bg(1-f) - 1}{d}\right]$ 是驾驶员对 $(L_2 - X_n)$ 的最大反应强度。

式(2-26)两边同乘以 $\dfrac{1}{h}$ 为

$$\frac{\eta_{\max}}{h}d = \frac{1}{h}\Big[d\big(2be-e^2\big)+bg(1-f)-1\Big] \tag{2-27}$$

当驾驶员只考虑 $\big(\dot{X}_{L2}-\dot{X}_{F2}\big)$ 因素时，$\eta \to 0$、$\rho \to 0$，有

$$\mu_{\max}g(1-f) = d\big(2be-e^2\big)+bg(1-f)-1 \tag{2-28}$$

则 $\dfrac{2\mu_{\max}}{b^2\tau} = \dfrac{2}{b^2\tau}\left[\dfrac{d\big(2be-e^2\big)+bg(1-f)-1}{g(1-f)}\right]$ 是驾驶员对 $\big(\dot{X}_{L2}-\dot{X}_{F2}\big)$ 的最大反应强度。

式 (2-28) 两边同乘以 $\dfrac{1}{j}$ 为

$$\frac{\mu_{\max}}{j}g(1-f) = \frac{1}{j}\Big[d\big(2be-e^2\big)+bg(1-f)-1\Big] \tag{2-29}$$

当驾驶员只考虑 (L_3-L_2) 因素时，$\eta \to 0$、$\mu \to 0$，有

$$\rho_{\max} = d\big(2be-e^2\big)+bg(1-f)-1 \tag{2-30}$$

则 $\dfrac{2\rho_{\max}}{b^2\tau^2} = \dfrac{2}{b^2\tau^2}\Big[d\big(2be-e^2\big)+bg(1-f)-1\Big]$ 是驾驶员对 (L_3-L_2) 的最大反应强度。

式 (2-30) 两边同乘以 $\dfrac{1}{k}$ 为

$$\frac{\rho_{\max}}{k} = \frac{1}{k}\Big[d\big(2be-e^2\big)+bg(1-f)-1\Big] \tag{2-31}$$

式 (2-27)、式 (2-29)、式 (2-31) 相加得

$$\frac{\eta_{\max}}{h}d+\frac{\mu_{\max}}{j}g(1-f)+\frac{\rho_{\max}}{k} = \left(\frac{1}{h}+\frac{1}{j}+\frac{1}{k}\right)\Big[d\big(2be-e^2\big)+bg(1-f)-1\Big] \tag{2-32}$$

设 $h \geqslant 1$，$j \geqslant 1$，$k \geqslant 1$，且 $\dfrac{1}{h}+\dfrac{1}{j}+\dfrac{1}{k}=1$，则式 (2-32) 可写为

$$\begin{cases}\dfrac{\eta_{\max}}{h}d+\dfrac{\mu_{\max}}{j}g(1-f)+\dfrac{\rho_{\max}}{k} = d\big(2be-e^2\big)+bg(1-f)-1 \\ \dfrac{1}{h}+\dfrac{1}{j}+\dfrac{1}{k}=1\end{cases} \tag{2-33}$$

比较式(2-25)和式(2-32)可以得到

$$\eta = \frac{\eta_{\max}}{h} = \frac{d(2be-e^2)+bg(1-f)-1}{hd} \tag{2-34}$$

$$\mu = \frac{\mu_{\max}}{j} = \frac{d(2be-e^2)+bg(1-f)-1}{jg(1-f)} \tag{2-35}$$

$$\rho = \frac{\rho_{\max}}{k} = \frac{d(2be-e^2)+bg(1-f)-1}{k} \tag{2-36}$$

$\frac{1}{h} \leqslant 1$、$\frac{1}{j} \leqslant 1$、$\frac{1}{k} \leqslant 1$ 分别是 (L_2-X_n)、$(\dot{X}_{L2}-\dot{X}_{F2})$、$(L_3-L_2)$ 在对驾驶员的刺激中所占的权重。

将式(2-34)、式(2-35)、式(2-36)和式(2-24)代入式(2-23)，可得减速度的方程：

$$\begin{aligned}\ddot{X}_F = & \frac{2[d(2be-e^2)+bg(1-f)-1]}{hdb^2\tau^2}(L_2-X_n) \\ & + \frac{2[d(2be-e^2)+bg(1-f)-1]}{jg(1-f)b^2\tau}(\dot{X}_{L2}-\dot{X}_{F2}) \\ & + \frac{2[d(2be-e^2)+bg(1-f)-1]}{kb^2\tau^2}(L_3-L_2)\end{aligned} \tag{2-37}$$

将式(2-37)写成如下形式：

$$\begin{cases}\ddot{X}_F = \lambda_0(L_2-X_n) + \lambda_1(\dot{X}_{L2}-\dot{X}_{F2}) + \lambda_2(L_3-L_2) \\ \lambda_0 = \dfrac{2[d(2be-e^2)+bg(1-f)-1]}{hdb^2\tau^2} \\ \lambda_1 = \dfrac{2[d(2be-e^2)+bg(1-f)-1]}{jg(1-f)b^2\tau} \\ \lambda_2 = \dfrac{2[d(2be-e^2)+bg(1-f)-1]}{kb^2\tau^2}\end{cases} \tag{2-38}$$

同理可得到加速度方程表达式：

$$\begin{cases} \ddot{X}_F = \lambda_0(L_2 - X_n) + \lambda_1(\dot{X}_{L2} - \dot{X}_{F2}) + \lambda_2(L_3 - L_2) \\ \lambda_0 = \dfrac{2\left[d(2be - e^2) + bg(f-1) - 1\right]}{hdb^2\tau^2} \\ \lambda_1 = \dfrac{2\left[d(2be - e^2) + bg(f-1) - 1\right]}{jg(1-f)b^2\tau} \\ \lambda_2 = \dfrac{2\left[d(2be - e^2) + bg(f-1) - 1\right]}{kb^2\tau^2} \end{cases} \quad (2\text{-}39)$$

由式(2-38)和式(2-39)可见，跟随车对刺激的反应有三项：一是车间距离与跟随车需求安全距离的差值，以下简称距离差项；二是前导车与跟随车速度的差值，以下简称速度差项；三是跟随车在其改变运动状态时和前导车之间的距离与两车跟驰状态达到二次平衡时距离的差值，以下简称预测项。

对减速度来说，$\dot{X}_{L2} < \dot{X}_{F2}$，所以$1-f>0$，显然$\lambda_0$、$\lambda_1$、$\lambda_2$的分母均大于0，由式(2-38)可知，$\lambda_0$、$\lambda_1$、$\lambda_2$等式的分子相同，则三者同号，而$\ddot{X}_F$、$(L_2 - X_n)$、$(\dot{X}_{L2} - \dot{X}_{F2})$、$(L_3 - L_2)$都为负值，由此推出$\lambda_0$、$\lambda_1$、$\lambda_2$三者均为正值。对加速度同理可得，$\lambda_0$、$\lambda_1$、$\lambda_2$三者也都为正值。

由λ_0、λ_1、λ_2均为正值可知，驾驶员对式(2-38)中距离差项、速度差项和预测项三项刺激的反应是同一方向的。对其中单一项而言，如果这一项为正值，跟随车做加速运动；如果这一项为负值，则跟随车做减速运动。但是跟随车如何反应不是单看其中一项，而是要综合考虑三项刺激的影响。当前导车受刺激减速时，实际车间距小于跟随车需求安全距离，此时前导车速度变小，二次平衡后车间距小于运动状态变化前，跟随车也会采取减速措施。由方程(2-38)可得，在前导车紧急制动的情况下，预测项在三项中占的权重比较大，在紧急制动的刺激下，跟随车驾驶员的反应在距离差项与速度差项上的体现相对来说不是很明显。同样可知，当两车间距较大时，即使前导车速度比跟随车小，而跟随车驾驶员更多关注的是车间距，即在方程(2-38)中距离差项占的比重较大，此时跟随车驾驶员也会采取加速措施，以缩短两车间距，在实际交通系统中也是这样，分子跟驰模型较贴合实际。

将式(2-38)、式(2-39)写成统一形式，如下所示：

$$\ddot{X}_F = \dfrac{\lambda_3}{h\tau^2}(L - X_n) + \dfrac{\lambda_4}{j\tau}(\dot{X}_L - \dot{X}_F) + \dfrac{\lambda_5}{k\tau^2}(L_3 - L) \quad (2\text{-}40)$$

式中，L为瞬时车间距；$\dot{X}_L$为前导车瞬时车速；$\dot{X}_F$为跟随车瞬时车速；X_n为跟随车在X_F速度下的需求安全距离；L_3为二次平衡车间距；h、j、k的意义同上；λ_3、λ_4、λ_5由试验得到。

2.2　干路车辆换道行为分析

2.2.1　换道运行环境

为提高道路通行能力，满足高峰时期车流的供给需求，城市主干路多以单向三车道或更多车道为主。车辆处于单车道运行环境下，驾驶员可只考虑与本车道前、后方车辆的运行状态进行决策分析，但随着车道数增加，目标车所受周围车辆的干扰也会增强，如车辆彼此之间的遮挡很大程度上会影响驾驶员对当前车道运行状态的判断，尤其是在执行换道操作时，驾驶员无法较为全面地获知周围车辆的运行状态，导致无法及时决策，从而产生较大的车辆换道安全隐患，降低车辆行驶安全性。当车辆处于自由流状态时，其运行机理较为简单，受周围车辆等交通因素影响作用也较小。但是当车辆处于高密度交通流状态时，交通场景中车辆之间的交互作用明显加强，其运行机理也更为复杂。车辆换道行为主要受路段上不同的车流特征及周围车辆运行状态等因素影响，特别是在多车道环境下，驾驶员执行换道决策时考虑的因素会更多。

如图 2.3 所示，目标车辆运行在中间车道 2，对其运行状态起限定作用的车辆分别是当前车道的前导车，制约目标车辆在车道 2 上的跟驰运行状态；车道 1 的左前车、左后车及车道 3 的右前车、右后车，制约目标车辆的换道行为。对于单向三车道的车辆运行环境，目标车辆与周围车辆之间的交互作用场景就构成了目标车辆换道行为产生的潜在影响区。当目标车辆产生换道动机时，须综合考虑潜在影响区内周围车辆的相对运动情况，对当前的运行环境进行预判，进而制定相应的驾驶行为策略来优化当前的运行状态。其中，主要涉及的车辆运行参数有目标车辆自身的速度，本车道前方车辆的相对速度与间距，相邻车道内前方车辆和后方车辆的相对速度及间距等影响因素的变化。

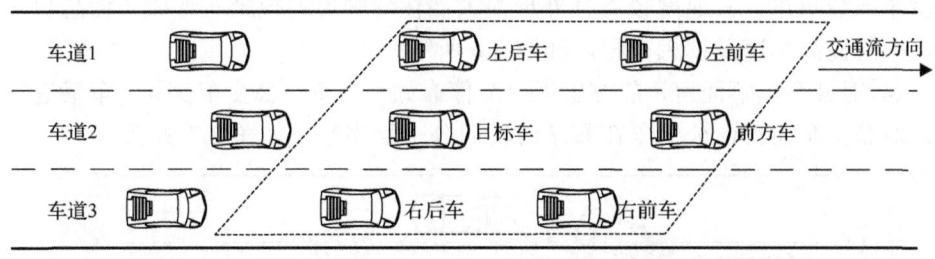

图 2.3　车辆换道的潜在影响区示意图

2.2.2　换道产生原因

根据车辆换道运行环境分析可知，其运行环境相当复杂，且受周围交通场景因素变化影响极为明显,特别是在多车道环境下,车辆与周围交通因素的作用关系更为复杂。因周围交通等因素的不断变化,车辆为优化当前的运行状态或是受交通场景因素的限制而产生换道意图。因周围交通因素的不确定性及随机性,车辆换道的原因也是多元化的,如道路几何线形、交通流运行状态、交叉口管理与控制、驾驶员的出行目的等。1986 年,Gipps[65]对城市道路环境中的车辆换道模型进行系统性的描述,其中对引发车辆换道的原因进行较详细的分析,本书在此基础上对诱发车辆换道的原因进行归纳分析。

(1) 交叉口执行转向操作,如图 2.4 所示。

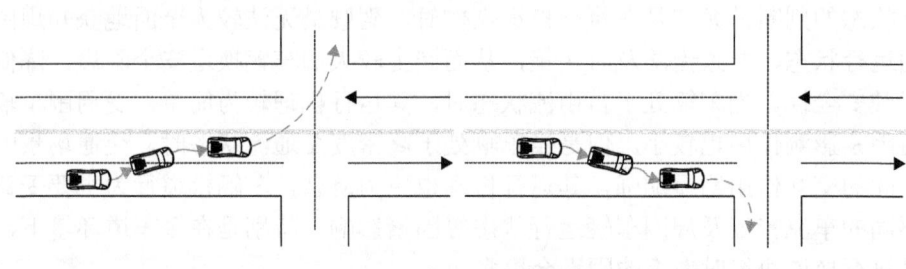

图 2.4　交叉口转向操作

(2) 车辆运行车道前方出现交通事故或正进行道路修缮工作,如图 2.5 所示。

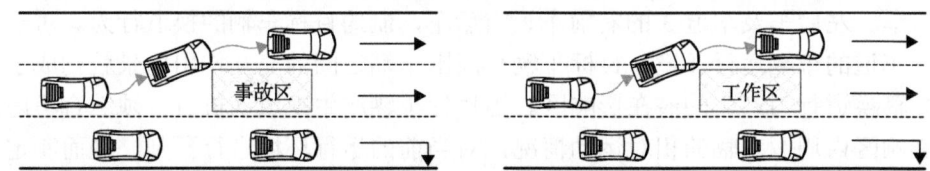

图 2.5　行车途中产生阻碍

(3) 有外界车辆汇入目标车辆前方空档,车辆运行方向上当前车道的前导车为大型车或载重车,其速度较慢且外形很大挡住驾驶员的视野,形成了信息盲区,目标车想提高车速及扩大视野,如图 2.6 所示。

(4) 对社会车辆而言,前方出现公交停靠站,避免与公交车交织,车辆选择换道;对公交车而言,公交车在靠站时转向公交停靠站,如图 2.7 所示。

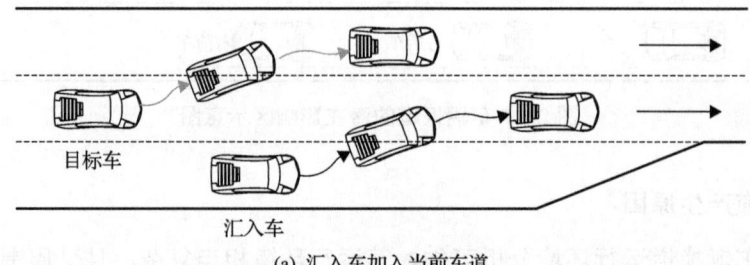

(a) 汇入车加入当前车道

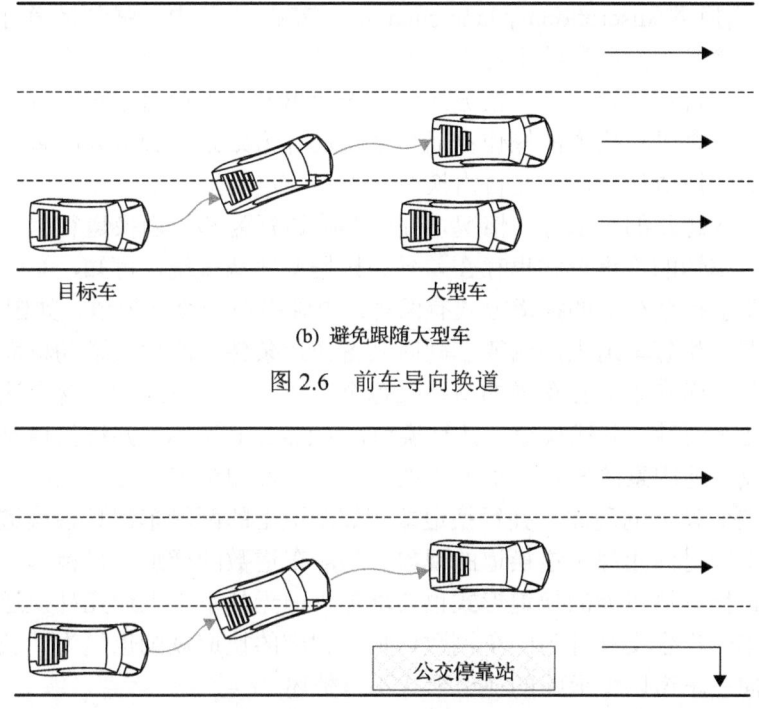

(b) 避免跟随大型车

图 2.6　前车导向换道

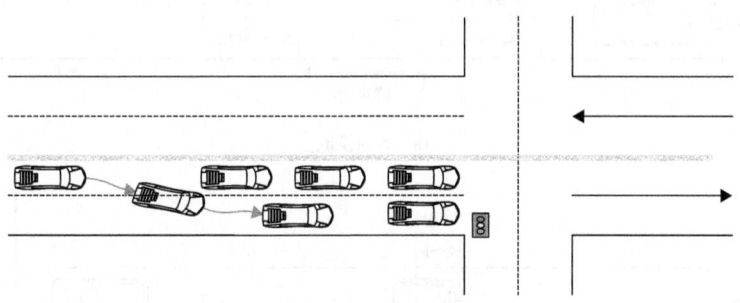

图 2.7　临近车辆停靠站点

(5) 前方交叉口当前车道的车辆排队过长，驾驶员希望进入排队较短的车道而选择换道，如图 2.8 所示。

图 2.8　当前车道车辆排队过长

2.2.3　换道基本形式

车辆换道行为是驾驶员为追求更优越的驾驶环境，尽快完成自己的驾驶目标而避开本车道换至相邻车道行驶的行为。根据追求利益动机的不同，换道行为分为强制换道(mandatory lane changing, MLC)、协作换道(cooperative lane changing,

CLC)和自由换道(discretionary lane changing, DLC)。其中，强制换道行为是因受当前交通环境等因素的制约不得不采取的换道操纵；协作换道是指换道车首先表明换道意图，目标车道跟随车根据换道请求做出响应，换道车对收到的响应进行评价以决定是否进行换道的操作；而自由换道行为则是驾驶员为改善当前的驾驶环境而采取的换道行为，因此自由换道行为不一定发生。

针对现状道路的车道分布情况，在强制换道行为和自由换道行为下，因车道分布不同，车辆的换道形式也存在差异。根据实地调查统计可知，车辆在单向二车道的道路上每个车道的换道方式有两种：单独换道和交叉换道，如图 2.9 所示。交叉换道即两相邻车道上的两辆车同时具备换道条件，产生换道动机而出现协作换道的现象。而在单向三车道的道路上每个车道的换道方式除包含上述交叉换道方式外，还有两种：共线换道、并行换道，如图 2.10 所示。共线换道是因车辆之间的遮挡及其他因素的影响，车道 1 的车辆无法预知车道 3 上车辆的行为，出现同时向车道 2 换道的现象。并行换道即相邻车道上的两辆车都具备换道条件而出现的两辆车同时向相邻车道换道的现象。随着车道数的增加，目标车道的选择范围增加，目标车辆可能的换道形式也会增加，但无外乎于上述几种换道形式，只是与目标车辆产生交互行为的车辆数增加，相应的换道规则也更为冗长而复杂。在此对单向三车道以上道路的换道形式不再赘述。

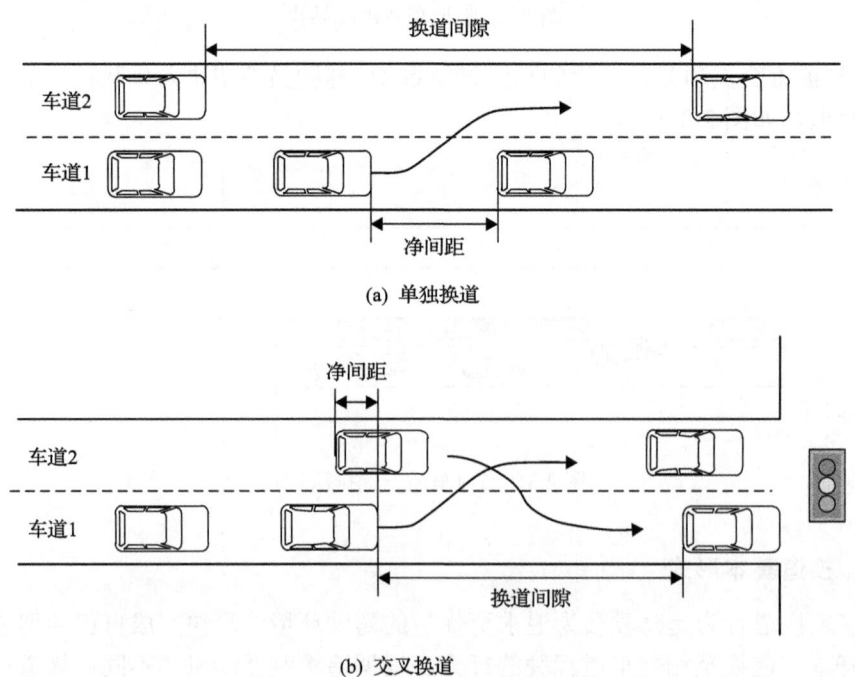

图 2.9　单向二车道车辆可能存在的换道方式

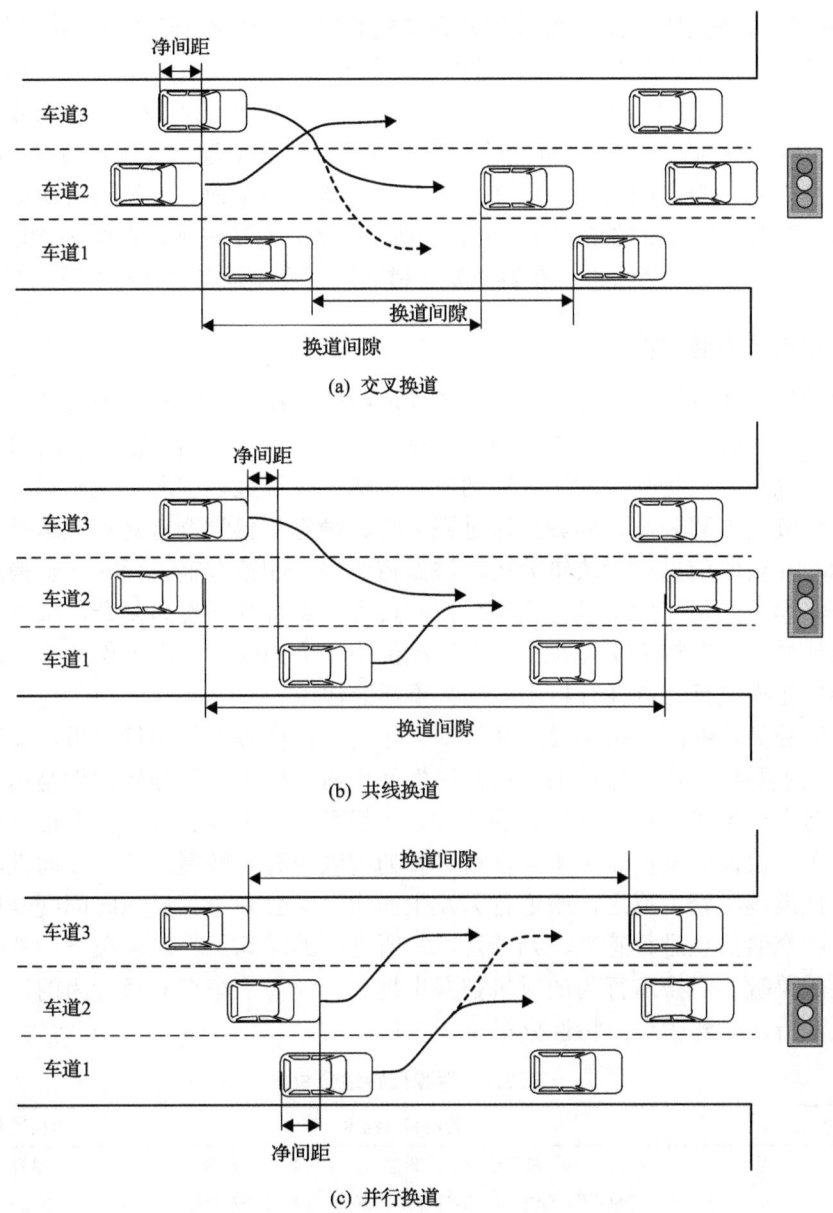

图 2.10　单向三车道车辆可能存在的换道方式

2.3　干路车辆换道影响因素

相比单车道的车辆跟驰行为，车辆换道行为的运行环境更为复杂，所涉及车辆更多，因此换道行为实质上是驾驶员根据自身的行为特性，综合考虑周围车辆的车速、位置及道路使用情况以及交通管理和控制等环境信息进行驾驶行为决策的过程。为保证换道行为成功完成，必须满足以下两个方面的条件：①目标车道能够满足目标车辆完成换道行为所需的空间，并与潜在影响区内的车辆不发生碰撞等现象，这取决于目标车辆与目标车道的前导车及跟随车之间的相对速度和位置关系；②保证有充足的换道行为完成时间，这就需要驾驶员能对周围换道环境有准确的预测能力，取决于驾驶员自身的条件和驾驶特性等。因此，对车辆换道影响因素进行分析时，需要从驾驶员交通特性、车辆因素、道路因素和交通条件四个方面进行分析。

2.3.1 驾驶员交通特性

驾驶员交通特性是指驾驶员在交通环境中的心理、生理和行为特征，包括驾驶员在车辆行驶过程中的驾驶倾向性和反应特性等。在人-车-路-环境所组成的道路交通系统中，人是唯一的主观能动者，车辆在运行过程中所表现出的一切行为变换完全取决于驾驶员。驾驶员通过视、听、触觉等感觉器官对车辆运行环境进行感知，并获取信息进行决策分析，进而将策略支配给车辆。而对车辆换道行为而言，其本身就是驾驶员进行决策分析的过程，运行环境更为复杂。根据相关的调查统计显示，在构成交通事故的因素比例中，人为因素所占比例最大，因此驾驶员特性在换道行为特性分析中有至关重要的作用。

对驾驶员特性的分析主要是从性别、年龄、性格等方面进行分析，而驾驶员特性不同主要反映在驾驶员的驾驶倾向性及反应时间上。驾驶倾向性是指驾驶员针对当前交通场景想要执行换道的期望。一般而言，男性、青年、性格暴躁的驾驶员开车较快，而女性、中年、性格平和的驾驶员开车较慢；驾驶倾向性越强的驾驶员换道越频繁，反之，换道行为发生的次数就会减少。反应时间则是指驾驶员对周围交通信息进行感知、判断及决策所需要的时间。一般情况下，驾驶员反应特性越灵敏，对换道行为的时机把握也越好，就易于车道变换行为的发生。根据以上分析，对驾驶员的特性分析见表2.1。

表 2.1 驾驶员特性分析

分类		特性的相关描述	对换道影响
性别	男	反应快、易高速行车、紧急情况下多想办法摆脱	易发生
	女	反应慢、慎重对待高速行车、紧急情况下比较紧张	不易发生
年龄	青年	身体素质好、精力旺盛、反应快、易高速行车	易发生
	老年	身体素质、精力均有衰退、反应时间较长，更倾向于低速驾驶	不易发生
	中年	介于青年与老年之间	介于两者之间
驾驶员倾向性	冲动型	反应迅速、注意力转移快、易高速行车、超车、换道	易发生
	保守型	沉稳、慎重、注意力比较集中且不易转移，善于忍耐、易低速行车且少超车、换道	不易发生
	普通型	反应机敏、精力旺盛、易中速行车	介于两者之间

2.3.2 车辆因素

评价车辆的主要指标包括车辆的动力性、制动性、机动性、操纵性和通过性等指标。由于我国城市混合交通性质等原因，道路系统中运行的车辆多种多样，车辆在尺寸、载重、性能等方面存在较大差异。国内各大城市大力发展公共交通事业的政策加大了常规公交在城市交通系统中所占的比例。为增加载客量，大型公交车应用于城市道路的载运中，但其车身长、体积大等特点给其他车辆运行带来不便，且存在较大的安全隐患。为了研究方便，我们习惯将车辆按照一定的标准分成三种类型：小型车、中型车和大型车，其相关特性见表 2.2。

表 2.2 车辆类型分类

车辆类型		车长/m	轴数	轴距/m	
小型车	微型车	≤5	2	1.6~2.3	≤3.0
	小客车(小货车)	5~8	2	2.3~3.0	
中型车	中型客/货车	5~8	2	3.0~4.6	
大型车	大型客/货车	≥8	2	>4.6	

据相关调查统计得知，当道路系统中运行的大型车和中型车所占比例较大时，车辆的延误会提高。相比之下，小型车的尺寸小、体积小，车辆的动力性及制动性能好，因此在车辆换道过程中要求的换道间隙小。根据张亚平和李硕的调查研究[66]，车道换道次数与小型车所占比例的关系如图 2.11 所示。此外，还分别从最大加速度、最大减速度、自由流平均车速和对换道行为的影响四个方面对三种车型特性的差异进行比较，相关指数见表 2.3。

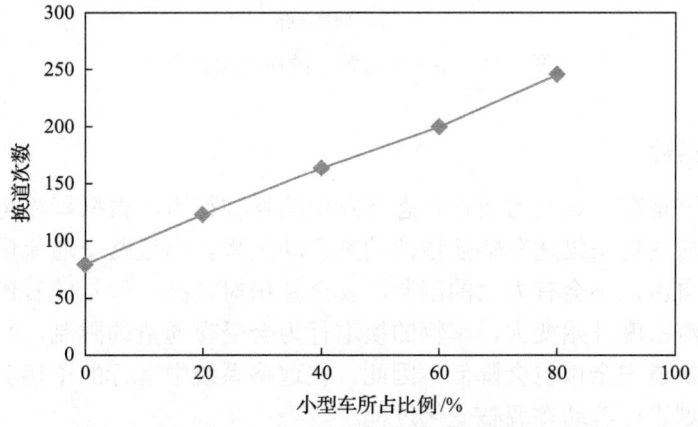

图 2.11 换道次数与小型车所占比例的关系

表 2.3　不同车辆类型特性比较

车辆类型	最大加速度/(m/s²)	最大减速度/(m/s²)	自由流平均车速/(km/h)	对换道行为的影响
小型车	2.39	2.05	61	易发生
中型车	2.05	1.87	51	介于两者之间
大型车	1.76	1.68	37	不易发生

2.3.3　道路因素

车辆换道行为是驾驶员对周围交通场景不断感知信息进行决策的过程，因此车辆所运行的道路环境不同，车辆的换道特性也不同。一般来说，道路环境对车辆换道行为的影响主要从车辆运行当前车道数、车道宽度、道路视野可达范围及道路标志标线等四个角度进行分析。如前文换道形式所述，在不同的车道数下，车辆的换道形式不同；此外，在不同的车道数下，车辆的换道次数呈现出差异性，如图 2.12 所示。相对而言，车辆运行当前的车道数越多，道路视野可达范围越广，道路标志标线越清晰，越容易发生换道行为。

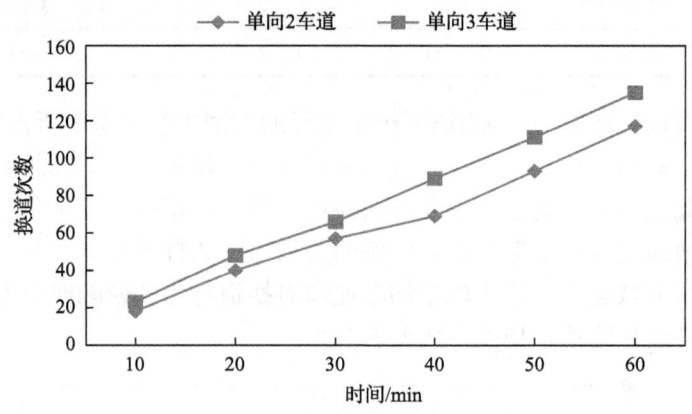

图 2.12　不同车道数下的换道次数比较

2.3.4　交通条件

车辆换道是在一定交通运行状态下发生的驾驶行为，根据车流运行中速度、密度、流量的变化来描述车辆换道的动态运动过程。当道路交通流量较小时，车道换道比较自由，不会有太大的限制，安全性相对较高，但是随着道路流量的不断增大，车流密度开始变大，车辆的换道行为会受交通量的限制，其换道约束性相对提高，换道安全性也会降低。因此，在道路系统中运行的车辆受交通条件的约束作用时刻进行着动态调整变化过程。

此外，事故研究分析表明，除交通条件影响因素外，交通环境也是一个比较重要的影响因素。交通环境是指驾驶员在行车时的客观条件,包括车内和车外的。车内主要是指车内温度、湿度、仪表、座椅等;车外包括天气、道路条件、道路设施等。显而易见,在能见度高且路面状况良好的情况下,车辆换道行为发生的概率要大;反之,在能见度低且路面条件差等恶劣交通环境时,驾驶员会比较保守,因而车辆换道行为发生率也随之下降,相关因素分析见表 2.4。

表 2.4 交通环境包含的因素

车内环境	车外环境
车内温度——是否合适	行车时间——白天、傍晚、夜间
车内湿度——是否正常	天气——晴、雨、雪、雾
噪声及振动——是否偏大	道路条件——道路线形、坡度以及
车内仪表——是否易于观察	位于市区、郊区、山区等
座椅——乘坐是否舒适	交通条件——通畅或拥挤
与其他乘者的关系——和睦或紧张	道路设施——完善或不完善

2.4 车辆交互行为理论基础

2.4.1 驾驶员-车辆行为体

为解析目标车辆与目标车道跟随车之间的交互行为特性,建立彼此联系的关系模型是必需的。根据车辆之间的运动学关系,对两者的相对运动进行分析,建立相关的运动学方程是车辆交互行为分析的理论基础。而换道过程中车辆的决策行为变化主要由车辆和驾驶员两个因素共同作用,两者是行为主体,因其在某些特性方面的变化而使车辆呈现出在交通场景中不同的运行状态。Agent(智能体)具有自主智能的特点,同时可对周围环境中交通因素的变化进行感知。因此,在换道过程中引入驾驶员-车辆行为体(driver vehicle Agent,DVA)[67],增加驾驶员-车辆行为体的诸多人性化因素,建立车辆之间的通信协商机制,以便更好地对驾驶员车辆行为进行仿真,与此同时,还可以为其提供实时交通信息以供驾驶员-车辆行为体进行决策。驾驶员-车辆行为体模型如图 2.13 所示。

2.4.2 交互特性分析

传统换道类型的分类方法主要是以驾驶员的换道需求为前提,将其分为自由换道和强制换道。但是这类换道模型并不能真正模拟出实际交通场景中车辆换道的复杂性以及目标车辆与周围车之间的交互行为,尤其在交通流密度很高甚至拥堵时更无法真实地体现车辆换道交互性。基于之前的研究调查,将车辆换道分为三种类型:自由换道、强制换道和协作换道。

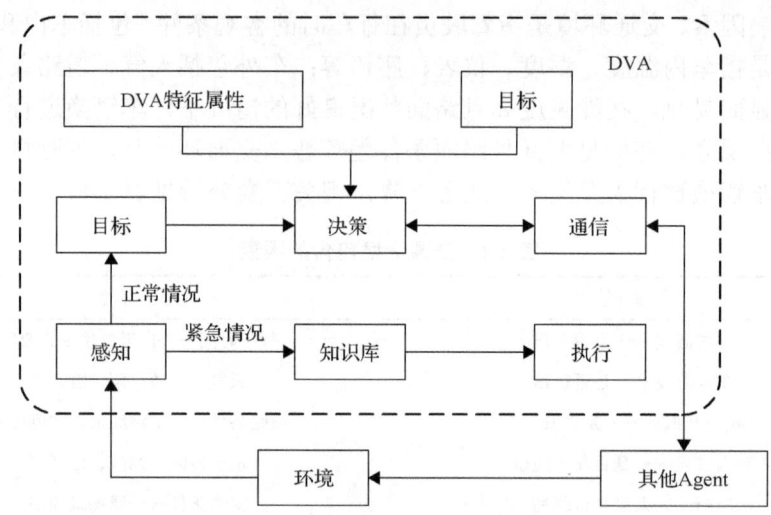

图 2.13 驾驶员-车辆行为体模型

由于车辆运行状态受周围交通环境等因素的影响，在三种不同的换道类型中，车辆换道过程中的交互行为也会表现出差异性：

（1）自由换道。交通流运行状态稳定且路况较好的自由换道过程中，车辆处于自由流状态，行驶自由度大，目标车辆与目标车道跟随车之间的交互作用不是很明显，可以很容易地换至目标车道而无须改变加速度，没有一定的换道约束。

（2）强制换道。在强制换道的过程中，目标车辆强制插入间隙，对于这一突发行为，基于驾驶员反应时间的考虑，可能目标车辆车身大部分进入目标车道时，跟随车才会被迫以最大减速度减速，致使后续车辆紧急制动，对后续车流形成冲击，致使交通流产生扰动，破坏其稳定性。

（3）协作换道。车辆之间的交互行为在协作换道过程中较为明显。目标车辆首先会打开转向灯向跟随车发出换道请求，表明换道意图，跟随车对接收的请求进行评价继而决定是否参与协作换道。随之，目标车辆会根据调整之后的车辆位置关系和跟随车的速度对收到的响应再次做出评价，若符合换道标准，执行协作换道；若请求被第一辆跟随车拒绝，目标车辆只能调整自身速度并向车队序列中的下一辆跟随车发出换道请求。此过程可能需持续几秒，其间目标车辆也可能因此放弃换道。

根据以上分析可知，在目标车辆执行换道操作时，目标车辆与目标车道跟随车之间的交互关系最为明显，本车道及目标车道假定前导车在换道过程中通常是被动的，是对目标车辆和跟随车的限制，目标车辆主要与目标车道跟随车之间存在交互行为，因此本章仅对目标车辆与目标车道跟随车的交互行为进行分析，其他车辆暂不做探讨。

2.5 车辆换道交互行为模式划分

为探究车辆换道过程交互行为,分析其相对运动变化是关键。由上述分析可知,在车辆换道过程会有不同的换道模式,因驾驶员类型及换道模式的不同,所体现的交互特性也不同。例如,与自由换道和强制换道相关的操作通常在决策之后的短时间内就会实施,而协作换道是目标车辆与周围车辆之间一个交互的过程,较为复杂且持续时间较长,因此强制换道和自由换道被看作瞬间事件,而协作换道则被看作一个协商沟通的过程。本节基于间隙接受对车辆换道过程中的交互行为模式进行探讨,深入剖析车辆交互行为运行机理,为车辆换道模型的建立提供理论基础。

2.5.1 交互行为间隙接受模型

换道过程中车辆之间的相互作用位置关系如图 2.14 所示。某时刻,目标车辆 M 试图换入目标车道;M2 车为当前车道目标车辆 M 的前导车,F1、F、F2 车为目标车道上的车辆,可能会影响目标车辆 M 或者受其影响作用。F1 车和 F 车分别是目标车辆 M 换道后的潜在前导车和跟随车。如果目标车辆 M 此时不能成功换入目标车道,那么目标车辆 M 会在当前车道调整速度等待下一间隙,进而可能成为 F 车或 F2 车的跟随车。G_1 是 F1 车和 F 车之间的初始间隙,$H_{M,F}$ 是目标车辆 M 与 F 车之间的车头间距,用来判定是否必要执行协作换道。

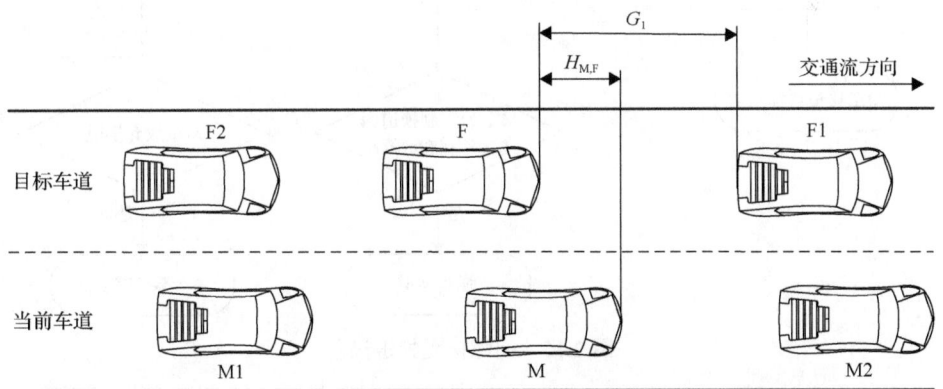

图 2.14 车辆换道相互作用位置关系

车辆换道过程换道模式间隙接受模型如图 2.15 所示。在确定目标车道之后,目标车辆 M 则会检查当前间隙从而决定换道模式:强制换道、自由换道、协作换道或不换道。若是向跟随车 F 发出换道请求,那么这时只有协作换道模式可供选择。但若执行自由或者强制换道模式,这时目标车辆 M 可能会在随后的一段时间内移至目标车道。当接收到目标车辆 M 的换道请求后,跟随车 F 就必须根据车头间距 $H_{M,F}$ 决定是否避让,而这与驾驶员的特性是密切相关的。如果跟随车 F 驾驶员选择谦让,则执行协作换道模式,目标车辆 M 会再次检查邻道间隙 G_1 直至换道成功;否则,车辆 M 会考虑采取强制换道模式或调整速度等待其他间隙汇入(F1 或 F2 车的前方间隙)。基于 Agent 技术对目标车辆 M 和 F1、F、F2 车进行建模,将每一辆车比作一个 Agent,其详细的交流及策略接收流程如图 2.15 所示。

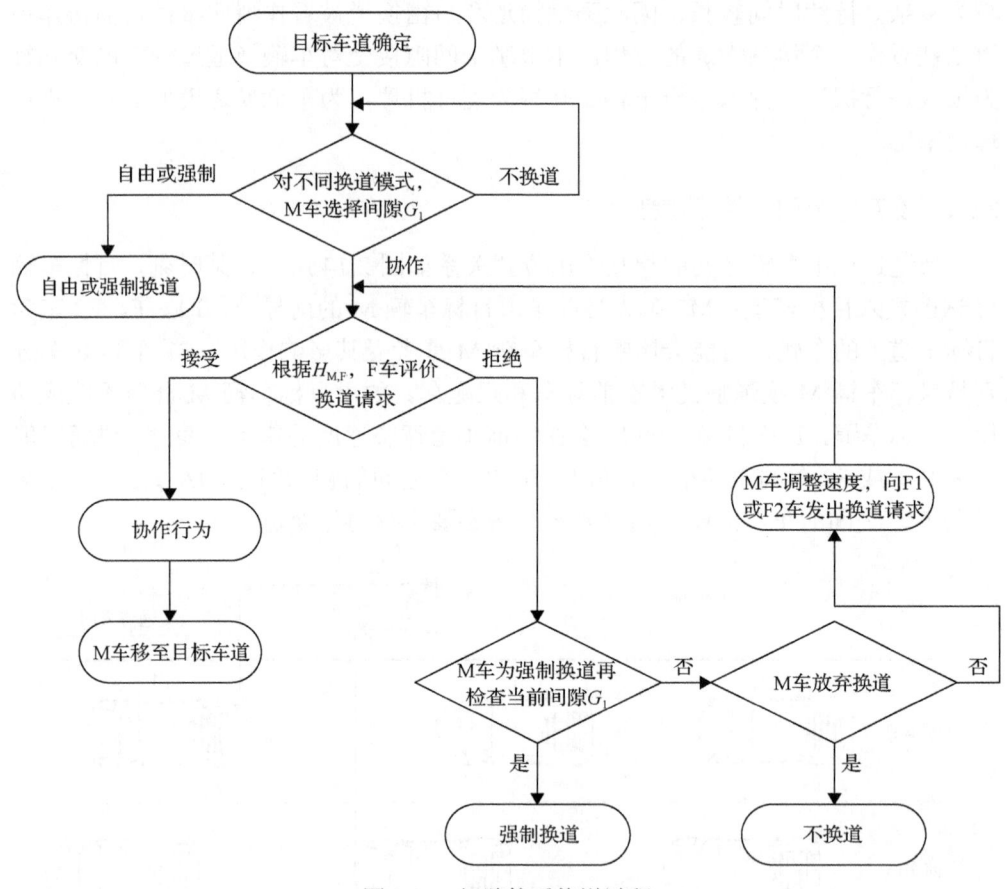

图 2.15 间隙接受换道过程

2.5.2 交互行为模式判定

为区别强制换道与协作换道,除识别转向灯外,也可以通过记录目标车辆与目标车道跟随车的间距在换道前 3s 和换道后 3s 的变化规律来实现。如果在汇入点之前,间隙不断增加,那么此换道为协作换道过程;若间隙在汇入点之前或大或小,换道过程完成才开始变大,那么就可以假设目标车辆迫使跟随车减速。在不同的交通流运行状态下,可能发生的换道模式如图 2.16 所示。对于目标间隙 G_1,将其划分为 6 个区间:区间 1~区间 6。由图可知,间隙 G_1 在区间 1、2、4、6 的任意一个区间内,车辆都具有唯一的换道模式,分别是不换道、强制换道、协作换道和自由换道。但是,当间隙 G_1 在区间 3 或 5 内时,阴影部分出现交叉,也就意味着此时换道模式可能有两种。为明确车辆换道模式,就需要制定相关的判定标准对换道模式的选取进行划分,即每一种换道模式发生的限定条件,相应能够得到各换道模式发生的概率。

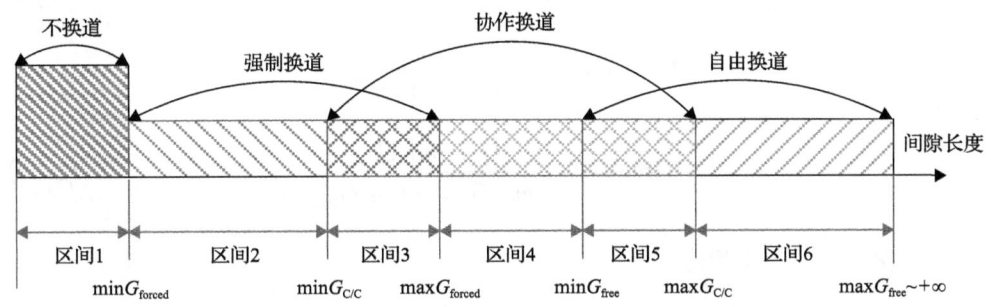

图 2.16 不同换道模式下目标车道间隙长度变化

(1) 区间 1:不发生换道。

$$G_1 < \min G_{\text{forced}} \tag{2-41}$$

$$P(\text{forced}) = 0, \quad P(\text{C/C}) = 0, \quad P(\text{free}) = 0 \tag{2-42}$$

(2) 区间 2:强制换道。

$$G_1 \geqslant \min G_{\text{forced}}, \quad G_1 < \min(\min G_{\text{C/C}}, \max G_{\text{forced}}) \tag{2-43}$$

$$P(\text{forced}) = 1, \quad P(\text{free}) = 0, \quad P(\text{C/C}) = 0 \tag{2-44}$$

(3) 区间 3:强制换道或者协作换道。

$$G_1 \geqslant \min G_{\text{C/C}}, \quad G_1 < \max G_{\text{forced}} \tag{2-45}$$

$$P(\text{forced}) = \frac{G_1 - \min G_{\text{C/C}}}{\max G_{\text{forced}} - \min G_{\text{C/C}}} \tag{2-46}$$

$$P(\text{C/C}) = 1 - \frac{G_1 - \min G_{\text{C/C}}}{\max G_{\text{forced}} - \min G_{\text{C/C}}} \tag{2-47}$$

$$P(\text{free}) = 0 \tag{2-48}$$

(4) 区间 4：协作换道。

$$G_1 \geqslant \max(\min G_{C/C}, \max G_{forced}), \ G_1 \leqslant \min(\min G_{free}, \max G_{C/C}) \quad (2\text{-}49)$$

$$P(\text{forced}) = 0, \ P(C/C) = 1, \ P(\text{free}) = 0 \quad (2\text{-}50)$$

(5) 区间 5：协作或者自由换道。

$$G_1 \geqslant \min G_{free}, \ G_1 < \max G_{C/C} \quad (2\text{-}51)$$

$$P(\text{forced}) = 0 \quad (2\text{-}52)$$

$$P(C/C) = \frac{G_1 - \min G_{free}}{\max G_{C/C} - \min G_{free}} \quad (2\text{-}53)$$

$$P(\text{free}) = 1 - \frac{G_1 - \min G_{free}}{\max G_{C/C} - \min G_{free}} \quad (2\text{-}54)$$

(6) 区间 6：自由换道。

$$G_1 \geqslant \max(\min G_{free}, \max G_{C/C}) \quad (2\text{-}55)$$

$$P(\text{forced}) = 0, \ P(C/C) = 0, \ P(\text{free}) = 1 \quad (2\text{-}56)$$

式中，G_1 为目标车道的初始间隙；$\min G_{forced}$ 为强制换道模式的最小间隙；$\min G_{C/C}$ 为协作换道模式的最小间隙；$\max G_{forced}$ 为强制换道模式的最大间隙；$\min G_{free}$ 为自由换道模式的最小间隙；$\max G_{C/C}$ 为协作换道模式的最大间隙；$\max G_{free}$ 为自由换道模式的最大间隙，此处假设为 $+\infty$。

2.6　基于间隙接受的换道交互行为决策分析

2.6.1　目标车辆交互决策分析

当目标车辆选择强制换道模式时，①目标车道的初始相邻间隙 G_1 大于目标车辆车身长度与换道初始最小安全间隙之和。②换道结束时，跟随车做减速操作，目标车辆与其间距至少为车身长度与最小安全间隙之和。③车辆驾驶员的激进度大于某个值 E 时，如果初始间隙 G_1 大于车身长度与最小安全间隙之和，但比自由换道的最小安全间隙小，那么选择协作换道模式；否则，选择自由换道模式。在此假设下，当驾驶员的激进度超过一定值 E 时，才考虑选择强制换道模式，相关规则的表达式如下：

(1) 自由换道模式。

$$G_1 \geqslant G_{\text{free}} \tag{2-57}$$

(2) 协作换道模式。

$$G_1 \geqslant G_{\min} + L_M \tag{2-58}$$

$$G_1 < G_{\text{free}} \tag{2-59}$$

$$\lambda_M < E \tag{2-60}$$

(3) 强制换道模式。

$$G_1 \geqslant G_{\min} + L_M \tag{2-61}$$

$$G_1 + d_{F1} - d_{\text{Fforced}} \geqslant G_{\min} + L_M \tag{2-62}$$

$$\lambda_M \geqslant E \tag{2-63}$$

式中，λ_M 为驾驶员的激进度；E 为目标车辆选择强制换道模式的最小激进度；L_M 为目标车辆 M 的车身长度；d_{F1} 为换道时间内 F1 车行驶的距离，通过式 $d_{F1}=v_{F1}t_{LC}$ 计算，v_{F1} 为 F1 车的速度，t_{LC} 为车辆换道时间；d_{Fforced} 为跟随车 F 以减速度 $D_{\max}$ 行驶过的距离，通过式 $d_{\text{Fforced}} = v_F t_{LC} - 0.5 D_{\max} t_{LC}^2$，$v_F$ 为 F 车的速度；$G_{\min}$ 为最小安全间隙。

在此模型中，如果 G_1 太小以至于不满足换道条件 ($G_1 < G_{\min} + L_M$)，则目标车辆将对下一个相邻间隙做评价，尝试下一次的换道操作。此外，车辆在道路上运行所表现的行为是驾驶员特性与完成决策操作共同作用的结果，式(2-60)和式(2-63)的驾驶员激进度会随着拒绝换道请求次数的增加而增加。

2.6.2 跟随车交互决策分析

当采取协作换道时，目标车辆 M 将会给目标车道的跟随车 F 发送换道请求(通过转向灯)，等待跟随车 F 的响应。这时，跟随车 F 根据接收的换道请求对以下两种操作进行决策：①接受换道请求，则执行协作换道模式；②拒绝换道请求，则保持原速或加速行驶。本节利用目标车辆 M 和跟随车 F 的车头间距 $H_{M,F}$ 来判定跟随车 F 对换道请求的决策响应，并对影响车头间距 $H_{M,F}$ 的因素组成进行分析，如图 2.17 所示，状态 0 对应初始时刻状态，状态 1 对应调整后状态。假设跟随车 F 接受目标车辆 M 所提出的协作换道请求，则应该满足以下关系式：

$$H_{M,F} > d_F - d_M + L_M + G_{\min} \tag{2-64}$$

式中，$H_{M,F}$ 为目标车辆 M 和跟随车 F 的车头间距；d_F 为跟随车 F 在换道时间内行驶的距离，通过式 $d_F = v_F t_{LC} - 0.5 D_F t_{LC}^2$ 计算，v_F 为跟随车 F 的速度，t_{LC} 为车辆换道时间，D_F 为跟随车 F 的减速度；d_M 为目标车辆 M 在换道过程中行驶过的距离，通过式 $d_M = v_M t_{LC}$ 计算，v_M 为目标车辆速度；G_{min} 为目标车辆与跟随车之间的最小安全间隙。

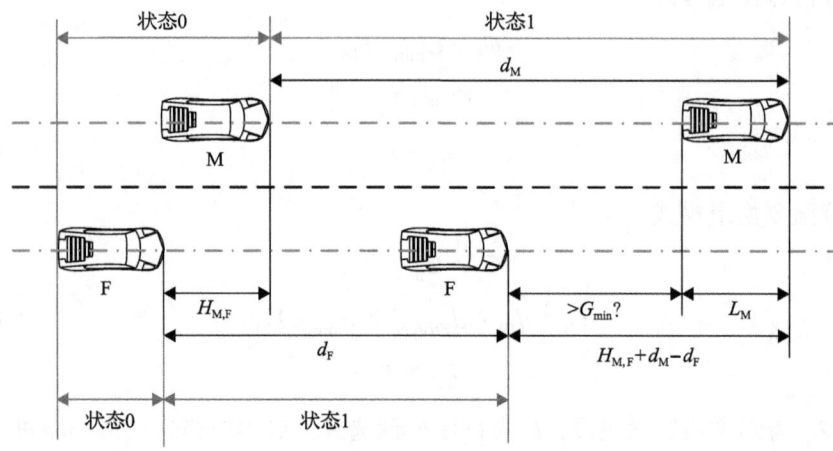

图 2.17　目标车辆 M 和跟随车 F 交互状态演变过程

式(2-64)表明，在换道操作的最后，$H_{M,F}$（汇入之前）能够保证目标车辆 M 和跟随车 F 的车头间距大于 $L_M + G_{min}$。

1. 竞争行为

如图 2.18 所示，当 $H_{M,F}$ 不被接受时，即跟随车 F 拒绝换道请求。在该情况下，跟随车 F 的响应需要进行再次评价。可能存在两种可能：①跟随车 F 维持当前速度行进；②跟随车 F 决定加速。下面将对这两种情况进行详细阐述。

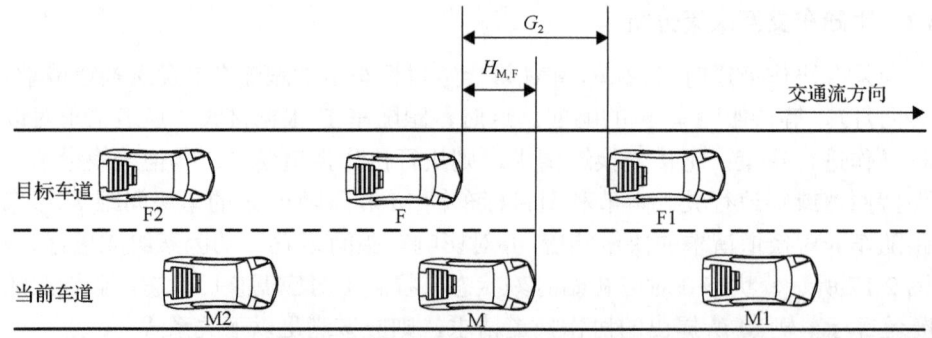

图 2.18　跟随车 F 拒绝换道请求后车辆相对位置关系

1）跟随车 F 维持当前速度

当跟随车 F 的驾驶员属于正常/防御型时，可能会拒绝此换道请求，并保持当前的跟驰状态行进。在此情况下,目标车辆 M 只能试图采取强制换道或考虑将跟随车 F1/F 作为候选跟随车,并同时调整速度以适应当前车流运行状态。而目标车辆的驾驶员类型成为决定性因素,目标车辆激进型驾驶员会试图执行强制换道模式,此时,目标车辆 M 将跟随车 F 视为前导车,其速度可根据当前车道跟驰行为相关公式进行计算。与此同时,目标车辆锁定跟随车 F2 为候选跟随车,不断地调整速度以待下一次的换道尝试。那么,在换道过程中的 t 时刻,目标车辆 M 的速度为

$$v_M(t) = \begin{cases} \max[v_M(0) - D_{\max}t, \ v_{F1}(0) - \beta_M D_{\max}t], & v_M > v_F, \ 0 < t < t_{LC} \\ \min[v_M(0) + A_{\max}t, \ v_{F1}(0) - \beta_M D_{\max}t], & v_M \leqslant v_F, \ 0 < t < t_{LC} \end{cases} \quad (2\text{-}65)$$

式中,$v_M(t)$ 为 t 时刻目标车辆 M 的速度;$v_M(0)$ 为目标车辆 M 的初始速度;$v_{F1}(0)$ 为 F1 车的初始速度;$D_{\max}$ 为 t 时刻 F1 车的最大减速度;$A_{\max}$ 为 t 时刻目标车辆 M 的最大加速度;β_M 为与目标车辆减速度参数相关的驾驶员激进度无量纲系数。

由式(2-65)可知,目标车辆 M 试图以减速度 $\beta_M D_{\max}$ 减速到小于跟随车 F 的速度,这表明目标车辆试图换入跟随车 F2 的前方间隙。

若目标车辆 M 将跟随车 F1 视为候选跟随车,那么目标车辆 M 在 t 时刻的速度为

$$v_M(t) = \begin{cases} \max[v_M(0) - D_{\max}t, \ v_{F1}(0) + \beta_M D_{\max}t], & v_M > v_F, \ 0 < t < t_{LC} \\ \min[v_M(0) + A_{\max}t, \ v_{F1}(0) + \beta_M D_{\max}t], & v_M \leqslant v_F, \ 0 < t < t_{LC} \end{cases} \quad (2\text{-}66)$$

式中,$v_{F1}(0)$ 为 F1 车的初始速度;其他参数含义同上文。

上述公式表明目标车辆 M 以 $\beta_M D_{\max}$ 加速至大于 F1 车的速度,试图换入跟随车 F1 前方间隙。

2) 跟随车 F 选择加速

若跟随车 F 驾驶员属于激进型,则换道请求可能会被拒绝,且跟随车 F 会加速运动以至于目标车辆 M 不能强制换入目标车道,在此情况下,跟随车 F1 和 F2 将保持原有的跟驰状态。跟随车 F 加速后,间隙 G_2 会增加至 $\beta_{G_1}(G_{\min}+L_M)$,这时会阻止此换道操作,则跟随车 F 的速度为

$$v_F(t) = v_F(0) + \min\left[A_{\max}, \frac{G_2 - \beta_{G_1}(G_{\min}+L_M)}{t_{LC}}\right] \quad (2\text{-}67)$$

式中,$v_F(t)$ 为跟随车执行换道操作后的速度;β_{G_1} 为与间隙接受参数相关的驾驶员激进度,待标定。

在此情况下,目标车辆 M 不得不将跟随车 F2 或者 F1 作为新的候选跟随车,

并根据式(2-66)和式(2-67)对速度进行调整,以适应当前车流运行状态。

2. 协作行为

为避免与汇入车辆冲突,如果间隙 G_1 被接受,跟随车 F 可能选择接受换道请求。在此情况下,跟随车 F 会以减速行动来响应换道请求,如图 2.19 所示。当目标车辆 M 试图加速至间隙 G_3 的中心位置时,目标车辆 M 和跟随车 F1 的速度可根据下面公式计算:

$$v_F(t)=\begin{cases} \max[v_F(0)-D_{\max}t,\ v_M(0)-\beta_F D_{\max}],\ & v_F > v_M \\ v_M(0)-\beta_F D_{\max}, & v_F \leqslant v_M \end{cases} \quad (2\text{-}68)$$

$$v_M(t)=\begin{cases} \min[v_F(0)+A_{\max}t,\ v_M(0)+d],\ & d>0 \\ \max[v_M(0)-D_{\max}t,\ v_M(0)+d],\ & d \leqslant 0 \end{cases} \quad (2\text{-}69)$$

式中,β_F 为与跟随车 F 减速度参数相关的驾驶员激进度,待标定;d 为目标车辆初始位置至间隙 G_3 中心位置的距离;其他参数含义同上文。

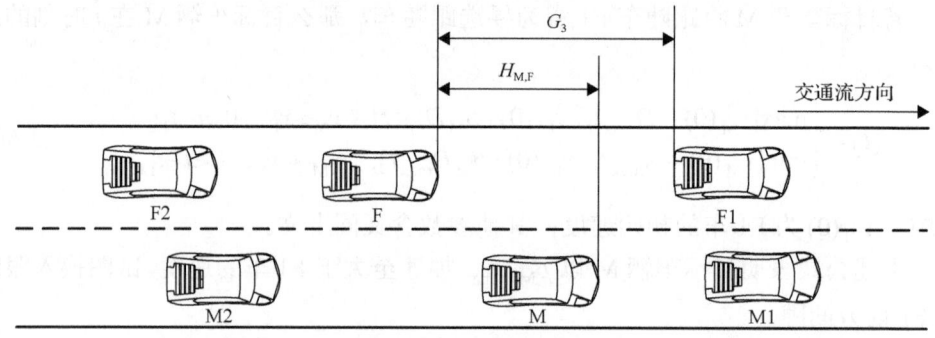

图 2.19 协作换道场景跟随车 F 接受换道请求后车辆相对位置关系

2.7 基于最小安全距离的车辆换道交互行为建模

2.7.1 模型假设

如图 2.20 所示,假设目标车道上的 F 车始终在目标车道上行驶,其横向加速度为 0,即行驶过程横向位移为 0;目标车辆 M 在 $t=0$ 时刻进行换道操作,$\theta(t)$ 为 t 时刻目标车辆中心线与道路纵向的夹角,可得

$$\tan(\theta(t)) = \frac{\partial y_1(t)}{\partial x_M(t)} = \frac{\partial y_1(t)/\partial t}{\partial x_M(t)/\partial t} = \frac{v_1(t)}{v_M(t)} \quad (2\text{-}70)$$

式中，$y_1(t)$ 和 $x_M(t)$ 分别表示目标车辆 M 的横向位移和纵向位移；v_1 和 v_M 分别表示目标车辆 M 的横向速度和纵向速度。

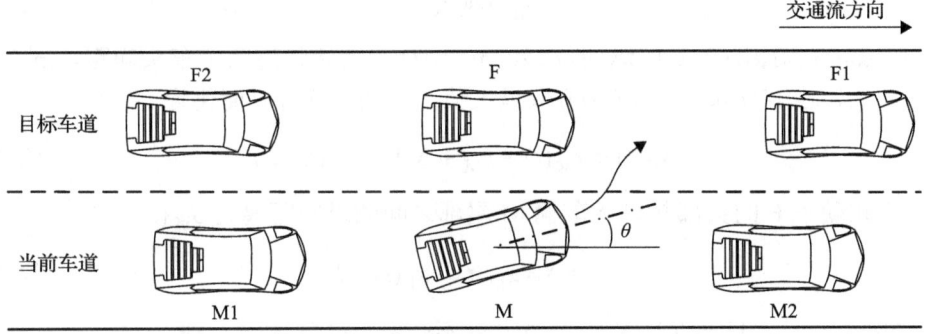

图 2.20　车辆换道场景基本示意图

为保证目标车辆 M 安全换道，应该保证跟随车 F 与目标车辆 M 在换道过程不发生碰撞。假设 O 点为目标车辆 M 左下角点，C 点为跟随车 F 与目标车辆 M 的临界碰撞点。通过研究分析发现，跟随车 F 与目标车辆 M 在 C 点之前，易发生斜向碰撞与斜向刮擦；目标车辆 M 换道完成时，易与跟随车 F 发生追尾事故，其临界状态如图 2.21 所示。

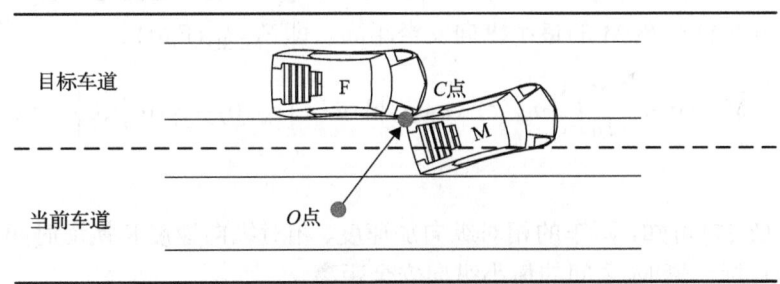

图 2.21　跟随车 F 与目标车辆 M 临界碰撞示意图

用 t_C 表示目标车辆 M 从换道起始位置行驶至临界碰撞点 C 所用的时间，T 表示车辆完成换道的时间，那么当 $t=t_C$ 时，目标车辆 M 左下角（O 点）的横向位移应满足

$$y_1(t) - L_M \sin(\theta(t)) = S \tag{2-71}$$

式中，L_M 为目标车辆 M 的车长，m；S 为相邻车道上车辆走过的横向距离，m。

联立式(2-70)和式(2-71)，可得

$$y_1(t) - L_M \frac{v_1(t)}{\sqrt{v_1^2(t) + v_M^2(t)}} = S \tag{2-72}$$

考虑车辆换道过程中所有潜在的碰撞，则跟随车 F 与目标车辆 M 避免碰撞的条件为

$$x_F(t) < x_M(t) - L_M \cos(\theta(t)) - \Delta D, \quad t \in (t_C, T) \tag{2-73}$$

式中，$x_F(t)$ 为跟随车 F 的纵向位移，m；ΔD 为初始状态两车车头间距，m。

那么，当 $t \geq t_C$ 时，$\cos(\theta(t))$ 取最大值，式(2-73)可以简化为

$$x_F(t) < x_M(t) - L_M - \Delta D, \quad t \in (t_C, T) \tag{2-74}$$

设跟随车 F 的头部与目标车辆 M 尾部之间的纵向距离为 $S_{纵}(t)$：

$$S_{纵}(t) = x_M(t) - x_F(t) - L_M \tag{2-75}$$

在 $t \geq t_C$ 时，只要保证 $S_{纵}(t) > 0$，就不会发生任何碰撞，则

$$S_{纵}(t) = S_{纵}(0) + \int_0^t \int_0^\tau [a_M(\tau) - a_F(\tau)] \mathrm{d}\tau \mathrm{d}\lambda + [v_M(0) - v_F(0)]t > 0, \quad t \in (t_C, T) \tag{2-76}$$

式中，$a_F(\tau)$、$a_M(\tau)$ 分别为跟随车 F、目标车辆 M 的纵向加速度；$S_{纵}(0) = x_M(0) - x_F(0) - L_M$ 为跟随车 F 和目标车辆 M 的初始纵向间距。

跟随车 F 和目标车辆 M 不发生任何碰撞的 $S_{纵}(0)$ 最小值就是要求车辆换道时跟随车 F 和目标车辆 M 的最小纵向安全距离，即 $S_{\mathrm{MLSD}}(F,M)$：

$$S_{\mathrm{MLSD}}(F,M) = \max\left\{\int_0^t \int_0^\tau [a_M(\tau) - a_F(\tau)] \mathrm{d}\tau \mathrm{d}\lambda + [v_M(0) - v_F(0)]t, 0\right\}, \quad t \in (t_C, T) \tag{2-77}$$

由式(2-77)可知，两车的相对纵向加速度、相对纵向速度和换道时间 t 决定跟随车 F 和目标车辆 M 之间的最小纵向安全距离。

2.7.2 模型建立

车辆的换道行为是驾驶员根据自身的驾驶特性，为满足自己的驾驶意图，通过对本车周围的交通场景，包括相邻车辆的速度及间距等因素进行综合分析，将车辆驶到交通场景更优越的车道上的决策过程。在换道过程中，跟随车 F 易与目标车辆 M 发生斜向碰撞或斜向刮擦；在换道完成时，跟随车 F 与目标车辆 M 易发生追尾。由于车辆换道交通场景的复杂性，跟随车 F 与目标车辆 M 在三种换道类型中所表现的特性不同。目标车辆 M 根据交通状况，在换道过程中一般采取纵向速度恒定和加速换道两种换道方式。跟随车 F 在三种换道类型中所采取的措施与目标车辆 M 采取的换道方式密切相关。针对三种不同的换道类型，本节对跟随车 F 与目标车辆 M 在车辆换道过程中的交互行为以及安全换道进行分析。

1. 自由换道

自由换道过程中,交通流较稳定,目标车道交通流不会因为目标车辆的汇入而产生波动,目标车辆 M 约束条件较小,跟随车 F 可以保持初始状态匀速行驶,跟随车 F 与目标车辆 M 之间的交互行为主要取决于目标车辆 M 的行为变化。因此,为保证跟随车 F 匀速行驶,$v_M(0)-v_F(0) \geq 0$,只需两车初始间距大于零即可;当 $v_M(0)-v_F(0) < 0$ 时,若目标车辆 M 恒速行驶,则可保证式(2-77)成立,即

$$S_{纵}(t) = S_{纵}(0) + [v_M(0)-v_F(0)]t > 0, \quad t \in (t_C, T) \tag{2-78}$$

因此,

$$S_{MLSD}(F,M) = \max[(v_F - v_M)t], \quad t \in (t_C, T) \tag{2-79}$$

此时,跟随车 F 和目标车辆 M 的相对速度恒为常数,则式(2-79)可转化为

$$S_{MLSD}(F,M) = \max \begin{cases} (v_M - v_F)T, & t \in (t_C, T) \\ (v_M - v_F)t_C, & 其他 \end{cases} \tag{2-80}$$

当目标车辆 M 加速换道时,得

$$S_{纵}(t) = S_{纵}(0) + \int_0^t \int_0^\tau a_M(\tau) \mathrm{d}\tau \mathrm{d}\lambda + [v_M(0)-v_F(0)]t > 0, \quad t \in (t_C, T) \tag{2-81}$$

为保证换道的安全性,目标车辆 M 在加速换道完成后,其速度应该同目标车道上的车速保持一致,则目标车辆 M 在 t_{during} 时间过后的车速等于 v_F,此后加速度为 0。假设目标车辆 M 做匀变速运动,因此车辆 M 变道时的纵向加速度 a_M 为

$$a_M = \begin{cases} \dfrac{v_F - v_M}{t_{during}}, & t \leq t_{during} \\ 0, & 其他 \end{cases} \tag{2-82}$$

结合式(2-77)和式(2-81),跟随车 F 与目标车辆 M 不发生碰撞的条件为

$$S_{MLSD}(F,M) = \begin{cases} \dfrac{1}{2}(v_F - v_M)T, & t \in (t_C, T) \\ \dfrac{1}{2}(v_F - v_M)t_C, & 其他 \end{cases} \tag{2-83}$$

2. 强制换道

强制换道过程中,目标车辆 M 插入跟随车 F 前面,跟随车 F 需以最大的减速

度紧急减速，相当于一个紧急制动的过程，图 2.22 为跟随车 F 制动过程中减速度随时间的变化图。设 t_r 为驾驶员接收到信号到车辆运行状态发生改变的时间，一般取 0.8~1.0s；t_i 为跟随车 F 减速度的增长时间，一般取 0.1~0.2s；t_d 为制动过程持续时间。

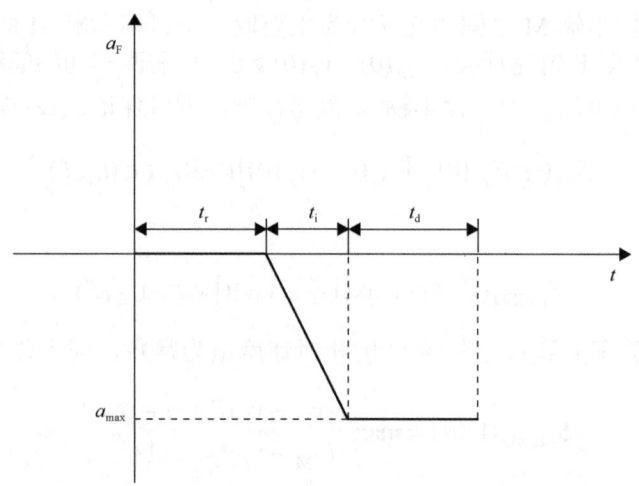

图 2.22　跟随车 F 在强制换道过程中减速度变化图

在 t_r 阶段，驾驶员处于反应阶段，此过程中车辆速度不变，则跟随车 F 行驶的路程为

$$S_r = v_F(0)t_r \tag{2-84}$$

根据图 2.22，可求出 t_i 任意时段跟随车 F 的速度为

$$v_F(t) = v_F(0) + \frac{a_{\max}t^2}{2t_i} \tag{2-85}$$

对式(2-85)积分，可得跟随车 F 在此阶段的路程为

$$S_i = v_F(0)t_i + \frac{a_{\max}t_i^2}{6} \tag{2-86}$$

在车辆处于 t_d 阶段时，制动加速度恒定，假设在 t_d 阶段末，车辆刚好完成制动过程，则可得 $t_d = v_0/a_{\max} - t_i/2$，该阶段跟随车 F 行驶的路程为

$$S_d = -\frac{v_F^2(0)}{2a_{\max}} - \frac{v_F(0)t_i}{2} - \frac{a_{\max}t_i^2}{8} \tag{2-87}$$

所以跟随车 F 总的制动距离为前三阶段所行驶的距离之和，大小为

$$S = v_F(0)\left(t_r + \frac{t_i}{2}\right) - \frac{v_F^2(0)}{2a_{max}} + \frac{a_{max}t_i^2}{24} \tag{2-88}$$

(1) 若目标车辆 M 以恒定的纵向速度换道，则由式(2-76)可得

$$S_{纵}(t) = S_{纵}(0) + v_M(0)(t_r + t_i + t_d) - v_F(0)\left(t_r + \frac{t_i}{2}\right) + \frac{v_F^2(0)}{2a_{max}} - \frac{a_{max}t_i^2}{24} \tag{2-89}$$

(2) 若目标车辆 M 加速换道，则由式(2-76)可得

$$S_{纵}(t) = S_{纵}(0) + \frac{1}{2}[v_F(0) + v_M(0)](t_r + t_i + t_d) - v_F(0)\left(t_r + \frac{t_i}{2}\right) + \frac{v_F^2(0)}{2a_{max}} - \frac{a_{max}t_i^2}{24} \tag{2-90}$$

3. 协作换道

协作换道过程中，跟随车 F 为避让目标车辆 M 需减速，但是考虑到行车效率的因素，跟随车 F 无须同强制换道一样以最大减速度减速，只需以一定的减速度做减速运动，为目标车辆 M 创造更大的换道空间协助其完成换道操作。此时，跟随车 F 为保证自己的行车效率，无须以 a_{max} 减速。

(1) 若目标车辆 M 以恒定的纵向速度换道，则由式(2-76)可得

$$S_{纵}(t) = S_{纵}(0) + v_M(0)(t_r + t_i + t_d) - v_F(0)\left(t_r + \frac{t_i}{2}\right) + \frac{v_F^2(0)}{2a_F} - \frac{a_F t_i^2}{24} \tag{2-91}$$

式中，a_F 表示协作换道过程中跟随车 F 采取的加速度大小，m/s²。

(2) 若目标车辆 M 加速换道，则由式(2-76)可得

$$S_{纵}(t) = S_{纵}(0) + \frac{1}{2}[v_F(0) + v_M(0)](t_r + t_i + t_d) - v_F(0)\left(t_r + \frac{t_i}{2}\right) + \frac{v_F^2(0)}{2a_F} - \frac{a_F t_i^2}{24} \tag{2-92}$$

2.8 仿真分析

基于上述研究，利用汽车驾驶电子学习室(宣爱 QJ-4B1)进行交通仿真分析，选 9 名有 2 年以上驾驶经验操作熟练的驾驶员，随机 3 人一组，分别在单车道交通量为 600pcu/h、900pcu/h、500pcu/h 的情况下进行仿真试验，车辆平均期望速度分别为 70km/h、60km/h、40km/h，道路为双向六车道，设置中央分隔带，在平

直路段允许车辆超车,道路等级为城市主干路。试验中,驾驶员分别驾驶试验车辆按照交通规则行车,并且要求在路段某一特定区间内必须换道到目标车道行驶,目标车道设置为最左侧车道,在进入换道区域时车辆禁止在目标车道行驶,并且记录在换道过程中目标车道上跟随车(类似跟随车 F)的标号。试验后对试验车和目标车道跟随车的行驶数据进行数理统计分析,验证模型的准确性和适用性。

图 2.23～图 2.25 分别为驾驶员在单车道交通量为 600pcu/h、900pcu/h、500pcu/h 情况下完成试验的车辆行驶数据。横坐标表示试验车车头进入换道区域的时间,纵坐标表示车辆在要求换道区域的行驶距离。目标车辆 M 代表试验车,跟随车 F 表示目标车道的跟随车。

(1)由图 2.23 可知,该情况下交通流处于自由流状态,试验车辆的换道行为基本不对目标车道跟随车造成影响,而且车辆速度基本在一个小范围内波动,交通流整体保持稳定。M1、M2、M3 车在进入换道区域后立即开始换道,并且在很短的时间内完成换道。M1 车换道时速度基本保持不变,主要原因是 M1 车在进入

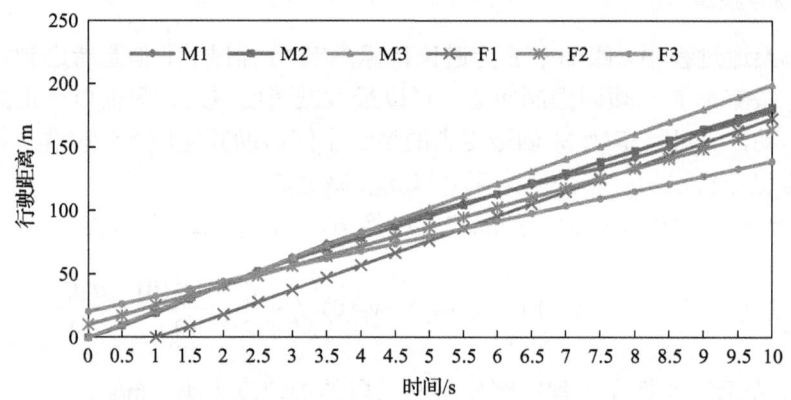

图 2.23 单车道交通量为 600pcu/h 情况下完成试验的车辆行驶数据

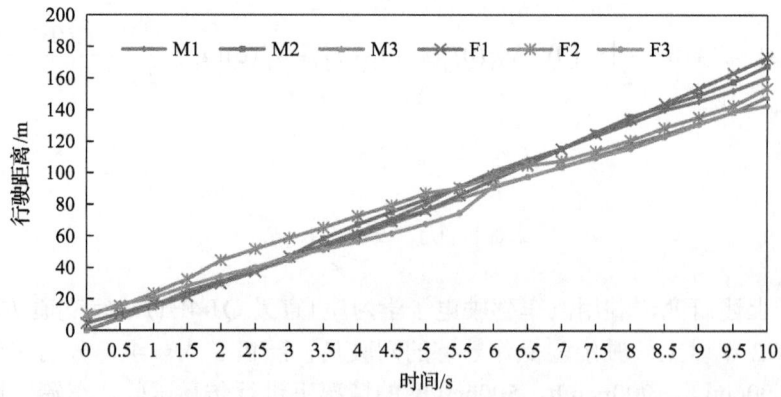

图 2.24 单车道交通量为 900pcu/h 情况下完成试验的车辆行驶数据

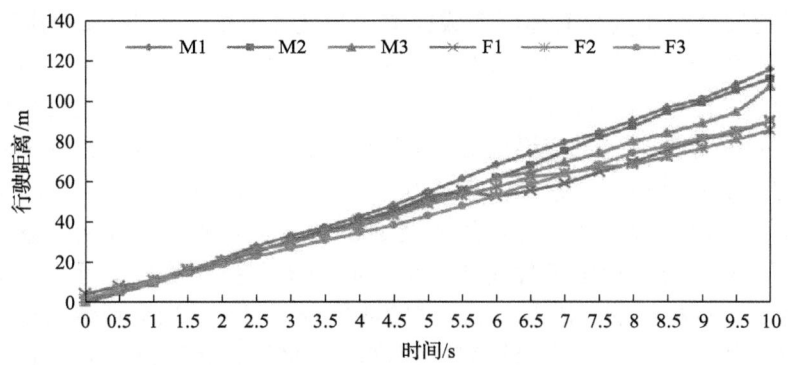

图 2.25 单车道交通量为 500pcu/h 情况下完成试验的车辆行驶数据

换道区域后，F1 车在其后方行驶，并且速度基本相同，所以 M1 车选择恒速换道；M2 车和 M3 车选择加速换道，主要原因是驾驶员意识到 F2 车和 F3 车速度较慢，并且在试验车前方，所以驾驶员选择超越 F2 车和 F3 车并顺势完成换道。无论选择哪种换道方式，跟随车的行为基本不受目标车辆的影响。

(2) 由图 2.24 可知，该情况下交通流处于齐头并进的同步流状态，道路通行效率较高。M1 车在进入换道区域 4s 左右时刻发生换道行为，速度略有提高，F1 车速度略有减小，完成换道后两车保持合理间距行车；M2 车在进入换道区域 6.5s 后发生换道行为，速度迅速提高，F2 车速度也迅速降低，在完成换道后，两车速度逐渐恢复同步状态；M3 车和 F3 车的换道交互行为与 M1 车和 F1 车相似。可以得知，M1 车和 M3 车换道过程中发生了协作换道，目标车辆 M 与跟随车 F 之间进行了一次友好的协作，跟随车在尽量减少对自己影响的条件下适当减速进行避让，目标车辆 M 以适当速度进行换道，整个过程安全顺利。而 M2 车发生了强制换道，M2 车驾驶员在发现试验车即将驶出换道要求区域的情况下，通过加速手段进行强制换道，致使目标车道跟随车采取紧急制动措施，以确保不发生追尾事故，交通流发生严重波动。

(3) 由图 2.25 可知，该情况下交通流处于拥挤流状态，车流整体速度较慢，车间距较小。M1 车和 M2 车在发生换道行为时，目标车道的跟随车速度骤降，并且目标车辆与跟随车之间的间距非常小，当目标车辆完成换道后，跟随车逐步恢复初始速度，可知目标车辆发生了强制换道行为，其主要原因是该交通状态下，交通流密度较大，驾驶员很难选择合适的机会进行换道；M3 车与 F3 车完成协作换道行为，F3 车只需做适当减速，然后迅速恢复初始状态。

通过分析得知，在交通流处于自由流状态时，目标车辆基本完成自由换道行为，其换道行为对目标车道的跟随车影响较小，当目标车辆速度高于或等于跟随车速度时，目标车辆只需行驶在跟随车前方，并且保持恒速或加速换道即可安全完成自由换道行为；当目标车辆速度较小时，其不会选择超越前方车辆，而是等待后方换道安全间距到来时适时完成换道。当交通流处于齐头并进的同步流状态时，目标车辆与跟随车之间可发生强制换道和协作换道，但是发生协作换道的概率更大，目标车辆对目标车道交通流产生的影响较小，交通流逐步恢复原始状态，换道较为安全。当交通流处于高密度的拥挤流状态时，目标车辆与跟随车可发生强制换道和协作换道，但发生强制换道的概率更大，目标车辆对目标车道交通流影响较大，严重时可发生交通事故，主要原因是高密度条件下，车间距较小，车辆为按规定条件完成换道，必须采取强制性换道行为，这与实际交通场景是比较相似的。依据表2.5试验数据分析可知，当交通流处于同步流或拥挤流时，驾驶员采用协作换道可以提高车辆平均行程速度，减少延误，提高道路通行效率。

表 2.5 换道试验数据分析

交通状态	600pcu/h（自由流）			900pcu/h（同步流）			500pcu/h（拥挤流）		
试验编号	1	2	3	4	5	6	7	8	9
换道方式	自由	自由	自由	协作	强制	协作	强制	强制	协作
两车平均速度/(km/h)	63.24	62.21	60.91	59.95	57.82	52.35	37.04	35.34	35.54
两车平均延误/s	0	0	0	1.24	2.68	0.97	2.75	3.19	1.68

无论发生何种换道方式，车辆换道需求间距往往比所计算的距离要小，分析其原因主要是在实际交通场景中，驾驶员往往不仅观察紧随的前车和目标车道交通状况，还同时观察前方与其他车辆、道路条件以及远方信号灯等交通信息，可以在综合判断多种信息的基础上，及时做出反应，因而实际上，驾驶员很多情况下在小于换道安全间距的条件下完成换道行为。本次试验全部符合本节所研究的换道行为，并且实际换道间距与模型计算的安全换道间距误差较小，很好地验证了模型的准确性与适用性。

2.9 车辆换道实施过程决策树

2.9.1 换道行为决策优化理论基础

以实现换道行为决策效用最大化为目标，需要建立与车辆运行特性及其规律相符合的驾驶行为模型，合理描述随机且复杂的驾驶决策过程及不同决策层之间的独立性和相关性。

分层 Logit 模型是一种描述概率选择的非集计模型[68]，根据模型的计算结果，获取选择枝的最优解，将其应用于车辆行为模型中，能够描述车辆行驶过程中驾驶员的决策问题。其理论基础是假设在一个相互独立的选择枝的集合，个体单位决策时会选择具有最大效用的选择枝。如果假设个体单位 n 选择 i 的效用为 U_{in}，

则选择枝 i 的效用函数 U_{in} 为

$$U_{in} = V_{in} + \varepsilon_{in} \tag{2-93}$$

式中，V_{in} 为个体单位 n 选择 i 时，可观测要素向量的效用固定项；ε_{in} 为个体单位 n 选择 i 时，不可观测要素向量的效用随机项。

为计算方便，通常假设效用函数的固定项 V_{in} 呈线性分布，即

$$V_{in} = \sum_{k=1}^{K} \theta_k X_{kin} \tag{2-94}$$

式中，X_{kin} 为个体单位 n 选择 i 的第 k 个变量值；θ_k 为待估计值。

根据个体单位的主观倾向，将决策结果整合为树状形式的结构图，即为分层 Logit 模型的选择树，如图 2.26 所示。根据选择枝之间的不同特性，将相似性较大选择枝列为一层，不同类型的选择枝列为不同层次，而每一层视为一个阶梯，每一层的选择枝分别为该层次的节点。相似性较大的作为阶梯 1（位于选择树的下层），而相似性较小的另一层作为阶梯 2（位于选择树的上层）。

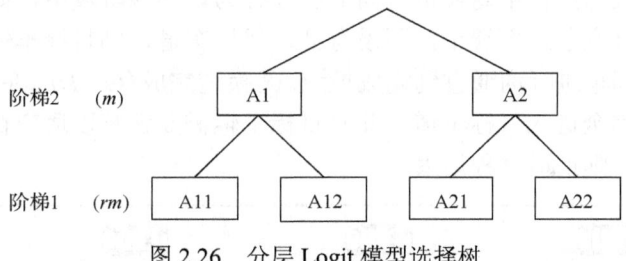

图 2.26　分层 Logit 模型选择树

若假设效用函数的随机项 ε_{in} 服从二重指数分布，且各变量之间相互独立，则个体单位 n 选择 i 的概率为

$$P_{in} = \frac{e^{V_{in}}}{\sum_{j=1}^{N} e^{V_{jn}}} \tag{2-95}$$

式中，P_{in} 为个体单位 n 选择 $i(i=1,2,\cdots,N)$ 的概率；N 为选择集中选择枝的个数。

个体单位选择阶梯 1 上的任意选择枝 (rm) 的概率为在 m 条件下选择 r 的条件概率 $P_n(r|m)$ 与选择 m 的概率 $P_n(m)$ 的乘积，表示为

$$P_n(m) = \frac{e^{\lambda_2 \left(V_{mn} + V_{mn}^*\right)}}{\sum_{m'=1}^{M_n} e^{\lambda_2 \left(V_{m'n} + V_{m'n}^*\right)}} \tag{2-96}$$

$$V_{mn}^* = \frac{1}{\lambda_1} \ln \sum_{r=1}^{R_{mn}} \exp\left[\lambda_1 V_{(r|m)_n}\right] \tag{2-97}$$

式中，M_n 为个体单位 n 的阶梯 2 的选择枝个数；R_{mn} 为个体单位 n 与节点 m 相结合的阶梯 2 的选择枝个数。

2.9.2 车辆换道过程决策分析

车辆换道行为是驾驶员根据自身的驾驶特性，为满足自己的驾驶意图，通过对本车周围的交通场景，包括相邻车辆的速度及间距等因素进行综合分析，将车辆驶入交通场景更优越的车道上的决策过程。其详细过程可分为三个阶段，如图 2.27 所示：①换道准备（A—B），产生换道动机和选取目标车道，部分横向偏移。②靠近目标车道并处于僵局（B—C），这个阶段是尝试性换道与传统换道最为不同的地方，从 M1 的车头碰到车道间的标线开始，直到车辆尾部完全离开当前车道才完全结束。在传统换道中，换道时间主要与目标车辆的速度、车道宽度以及转向角有关，而在尝试性换道中，除上述因素外，换道时间很大程度上取决于换道尝试的次数及换道过程中驾驶员之间的交互行为。在该阶段中，如果目标车辆在僵持过程中没有竞争过主线车，即没有插入目标车道，则目标车辆会一直靠近目标车道与下一辆车进行沟通直到完成换道。③换道完成（C—D），在第二阶段之后，目标车辆已经完全进入目标车道，此时目标车辆需要调整以适应目标车道的速度直到稳定下来，则换道过程结束。

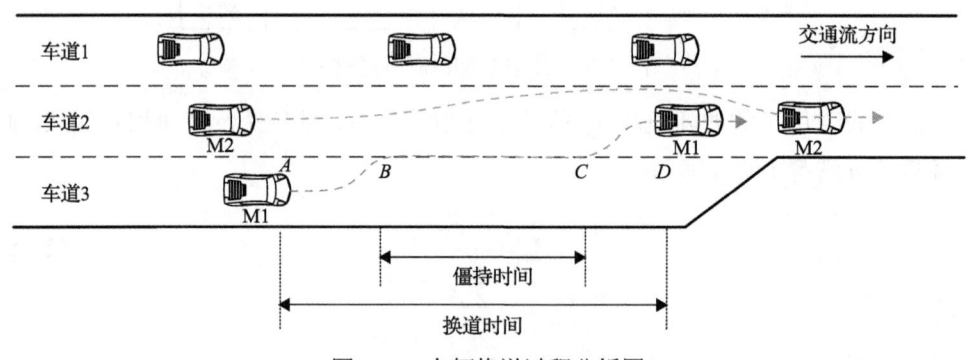

图 2.27 车辆换道过程分析图

由上述换道过程决策分析可知，换道行为是交通场景中多种因素综合作用的结果，驾驶员为改善车辆的行驶环境状态尽快完成驾驶目标，产生换道意图。一般来说，车辆从开始实施到换道完成所需时间约为 3s，虽然时间较短，驾驶员却要在短时间内做出一系列决策。而实际交通场景是多车道和多模式作用的结果，驾驶员为保证车辆安全运行状态，需实时调整自身加速度以适应周围交通场景变化。因此，为实现驾驶行为决策效用最大化，需要建立与车辆运行特性及其规律相符合的换道模型,合理描述随机且复杂的驾驶决策过程以及不同决策层之间的独立性和相关性。

2.9.3 车辆换道行为决策树建立

为对车辆决策换道过程进行系统描述,在对车辆换道过程分析的基础上,基于分层 Logit 模型建立车辆换道过程决策树,并以实现驾驶决策效用最大化为目标,对车辆目标车道进行选择,如图 2.28 所示。当前车道表明驾驶员不追求换道,若驾驶员感知换入左车道或者右车道能够改善其驾驶环境,而此时驾驶员需要对目标车道的相邻间隙进行评价,决定是否可以换道。只有驾驶员感知间隙可以接受,才会换道;反之,则不会执行换道计划。对车辆行驶的当前车道、左车道和右车道的效用进行比选决策,若决策结果为当前车道,则目标车将继续留在当前车道跟随前导车行驶;若决策结果为左车道或右车道,且间隙接受是安全的,那么驾驶员会立即执行换道;若间隙被拒绝,则驾驶员需要对目标车道可利用的间隙进行评价,选择继续在当前车道跟驰前导车,不断调整车辆的加速度及位置,等待可接受间隙执行换道。

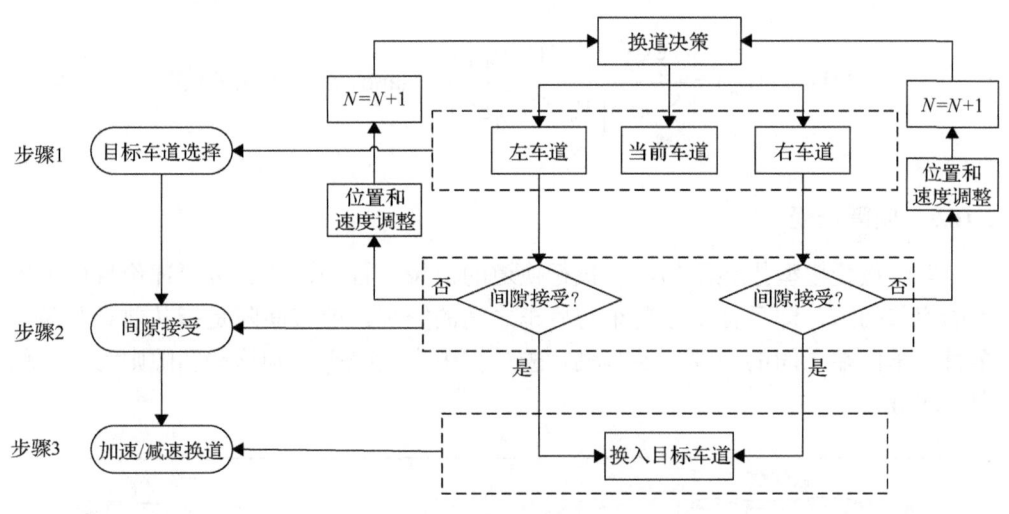

图 2.28 车辆换道行为决策

2.10 模型建立

在车辆运行过程中,驾驶员的不同决策之间既独立又相关。独立性表现在各层模型的选择枝是独立的,相关性则体现在各阶梯之间的联系。为更好地体现车辆运行过程中的决策行为变化,该模型在各个阶梯应用的具体模型综合考虑驾驶员的驾驶特性，以效用理论为基础，构造各层次的效用函数，通过计算不同阶梯的概率选择进行描述。

2.10.1 目标车道

目标车道选择枝包括左车道、当前车道和右车道。车道效用函数的变量应该能够反映每一个车道相邻车的影响(如每一车道的相对前导车速度、重型车的存在、车辆紧随现象)、路径变量(到目标车道换入点的距离及换至目标车道所需的换道次数)和路网熟识度。在多数情况下，有关驾驶员类型及特征的信息无法标定，通过不可观察特性变量υ_n来描述。车道效用函数可表示为

$$U_n^{\text{lane }i}(t)=X_n^{\text{lane }i}(t)\beta^{\text{lane }i}+\alpha^{\text{lane }i}\upsilon_n+\varepsilon_n^{\text{lane }i}(t), \quad \text{lane } i = \text{LL,CL,RL} \tag{2-98}$$

式中，$U_n^{\text{lane }i}(t)$为驾驶员n在时刻t车道i的效用；$X_n^{\text{lane }i}(t)$为影响车道效用的解释性变量；υ_n为不可观察特性变量；$\alpha^{\text{lane }i}$和$\beta^{\text{lane }i}$为无量纲系数。

假设随机变量$\varepsilon_n^{\text{CL}}$、$\varepsilon_n^{\text{RL}}$和$\varepsilon_n^{\text{LL}}$服从独立的Gumbel分布，目标车道的选择概率为

$$P_n(\text{lane }i\,|\,\upsilon_n)=\frac{\exp\left[V_n^{\text{lane }i}(t)\big|\upsilon_n\right]}{\displaystyle\sum_{j\in I}\exp\left[V_n^{\text{lane }i}(t)\big|\upsilon_n\right]}, \quad \text{lane } i \in I = \{\text{LL,CL,RL}\} \tag{2-99}$$

2.10.2 间隙接受

间隙接受模型描述了驾驶员执行换道的决策。首先，驾驶员要评价目标车道上的相邻间隙，即目标车道前车与后车之间的空隙。前方间隙是指从前导车后端至目标车前端之间的空隙，若车辆行驶过程中产生交叠，则这些间隙则为负。如图2.29所示。

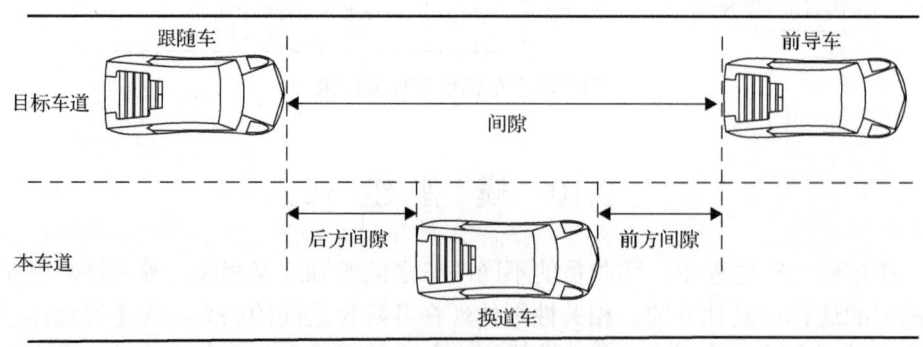

图 2.29 车辆换道间隙示意图

为执行换道,驾驶员需要将相邻前后间隙与相应的临界间隙(即为最小可接受间隙)进行对比,如果比临界间隙大,则可利用间隙是接受的。因此,建模时将临界间隙视为随机变量,作为解释性变量的函数进行计算。假定临界间隙服从正态分布,则其效用函数为

$$\ln\left[G_n^{\text{gap }g\text{ TL,cr}}(t)\right] = X_n^{\text{gap }g\text{ TL}}(t)\beta^{\text{gap }g} + \alpha^{\text{gap }g}\upsilon_n + \varepsilon_n^{\text{gap }g}(t), \quad \text{gap }g = \text{lead, lag}$$
(2-100)

式中,$G_n^{\text{gap }g\text{ TL,cr}}(t)$ 为目标车道的临界间隙 g;$X_n^{\text{gap }g\text{ TL}}(t)$ 为影响临界间隙 g 的解释性变量;υ_n 为不可观察特性变量;$\varepsilon_n^{\text{gap }g}(t)$ 为随机项,$\varepsilon_n^{\text{gap }g}(t) \sim N(0, \sigma_{\text{gap }g}^2)$;$\alpha^{\text{gap }g}$ 和 $\beta^{\text{gap }g}$ 为无量纲系数。

前方间隙可接受条件概率为

$$P_n\left[G_n^{\text{lead TL}}(t) > G_n^{\text{lead TL,cr}}(t)\Big|\text{TL}_n(t),\upsilon_n\right] = P_n\left\{\ln\left[G_n^{\text{lead TL}}(t)\right] > \ln\left[G_n^{\text{lead TL,cr}}(t)\right]\Big|\text{TL}_n(t),\upsilon_n\right\}$$
$$= \phi\left\{\frac{\ln\left[G_n^{\text{lead TL}}(t)\right] - \left[X_n^{\text{lead}}(t)\beta^{\text{lead}} + \alpha^{\text{lead}}\upsilon_n\right]}{\sigma_{\text{lead}}}\right\}$$
(2-101)

式中,$\phi\{\cdot\}$ 服从标准正态分布。

同理,后方间隙可接受的条件概率为

$$P_n\left[G_n^{\text{lag TL}}(t) > G_n^{\text{lag TL,cr}}(t)\Big|\text{TL}_n(t),\upsilon_n\right]$$
$$= P_n\left\{\ln\left[G_n^{\text{lag TL}}(t)\right] > \ln\left[G_n^{\text{lag TL,cr}}(t)\right]\Big|\text{TL}_n(t),\upsilon_n\right\}$$
$$= \phi\left\{\frac{\ln\left[G_n^{\text{lag TL}}(t)\right] - \left[X_n^{\text{lag}}(t)\beta^{\text{lag}} + \alpha^{\text{lag}}\upsilon_n\right]}{\sigma_{\text{lag}}}\right\}$$
(2-102)

假定当前、后方间隙同时接受时才能进行换道,那么在个体特定误差项和目标车道的条件下,由式(2-101)和式(2-102)得执行换道的概率为

$$P_n\left[\text{换道}(t)\Big|\text{TL}_n(t),\upsilon_n\right] = P_n\left[l_t^{\text{TL}} = 1\Big|\text{TL}_n(t),\upsilon_n\right]$$
$$= \phi\left\{\frac{\ln\left[G_n^{\text{lead TL}}(t)\right] - \left[X_n^{\text{lead}}(t)\beta^{\text{lead}} + \alpha^{\text{lead}}\upsilon_n\right]}{\sigma_{\text{lead}}}\right\}$$
$$\times \phi\left\{\frac{\ln\left[G_n^{\text{lag TL}}(t)\right] - \left[X_n^{\text{lag}}(t)\beta^{\text{lag}} + \alpha^{\text{lag}}\upsilon_n\right]}{\sigma_{\text{lag}}}\right\}$$
(2-103)

式中，$TL \in \{RL, LL\}$ 为车辆确定换道决策后的目标车道；$G_n^{\text{lead TL}}(t)$、$G_n^{\text{lag TL}}(t)$ 为目标车道上可利用前、后方间隙；l_t^{TL} 为换道动作的指示标：

$$l_t^{\text{TL}} = \begin{cases} 1, & \text{在时刻 } t, \text{车辆换入目标车道} \\ 0, & \text{其他} \end{cases} \tag{2-104}$$

2.11 模型参数标定

2.11.1 目标车道参数标定

在当前车道的效用评价中会考虑目标车辆速度和与前车的相对速度和间距，其描述了驾驶员对当前车道驾驶条件的满意度。当前车道的效用会随着目标车辆速度、与前车的相对速度和两车的间距变化，即当前车速度变大、与前车间距变大时，目标车将前车作为限定条件的可能性很小，换道的可能性较小，当前车道的效用也会变大。此外，若目标车在当前车道跟随重型车或存在后车紧随，也会影响车道效用。重型车的运行速度较低且遮挡目标车的驾驶视野，当目标车跟随重型车时会选择降低运行速度，致使车道效用下降；紧随假设性变量用来描述后方车辆紧随目标车行驶时目标车离开当前车道的趋势。但在数据采集时车辆紧随现象无法直接观察到。实际观察中，可将后方车辆逐步靠近目标车假设为紧随行为。跟随重型车变量 δ_n^{heavy} 和紧随变量 $\delta_n^{\text{tailgate}}(t)$ 可分别定义为

$$\delta_n^{\text{tailgate}}(t) = \begin{cases} 1, & \text{后方车辆紧随} \\ 0, & \text{其他} \end{cases} \tag{2-105}$$

$$\delta_n^{\text{heavy}}(t) = \begin{cases} 1, & \text{跟随重型车} \\ 0, & \text{其他} \end{cases} \tag{2-106}$$

如果驾驶员试图换道，后方车辆可能会产生风险，在左右车道的效用评价中，一般只考虑与左右车道上后车的相对速度，且会将其效用看作一致，其实不然。考虑到驾驶员安全驾驶的倾向性，在左右车道效用差距不大时，驾驶员选择左侧换道的概率比右侧换道的概率要大，因此在左车道效用中，引入驾驶员安全倾向性变量 $\delta_n^{\text{tendency,LL}}$。

根据以上对影响车道变量的分析，采用极大似然估计得到各车道的估计效用函数：

$$V_n^{\text{LL}}(t) = 0.57 - 0.32\Delta v_n^{\text{lag,LL}} - 0.13\delta_n^{\text{tendency,LL}} + 0.45 v_n \tag{2-107}$$

$$V_n^{\text{CL}}(t) = 0.28\Delta v_n^{\text{lead,CL}} + 0.36\Delta v_n^{\text{lag,CL}} + 0.21\Delta S_n^{\text{lead,CL}} - 1.2\delta_n^{\text{heavy}} - 0.9\delta_n^{\text{tailgate}} + 0.31 v_n$$

(2-108)

$$V_n^{\text{RL}}(t) = 0.17 - 0.22\Delta v_n^{\text{lag,RL}} - 0.64\delta_n^{\text{tendency,CL}} + 0.58 v_n \quad (2\text{-}109)$$

2.11.2 间隙接受参数标定

将临界间隙作为变量对间隙接受模型进行极大似然估计得到前、后临界间隙：

$$G_n^{\text{lead TL,cr}} = \exp\left[1.23 - 0.34\max\left(0, \Delta v_n^{\text{lead,TL}}\right) - 0.21\min\left(0, \Delta v_n^{\text{lead,TL}}\right) + 1.1 v_n + \varepsilon_n^{\text{lead}}(t)\right]$$

(2-110)

式中，$\varepsilon_n^{\text{lead}}(t) \sim N(0, 0.14^2)$。

$$G_n^{\text{lag TL,cr}} = \exp\left[1.35 - 0.41\max\left(0, \Delta v_n^{\text{lag,TL}}\right) - 0.28\min\left(0, \Delta v_n^{\text{lag,TL}}\right) + 1.4 v_n + \varepsilon_n^{\text{lag}}(t)\right]$$

(2-111)

式中，$\varepsilon_n^{\text{lag}}(t) \sim N(0, 0.25^2)$。

2.12 快速路车辆换道行为特性分析

2.12.1 换道产生原因

在多车道环境下，通过对车辆换道运行环境的分析可知，车辆与周围交通场景因素之间的关系比较复杂，车辆换道操作受场景因素的影响较大。由于周围交通因素的不断变化，车辆换道是为了获取更快的驾驶速度，更快到达目的地或原车道前方受到限制。由于车辆运行环境中的影响因素可能是随机出现的，不是固定不变的，引起车辆驾驶员执行换道操作的原因多种多样，如道路状况、车流运行状态、驾驶员的心理和生理因素以及车辆的目的地等。Gipps 于 1986 年系统性地描述了车辆在城市道路环境中的换道模型，详细地分析了车辆在稳定车流中改变驾驶行为进行换道操作的原因，本节以此为参考，归纳总结城市快速路上诱发车辆换道的原因。

(1) 车辆运行车道前方出现交通事故或道路施工等交通干扰事件，如图 2.30 所示。

(2) 驾驶员期望进入快车道，提高车速，尽快到达目的地，或者想要从快车道驶入慢车道，如图 2.31 所示。

(3) 在合流或分流区，车辆为驶入或离开快速路进行换道操作，如图 2.32 所示。

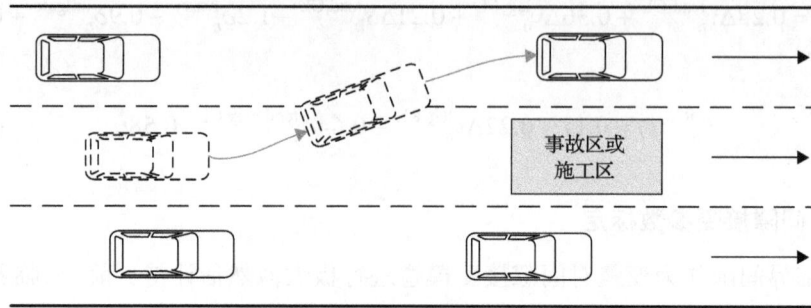

图 2.30　行车途中遇到交通干扰事件

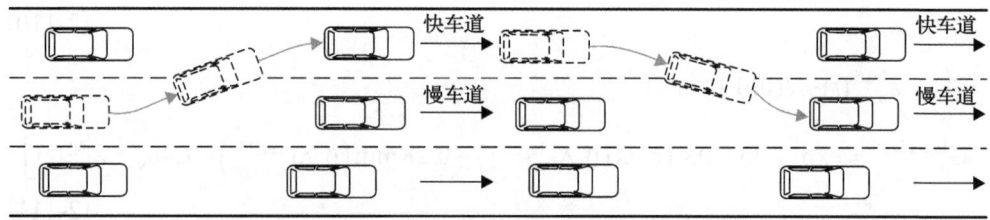

图 2.31　快慢行车道的选择

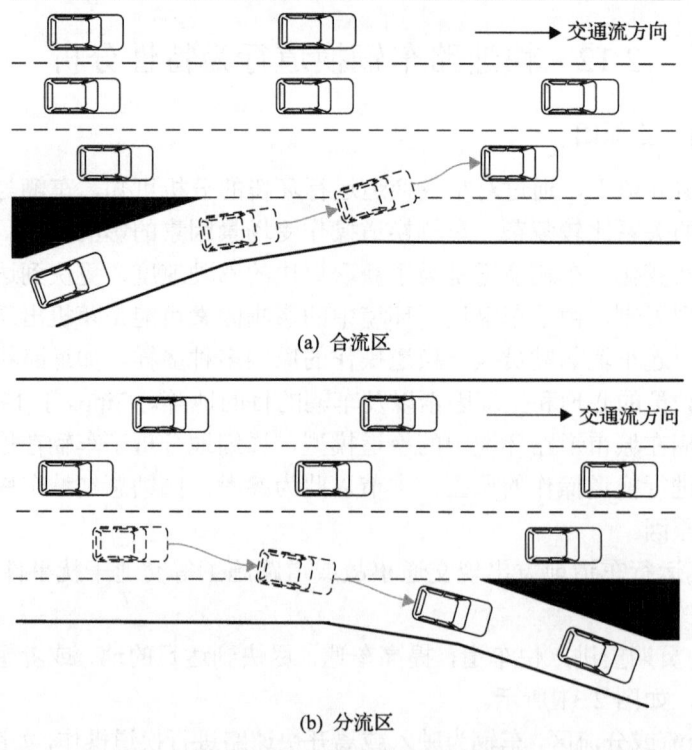

(a) 合流区

(b) 分流区

图 2.32　合流区或分流区车辆换道

2.12.2 换道基本形式

传统车辆换道类型的分类方法主要基于驾驶员的车道变换需求，分为自由换道和强制换道两种。然而，实际交通场景中对车辆执行换道操作的影响因素比较复杂，且车辆之间的交互关系也是复杂多变的，上述分类并不全面，不符合实际交通状况，尤其在车流运行处于不稳定状态的情况下。在 2.2.3 节中已将车辆换道分为以下三种类型：自由换道、强制换道和协作换道[16]。

由于车辆的运行状态受交通环境等因素的影响，车辆在换道过程中的相互作用行为也会在三种不同类型的换道过程中表现出差异。

(1) 自由换道。在车流稳定、路况良好的自由换道过程中，车流处于稳定状态，车辆行驶的自由度较大，换道车与目标车道后方车辆之间的交互关系不明显，在不改变加速度的情况下，可以很容易地换道至目标车道，并且不存在特定的车道变化约束，主要目的是减少交通延误，提高驾驶安全性、舒适性。

(2) 强制换道。在强制换道过程中，换道车被迫插入目标车道两车间隙中，当换道车的大部分车身已经进入目标车道后，目标车道后方的车辆将被强制减速，导致车流上游车辆紧急制动，对稳定车流造成干扰，破坏其稳定性。强制换道驾驶行为的关键是存在一个最迟换道点，超过此位置驾驶员将无法完成换道甚至造成交通事故，通常发生在快速路匝道的合流、分流处，障碍物或施工区前方等区域。

(3) 协作换道。在协作换道过程中，车辆间的交互作用更为明显。换道车先打开转向灯向目标车道后方车辆示意，发出换道请求，然后目标车道后方车辆评价接收到的换道请求，并决定是否参与协作换道。之后，换道车会根据目标车道车辆做出选择后调整的车间距及速度考虑是否执行换道操作，如果换道车的请求被目标车道车辆拒绝，则换道车只能向车流上游的车辆重新发出换道请求，重复上述过程。整个换道过程可能需要持续一段时间，在这段时间里，换道车也可能会放弃变换车道。

在自由换道、强制换道以及协作换道三种换道类型驾驶行为下，因为快速路上车道分布以及换道意图的不同，车辆的换道形式也不相同。调查研究发现，在单向二车道的道路上，车辆存在单独和交叉换道两种换道形式，如图 2.33 所示。交叉换道是指两条车道上相近的两辆车同时产生换道意图，且具备安全换道的条件而出现的同时执行换道操作的现象。

在单向三车道的道路上，车辆除上述两种换道形式外，还有共线和并行换道两种换道形式，如图 2.34 所示。换道车选择换道的范围随着车道数的增加而增大，同时换道形式也多样，但无论多复杂的换道方式都可以被分解为以上几种形式，只是对换道车产生影响的车辆数增加，同样换道过程对周围车辆以及车流也会产生较大的影响。在此对车辆在单向三车道以上道路的换道形式不再赘述。

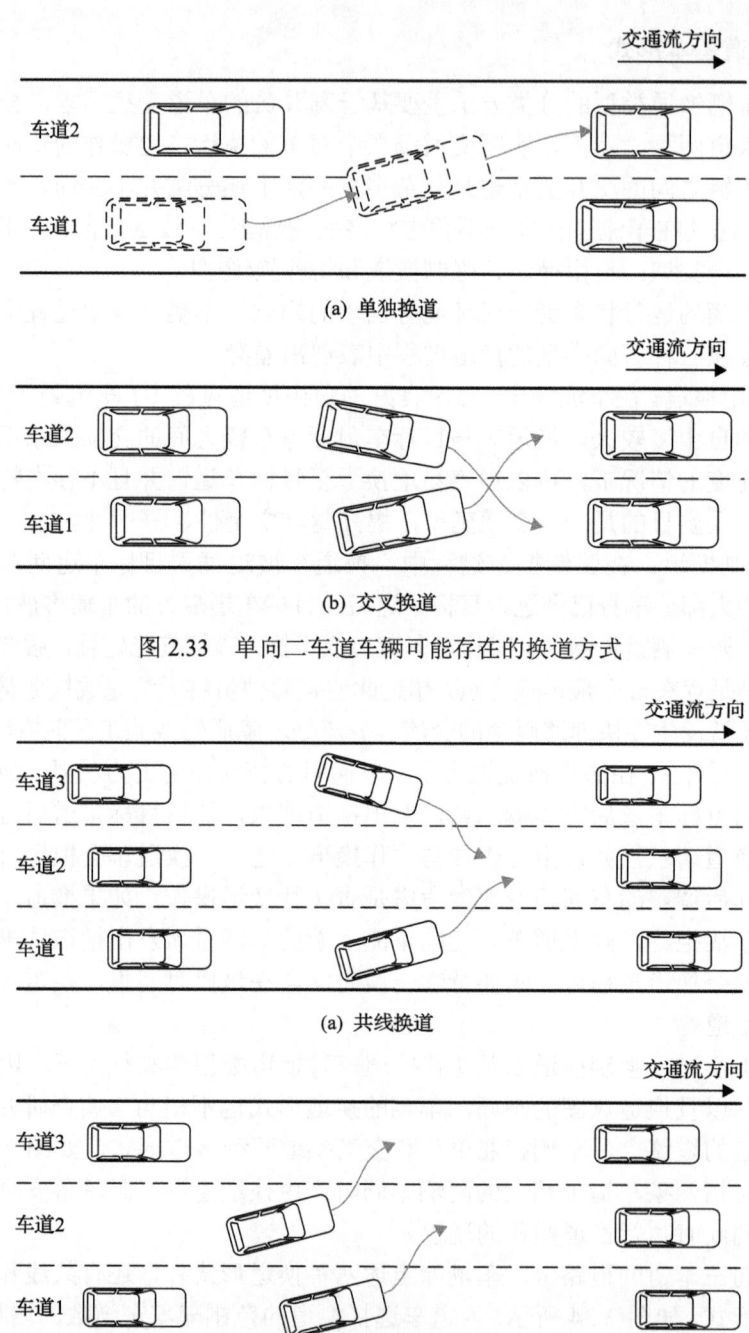

(a) 单独换道

(b) 交叉换道

图 2.33 单向二车道车辆可能存在的换道方式

(a) 共线换道

(b) 并行换道

图 2.34 单向三车道车辆可能存在的换道方式

2.13 快速路车辆换道可行性分析

车辆执行换道操作受驾驶员的心理、生理、性格等因素影响较大,但这些因素受驾驶员主观影响,较难通过实验来获取数据进行研究。经研究表明,微观仿真模型是解决此类复杂交通问题的有效途径,故本节通过建立仿真分析,再现执行换道操作前的决策分析过程。

2.13.1 驾驶员-车辆行为体

换道驾驶行为主要受驾驶员和车辆两个因素的影响,一般将其称作驾驶员-车辆行为体(DVA)。其特性主要有车辆的制动性能及驾驶员生理、心理因素,主要受道路车流量、道路状况、交通环境等因素影响。

在微观仿真过程中,DVA 最主要的目标是在安全的前提下,期望使用最短时间到达目的地。为了尽快到达目的地,驾驶员会采取一系列的驾驶策略(加速、减速、换道、超车等),执行哪种策略主要取决于驾驶员交通特性及车辆的状况。

2.13.2 可行性标准

图 2.35 阐述车辆换道模型中的基本概念(在此模型中只考虑目标车道中前车 L 和后车 F 对换道车辆 M 的影响)。

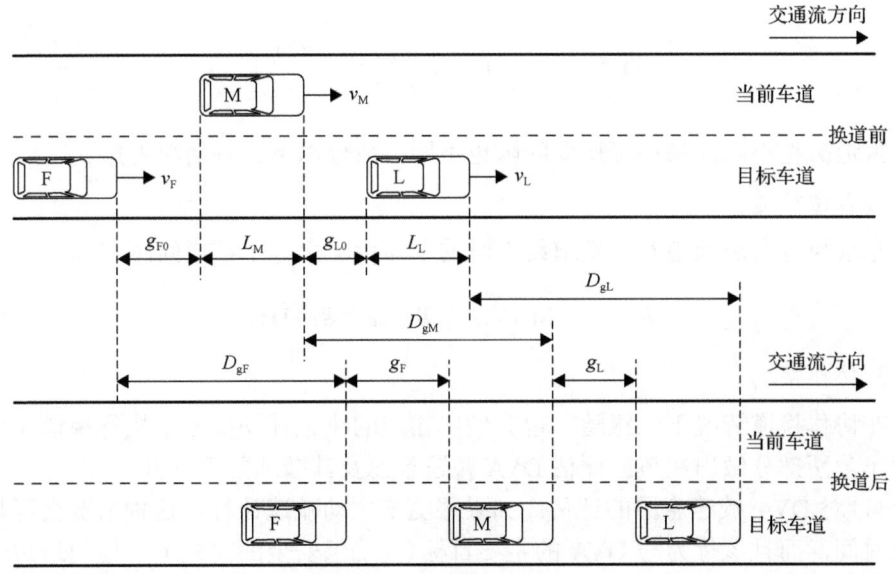

图 2.35 换道过程示意图

如果换道车可以安全汇入目标车道,则其与前车距离(g_L)和其与后车距离(g_F)大于等于给定的最小可接受间隙:

$$g_L \geq g_{L,min}, \quad g_F \geq g_{F,min} \tag{2-112}$$

假设所有车辆的速度恒定,在时间 t 内,可得车辆完成换道操作时的间隙如下:

$$\begin{aligned} g_L &= g_{L0} - v_M t + v_L t \\ g_F &= g_{F0} - v_F t + v_M t \end{aligned} \tag{2-113}$$

如果换道车在换道过程中以 b_M 加减速,并假设跟随车将会以 b_F 加减速($b_F \ll b_{max}$):

$$\begin{aligned} g_L &= g_{L0} - \left(v_M t - \frac{b_M}{2t^2}\right) + v_L t \\ g_F &= g_{F0} - \left(v_F t - \frac{b_F}{2t^2}\right) + \left(v_M t - \frac{b_M}{2t^2}\right) \end{aligned} \tag{2-114}$$

在微观交通仿真中,换道行为的时间很短,可将 t 约等于仿真更新周期(1s),可得

$$\begin{aligned} g_L &= g_{L0} - \left(v_M - \frac{b_M}{2}\right) + v_L \\ g_F &= g_{F0} - \left(v_F - \frac{b_F}{2}\right) + \left(v_M - \frac{b_M}{2}\right) \end{aligned} \tag{2-115}$$

换道类型不同,最小可接受间隙也不同,故分以下三种情况考虑。

1) 自由换道

车辆执行自由换道时,换道结束时的车间距至少等于期望间距:

$$g_{L,min} = g_L(v_L), \quad g_{F,min} = g_F(v_M) \tag{2-116}$$

2) 协作换道

在协作换道情况下,跟随车也会做出相应的决策辅助换道车执行换道操作。跟随车分两部分做出决策:评估 DVA 减速意愿及其减速的可行性。

(1) 对 DVA 减速意愿的评估。如果跟随车主动减速让行,这种情况会延长其行驶时间,而且该行为与 DVA 的主要目标(在确保安全的前提下,使用最短时间到达目的地)相矛盾。这个行为主要取决于驾驶员的性格、驾驶员的意图是否紧急、周围有无其他干扰以及车流下游交通条件等。

(2) 对减速可行性的评估。在减速期间，通过最大速度减少量 D_v 和最大减速度 b_F 可计算出 t：

$$t = \frac{D_v}{b_F} \tag{2-117}$$

注意：这个时间可能大于 1s（仿真更新周期）。在 $t+t_1$ 时刻换道车与跟随车的距离为

$$g_F = g_{F0} - \left(v_F t - \frac{b_F}{2t^2}\right) + v_M t \tag{2-118}$$

减速可行的条件是减速末期，换道车与跟随车的距离至少等于最小可接受间隙：

$$g_{F,min} = g_{min} + \begin{cases} c_F(v_F - v_M), & v_F > v_M \\ 0, & \text{其他} \end{cases} \tag{2-119}$$

式中，g_{min} 是恒定的最小安全距离，与车辆间的相对速度无关，且 c_F 是恒定的。

跟随车做出是否减速及允许换道车汇入的决定取决于上述条件，同时，换道车也要判断减速操作是否可行。在这种情况下，最小可接受间隙可计算如下：

$$\begin{aligned} g_{L,min} &= g_{min} + \begin{cases} c_L(v_M - v_L), & v_M > v_L \\ 0, & \text{其他} \end{cases} \\ g_{F,min} &= g_{min} + \begin{cases} c_F(v_F - v_M), & v_F > v_M \\ 0, & \text{其他} \end{cases} \end{aligned} \tag{2-120}$$

式中，$c_L = c_F$；其他参数含义同上。

3）强制换道

强制换道的标准与协作换道相同，唯一的区别在于最大速度减少量 D_v 和最大减速度 b_F 的假设，如果车辆在这些设定值下可执行换道操作，那么跟随车在换道过程中会被迫接受这些值。

2.13.3 汇入及速度的计算

换道车除检查是否可执行换道操作以外，不得不为了确保安全顺畅地换道至目标车道而调整其驾驶行为，这一行为在车辆的整个换道过程中尤为重要，如图 2.36 所示。

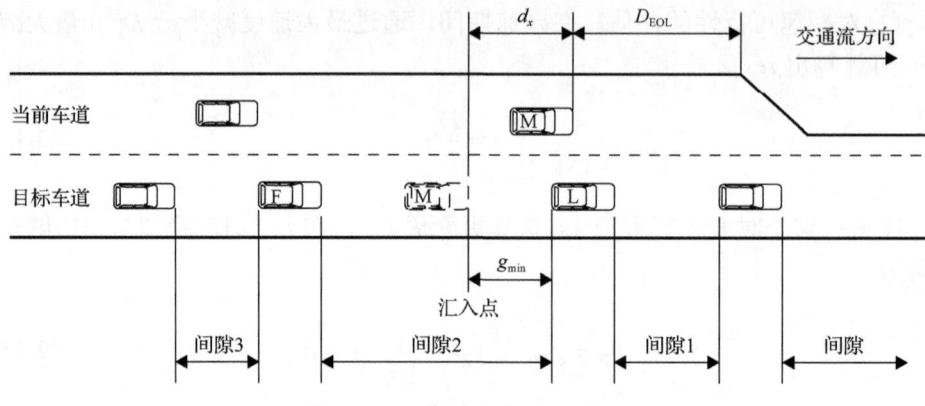

图 2.36　目标车汇入点的位置

换道车辆 M 的位置以及其行驶的速度都会对能否安全完成换道操作有一定的影响，所以车辆在变换车道前必须调整自身的行驶速度使得车辆汇入目标车道后到达可选择间隙中的一个点，这个点称为汇入点，车辆到汇入点的加速度称为汇入加速度。

计算汇入加速度的流程如图 2.37 所示。

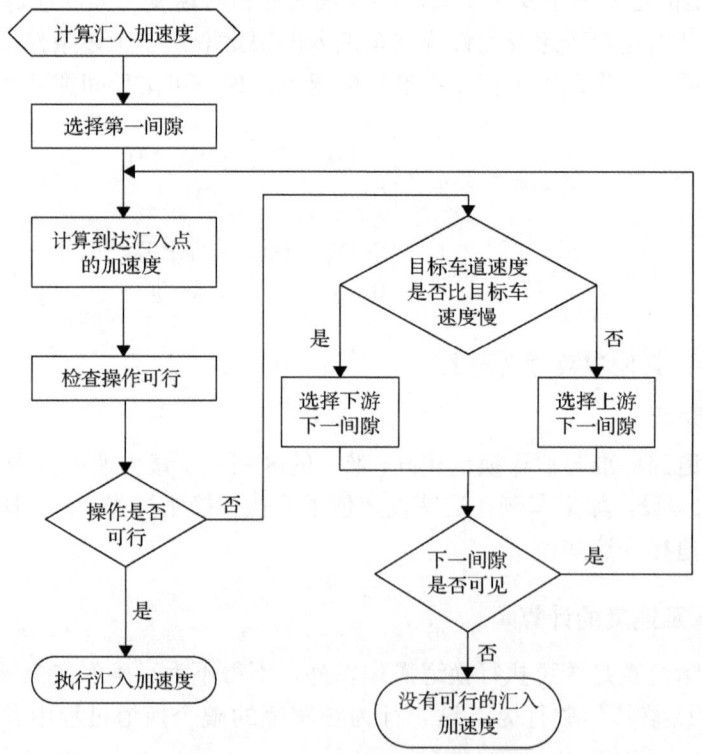

图 2.37　计算汇入加速度的流程

(1) 选择第一个间隙。换道车产生换道需求后迅速检查目标车道的可换道间隙。

(2) 检查间隙长度。如果目标车道上不存在可供换道车安全执行换道操作的最小标准间隙，那么跳转至步骤(5)。

(3) 计算到汇入点的加速度。

①计算换道车与汇入点之间的距离 d_x；②计算目标车道前车车尾与汇入点的最小间距；③计算目标车道后车车头与汇入点的最小间距和换道车长度之和；④若目标车道上前后车间距很大且换道车位置满足条件，则汇入点的加速度为 0。

由换道过程中三辆车的位置、速度和加速度可得汇入加速度 a_M（换道车在到达下一间隙汇入点之前的加速度）的计算公式为

$$a_M = \left(\frac{d_x}{t_M^2} + \frac{a_{MP}}{2} + \frac{v_{MP}^2 - v_M^2}{d_x} \right) \times 2 \qquad (2\text{-}121)$$

式中，d_x 为换道车与汇入点之间的距离，m；t_M 为换道车到达汇入点所用时间，s；a_{MP} 为换道车到汇入点的加速度，m/s²；v_{MP} 为换道车到汇入点的速度，m/s；v_M 是换道车的速度，m/s。若 a_M 在可接受范围之内，则该值的大小取决于换道车；若 a_M 不在可接受范围内，则应用 a_M 的极限值，而且在车辆选择下一间隙换道中必须重复这一步骤。

(4) 检查换道行为可行性。这一步骤是预测换道车能否在超越车道末(end of lane, EOL)之前安全汇入目标车道，D_{EOL} 可由换道过程中三辆车的即时位置和速度计算得到，且假设车辆加速度是恒定的。若换道可行，则步骤(3)中计算的 a_M 将被设定；否则程序进入下一步骤。

(5) 选择下一个间隙。如果目标车道上的车辆速度小于换道车，则从车流下游选择下一换道间隙，否则从车流上游寻找。若发现一个可执行换道的间隙，则程序将终止。如果始终找不到可行间隙，则换道终止，即车辆无法安全完成换道。

2.13.4 换道计划

由上述建模程序可知，车辆执行换道操作时对环境要求比较高，要求车辆之间能够进行协商和沟通，而且换道过程会持续一定时间。车辆产生换道计划决定换道时，不是立即执行的，换道计划可以保证换道车以及周围相关联车辆安全完成换道过程，不会使车辆间产生矛盾和冲突。车辆更新程序流程如图 2.38 所示，详细的加速度计算步骤如图 2.39 所示。

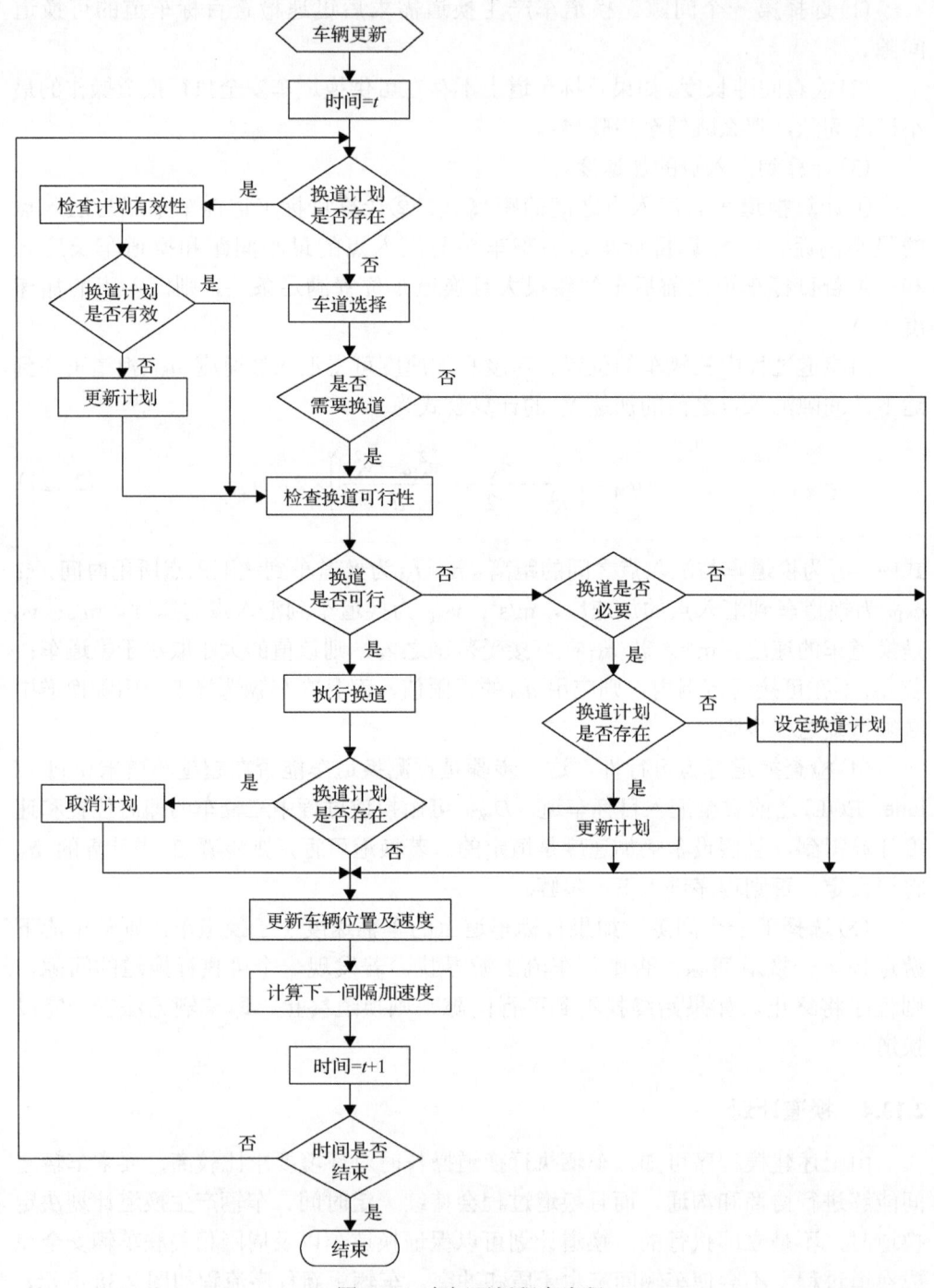

图 2.38　车辆更新程序流程

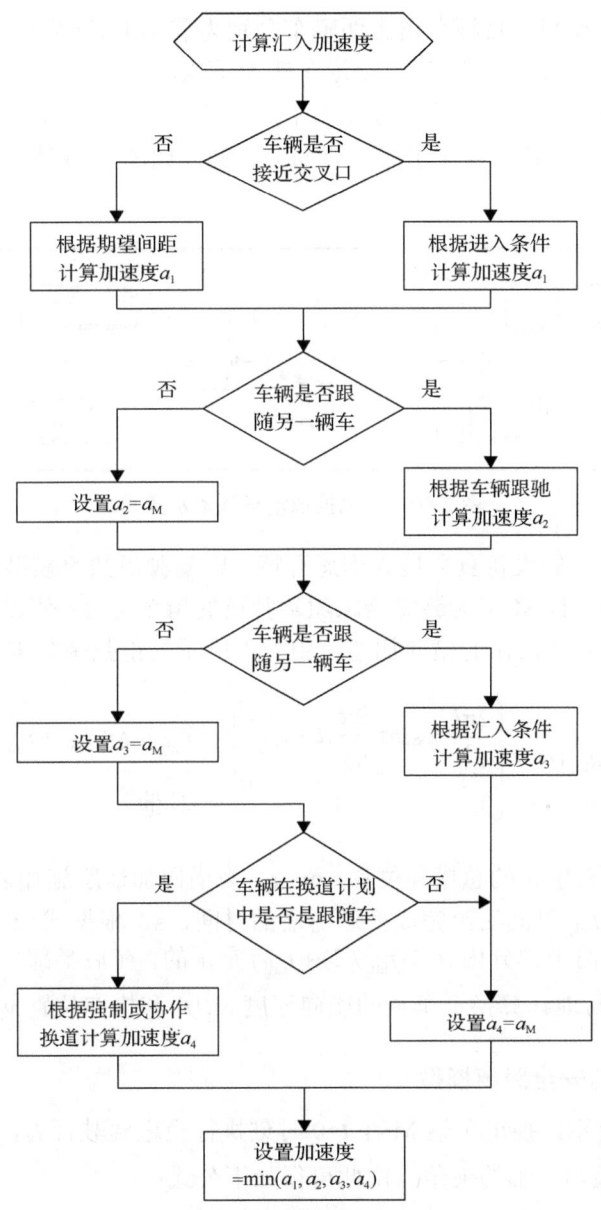

图 2.39 加速度更新程序流程

2.14 基于最小安全距离的车辆换道模型

2.14.1 模型假设

为了简单形象地展示换道过程，本节首先构建一个简化的车辆换道情景，设等待换道的车辆为 M，目标车道上两辆车分别为前车 L_D 和后车 F_D，原车道前车和后车分别为 L_O 和 F_O（由于 F_O 对换道车辆 M 的影响可以忽略不计，后面讨论时均不考虑 F_O），如图 2.40 所示。为方便计算，建立二维坐标系，以 O 作为原点，与车道垂直方向为 y 轴，与车道平行方向为 x 轴，如图 2.40 所示。

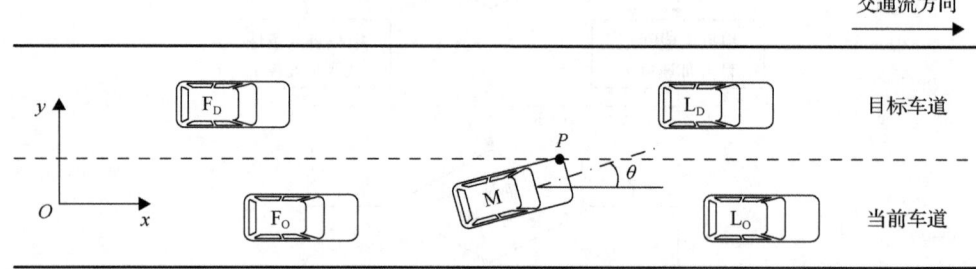

图 2.40 车辆换道场景基本示意图

如 2.40 所示，假设仿真环境为理想环境，即驾驶员按照模型所给出驾驶行为操作换道车辆 M，且 M 车能够完全跟随驾驶员的指令运行；假设 M 车在换道时，其自身用于完成换道操作的横向加速度由如下所示的正弦函数来确定：

$$a_{\text{lat}}(t) = \begin{cases} \dfrac{2\pi h}{t_{\text{lat}}^2} \times \sin\left[\dfrac{2\pi}{t_{\text{lat}}}(t - t_{\text{adj}})\right], & t_{\text{adj}} \leqslant t \leqslant t_{\text{lat}} + t_{\text{adj}} \\ 0, & \text{其他} \end{cases} \quad (2\text{-}122)$$

式中，h 为换道车辆 M 的总横向位移，m；t_{adj} 为横向加速度施加之前经过的时间，s；t_{lat} 为车辆经 t_{adj} 时间后至完成换道所需的时间，s。根据式(2-122)，横向加速度在横向位移的前半部分内 ($t \leqslant (t_{\text{lat}}/2) + t_{\text{adj}}$) 是正的，在后半部分中是负的。给定 $a_{\text{lat}}(t)$，可以容易地计算换道车辆的横向速度 $v_{\text{lat}}(t)$ 和横向位置 $y_{\text{lat}}(t)$。

2.14.2 最小纵向安全距离模型

如图 2.40 所示，换道车辆 M 在 $t=0$ 时刻执行换道驾驶行为，$\theta(t)$ 为 t 时刻换道车辆 M 中心线与 x 轴的夹角，由此可得如下公式：

$$\tan[\theta(t)] = \frac{\partial y_1(t)}{\partial x_M(t)} = \frac{\partial y_1(t)/\partial t}{\partial x_M(t)/\partial t} = \frac{v_1(t)}{v_M(t)} \quad (2\text{-}123)$$

式中，$y_1(t)$ 和 $x_M(t)$ 分别表示换道车辆 M 的横向位移和纵向位移；v_1 和 v_M 分别表示换道车辆 M 的横向速度和纵向速度。

为保证换道车辆 M 安全换道，应该保证目标车道前车 L_D 与换道车辆 M 在换道过程中不发生碰撞。假设 C 点为目标车道前车 L_D 与换道车辆 M 的临界碰撞点,其临界状态如图 2.41 所示。

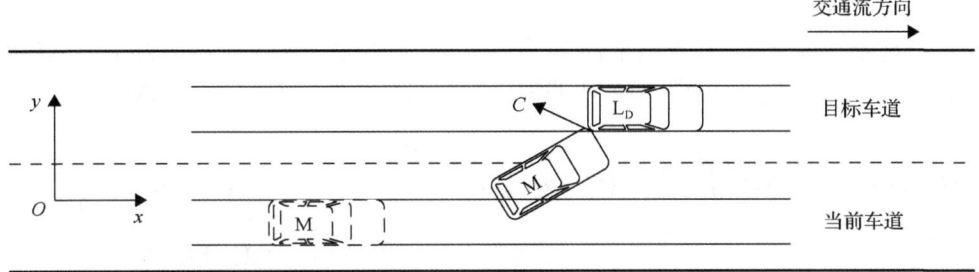

图 2.41　目标车道前车 L_D 与换道车辆 M 临界碰撞示意图

用 t_C 表示换道车辆 M 从开始执行换道操作的位置行驶至 C 点所用的时间,$t_{lat}+t_{adj}$ 表示 M 车完成换道操作所用的时间,那么当 $t=t_C$ 时,P 点的横向位移为

$$y_M(t) = y_{L_D} - w_{L_D} \tag{2-124}$$

式中,y_{L_D} 为目标车道前车 L_D 的横向位置,由于目标车道前车 L_D 的横向加速度为零,因此横向位置是恒定的;w_{L_D} 为目标车道前车 L_D 的宽度,m。通过考虑车辆换道过程中所有潜在的碰撞,目标车道前车 L_D 与换道车辆 M 避免碰撞的条件为

$$x_M(t) < x_{L_D}(t) - l_{L_D} - w_M \times \sin[\theta(t)], \quad \forall t \in [t_C, t_{lat}+t_{adj}] \tag{2-125}$$

式中,l_{L_D} 为目标车道前车 L_D 的长度,m;w_M 为换道车辆 M 的宽度,m。

那么,当 $t=t_C$ 时,$\sin[\theta(t)]$ 取最大值,式(2-125)可以写为

$$x_M(t) < x_{L_D}(t) - l_{L_D} - w_M \times \sin[\theta(t_C)], \quad \forall t \in [t_C, t_{lat}+t_{adj}] \tag{2-126}$$

设目标车道前车 L_D 的尾部与换道车辆 M 头部之间的纵向距离为 $Sr(t)$:

$$Sr(t) = x_{L_D}(t) - l_{L_D} - w_M \times \sin[\theta(t_C)] - x_M(t), \quad \forall t \in [t_C, t_{lat}+t_{adj}] \tag{2-127}$$

在 $t>t_C$ 时,只要保证 $Sr(t)>0$,就不会发生任何碰撞,则

$$Sr(t) = \left\{ Sr(0) + \int_0^t \int_0^t [a_{L_D}(\tau) - a_M(\tau)] d\tau dt + [v_{L_D}(0) - v_M(0)]t \right\} > 0,$$
$$\forall t \in [t_C, t_{lat}+t_{adj}] \tag{2-128}$$

式中，$a_{L_D}(\tau)$、$a_M(\tau)$ 分别为目标车道前车 L_D、换道车辆 M 的纵向加速度；$Sr(0) = x_{L_D}(0) - l_{L_D} - x_M(0)$，为目标车道前车 L_D 和换道车辆 M 的初始纵向间距。

目标车道前车 L_D 和换道车辆 M 不发生任何碰撞的 $Sr(0)$ 最小值就是车辆换道时目标车道前车 L_D 和换道车辆 M 的最小纵向安全距离，即 $MSS(L_D, M)$，满足：

$$MSS(L_D,M) = \max\left\{\int_0^t\int_0^t\left[a_M(\tau) - a_{L_D}(\tau)\right]d\tau dt + \left[v_M(0) - v_{L_D}(0)\right]t\right\}, \quad \forall t \in \left[t_C, t_{lat} + t_{adj}\right] \quad (2\text{-}129)$$

由式 (2-129) 可知，两车的相对纵向加速度、相对纵向速度和换道时间 t 决定目标车道前车 L_D 和换道车辆 M 之间的最小纵向安全距离。

2.14.3 仿真分析

假设图 2.40 中所有车辆的纵向速度恒定，但在变换车道开始纵向速度可能会发生变化。下面将 $MSS(L_D, M)$ 计算为目标车道前车 L_D 和换道车辆 M 之间相对纵向速度的函数，分为以下两种情况。

情况 1：换道车辆 M 以恒定的纵向速度执行换道方案。显然，换道车辆 M 的纵向速度将保持与始发车道中车辆的纵向速度相同，即在开始执行换道操作之前的速度。

情况 2：换道车辆 M 应用恒定的纵向加速度/减速度，以便在特定时间 $t_{long} + t_{adj}$ 之后达到目标车道中车辆的纵向速度。

1. 恒定纵向速度

这是所有车辆以恒定纵向速度移动的情况，也就是说对于所有车辆的纵向加速度为零，即 $a_i(t) = 0$，其中 $\forall t \in \left[0, t_{lat} + t_{adj}\right]$，$i \in \{L_D, L_O, F_D, M\}$。换道车辆 M 在整个换道操作中保持其纵向速度恒定。

根据式 (2-128)，目标车道前车 L_D 和换道车辆 M 在纵向速度恒定的情况下避免碰撞的条件是

$$Sr(t) = \left[Sr(0) + (v_{L_D} - v_M)t\right] > 0, \quad \forall t \in \left[t_C, t_{lat} + t_{adj}\right] \quad (2\text{-}130)$$

由于相对纵向速度 $v_M - v_{L_D}$ 是恒定的，最小初始纵向安全间距 $MSS(L_D, M)$ 表示为

$$\mathrm{MSS}(\mathrm{L_D,M}) = \begin{cases} (v_\mathrm{M} - v_\mathrm{L_D})(t_\mathrm{lat} + t_\mathrm{adj}), & v_\mathrm{M} - v_\mathrm{L_D} \geqslant 0 \\ (v_\mathrm{M} - v_\mathrm{L_D})t_C, & 其他 \end{cases} \quad (2\text{-}131)$$

设置完成换道所需时间为 $t_\mathrm{lat}+t_\mathrm{adj}=5\mathrm{s}$,调整横向加速度施加之前经过的时间为 $t_\mathrm{adj}=0\mathrm{s}$,车辆经 t_adj 时间至完成换道所需的时间为 $t_\mathrm{lat}=5\mathrm{s}$,换道车辆 M 的总横向位移为 $h=12\mathrm{ft}$(英尺,$1\mathrm{ft}=0.3048\mathrm{m}$)。图 2.42 为目标车道前车 $\mathrm{L_D}$ 和换道车辆 M 的初始相对纵向间距与相对纵向速度之间的关系图。图中的虚线(此后称为安全边界)代表安全和不安全之间的边界。

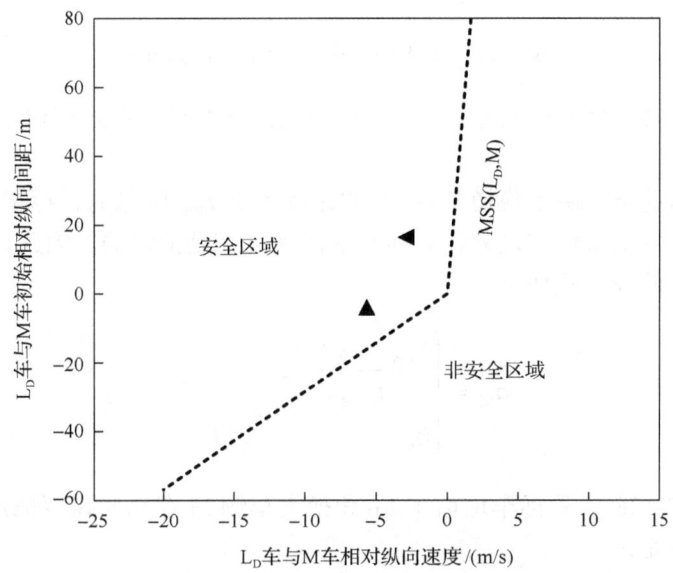

图 2.42 目标车道前车 $\mathrm{L_D}$ 与换道车辆 M 碰撞区示意图(情况 1)

在图 2.42 中,对于正相对速度,安全边界是斜率等于 $t_\mathrm{lat}+t_\mathrm{adj}$ 的线;对于负相对速度,它是一条斜率约为 2.8(式(2-131)中 t_C 的值)的线。因此,对于恒定的纵向速度,安全范围包括两条穿过原点的不同斜率的线,这个结论符合式(2-131)。

2. 恒定纵向加速度/减速度

根据式(2-128),两个车道中除了换道车辆 M 的所有车辆均以恒定的纵向速度移动,即 $a_i(t)=0$,其中 $\forall t \in [0, t_\mathrm{lat}+t_\mathrm{adj}]$,$i \in \{\mathrm{L_D}, \mathrm{L_O}, \mathrm{F_D}\}$,图 2.43 所示为换道车辆 M 的纵向加速度曲线。更确切地说,换道车辆 M 最初以恒定的纵向加速度加速/减速,以便与图 2.40 中其余四辆车产生足够的间距。在 t_adj 时刻,换道车辆 M 开始变换车道,并将其纵向加速度切换为 a_M,换道车辆 M 继续加速,直到其纵向速度等于目标车道中车辆的速度。在 $t_{long}+t_{adj}$ 时刻之后，换道车辆 M 的纵向加速度变为零。

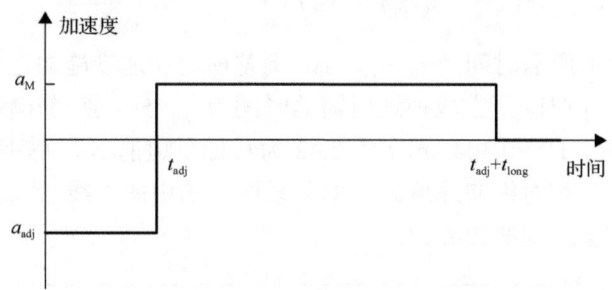

图 2.43　换道车辆 M 的纵向加速度曲线

为了更加具体地分析问题，分 $t_{adj}=0$ 和 $t_{adj}>0$ 两种情况进行讨论。

1) $t_{adj}=0$

在这种情况下，除了换道车辆 M 的速度等于 t_{long} 时刻的目标车道前车 L_D 的速度，并且此后保持恒定之外，其他车辆的速度都是恒定的。因此，换道车辆 M 的纵向加速度的表达式如下：

$$a_M = \begin{cases} \dfrac{v_{L_D} - v_M(0)}{t_{long}}, & t \leqslant t_{long} \\ 0, & 其他 \end{cases} \quad (2\text{-}132)$$

根据式(2-128)，目标车道前车 L_D 和换道车辆 M 在纵向速度恒定的情况下避免碰撞的条件是：

$$Sr(t) = Sr(0) + \left[v_{L_D} - v_M(0) \right] \times \left(t - \dfrac{t^2}{2t_{long}} \right) > 0, \quad \forall t \in [t_C, t_{long}] \quad (2\text{-}133)$$

考虑到初始相对纵向速度 $v_M(0) - v_{L_D}$ 的不同，最小初始纵向安全间距 $MSS(L_D, M)$ 表示为

$$MSS(L_D, M) = \begin{cases} (v_M(0) - v_{L_D}) \times t_{long}/2, & v_M(0) - v_{L_D} \geqslant 0 \\ (v_M(0) - v_{L_D}) \times t_C, & 其他 \end{cases} \quad (2\text{-}134)$$

设置完成换道所需时间为 $t_{lat} + t_{adj} = 5s$，车辆经 t_{adj} 时间后至完成换道所需的时间为 $t_{lat} = 5s$，换道车辆 M 的总横向位移为 $h = 12ft$，假设 $t_{long} = 10s$，则安全和不安全的区域示意图如图 2.44 所示。

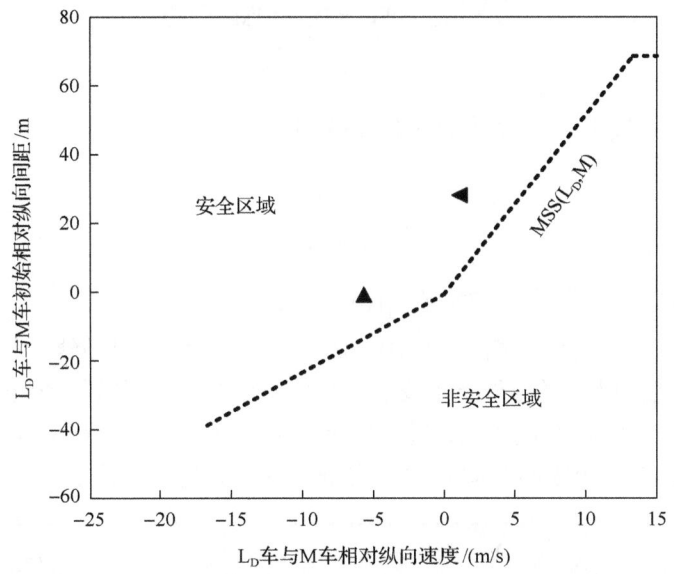

图 2.44　目标车道前车 L_D 与换道车辆 M 碰撞区示意图（情况 2）

图 2.44 显示了目标车道前车 L_D 和换道车辆 M 的初始相对纵向距离与相对纵向速度之间的关系。对于正相对速度 $v_M(0)-v_{L_D}$，安全边界对应于斜率 $t_{long}/2$；对于负相对速度，它是一条斜率约为 2.8（式(2-134)中 t_C 的值）的线。

对比图 2.42 和图 2.44 可知安全区域已扩展。因此，对于目标车道前车 L_D 和换道车辆 M 的换道情况，在 $t_{adj}=0$ 的条件下以不变的纵向加速度进行加减速策略比恒定纵向速度策略更可靠。

2) $t_{adj}>0$

对于 $t_{adj}=0$ 的情况，即使最初两辆车的相对间距和速度处于不安全区域，也可能由于切换加速策略而不发生碰撞。目标车道前车 L_D 和换道车辆 M 之间的初始相对间距和速度，定义了图 2.44 中的起点。如果该点恰好位于安全区域，则不需要对换道车辆 M 施加任何调节加速度 a_{adj}，因为换道将是安全的。如果两辆车的初始相对间距和速度处于不安全区域，那么需要应用切换加速策略，以便在换道车辆 M 开始换道之前达到适当的相对间距和速度。换句话说，希望从不安全区域移动到安全区域，然后开始换道。在空间上的状态变量定义如下：

$$\begin{aligned} x_1 &= x_{L_D} - x_M - l_{L_D} - w_M \times \sin[\theta(t_C)] \\ x_2 &= v_M - v_{L_D} \end{aligned} \quad (2\text{-}135)$$

通过区分上述变量与时间的关系，很容易看出以下等式是有效的：

$$\dot{x}_1 = \dot{x}_{L_D} - \dot{x}_M = v_{L_D} - v_M = -x_2$$
$$\dot{x}_2 = \dot{v}_M = a_{adj} \tag{2-136}$$

使用等倾线技术[69]，并求解式(2-136)中的微分方程，得到如下方程：

$$x_1 = -\frac{x_2^2}{2a_{adj}} + c \tag{2-137}$$

常量 c 是积分常数，取决于初始值 $x_1(0)$ 和 $x_2(0)$。

图 2.45 表示了对应于图 2.44 中模拟的 a_{adj} 不同值的等倾线。初始状态（初始相对间距和速度）已选择为处于不安全区域，用负的 a_{adj} 可以移动到安全区域以启动换道操作。a_{adj} 的绝对值越大，进入安全区域的速度越快。对于每一个 a_{adj} 的 t_{adj} 最小值由图 2.45 中相应的等倾斜线和安全边界之间的交点确定。

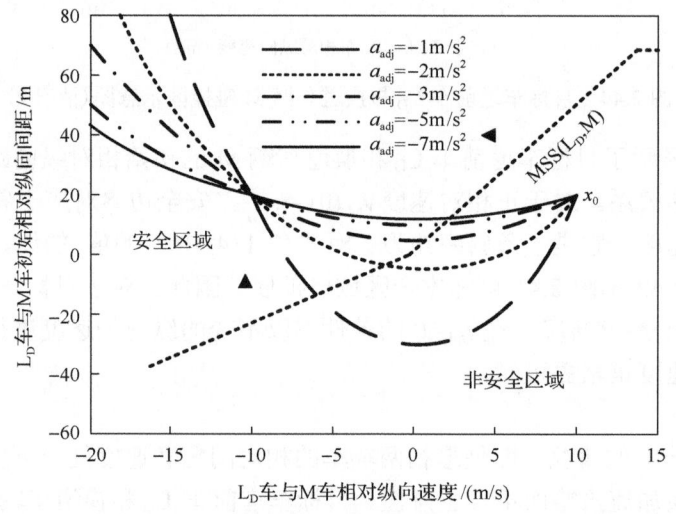

图 2.45　使用 a_{adj} 从不安全区域进入安全区域

应该注意的是，a_{adj} 受到车辆的加速/制动能力的限制。此外，为了保持乘客的舒适度，a_{adj} 的绝对值必须小于一个值 a_{comf}，a_{comf} 定义为维持乘客舒适度的最大加速度。此外，a_{adj} 的绝对值较大会导致"冲击波"在原始车道上传播以及使最小初始相对纵向间距 Sr(0) 变得更大，这反过来又降低了高速公路的吞吐量。

在上面的讨论中，假设只在 t_{adj} 的前一段时间内使用 a_{adj}。这可能并不总是可行的，因为车辆的速度可能超过其极限，或者更糟糕的是，可能有车辆速度变为零的情况。在这种情况下，不能应用图 2.43 的加速度曲线，故将加速度曲线修改为如图 2.46 所示的曲线。

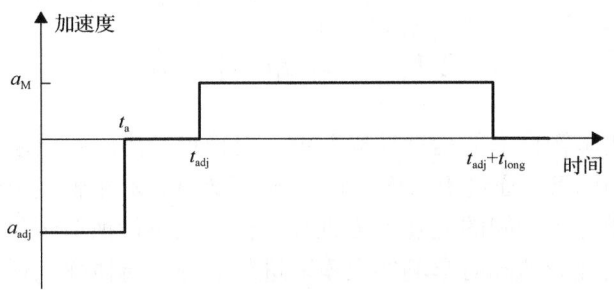

图 2.46 换道车辆 M 改进的切换纵向加速曲线

在 $[t_a, t_{adj}]$ 区间内,恒定速度将有助于换道车辆 M 产生足够的相对间距以进入安全区域。在这种情况下,对于时间区间 $[t_a, t_{adj}]$,状态空间方程可以重写为

$$\begin{aligned} \dot{x}_1 &= -x_2 \\ \dot{x}_2 &= 0 \end{aligned} \tag{2-138}$$

计算式(2-138),得到如下结果:

$$\begin{aligned} x_2 &= c = x_2(t_a), \\ x_1 &= [-x_2(t_a)](t-t_a) + x_1(t_a), \end{aligned} \quad \forall t \in [t_a, t_{adj}] \tag{2-139}$$

如果打算增加相对间距 x_1,那么必须确保 $x_2(t_a)$ 具有负值(负相对加速度)。换句话说,必须确保在 $t=t_a$ 时,换道车辆 M 在图 2.44 中的左半平面内,然后可以设置 a_{adj} 等于零以便进入安全区域。图 2.47 显示了从不安全区域移动到安全区域的轨迹。

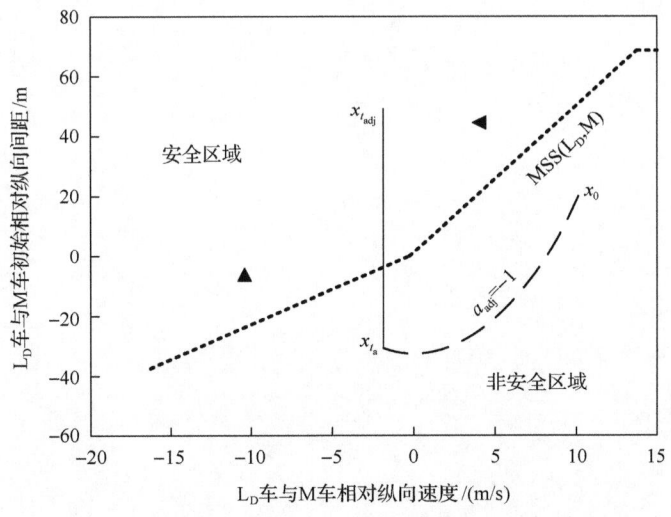

图 2.47 使用改进后的 a_{adj} 从不安全区域进入安全区域

2.15 本章小结

本章从描述车辆换道的运行环境入手,对换道行为进行层层剖析,总结归纳影响换道行为的因素,通过引入驾驶员-车辆行为体,对车辆换道过程中的目标车辆与目标车道跟随车之间的交互行为进行分析,在协作换道过程中引入沟通协商机制,以间隙接受为基础对车辆换道模型进行划分,对协作换道过程中车辆协作行为和竞争行为的决策过程进行分析;为进一步分析换道过程中目标车辆在复杂交通场景中与周围车辆之间的相互作用,以碰撞为临界条件建立目标车辆与跟随车之间的最小安全距离模型,并通过交通仿真验证模型的有效性。车辆换道是换道方式、车速、驾驶员心理和生理特性以及周边交通场景等因素变量影响下的综合决策行为,利用效用理论方法对车道效用进行评价分析,定性定量分析目标车道的选择过程,能够较为准确地反映车辆在复杂交通场景中的决策变化过程,为分析车辆运行交互特性、车辆可变限速技术、自适应巡航控制技术等提供理论依据和技术支撑。

第 3 章 车流运行复杂特性

交通场景中车流的状态变化是微观交通行为作用的宏观表现，交通环境对车辆换道行为产生影响，同样换道行为又会反作用于交通环境。车流运行状态的变化归因于交通行为参与者彼此之间的交互行为。车辆换道行为作为最基本的微观驾驶行为之一，在道路系统中其频繁的操纵过程容易引起车流运行状态的变化，特别是在拥堵交通条件下，事故的发生率明显提高。本章基于分子动力学及交通波理论，研究换道行为对车流影响的作用机理，并引入换道密集度的概念量化其影响，从交通的微观层面上升到宏观层面，对因微观换道行为所引发的宏观车流变化进行描述，进一步为道路系统交通状态辨别提供理论基础。

3.1 系统相似性解析

3.1.1 换道分子动力学分析

按照分子运动特性来分析研究整个分子体系动力学特性的理论称为分子动力学理论，通过对不同状态的分子运动进行分析，总结其整体运动特性以反映其宏观运动规律[70]。分子是物质中能够独立存在的相对稳定并保持该物质物理化学特性的最小单元。

鲜花飘香四溢、墨汁染黑白水等分子扩散现象都表明分子运动与宏观现象之间的因果关系。类比交通流中动态运行的车辆，也如物质中存在的分子一样，时刻处于运动状态。当受到外界相应刺激时，其运动状态会产生相应的变化，具有从高密度流向低密度流运动的趋势。如图 3.1 所示。

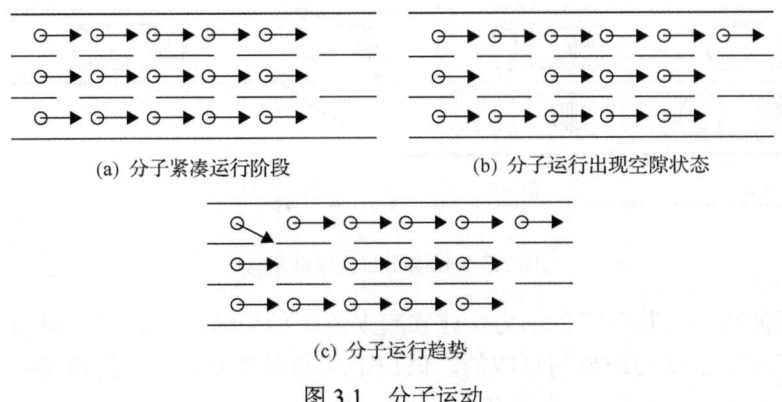

图 3.1 分子运动

当分子队列中的分子聚集过多时，分子会向周围进行扩散，试图向整体平衡状态转化。这就像在车流队列中运行的车辆，若车辆运行的当前车道较为拥堵或发生交通事故，则此时车辆会产生向相邻顺畅车道运动的趋势，从而产生换道意图。因流体趋低密度流避高密度流特性的存在，当其行进的方向上出现阻碍时，会选择"绕道而行"，正如道路运行中的车辆，当前车道出现障碍时选择换至相邻车道。流体运动趋势如图 3.2 所示。

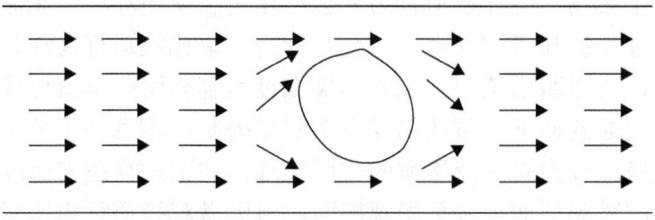

图 3.2　流体运动趋势

3.1.2　换道交通波产生机理

大量的交通观测研究发现，交通流的某些行为类似于流体波的行为，如图 3.3 所示，在四车道的原路段和三车道的瓶颈路段，车辆的运行有条不紊，但是进入两者的过渡路段，因车辆换道行为的发生，车流出现拥挤、紊乱，甚至阻塞的现象。其原因在于某些交通事件使车辆发生换道行为导致车流在即将进入瓶颈路段时产生与车流运行相反的波，从而导致车流出现紊流现象。

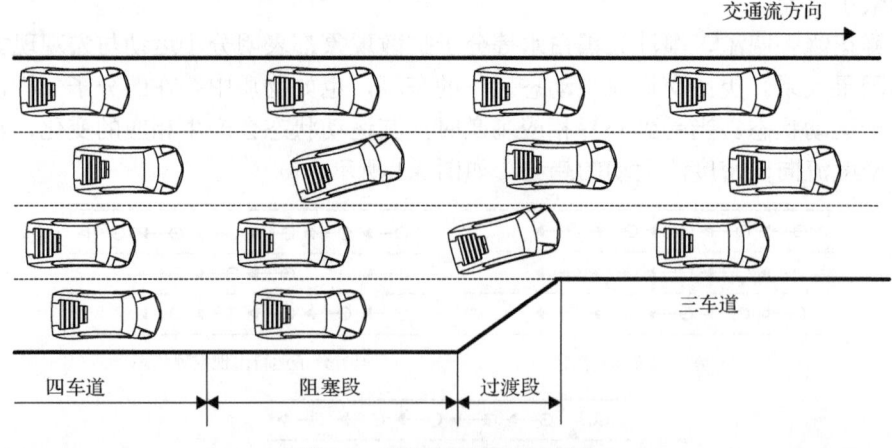

图 3.3　瓶颈处的交通波现象

交通波理论是基于流体动力学建立起来的一种交通流理论[71]，是将流体力学基本原理应用于交通现象而形成的。该理论从宏观角度出发，将道路中行进的车流比作起伏的水波,将车流密度的变化比作车流波,利用波理论来描述道路上车流密度的变化。当交通流处于稳态时,系统内部的密度和速度基本相同,处于动态平衡状态。若交通流内部出现干扰,导致车流密度发生变化产生交通波,则可根据交通波的大小和变化来描述交通波的时空变化规律。因此,交通波实质上为发生变化的车流密度和流量所形成的波在交通系统内部的传递。通过对交通波的传播速度进行分析,可得到交通波状态变化过程中车流密度、流量及速度之间的变化规律,运用数学物理方法对其关系进行描述,即可得到交通波模型。

基于交通流量守恒和交通流三参数之间的关系,对交通波模型进行建模。假设沿着一条笔直的公路有两个相邻的不同交通密度的区域(k_1和k_2),如图3.4所示。用垂直线S分割这两种密度,称S为波阵面。设S的速度为u_w,并规定按照所画的箭头x正方向运行,速度为正。

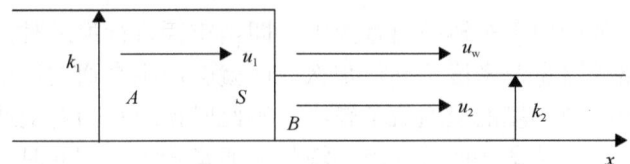

图3.4 交通流中两种交通密度的运行状态

显然,由交通流量守恒原理可知,波阵面移动后A区车辆数变化量与B区车辆数变化量相等。因此,在t时间内通过波阵面S的车辆数N存在如下表达式:

$$N = (u_1 - u_w)k_1 = (u_2 - u_w)k_2 \tag{3-1}$$

同时,依据交通流三参数基本关系,A区和B区的流量分为别$q_1 = u_1 k_1$、$q_2 = u_2 k_2$。整理后可得波速u_w的计算公式如下:

$$u_w = \frac{u_1 k_1 - u_2 k_2}{k_1 - k_2} = \frac{q_1 - q_2}{k_1 - k_2} = \frac{\Delta q}{\Delta k} \tag{3-2}$$

式中,u_1为A区车辆的区间平均速度,km/h;u_2为B区车辆的区间平均速度,km/h;k_1为A区车辆的区间密度,veh/km;k_2为B区车辆的区间密度,veh/km;q_1为A区间的断面流量,veh;q_2为B区间的断面流量,veh;Δq为A、B区间的断面流量差,veh;Δk为A、B区间的密度差,veh/km。

根据上述建立的交通波模型可知,交通波理论描述了车流从稳定到紊乱两种状态的转化过程。其中,u_w表征状态转化的方向。若$u_w>0$,表示交通波的传播方向与交通流运行方向一致;若$u_w=0$,表示波处于原地;若$u_w<0$,表示交通波传播方向与交通流方向相反。交通波含义示意如图3.5所示,图3.5(a)

为 A 和 B 两种不同状态的交通流相遇时产生的交通波,而交通波的时空传播如图 3.5(b) 所示。

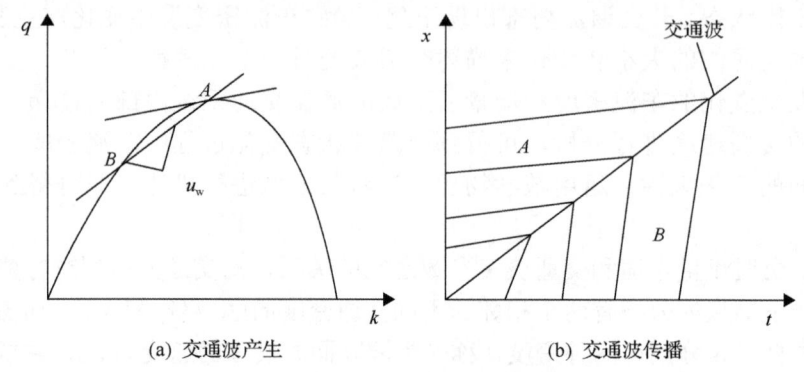

(a) 交通波产生 (b) 交通波传播

图 3.5 交通波含义示意图

将交通波原理应用于车辆换道行为中,即当车辆执行换道时,若车辆换道处上游和下游道路的流量及密度不同,那么此时就会产生交通波,换道处即为波阵面。若车辆所处换道环境的交通流量较小,则此时换道行为对交通系统的流量和密度影响不是很大;若车辆所处换道环境的交通量较大,则此时车辆的换道行为容易造成道路交通瓶颈,产生交通波。

3.2 车辆换道交通波模型

3.2.1 拥挤波与消散波

如前文所述,车辆换道的目的在于改善当前驾驶条件,那么车流运行状态与车辆换道意图之间应该存在这样一种关系:与相邻车道相比,若当前车道交通流处于高流量、低密度、较高速度状态,则车辆换道意图较低;若当前车道交通流处于低流量、高密度、较低速度状态,相邻车道较当前车道驾驶条件更为优越,则目标车辆的换道意图较强,相邻车道对目标车辆的吸引力较大。在交通拥挤状态下,车辆为尽快完成自己的驾驶目的,会尽可能地优化自己的驾驶条件。

如图 3.6 所示,假设 A、B、C 三个区域内的速度满足 $v_A < v_B$ 和 $v_A < v_C$,此时 A 区内的车辆会产生向 C 区换道的趋势。当 A 区内车辆向 C 区换道完成时,A 区内的车流密度减小,C 区内的车流密度增大。此时,B 区内的车流遇到密度减小后的车流,波阵面前后的密度差减小,交通波传播速度加快;而且波阵面前方的车速增加,拥挤波逐渐疏散;C 区内由于目标车辆换道的加入,车流密度增加,这表明了交通波在车道间的传递现象。当 $v_A > v_B$、$v_A > v_C$ 时,A 区会吸引 C 区的车辆向 A 区换道。C 区车辆的换道引起车流密度减小,从而在 C 区形成消散波。

因此，车辆换道与交通波之间是一种动态平衡转化的过程。在换道行为影响下形成交通波，又在交通波影响下发生换道，而且逐渐趋于平衡，交通流以自我调节的方式保证道路上车流连续稳定地运行。

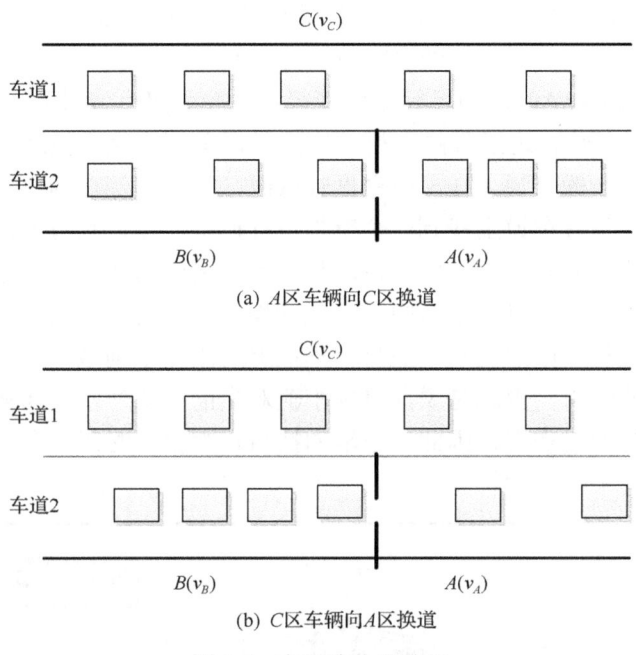

图 3.6　交通波传递过程

3.2.2　换道密集度模型

道路系统中的主要路段以多车道为主，车辆在运行过程中为调整运行状态可以改变速度亦可以变换车道。也就是说，车辆同时具有纵向和横向运动特性。如图 3.3 所示，车辆在换道过程中与周围交通场景之间会形成一个潜在影响区，在潜在影响区范围内运行的车辆与目标车辆之间或多或少都存在一定强度的交互行为，其强度的大小会随着目标车辆与其相关参数之间的变化而有所变化。而车辆换道行为所发生的交通场景各有不同，如第 2 章所述的换道原因，换道行为的致因多种多样，所产生的结果也未能提前预知，其执行过程的不确定和复杂性导致潜在影响区内交通瓶颈和事故的发生率较大。为便于分析，假设每条车道基本处于交通平衡状态，即同一位置、时间内不同车道的车辆行驶速度相同。但是在实际交通场景中，每条车道不同的车流特性通常是换道行为产生的一个诱因，在某些情况下，换道行为对车流状态起到平衡作用，且此平衡效应有益于提高整个道路系统的通行能力。作为车辆行为运动的主导，驾驶员对车辆运行场景的交通因素时刻保持敏感，为描述驾驶员对交通环境的反应，通常借助速度或流量-流率-

密度之间的关系，但交通流三参数之间的基本图只能描述车辆之前的纵向交互关系，不能描述换道过程中的横向交互关系。

如图 3.7 所示，目标车辆的车身宽度为 W，车身长度为 L。车辆换道过程中，假设纵轴为 x 轴，横轴为 y 轴，那么车辆的运动可通过在 (x,y,t) 范围内的空间量进行表示。初始时刻，目标车辆的坐标位置为 $(0,0)$，经过时间 Δt 后，目标车辆的坐标位置更新为 $(\Delta x, \Delta y)$，则目标车辆在横向的位移变化至少应该大于车身宽度 W。基于前文对车辆换道过程的分析可知，目标车辆为完成换道操作，首先应该表明换道意图。一般来说，在车流密度较低时，目标车辆在当前车道无须等待较长时间，就可在目标车道上找到一个空档执行换道操作，且对当前车道和目标车道的车流运行状态影响较小。然而，若是处于拥堵交通状态中，车辆则需要进行减速或者加速强制插入目标车道中。在此过程中，当前车道的跟随车根据当前的车流运行情况进行相应的调整，而目标车道上的跟随车则减速或者换入其他车道以便目标车辆的汇入。也就是说，目标车辆对当前车道产生纵向影响作用，对目标车道产生横向影响作用，因此，车辆的换道行为会同时影响车辆运行的当前车道和目标车道的车流运行状态。

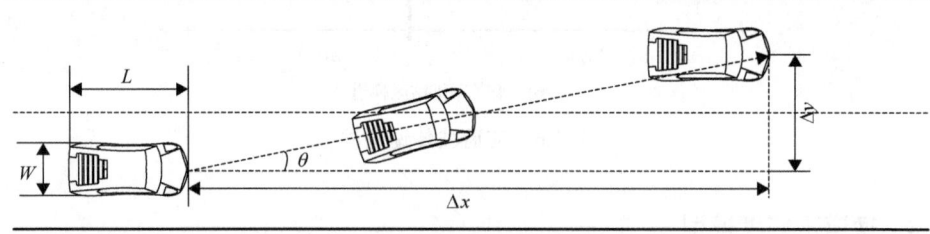

图 3.7 车辆换道过程偏移图

为研究换道交通流所引发的道路瓶颈及换道区域内车流的动态特性，描述车辆换道过程中会同时引起当前车道和目标车道速度的波动，引入换道密集度的概念 $\varepsilon(x,t)$ 来描述车辆之间的横向作用关系。利用交通参数基本图，研究分析换道行为对整个交通流的影响，基于交通波的理论模型对车流运行动态特性进行分析，将目标车辆对当前车流运行的影响作用加倍，此时有效交通密度为

$$\bar{k}(x,t) = k(x,t)[1+\varepsilon(x,t)] \tag{3-3}$$

则速度-密度的关系表达式为

$$u = U(\bar{k}) = U[k(1+\varepsilon)] \tag{3-4}$$

那么，有换道影响时，交通流参数之间的关系可表达为

$$q = ku = kU\left[(1+\varepsilon)k\right] \tag{3-5}$$

无换道影响时,交通流参数之间的关系可表述为

$$q = \overline{k}U(\overline{k}) = k(1+\varepsilon)U\left[k(1+\varepsilon)\right] \tag{3-6}$$

通过比较式(3-5)和式(3-6),得到车辆换道对车流产生的影响。

3.3 数值验证

由于城市道路上的交通量较大,车道变换时车速的变化必定影响后续车流。对某一方向的路段而言,这种影响表现在一定时间段内车流的动态变化,即从顺畅到拥挤再到顺畅的过程。选取青岛市西海岸经济开发区滨海大道为示范路段进行调查工作,调查时间选取正常工作日的上午 7:50~8:35 时间段,因为此阶段的交通流密度由稀疏过渡至稠密,波动现象频发,分别对此路段的交通量、换道次数、换道比例及行程延误进行统计分析,同时将换道比例、行程延误与实际数据进行对比,验证模型的有效性。

1. 交通量与换道次数的关系

换道行为对交通流的影响主要是对交通波的扰动,即车辆在制动、减速或者加速时对交通波的影响。统计路段每 15min 的交通量及此时段内的换道次数,分析两者之间的变化关系,如图 3.8 和表 3.1 所示。通过调查分析可以看出,在路段交通量不大时,车辆换道行为对交通量有积极的影响,随着换道次数增加,交通量受到抑制开始变小。因此,在道路设计时,交通量不大的地段,可以适当鼓励车辆换道,而在交通拥挤地段应该控制换道行为发生。

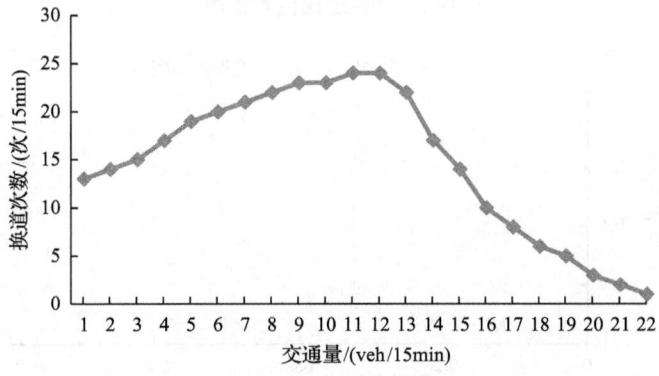

图 3.8 交通量与换道次数的关系

表 3.1 不同交通量下换道次数

序号	换道次数/(次/15min)	交通量/(veh/15min)	序号	换道次数/(次/15min)	交通量/(veh/15min)
1	14	158	12	290	22
2	15	163	13	310	17
3	15	172	14	325	14
4	18	185	15	333	10
5	20	207	16	352	8
6	21	226	17	383	6
7	22	235	18	394	5
8	23	245	19	407	3
9	24	254	20	420	2
10	24	264	21	424	1
11	25	285	22	426	22

2. 换道比例、行程延误与实际数据对比分析

由图 3.9 和图 3.10 分析可知，基于交通波理论的换道模型与实际换道现象拟

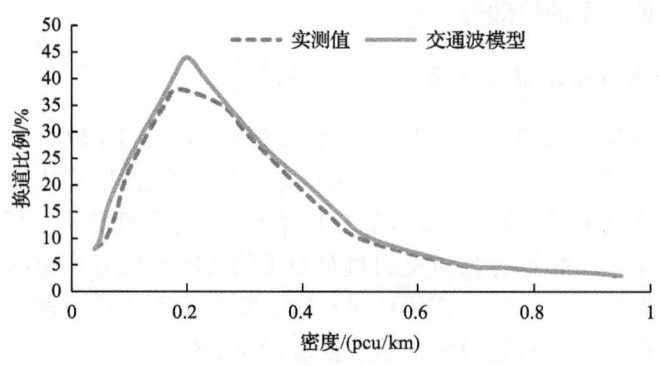

图 3.9 换道比例对比图

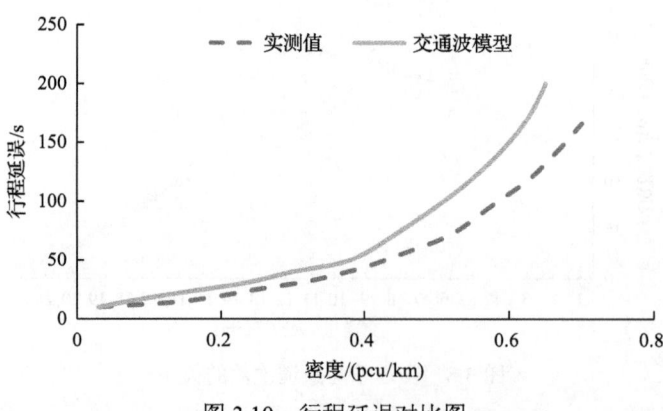

图 3.10 行程延误对比图

合度高，但换道比例略高于实际情况，这是因为实际换道行为关系到驾驶员驾驶习惯、车辆性能、天气等其他因素，而该模型没有考虑这些因素，仅把驾驶环境当作理想状态。

3.4 宏观车流波动特性解析及稳定性分析

车辆换道行为是导致快速路车流振荡、道路通行能力下降和车流失稳等宏观车流现象的重要原因之一[72]。现在国内外大多数学者都将车辆的跟驰和换道两种驾驶行为分开研究，并为之构建独立的模型体系。当然，也有一些学者认识到忽略换道行为的前期准备工作中驾驶员的制定决策和执行动作等一系列过程会影响构建模型的真实精确度，并对相关方面展开了针对性研究。其中多数通过研究换道行为引发的宏观车流波动现象，验证跟驰行为与换道行为的关联性。尽管有少量研究通过描述换道连续驾驶行为来构建微观车流模型，但是其模型体系并未对车辆跟驰和换道两种行为之间切换的一致规则进行描述。

基于上述考虑，本章以城市快速路上参与同一个换道过程的周围多个车辆驾驶员行为作为研究对象，构建统一的、不依赖特定跟驰-换道状态切换规则的换道模型，建立模型时将驾驶员反应时间与周围多车的影响考虑其中，构造更加贴合实际道路具体状况的车辆换道模型。

3.4.1 车辆换道时侧向车影响分析

车辆正常行驶时应尽量在所行驶车道的中间位置，与周围车辆保持一定的安全距离。但是车辆在换道时，不可避免地会行驶至车道的边缘，如果车道边缘存在其他行驶车辆，将会严重影响换道车辆的换道行为。图 3.11 记录青岛市区快速路任选一截面处以车道中心线为基准，车辆在道路上的分布。图中水平轴表示车辆的横向位置到车道中心线的距离，垂直轴表示在特定车道位置行驶的车辆数的百分比。正如从图 3.11 中看到的，虽然部分车辆没有在车道中间行驶，但是从整体上看，每个车道上的车辆所处的横向位置分布近似服从正态分布。

在环湾快速路主线区部分选取一些地点进行试验调查，对收集的三组数据进行统计分析，观察车辆在不同行车规范下的特点。通过统计分析多车道车流运行数据发现，车辆在执行换道行为时不仅会受到跟车车间距的影响，还受到周围车辆横向位置的影响。车辆在执行换道超车过程时将通过被超车的横向位置来自我定位，如图 3.12 所示。图 3.12 中 S 车为换道超车车辆，A 车为即将被超越车辆，D 为两车之间的横向间距，a 为 A 车与车道线之间的距离，b 为 S 车与车道线之间的距离。对于横向间距 D 与换道超车的车速之间的关系，当车辆不占用相邻车道时，在稳定的车流中换道超车的车速保持不变，但是在不稳定的车流中却呈现出另一种不同的现象，如图 3.13 所示，在不稳定车流中，超车速度随着横向间距 D 增大而变大。

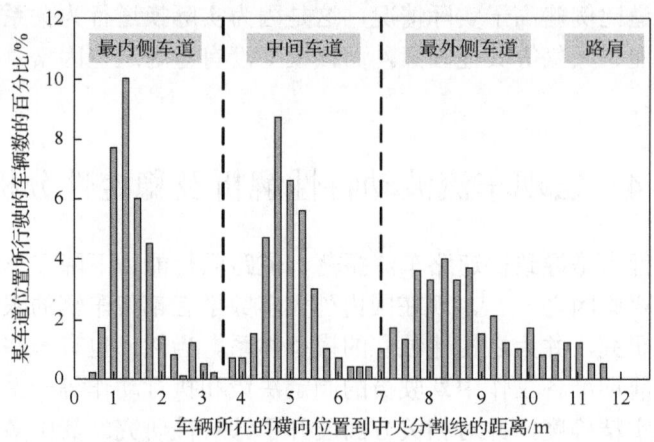

图 3.11　车辆中心点所处横向位置示意图

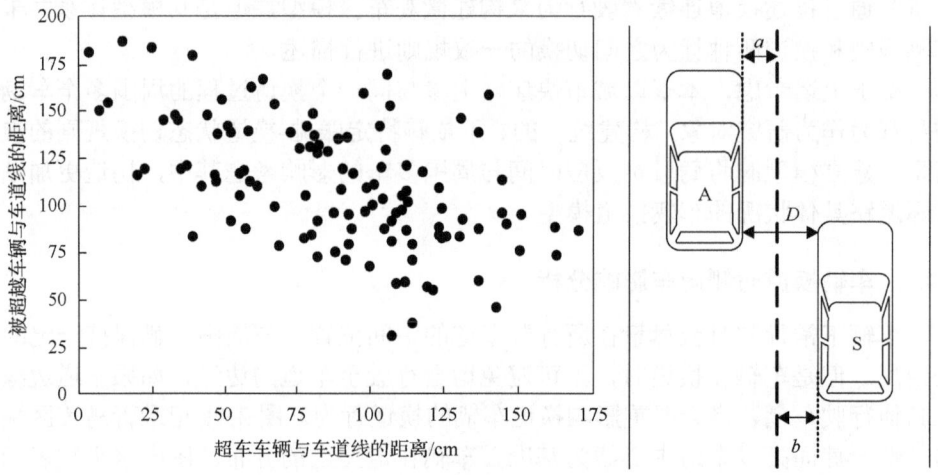

图 3.12　在双车道上相邻车的侧向干扰

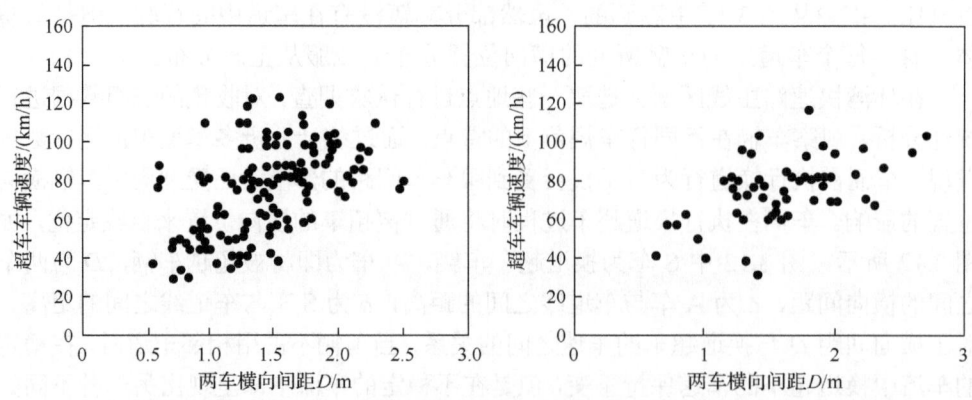

图 3.13　不同横向间距与超车速度的关系

3.4.2 经典 FVD 模型

行驶在城市快速路匝道周围的车辆的平均速度较低，且频繁加减速。由前人的研究可知，FVD 模型比 Gipps 模型、GM 模型和 OV 模型能够更好模拟车辆的非线性加减速驾驶行为[73]，因此选择以 FVD 模型为基础对跟驰-换道过程进行统一建模。有研究给出 FVD 模型的结构为

$$a(t) = \beta \{V[\Delta x(t)] - v(t)\} + \lambda \Delta v(t) \tag{3-7}$$

式中，$a(t)$ 为 t 时刻换道车辆 M 的加速度；$\Delta x(t)$ 为 t 时刻换道车辆 M 与周围车辆的车头间距；$v(t)$ 为 t 时刻换道车辆 M 的速度；$V(\cdot)$ 为换道车辆 M 驾驶员认定的优化车速函数；β 为换道车辆 M 驾驶员对 $V(\cdot)$ 与 $v(t)$ 差值的敏感度系数；$\Delta v(t)$ 为换道车辆 M 与周围车辆的速度差；λ 为换道车辆 M 驾驶员对 $\Delta v(t)$ 的敏感度。$V(\cdot)$ 的定义为

$$V[\Delta x(t)] = V_1 + V_2 \tanh[C_1 \Delta x(t) - C_2] \tag{3-8}$$

式中，V_1、V_2、C_1 和 C_2 为待标定参数。

3.4.3 车辆行为建模

充分考虑车辆横向偏移的影响，建立综合车辆横向偏移的换道驾驶行为模型，将会使换道模型更加贴合实际状况，全面体现驾驶行为特性。将周围车辆(当前车道前车 L_O、目标车道前车 L_D 和目标车道后车 F_D)对待换道车辆 M 的影响系数分别用 α_{L_O}、α_{L_D} 和 α_{F_D} 表示，车辆横向偏移影响换道车辆的变化过程，即影响系数变化示意图如图 3.14 所示。

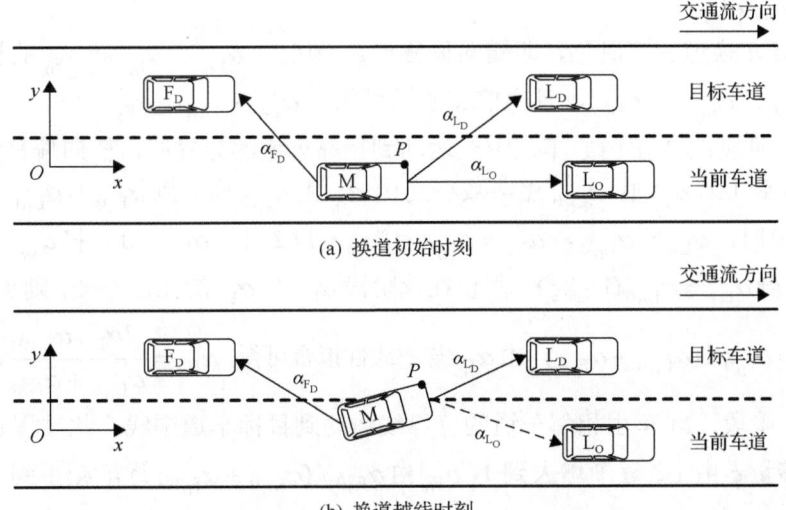

(a) 换道初始时刻

(b) 换道越线时刻

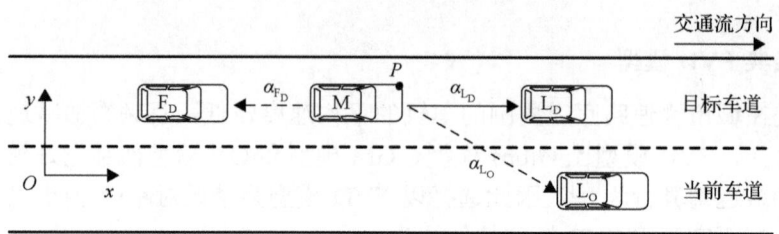

(c) 换道完成时刻

图 3.14 影响系数变化示意图

为了更好地用数学语言表达模型，在建模之前，首先将周围车辆对换道车辆的影响系数进行量化，并做如下假设：①车辆正常行驶时，均在车道的中线位置，包括开始换道之前和完成换道之后；②M 车到达目标车道中线位置后，将立即进行对其前车的跟驰行驶；③M 车在驶过车道线之前都当作在原车道行驶，驶过车道线之后即认为进入目标车道行驶。

将换道车辆 M 的横向偏移量记为 ξ，其表达式如下：

$$\xi = \frac{y_P(t)}{\max[y_P(t)] - \min[y_P(t)]} \tag{3-9}$$

式中，$y_P(t)$ 为 t 时刻换道车辆 M 车头角点（图 3.14 中 P 点）的纵坐标；$\max[y_P(t)]$ 和 $\min[y_P(t)]$ 分别为 $y_P(t)$ 的最大值和最小值。式(3-9)中的分母定义可保证无论换道车辆 M 的侧向位移大于还是小于车道宽度，ξ 都能够反映换道车辆 M 的侧向偏移程度。

根据上述假设，可以将周围车辆对换道车辆的影响系数 α_{L_O}、α_{L_D} 和 α_{F_D} 进行下述量化过程。

在 M 车换道的零时刻，即横向偏移量 $\xi = 0$ 时，α_{L_O}、α_{L_D} 和 α_{F_D} 的初始值分别为 $\alpha_{L_O 0}$、$\alpha_{L_D 0}$ 和 $\alpha_{F_D 0}$，且由前文假设可知，$\alpha_{L_O} + \alpha_{L_D} + \alpha_{F_D} = 1$。

第 1 阶段：M 车由原车道中线运动到相邻车道的分界线，横向偏移量 ξ 由 0 逐渐增大到 1/2，α_{L_O} 由 $\alpha_{L_O 0}$ 逐渐减小到 0，α_{F_D} 由 $\alpha_{F_D 0}$ 增大到 $\alpha_{F_D 0}/(\alpha_{L_D 0} + \alpha_{F_D 0})$。即当 $\xi = 0$ 时，$\alpha_{L_O} = \alpha_{L_O 0}$，$\alpha_{F_D} = \alpha_{F_D 0}$，当 $\xi = 1/2$ 时，$\alpha_{L_O} = 0$，将 α_{L_O} 与 ξ 做线性拟合，得 $\alpha_{L_O} = \alpha_{L_O 0}(1 - 2\xi)$；假设在该阶段 α_{L_D} 与 α_{F_D} 的比值不变，则当 $\xi = 1/2$ 时，$\alpha_{F_D} = \alpha_{F_D 0}/(\alpha_{L_D 0} + \alpha_{F_D 0})$，由 α_{F_D} 与 ξ 线性拟合可得，$\alpha_{F_D} = \frac{2\alpha_{F_D 0}\alpha_{L_O 0}}{\alpha_{L_D 0} + \alpha_{F_D 0}}\xi + \alpha_{F_D 0}$。

第 2 阶段：M 车由相邻车道的分界线运动到目标车道中线，此过程 $\alpha_{L_O} = 0$。横向偏移量 ξ 由 1/2 逐渐增大到 1，α_{F_D} 由 $\alpha_{F_D 0}/(\alpha_{L_D 0} + \alpha_{F_D 0})$ 逐渐减小到 0，将 α_{F_D}

与 ξ 做线性拟合，得 $\alpha_{F_D} = \dfrac{2\alpha_{F_D 0}}{\alpha_{L_D 0} + \alpha_{F_D 0}}(1-\xi)$。

综上所述，可构建如下所示的周围车辆对换道车辆 M 的影响系数关系，即

$$\alpha_{L_O} = \begin{cases} \alpha_{L_O 0}(1-2\xi), & \xi \in [0,1/2) \\ 0, & \xi \in [1/2,1] \end{cases} \quad (3\text{-}10)$$

$$\alpha_{F_D} = \begin{cases} \dfrac{2\alpha_{F_D 0}\alpha_{L_O 0}}{\alpha_{L_D 0} + \alpha_{F_D 0}}\xi + \alpha_{F_D 0}, & \xi \in [0,1/2) \\ \dfrac{2\alpha_{F_D 0}}{\alpha_{L_D 0} + \alpha_{F_D 0}}(1-\xi), & \xi \in [1/2,1] \end{cases} \quad (3\text{-}11)$$

$$\alpha_{L_D} = 1 - \alpha_{L_O} - \alpha_{F_D} \quad (3\text{-}12)$$

FVD 模型可拓展为考虑驾驶员反应时间和周围多车影响的驾驶行为统一模型，即

$$a_M(t+\tau_M) = \beta\{V[F_{\Delta x}(\cdot)] - v(t)\} + F_{\Delta v}(\cdot) \quad (3\text{-}13)$$

式中，τ_M 为换道车辆 M 驾驶员反应时间，s；车辆间距变量组合函数 $F_{\Delta x}(\cdot)$ 和车速差变量组合函数 $F_{\Delta v}(\cdot)$ 分别定义为

$$\begin{cases} F_{\Delta x}(\cdot) = \gamma_{\Delta x L_O}\alpha_{L_O}\Delta x_{ML_O}(t) + \gamma_{\Delta x L_D}\alpha_{L_D}\Delta x_{ML_D}(t) + \gamma_{\Delta x F_D}\alpha_{F_D}\Delta x_{MF_D}(t) \\ F_{\Delta v}(\cdot) = \gamma_{\Delta v L_O}\alpha_{L_O}\Delta v_{ML_O}(t) + \gamma_{\Delta v L_D}\alpha_{L_D}\Delta v_{ML_D}(t) + \gamma_{\Delta v F_D}\alpha_{F_D}\Delta v_{MF_D}(t) \end{cases} \quad (3\text{-}14)$$

式中，α_{L_O}、α_{L_D} 和 α_{F_D} 分别为周围车辆 L_O、L_D 和 F_D 对换道车辆 M 的影响系数；$\Delta x_{ML_O}(t)$、$\Delta x_{ML_D}(t)$ 和 $\Delta x_{MF_D}(t)$ 分别为 t 时刻换道车辆 M 与周围车辆 L_O、L_D 和 F_D 的间距；$\Delta v_{ML_O}(t)$、$\Delta v_{ML_D}(t)$ 和 $\Delta v_{MF_D}(t)$ 分别为 t 时刻换道车辆 M 与周围车辆 L_O、L_D 和 F_D 的速度差。

一般情况下，按照驾驶员的换道需求可将换道行为分为以获取期望速度或为避免长时间排队为目标的自由换道和以汇流、分流或避免干扰为目标的强制换道。M 车驾驶员作为换道的发起者知晓其换道目的，而周围车辆驾驶员则需要通过对比 M 车原车道和目标车道的交通状况来获得此信息。以强制换道场景为基准，自由换道驾驶员对其与 L_O、L_D 和 F_D 车间距的敏感度系数（$\gamma_{\Delta x L_O}$、$\gamma_{\Delta x L_D}$ 和 $\gamma_{\Delta x F_D}$）以及车速差的敏感度系数（$\gamma_{\Delta v L_O}$、$\gamma_{\Delta v L_D}$ 和 $\gamma_{\Delta v F_D}$）分别满足以下约束：

$$\begin{cases} \gamma_{\Delta x L_O} + \gamma_{\Delta x L_D} + \gamma_{\Delta x F_D} = 1 \\ \gamma_{\Delta v L_O} + \gamma_{\Delta v L_D} + \gamma_{\Delta v F_D} = 1 \end{cases} \quad (3\text{-}15)$$

3.5 宏观车流波动特性解析

道路上行驶的车辆受驾驶员自主操作，具有自主性；同时车辆受周围车辆及环境的影响，具有被动性。道路上的车一辆接着一辆，将其看作车流簇，车流运动中的最小单元是车辆。车流运行的波动特性由车辆的自主性决定，波动是车流在交通干扰下恢复平衡状态的自发行为，而被动性又使车辆之间相互影响。

车流簇的波动性与物理波具有一定的共性，可以沿车流方向传播。结合物理波的性质，研究车流运行态势变化的内因；第 2 章分析了分子动力学跟驰理论，结果表明，车辆需求安全距离与车间距的变化及车辆速度主导了车辆驾驶行为，微小干扰形成车流的波动。图 3.15 描述了两种干扰下车辆位置及加速度变化。

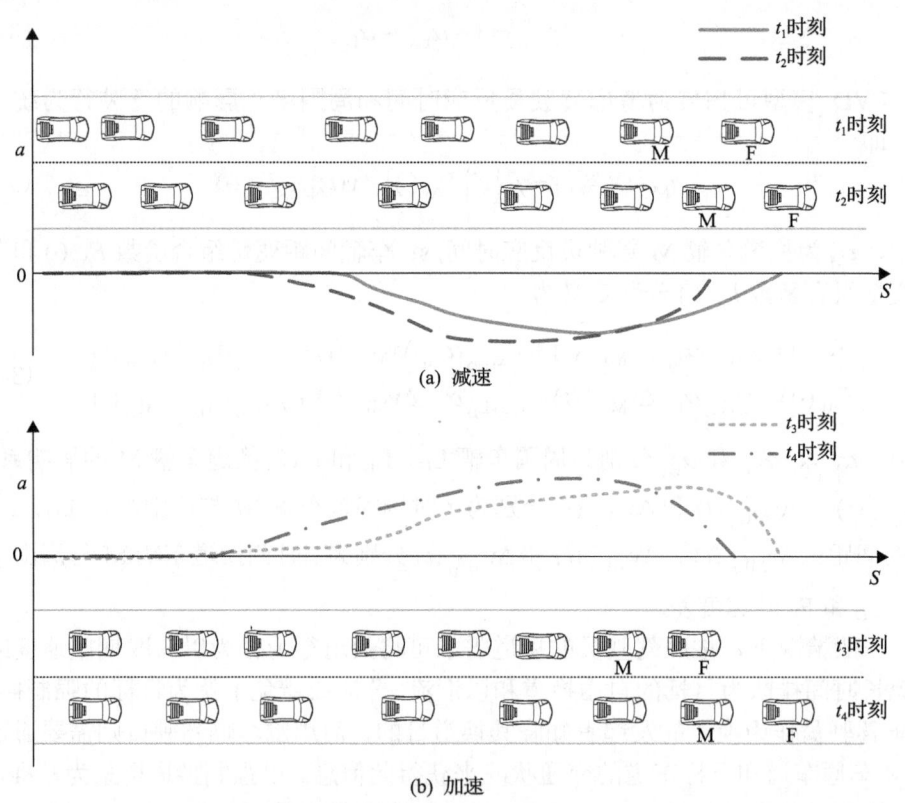

(a) 减速

(b) 加速

图 3.15 车流簇波动与加速度波动对照示意图

图 3.15(a)表示车辆遇到干扰减速停车，t_1 时刻 F 车减速停车，破坏车流的稳定状态，出现扰动波；t_2 时刻 M 车受 F 车影响被动减速停车，扰动波向车流上游传播，两个时刻的加速度波动曲线仅因车辆驾驶员特性不同而稍有差异，但其整

体变化趋势是相同的。

图 3.15(b)表示车辆为使运行状态达到最优化而加速，t_3 时刻 F 车自主加速，扰动波出现，t_4 时刻 M 车受 F 车影响也加速行驶，两个时刻的加速度波动曲线仅因车辆驾驶员特性不同而稍有差异，但其整体变化趋势是相同的。

由上述分析可见，车流中的车辆受前导车、交通状况及道路环境等影响很大，小干扰造成车流波动，沿车流方向传播，随着时间的推移小干扰的影响可能会逐渐减弱，车流恢复稳定运行状态，也可能会逐渐增强，直至车流失稳甚至造成交通拥堵。如图 3.15 所示，加速度波动曲线整体变化趋势是相同的，随着时间的推移沿车流方向向上游传递。在特定的车流运行状态下，车流中车辆的加速度受小干扰的影响依次发生变化的现象称为加速度波动(加速度可正可负)。稳定车流出现波动是加速度波动的表现形式，加速度波动是车流波动的实质，车流波动的传递实际上就是加速度波的传播，所以在此用加速度波来描述快速路车流的波动，也更符合车流波动的实质。加速度波与车流波动状态向对应，研究表明，加速度波与物理波一样具有连续传播特性。

3.5.1 单车道车流簇加速度波动特性

单车道车流运行状态就不存在换道、超车等驾驶行为，即单车道车流簇稳定运行状态的波动是由车辆跟驰驾驶行为引起并传播的，它的变化也与单个车辆的运行息息相关。分析车辆跟驰行为可得快速路车流簇的运动特性，以分子跟驰理论为基础构建单车道车流簇波动的数学模型。

行驶车辆之间的相互制约力(可以看作分子之间的"引力与斥力")是引起稳定车流波动的重要原因，从快速路发生车流波动的过程来看，变换车道、交通事故、匝道汇流和分流等交通干扰事件都可以看作车辆之间的相互制约力。在单车道上，交通干扰事件造成车流簇中某一车间距发生变化，其与需求安全距离的差值发生变化，紧接着跟驰车辆就会在前导车的影响下采取加速或减速动作，此影响依次向车流上游传播。交通干扰事件迫使或诱使车辆速度改变，车辆行驶的被动性使得干扰向车辆上游传播。研究快速路车流波动的实质，分析车流波动的产生机理及传播特性，如图 3.16 所示。

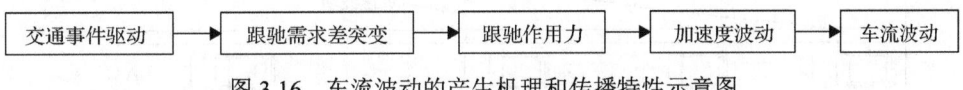

图 3.16 车流波动的产生机理和传播特性示意图

车流在某一时刻特定运动状态下的加速度波的实质是车流中每一辆车该时刻的加速度状态。如图 3.15 所示，t_1 时刻 L 车减速时，后面的跟随车辆均由于被动性依次采取减速动作。另外，这个加速度波又可以看成由车流中某一辆车从 0 点到 S 点的加速度组成的，因此可以用某一辆车在一段时间上的加速度连续分布函数来描述加速度波。结合第 2 章中分子跟驰动力学理论，加速度波 ℓ 可以定义为

$$\ell = \ddot{X}_F(t) = \frac{\lambda'}{h\tau^2}[L(t)-X_n(t)] + \frac{\lambda''}{j\tau}[\dot{X}_L(t)-\dot{X}_F(t)] + \frac{\lambda'''}{k\tau^2}[L_3-L(t)] \quad (3\text{-}16)$$

式中，τ 为驾驶员反应时间，s；$L(t)$、$\dot{X}_L(t)$、$\dot{X}_F(t)$ 均为动态变化量，分别为瞬时车间距前导车瞬时速度及跟随车瞬时速度；$X_n(t)$ 为跟随车在 $X_F(t)$ 速度下的需求安全距离；L_3 为跟驰状态达到二次平衡时的车间距；$\frac{1}{h}>0$，$\frac{1}{j}>0$，$\frac{1}{k}>0$ 分别是 $[L(t)-X_n(t)]$、$[\dot{X}_L(t)-\dot{X}_F(t)]$、$[L_3-L(t)]$ 在对驾驶员的刺激中所占的权重，且 $\frac{1}{h}+\frac{1}{j}+\frac{1}{k}=1$；$\lambda'$、$\lambda''$、$\lambda'''$ 需要由试验得到。

3.5.2 多车道车流簇加速度波动特性

单车道上只存在纵向车辆跟驰行为，车流的加速度波受到车道的限制，但是在多车道上存在超车、变道等驾驶行为，所以每个车道的加速度波也不相同。如图 3.17 所示，t_1 时刻换道车辆 M 从 A 车道变道进入 B 车道，t_2 时刻 A 车道的车间距大于跟驰需求安全距离，相邻 B 车道的车间距小于跟驰需求安全距离。A 车道车辆为缩小车间距将采取加速动作，B 车道车辆将采取减速动作，故两个车道产生不一样的车流波动，车流处于不稳定运行状态。当稳定车流遇到交通干扰事件时，平稳运行的车辆在干扰的刺激下做出反应，采取加速、减速或变道动作，导致原车道上的跟驰需求差（车间距与跟驰需求安全距离之间的差值）变大或变小，这个干扰的影响会向车流上游传播，最终导致稳定车流中产生加速波或减速波。同理，其他车道也是一样，变道车辆导致目标车道的跟驰需求差变小，致使车道上产生减速波。

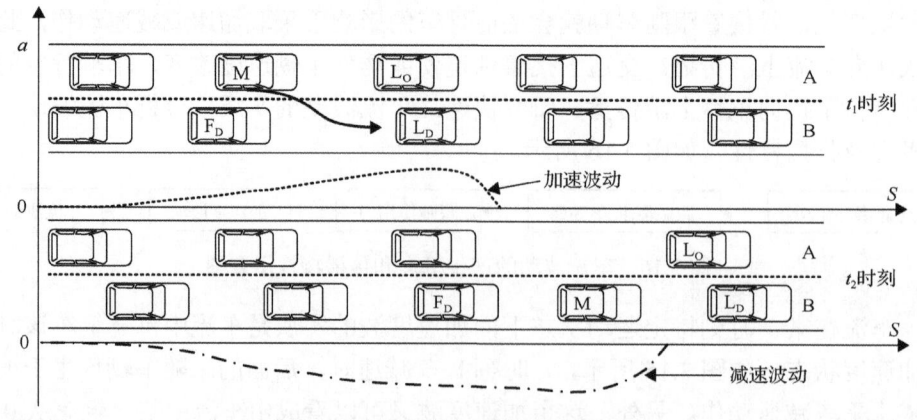

图 3.17 多车道车流波动的关联性

第 3 章 车流运行复杂特性

由上述分析可见，多车道车流簇波动特性与单车道车流波动的叠加作用是一致的，这种车道间波动叠加的关联性在于车道上跟驰需求差的交换变化，这与车流实际关联特性的原理是吻合的。

多车道车流波动的实质亦是加速度的波动，故在 3.4 节建立了考虑驾驶员反应时间和周围多车影响的驾驶行为模型，该模型可以看作城市快速路上的车流模型，较符合实际的交通状况。第 5 章将对该车流模型进行参数标定及验证分析，这里不再赘述。

3.5.3 加速度标准波

车流的波动与物理波的传播形式是一致的，将车流波动的标准波形定义为车辆起步、加速、匀速到减速停车一系列过程，根据加减速度波动稳定性及传播机理，研究车流簇加速度标准波的模型。以城市快速路匝道汇流导致稳定车流运行状态出现的车流波动为研究标准波的对象，在车流密度和速度一定的情况下，该波动的形式基本是固定不变的，即包含车流运行的加速、匀速、减速三种固有状态。从稳定车流受干扰影响产生减速波动开始，研究车流波动在减速、匀速至加速这一连贯动作影响下的传播机理，根据车流在干扰影响下演变的固有规律，构建车流簇加速度标准波模型。

上述标准波模型中并未考虑换道驾驶行为的影响，即与单车道车流簇波动特性类似，可将其简化为单车道波动模型进行研究。标准波模型主要有两种表达形式，在此分别进行研究，如图 3.18 所示：第一种将其表示为空间阵列，即以某一特定时刻车流中所有车辆为研究对象，通过分析每一辆车的即时加速度来研究干扰对稳定车流的影响；第二种将其表示为时间阵列，即以车流中某一特定车辆为研究对象，研究该车辆在一段时间上的加速度分布。

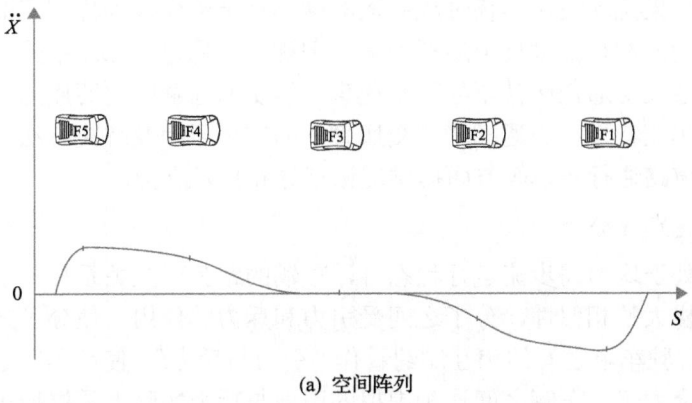

(a) 空间阵列

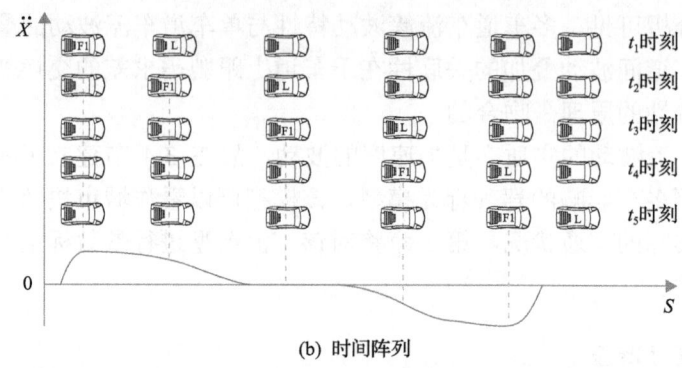

(b) 时间阵列

图 3.18 标准波模型时空域阵列示意图

3.6 车流簇的二维空间稳态响应机理

道路上的车辆是在一个二维空间中行驶，即车流的运行状态受纵向和横向两个方向的干扰，故下面主要从纵向和横向两个方面来研究车流的稳定性。车流的纵向稳定性即为车辆在单车道跟驰过程中受前导车驾驶行为影响产生的车流波动的稳定性，决定了车流的纵向运行状态；横向稳定性即为多车道车流簇中车辆的换道、超车等驾驶行为造成的车流波动的稳定性，决定了车流的横向运行状态。

3.6.1 纵向稳定性分析

城市快速路汇流区车流的纵向稳定性主要从局部和渐近两个方面进行分析。前者主要关注的是车流中某两辆车保持相同速度行驶，车间距在一定范围内发生微小变化，研究的是跟随车对前导车运行状态变化的反应，属于车流的局部行为。后者的研究对象是整个车流，在稳定车流中一个小干扰导致扰动波出现，并沿着车流传播，如果扰动波在传播过程中逐渐减小直至消失，则称车流渐近稳定；相反，如果扰动波在传播过程中逐渐增强，则称为不稳定。交通干扰是影响快速路车流稳定性造成交通拥堵甚至导致交通事故等交通问题的主要原因。研究车流稳定性为分析车流特性、交通拥堵和交通事故的产生原因及解决方法，提高车辆行驶安全性和道路通行效率等方面提供理论指导和技术支持。

1) 局部稳定性分析

当车流处于均匀同步流运行状态时，车辆的跟驰交互关系与分子之间的动力学关系具有极大的相似性，分子之间受引力和斥力的作用，使分子之间保持一定的距离，将行驶车辆之间的相互制约看作"引力与斥力"，使得车辆之间不会靠得太近但也不会太远。车辆之间这种虚拟的引力与斥力实际上是根据车辆间驾驶行为的变化抽象出来的，是将车辆间跟驰需求差的变化抽象为车辆之间的吸引或排斥。从分子动力学的角度来分析车辆之间的"受力"情况，一个小的交通干扰事件使车辆间跟驰需求差(即车辆间所受的引力与斥力)发生变化，导致车辆加速度发生变化，从而致使车流运行状态发生变化，即一个微小干扰就可能使稳定运行的车流产生波动。关于扰动机理在第2章已详细阐述，这里不再赘述。

2) 渐近稳定性分析

在上述车辆间局部稳定性分析的基础上，扰动波与物理波具有一定的共性，即会沿着车流方向进行传播，必然会引起上游车流运行状态发生变化，最终有两种可能：一是车流逐渐恢复稳定运行状态；二是扰动波在传播过程中逐渐增强，最终导致交通阻塞。

文献[74]研究表明，理想状态车队受到交通干扰事件影响后两车最终间距与$\lambda(t)$有关，$\lambda(t)$随驾驶员的心理、生理、年龄以及所处状态(如是否疲劳驾驶)等因素的不同而不同。因为驾驶员特性相对较主观，故该模型在实际交通状况中进行实地试验比较难测得准确的相关数据，在此使用MATLAB对$\lambda(t)$取不同的值进行模拟试验。设$C=\lambda(t)T$。取C=0.215、0.325、0.425、0.495、0.5、0.535、0.575、0.675、0.775等数值进行仿真分析，部分结果如图3.19所示。

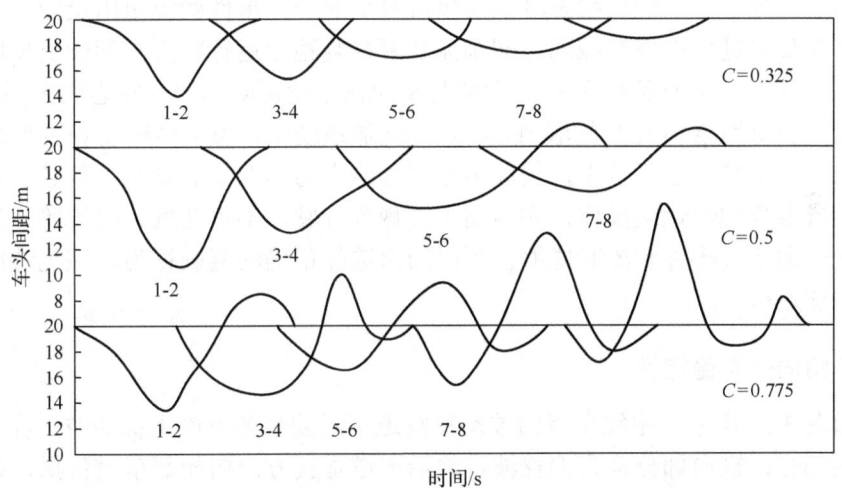

图3.19 微扰跟驰模型车队中车头间距随时间的变化

图3.19形象地描述了在时间和空间构成的二维体系中前导车与跟随车车头间距的变化。当C=0.325时，整体上车流处于稳定运行状态，波动较小，车流在小干扰的影响下发生微小波动后，在传播过程中扰动逐渐减弱，最后车流逐渐恢复稳定运行状态；当C=0.5时，车流中扰动波的振幅明显增大，车辆偏移也逐渐增大；当C=0.775时，车流表现出严重失稳现象，车头间距远远小于跟驰需求安全距离，甚至导致车辆追尾，车流处于不稳定运行状态。因此，研究表明，当

$C=\lambda(t)T<0.5$ 时，整体上车流较稳定，车流在小干扰的影响下可以逐渐恢复稳定运行状态，不会威胁行车安全。由此得出，驾驶员反应强度系数 C 对车流的渐近稳定性有一定的影响，如图 3.20 所示。

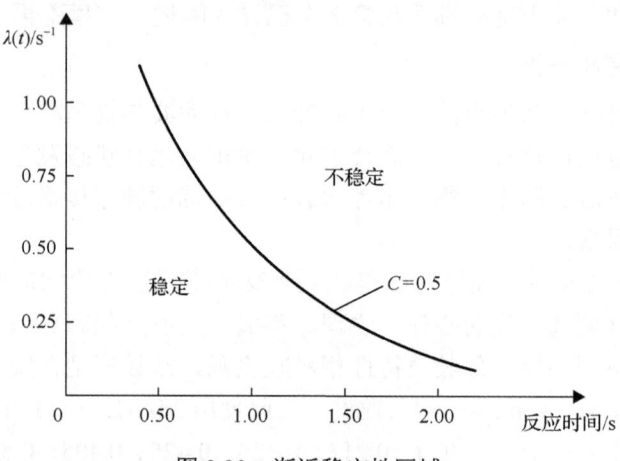

图 3.20　渐近稳定性区域

当车流处于稳定运行状态时，同步流对交通干扰事件刺激做出反应后，扰动波能否在传播过程中逐渐减弱，即车流能否恢复稳定运行状态与驾驶员反应强度系数 C 有关，图 3.20 给出了 C 的取值与车流在干扰影响后运行状态的关系。由于驾驶员的自身因素影响 C 的取值，在实际交通系统中，为了尽量使 C 的取值较小而使车流处于稳定运行状态，提高道路通行能力与确保驾驶安全，驾驶员要避免酒驾、疲劳驾驶等危险操作，在道路上要规范行驶，不可斗气、赌气等，使驾驶员受到交通干扰事件刺激时能够在短时间内选择正确的驾驶行为，避免造成交通拥堵和交通事故。

3.6.2　横向分布稳定性

如图 3.21 所示，主线车流的波动在匝道车流的刺激下产生扰动波。扰动波分解为两部分：横向部分称为偏移波，将沿车道垂直方向向相邻车道传播，邻近车道车辆在偏移波的刺激下发生不同程度的横向偏移，如图 3.21 所示，这里的偏移距离受偏移波强度、驾驶员心理和生理以及道路状况等因素影响。

多车道与单车道的稳定性分析有相同之处，也存在差异，其纵向稳定性与单车道相似，不同之处在于多车道存在横向分布稳定性。车流如水流一样，车辆总是动态均匀地分布在道路上，因此在二维空间上多车道存在横向分布稳定性。车辆在运行过程中，为了达到期望速度行驶或者为了规避交通干扰，总是会选择低密度车道行驶。多车道上之所以存在横向分布稳定性是因为车辆的换道驾驶行为，不管是自主换道还是强制换道，换道主要是为了实现车流在横向空间上的动态均衡。

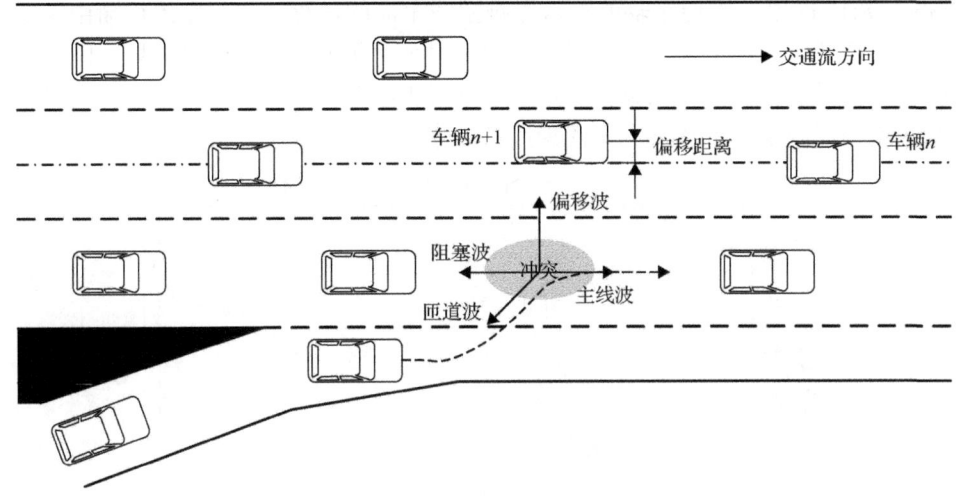

图 3.21 偏移波扰动机理示意图

3.6.3 实例验证分析

为了深入剖析匝道车流对主线车流的影响,对青岛市杭鞍快速路某一匝道合流区域进行实例验证。试验场景如图 3.22 所示,主线为双向六车道,匝道与主线的连接部分设置有加速车道。选取一个车流运行状态变化比较显著的时段(17:00~18:30)进行试验,车道由外向内依次编号为车道 1、车道 2、车道 3。主线限速 80km/h,匝道限速 40km/h。

图 3.22 试验场景实景图

如图 3.23 和图 3.24 所示,在试验时间段的前 15min 内,主线与匝道的车流量都在均匀波动,稍微增大,整体上车流处于稳定运行状态;在 17:15~17:30 时段,主线车流量增大到一定极限后,主线与匝道单位时间内通过的车流量均开始逐渐减少,但车辆速度减慢,道路上车辆开始增多,此时主线车流出现波动现象;在

17:30～18:15时段，匝道车辆的汇入影响主线车流的运行，主线车流逐渐由稳定状态发展到拥堵状态，车辆速度较慢，车间距很小；在18:15～18:30时段，匝道上单位时间内通过的车流量逐渐减少，匝道车辆对主线车流的干扰逐渐减弱，主线车流开始逐渐恢复稳定运行状态，车流速度开始增大。

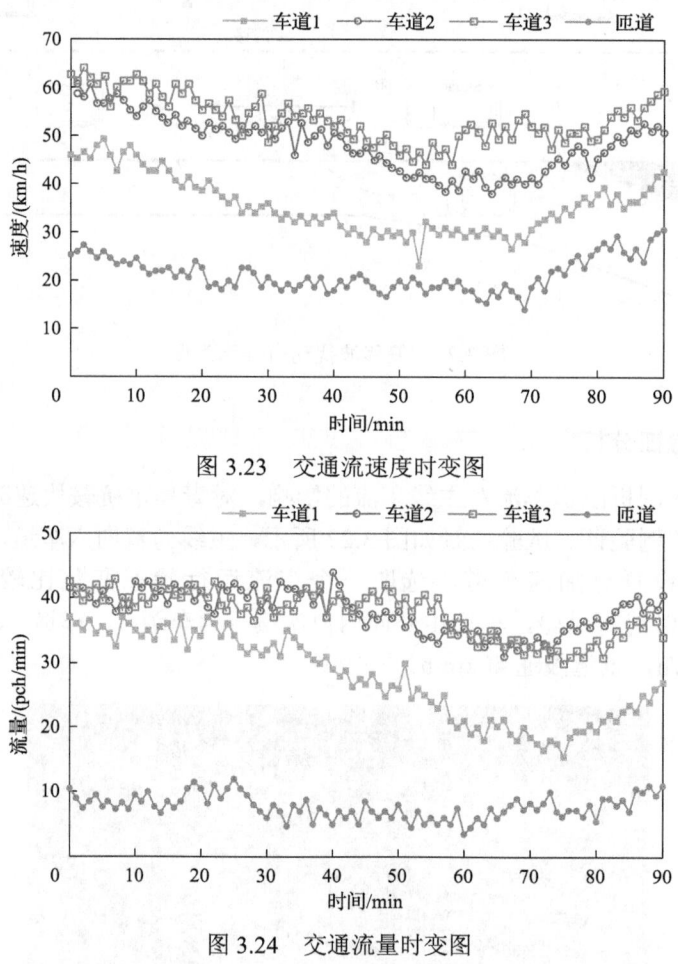

图3.23　交通流速度时变图

图3.24　交通流量时变图

3.7　数据采集环境

青岛市在进行智慧城市公共安全、智能交通管理控制等方面的建设时，布设了大量的检测器、视频监控，由此产生大量的交通数据。

本节试验场地选择青岛市市北区的杭鞍快速路(新冠高架桥上桥口至环湾路段)，杭鞍快速路是市北区一条东西向快速公路，采集路段长1000m，包含一段上下匝道和一段无汇流影响的主线道路，路段限速80km/h，如图3.25所示。

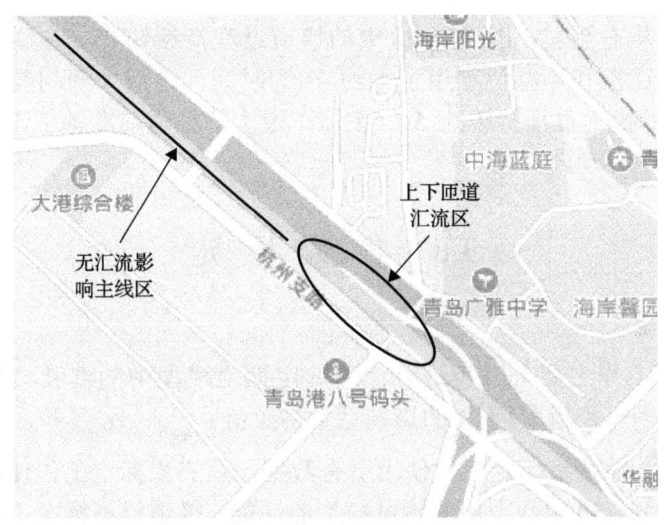

图 3.25　试验路段示意图

数据来源于城市智能交通管控某一时间段获得的监测数据,采用大数据处理技术,对原始数据进行筛选、加工和分析。试验所用数据主要采用高清交通视频分帧点录的方法获得,也就是在环湾高架沿线试验路段选择一处视野开阔的位置装置全景高清摄像机,拍摄试验路段的车流运行状态,之后利用计算机对摄像机拍摄所得影像资料进行加工处理,获得试验所需数据。共采集 200 组车辆数据,试验数据主要包括车辆编号、车型、车辆所在车道等基础参数,然后通过对影像资料进行处理可得车辆速度、加速度、与前车间距等。

图 3.26 为采集得到的两组换道车辆在垂直车道方向上的移动轨迹,即图 3.14 中纵坐标 y 与时间的对应关系。图 3.26(a) 和 (b) 分别表示换道车辆的换道顺序是

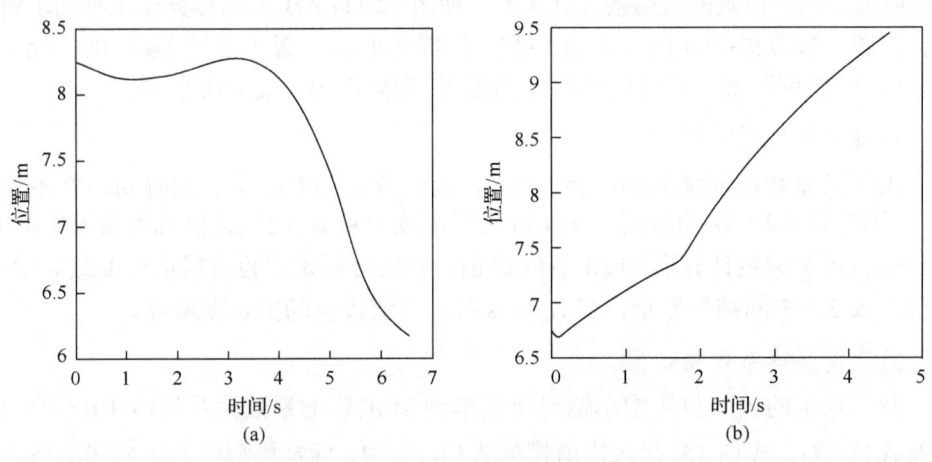

图 3.26　两组换道车辆的侧向移动轨迹

从左至右以及从右至左。图 3.26(a)中的换道过程持续约 7s,在原车道上进行换道前准备工作试探和调整位置用了大约 4s 的时间,之后才顺利驶入目标车道;图 3.26(b)中的换道过程持续约 5s,在原车道上的换道前准备工作并未消耗很长时间,而且侧向移动较顺畅。

3.8 参 数 标 定

3.8.1 模型标定

模型标定工作主要分三步进行:①选定换道模型中的驾驶员反应时间 τ_M;②标定周围车辆对换道车辆 M 的影响系数初始值 $\alpha_{L_O 0}$、$\alpha_{L_D 0}$ 和 $\alpha_{F_D 0}$;③标定模型中其余参数。前两步标定工作使用所有数据,第三步标定工作使用随机选取的 150 组数据,另外 50 组数据用于测试模型的性能。换道模型标定工作与求解非线性最优化问题有一定的共性,即各参数的物理取值范围为约束条件,求解实际车辆位置、速度或加速度与模型预测值的最小化问题。选择 Theil 函数为优化目标函数,此函数在微观车流模型标定中的适用性已得到过往研究的验证[75]:

$$U = \frac{\sqrt{\sum_{m=1}^{M}(a_{\text{real\_}m} - a_{\text{sim\_}m})^2}}{\sqrt{\sum_{m=1}^{M}(a_{\text{real\_}m})^2} + \sqrt{\sum_{m=1}^{M}(a_{\text{sim\_}m})^2}} \tag{3-17}$$

式中,$a_{\text{real\_}m}$ 和 $a_{\text{sim\_}m}$ 分别为使用原始数据和换道模型计算得到的车辆纵向加速度;m 为数据样本编号;M 为样本总量;U 为 Theil 函数的不相等系数,且 U 越接近于 0 说明模型拟合得到的值越接近真实值。使用 MATLAB 的遗传算法工具箱求解此优化问题,参考文献[76]设置算法参数:种群大小 50;最大迭代次数 300;交叉概率 0.8;迁移间隔 20;迁移概率 0.2;初始惩罚因子 10;最小误差 10^{-6}。

1)驾驶员反应时间

由于试验数据的采集频率为 10Hz,而研究表明驾驶员反应时间通常不短于 0.2s,因此以 0.2~1s 为区间、以 0.1s 为间隔逐一将 τ_M 的候选值代入换道模型中,通过比较模型标定计算出 Theil 函数 U 值,寻找与原始试验数据拟合度最高的 τ_M 取值。表 3.2 中的结果显示,当 $\tau_M = 1s$ 时,换道模型的拟合度最高。

2)侧向影响系数初始值

基于选定的 τ_M,将周围车辆对换道车辆 M 的影响系数关系式(3-10)~(3-12)以及式(3-14)、式(3-15)代入换道模型式(3-13)中,标定模型中的侧向影响系数初始值 $\alpha_{L_O 0}$、$\alpha_{L_D 0}$ 和 $\alpha_{F_D 0}$,得到结果见表 3.3。

表 3.2 驾驶员反应时间的模型拟合度

驾驶员反应时间/s	0.2	0.3	0.4	0.5	0.6
$U[\tau_M(t)]$	0.602	0.597	0.596	0.601	0.594
驾驶员反应时间/s	0.7	0.8	0.9	1.0	—
$U[\tau_M(t)]$	0.603	0.600	0.598	**0.589**	—

表 3.3 侧向影响系数初始值的标定结果

参数名称	$\alpha_{L_O 0}$	$\alpha_{L_D 0}$	$\alpha_{F_D 0}$
标定结果	0.627	0.216	0.157

结合侧向偏移量 ξ 以及周围车辆对换道车辆的影响系数 α_{L_O}、α_{L_D} 和 α_{F_D} 的定义可知,换道车辆 M 越邻近换道结束 ξ 越大,越接近其最大值 1,这会导致 α_{L_O} 和 α_{F_D} 的值逐渐减小且接近 0,α_{L_D} 的值逐渐增大且接近 1。α_{L_O} 和 α_{F_D} 减小意味着换道车辆 M 驾驶员所受原车道前车 L_O、目标车道后车 F_D 的影响逐渐减小;α_{L_D} 增大意味着换道车辆 M 驾驶员所受目标车道前车 L_D 的影响逐渐增大。换道初期 L_O、F_D 对换道车辆 M 驾驶员的影响缓慢减弱,说明此阶段换道车辆 M 驾驶员仍然持续关注 L_O、F_D 的运动状态;当换道车辆 M 靠近换道终点时,L_O、F_D 对 M 车驾驶员的影响迅速减小,此时 M 车驾驶员基本只受目标车道前车 L_D 的影响。此结果说明,M 车驾驶员进入目标车道前主要关注 L_O、F_D 的状态,进入目标车道后转而更加关注 L_D 的状态。如图 3.27 显示了侧向偏移量 ξ 与周围车辆对换道车辆的影响系数 α_{L_O}、α_{L_D} 和 α_{F_D} 的相对关系。

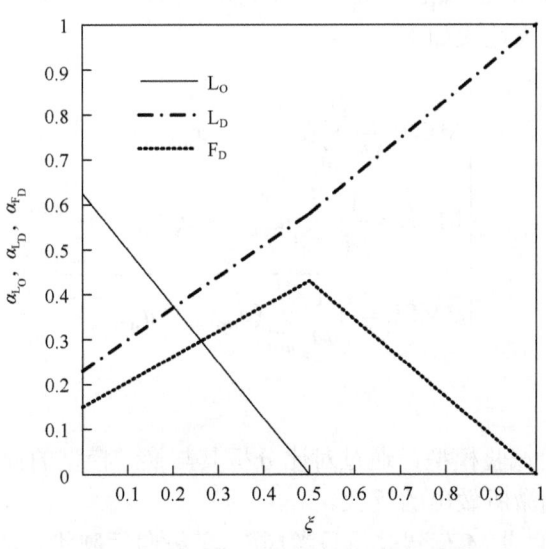

图 3.27 ξ 与 α_{L_O}、α_{L_D} 和 α_{F_D} 的关系

3) 其他参数

将选定的驾驶员反应时间 τ_M 和侧向影响系数关系式代入换道模型中,标定模型中的其他参数,结果见表 3.4。

表 3.4 模型其他参数标定结果

参数名称	β	$\gamma_{\Delta xL_O}$	$\gamma_{\Delta xL_D}$	$\gamma_{\Delta xF_D}$	$\gamma_{\Delta vL_O}$	$\gamma_{\Delta vL_D}$
标定结果	0.085	0.122	0.668	0.210	0.103	0.331
参数名称	$\gamma_{\Delta vF_D}$	V_1	V_2	C_1	C_2	—
标定结果	0.566	7.534	35.826	0.273	0.513	—

换道场景变化会改变 M 车驾驶员对外界刺激的关注点。与强制换道场景相比,自由换道场景中 M 车驾驶员对其与 L_D 车间距的关注胜过对其与 F_D 车和 L_O 车间距的关注($\gamma_{\Delta xL_D}=0.668>\gamma_{\Delta xF_D}=0.210>\gamma_{\Delta xL_O}=0.122$);而且自由换道场景下换道车辆 M 车驾驶员受到其与 F_D 车速差的影响要大于其与 L_D 车和 L_O 车的速度差($\gamma_{\Delta vF_D}=0.566>\gamma_{\Delta vL_D}=0.331>\gamma_{\Delta vL_O}=0.103$)的影响。这意味着自由换道场景中 M 车驾驶员主要通过调节与 L_D 车的间距和与 F_D 车的速度差来保证行驶安全。

3.8.2 模型评价

1)评价指标

使用平均误差(mean error,ME)、平均绝对误差(mean absolute error,MAE)和均方根误差(root mean square error,RMSE)等评价指标来评价标定后的模型拟合度,各指标计算表达式如下:

$$\begin{cases} \text{ME}=\dfrac{1}{M}\sum_{m=1}^{M}(a_{\text{real}\_m}-a_{\text{sim}\_m}) \\ \text{MAE}=\dfrac{1}{M}\sum_{m=1}^{M}\left|a_{\text{real}\_m}-a_{\text{sim}\_m}\right| \\ \text{RMSE}=\sqrt{\dfrac{1}{M}\sum_{m=1}^{M}(a_{\text{real}\_m}-a_{\text{sim}\_m})^2} \end{cases} \quad (3\text{-}18)$$

2)试验模型

构建如下 4 组试验模型,通过对比分析其与换道模型的评价结果来了解换道驾驶员应对外界刺激所做出的反应。

试验模型 1:假设 M 车驾驶员只考虑 F_D 车纵向行驶状态,而不考虑其他车辆

的侧向偏移程度、行驶状态和换道类型变化的影响，即式(3-14)变为

$$\begin{cases} F_{\Delta x}(\cdot) = \Delta x_{\mathrm{MF_D}}(t) \\ F_{\Delta v}(\cdot) = \Delta v_{\mathrm{MF_D}}(t) \end{cases} \tag{3-19}$$

试验模型 2：假设 M 车驾驶员受到 F_D 车侧向偏移和换道类型改变的影响，但不考虑 L_O 车和 L_D 车运动状态的影响，即式(3-14)变为

$$\begin{cases} F_{\Delta x}(\cdot) = \gamma_{\Delta x F_D}\alpha_{F_D}\Delta x_{\mathrm{MF_D}}(t) \\ F_{\Delta v}(\cdot) = \gamma_{\Delta v F_D}\alpha_{F_D}\Delta v_{\mathrm{MF_D}}(t) \end{cases} \tag{3-20}$$

试验模型 3：假设 M 车驾驶员只关注目标车道上 L_D 车行驶状态，即式(3-14)变为

$$\begin{cases} F_{\Delta x}(\cdot) = \gamma_{\Delta x L_D}\alpha_{L_D}\Delta x_{\mathrm{ML_D}}(t) \\ F_{\Delta v}(\cdot) = \gamma_{\Delta v L_D}\alpha_{L_D}\Delta v_{\mathrm{ML_D}}(t) \end{cases} \tag{3-21}$$

试验模型 4：假设 M 车驾驶员不受换道类型变化的影响，即式(3-14)变为

$$\begin{cases} F_{\Delta x}(\cdot) = \alpha_{L_O}\Delta x_{\mathrm{ML_O}}(t) + \alpha_{L_D}\Delta x_{\mathrm{ML_D}}(t) + \alpha_{F_D}\Delta x_{\mathrm{MF_D}}(t) \\ F_{\Delta v}(\cdot) = \alpha_{L_O}\Delta v_{\mathrm{ML_O}}(t) + \alpha_{L_D}\Delta v_{\mathrm{ML_D}}(t) + \alpha_{F_D}\Delta v_{\mathrm{MF_D}}(t) \end{cases} \tag{3-22}$$

3) 模型评价结果

表 3.5 列出式(3-13)中的换道模型和 4 组试验模型对实际测量数据拟合能力的评价结果。通过对比各模型的性能评价指标发现，本章构建的换道模型在各项指标上均表现出众。

表 3.5 模型评价结果

评价指标	ME	MAE	RMSE
换道模型	−1.080	2.561	3.198
试验模型 1	−1.175	3.002	3.719
试验模型 2	−1.019	2.601	3.252
试验模型 3	−2.672	3.687	4.607
试验模型 4	−1.138	2.576	3.443

表 3.5 中的模型评价结果显示，试验模型 2 的性能优于试验模型 1(试验模型 1：|−1.175|/3.002/3.719＞试验模型 2：|−1.019|/2.601/3.252)。该结果表明，横向偏移和换道类型变化对 M 车驾驶员的影响较为显著。试验模型 3 假设 M 车驾驶员

只关注目标车道上 L_D 车行驶状态,而不会关注其他车辆的行驶状态,而试验模型 3 所描述的情况是现有微观车流仿真软件中的常见设置。评价结果显示,试验模型 3 的性能要差于试验模型 1 和 2(换道模型,ME:|−2.672|>|−1.175|>|−1.019|,MAE:3.687>3.002>2.601,RMSE:4.607>3.719>3.252)。该结果说明,M 车驾驶员确实会根据 L_D 车行驶状况调整驾驶行为,若微观车流仿真软件不考虑此行为特征,则仿真模型可能频繁输出紧急制动,这也会影响仿真结果的可靠性。

3.8.3 效果分析

在 3.4 节中构建了以经典 FVD 为基础的车流模型,本节将其与 OV 模型进行仿真对比,验证模型对于城市快速路车流解析的适用性。仿真环境中,首先确定待换道车辆 M 的零时刻状态,即初始值。其次确定周围车辆的状态信息,目标车道前车 L_D 的状态将 M 车的车速限制在一定范围内,否则将追尾前车;目标车道后车 F_D 的状态最为重要,直接影响 M 车能否进行换道;除此之外,原车道前车 L_O 的状态也影响 M 车的换道行为。最后综合周围车辆及本车信息进行仿真,验证本章所构建的考虑横向偏移的车辆换道优化速度模型在实际交通环境中的可行性。

仿真采用模型的四阶龙格-库塔格式,每个时间步为 $\Delta t=1/128$,安全距离 $h_c=2.0$,头车的速度初值为 $v_0=0.964$。初始时刻,交通系统处于均匀流,随后车辆换道或其他因素造成稳定车流头车受到某种干扰,其车速发生微小变化,在如此干扰发生后,以经典 FVD 为基础的车流模型与 OV 模型构建出的交通流会发生不同的演化。

图 3.28(a)和(b)为 $t=100s$ 和 $t=500s$ 的车间距分布,图 3.28(c)和(d)为 $t=100s$ 和 $t=500s$ 的速度分布。

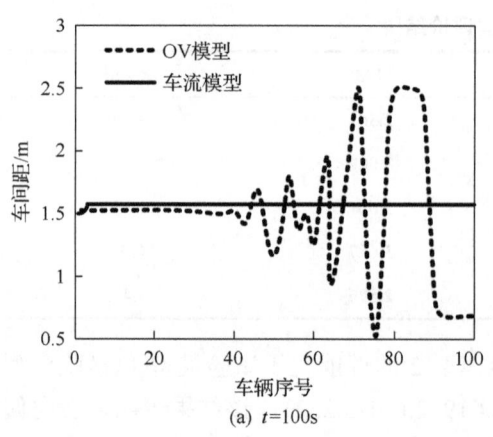

(a) $t=100s$

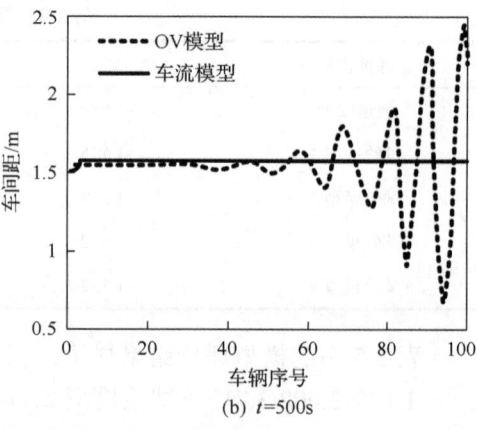

(b) $t=500s$

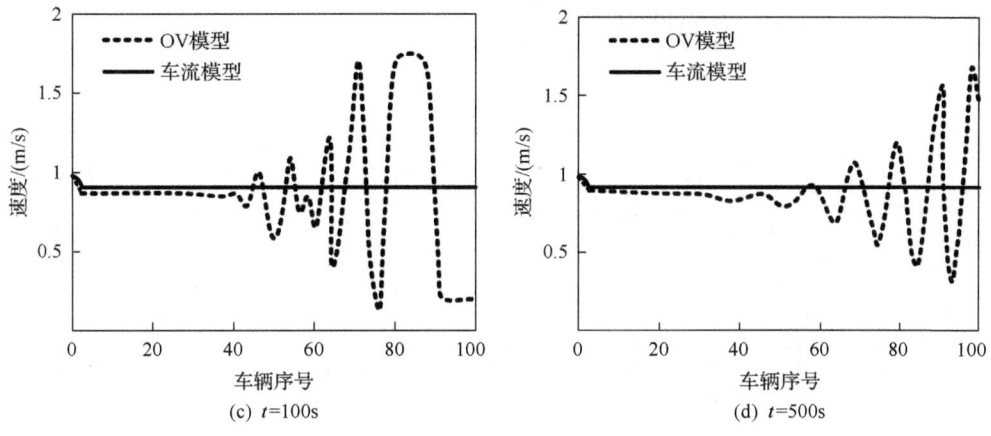

图 3.28 车流模型与 OV 模型的模拟结果对比图

从图 3.28(a) 和 (b) 可以看出, OV 模型中车流下游车间距基本保持稳定, 而车流上游车辆的车间距开始出现波动, 并且越向上游其振动的幅度越大; 而以经典 FVD 为基础的车流模型中车间距一直处于较稳定状态。从图 3-28(c) 和 (d) 中可以看出, OV 模型中车流下游车辆以稳定的速度 v_0 运行, 而上游车辆的速度在 v_0 附近振荡。该模拟表明, OV 模型中小干扰引起稳定车流失稳, 并最终导致交通阻塞, 而以经典 FVD 为基础的车流模型能够提高车流的稳定性, 更具有实用性。

经典 FVD 模型中考虑两车速度差的影响, 而 3.4.3 节中构建的车流模型则考虑周围三车对换道车辆的影响, 下面将经典的 FVD 模型与本章构建的以经典 FVD 为基础的车流模型进行模拟对比分析。在周期边界条件下, 取试验路段长度 $L=1000\text{m}$, 车辆数 $N=100$, 初始扰动如下:

$$x_1(0) = 10\text{m}, \quad x_n(0) = (n-1)L/N, \quad n = 2, 3, \cdots, N \\ v_n(0) = V(L/N), \quad n = 1, 2, \cdots, N \tag{3-23}$$

在有初始扰动的情况下, 经典的 FVD 模型和本章构建的以经典 FVD 为基础的车流模型中所有车辆速度分布如图 3.29 所示。

由图 3.29 可知, 在小干扰产生的很长一段时间内 (图 3.29(a)), 两个模型中的车辆速度都在初始速度上下波动, 但以经典 FVD 为基础的车流模型中的速度波动幅度较小。随着时间的推移, 在经典 FVD 模型中, 车辆速度的波动幅度越来越大, 车流逐渐失稳进而导致交通拥堵; 而在以经典 FVD 为基础的车流模型中, 车辆速度的波动逐渐趋于平稳, 车流在演化过程中形成了稳态车流运行状态, 这与之前描述的线性稳定性分析结果一致。

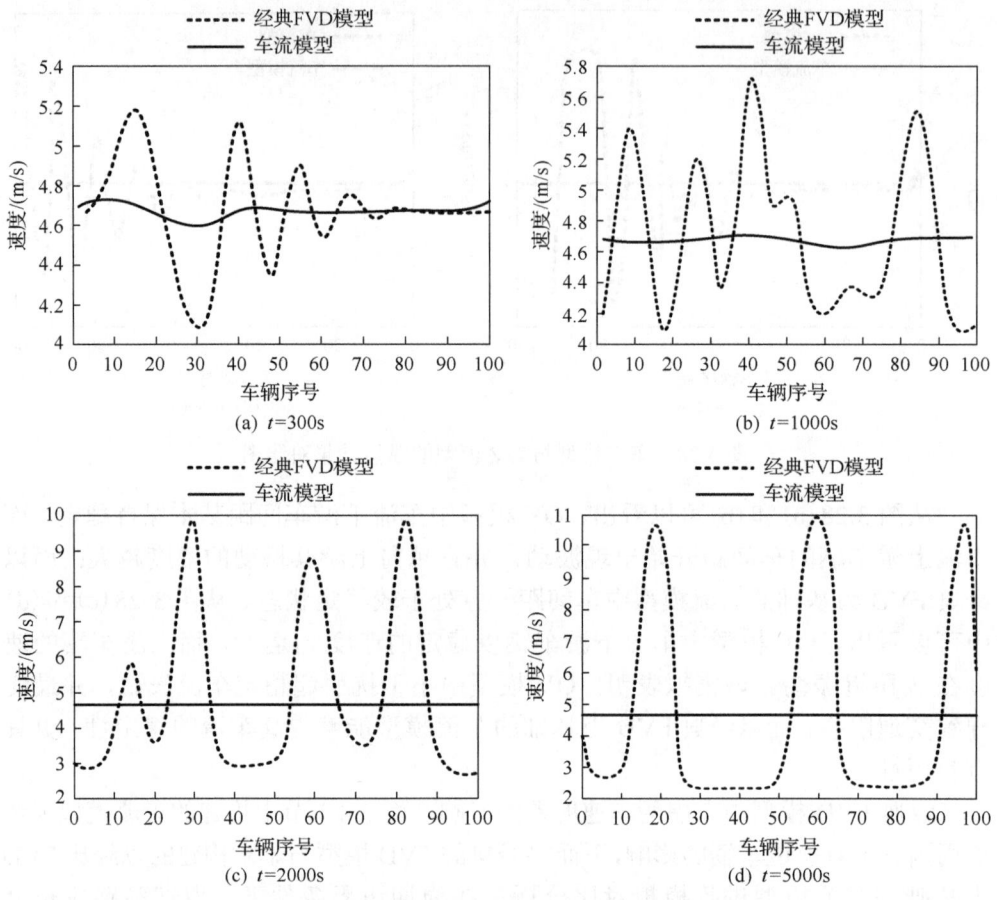

图 3.29 车流模型与 FVD 模型所有车辆的速度分布

3.9 本章小结

本章基于分子动力学与交通波理论对车辆的交互行为特性进行分析，探讨车辆交互行为对车流波动的影响机理，为量化其影响作用，引入换道密集度的概念，基于交通流三参数建立换道密集度模型，从而对换道行为对车流的影响机理及波动趋势进行了研究，换道次数与交通量的数理统计结果表明低密度的换道行为对交通量起着积极作用，理论与经验的分析结果发现，换道行为对整个交通流有重要的瓶颈影响作用。所建立的模型有助于为制定缓解换道瓶颈效应的交通管理与控制策略提供理论基础。

第4章 车流态势感知及其模型

道路上驾驶员驾驶车辆行驶属于自主行为,具有自主性;车流中跟驰车辆受前车影响,所以跟驰运动又同时具备被动性。车流由一辆一辆前后跟驰车组成,每一辆跟驰车构成了车流运动的基本单元。跟驰车辆之间相互受牵制,这种被动性使得车辆串联成车流簇,单个车辆的自主性反过来影响整个车流的稳定,决定了车流运行的波动性,波动是车流在交通事件驱动或刺激下恢复动态平衡的自发行为。

车流簇的波动特性与物理学中波的特性类似,可以向后传播。本章从事物发展的本质出发,研究车流簇态势变化的内因。车辆的跟驰行为由跟驰车辆车间距、需求安全距离及速度主导,前导车的加速和减速会传递给跟驰车,形成车流的波动。

4.1 加速度波动特性分析

4.1.1 加速度波动特性定义

跟驰车辆的行车状态受前导车影响很大,前导车进行加速和减速产生的扰动会向后续的跟驰车一辆接一辆地传递下去,如图4.1所示,在t_1时刻,道路中正常行驶的一股车流里后半部分车辆逐渐加速,前半部分车辆中L车的前导车由于某些原因逐渐减速停车,L车受其影响也逐渐减速至停车,L车之后的跟驰车辆也在相继采取减速行为,慢慢整个车流产生了持续的波动,后续车辆的加速度对应图中实线。t_2时刻便是t_1时刻产生波动的后续进展,每辆车的加速度波动对应图中虚线,t_1时刻与t_2时刻的加速度曲线因为车辆及驾驶员特性的差异而有不同,但可以观察到加速度波动曲线的整体变化是相似的,在波动持续发展的后续跟驰车辆加速度波动曲线也基本类似,这种波动曲线随着时间的发展向车流后方传递,就像前导车的加速度一直顺着车流向后方传递一样,这种车辆加速度向后续跟驰车辆传递的现象称为加速度波动(加速度包括正加速度与负加速度)。交通波的传递导致了车流的波动,而交通波的传递实质是加速度波的传递,由此可以得出车流波动的实质是加速度的波动,加速度波动的最终表现形式便是车流的波动,因此用加速度的波动来描述车流的波动,更加符合车流波动的本质。

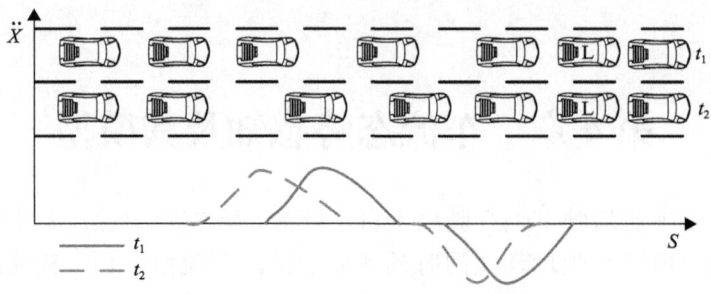

图 4.1 车流波动与加速度波动示意图

车道上一辆辆跟驰车的局部跟驰行为构成了整个车流簇的波动,其变化行为与单车运动密不可分。因此可以由单车运动特性来分析车流簇的运动特性,并从分子跟驰的角度构建单车道车流簇波动的数学模型。

如图 4.2 所示,引起车流波动的根本原因是跟驰车辆之间的跟驰作用力(分子间的引力与斥力),跟驰作用力的变化由交通事件的驱动或刺激(交通信号、交通诱导、换道行为、交通事故等)引起,使车辆产生加减速行为并导致车头间距不断变化。

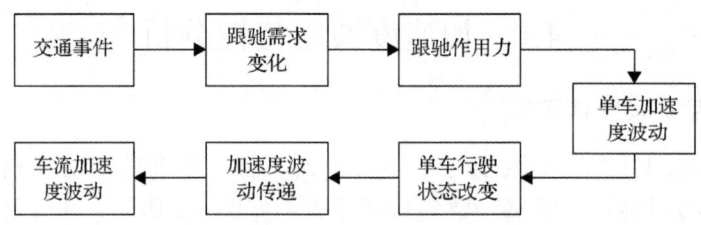

图 4.2 车流波动的产生和传播机理示意图

在道路中正常行驶的车流,车辆的微观跟驰行为是纵向的,扰动波的传播受车道的限制,一个车道某车辆由于加速度改变造成的交通扰动并不能完全影响相邻车道行驶的车辆。

4.1.2 车辆加速度标准波模型

传统车流波动理论把车流比作波的传播形式,以跟驰车辆起步、加速、匀速到减速停车为车流波动的标准波形。本节根据加速度波动稳定性机理、加速和减速波动稳定性传播机理及其模型,研究单车道加速度标准波的模型。以城市快速道路发生交通拥堵时出现的车流波浪式运动为标准波研究对象,如图 4.3 和图 4.4 所示,该波动形式具有在一定车流密度和速度情况下的固有性,通常包含一般车流运行的所有状态,分为加速、匀速和减速三个阶段。从减速波动开始,研究从减速到匀速再到加速存在连续影响关系的传播机理,根据车流演变的固有规律,重点推导车流匀速阶段的传播距离，与加速和减速波段组合建立标准波波动模型，称为车流簇加速度标准波模型。

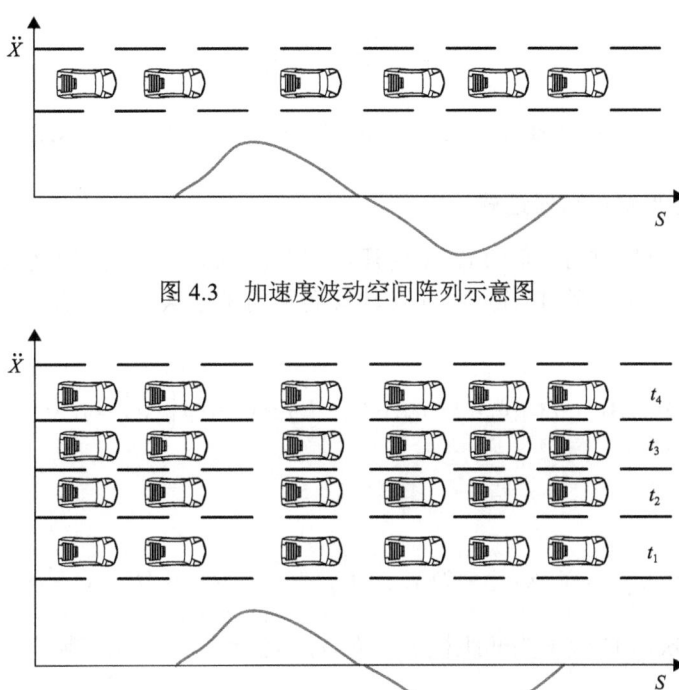

图 4.3 加速度波动空间阵列示意图

图 4.4 加速度波动时间阵列示意图

4.2 加速度波动指数分析

车辆在道路中行驶时，不会一直恒定速度，而是在一定范围持续波动，因此车流在道路上的运行实际上是一个持续动态波动的过程，而车辆加速度的波动是车流动态波动最根本的原因，最基本的加速度波动最终会导致宏观上车流状态的改变。所以可以通过研究车辆加速度的特性来分析车流的运行状态[77]。

4.2.1 加速度波动指数定义

当一股车流在道路中以匀加速运动行驶时，加速度为一个定值，为研究实际车流中的加速度变化，需分析车辆加速度的波动特性。交通流参数里描述状态最直观的是速度。通常相对较离散的交通流，车辆行驶速度较大；相对拥挤的交通流，车辆行驶速度较小，除此之外的速度和车流的运行状态一一对应。因此，可以通过建立车流运行状态与加速度之间的关系模型，来研究加速度波动特性，进而研究车流动态特性。

将加速度随速度变化的物理量称为加速度波动指数，其表达式如下：

$$\beta(u) = \frac{\mathrm{d}a}{\mathrm{d}u} = \lim_{\delta u \to 0} \frac{\delta a}{\delta u} \tag{4-1}$$

式中，$\beta(u)$ 为第 n 辆车在速度为 u、加速度为 a 时的加速度波动指数。

4.2.2 加速度波动指数表达式

分子跟驰模型进行一阶 Taylor 展开，在 T 时刻时，其高次项小到可以忽略，所以其原式可以用一阶 Taylor 展开式替代而不用考虑误差。因此，加速度模型可以表达为

$$a_{n+1}(t) = C_1 \Delta u_{n+1}(t) - TC_1[a_n(t) - a_{n+1}(t)] + C_2 - C_2 \exp\{-\alpha[H_{n+1}(t) - H_{n+1,d}(t)]\} \tag{4-2}$$

化简得

$$(1 - TC_1)a_{n+1} = C_1 \Delta u_{n+1} - TC_1 a_n + C_2 - C_2 \exp\{-\alpha[H_{n+1}(t) - H_{n+1,d}]\} \tag{4-3}$$

由 Greenberg 期望车头间距模型，对 u_{n+1} 进行一阶求导，得

$$\frac{\mathrm{d}H_{n+1,d}}{\mathrm{d}u_{n+1}} = \frac{H_j}{u_m} \exp\left(\frac{u_{n+1}}{u_m}\right) \tag{4-4}$$

式(4-3)两端分别对 u_{n+1} 求一阶导数，得

$$(1 - TC_1)\frac{\mathrm{d}a_{n+1}}{\mathrm{d}u_{n+1}} = -C_1 - C_2 \exp\{-\alpha[H_{n+1}(t) - H_{n+1,d}]\} \alpha \frac{\mathrm{d}H_{n+1,d}}{\mathrm{d}u_{n+1}} \tag{4-5}$$

把式(4-4)代入式(4-5)，得

$$\frac{\mathrm{d}a_{n+1}}{\mathrm{d}u_{n+1}} = \frac{C_1}{TC_1 - 1} + \frac{C_2 \alpha H_j}{u_m(TC_1 - 1)} \exp\left\{\frac{u_{n+1}}{u_m} - \alpha[H_{n+1}(t) - H_{n+1,d}]\right\} \tag{4-6}$$

根据加速度波动指数定义，得

$$\beta_{n+1}(u_{n+1}) = \frac{C_1}{TC_1 - 1} + \frac{C_2 \alpha H_j}{u_m(TC_1 - 1)} \exp\left\{\frac{u_{n+1}}{u_m} - \alpha[H_{n+1}(t) - H_{n+1,d}]\right\} \tag{4-7}$$

式中，$\beta_{n+1}(u_{n+1})$ 表示第 $n+1$ 辆车在速度为 u_{n+1} 时的加速度波动指数，s^{-1}，其加速度变化不仅与速度有关，也受到驾驶员心理状况、外部环境等因素的影响。

4.2.3 加速度波动模型参数标定

根据对滨海大道交通量的调查，结合车速与密度关系，分析车流稳定的行驶速度。调查结果如图 4.5 所示。

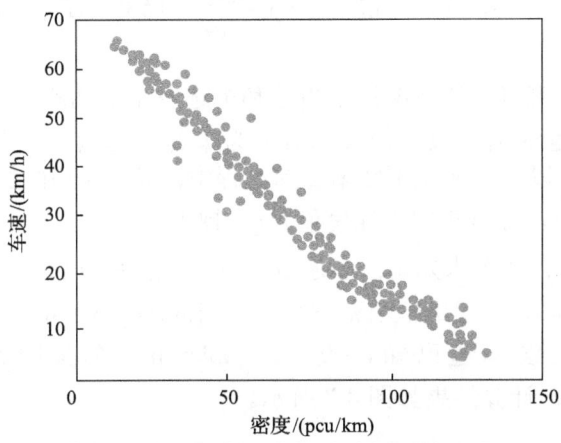

图 4.5 滨海大道交通流车速-密度散点图

由图 4.5 不难看出，车速与密度呈现一种指数关系，当车流密度小于 25pcu/km 时，车速基本处于平稳状态，此时行驶的车辆对所处车流中密度的变化也不敏感，因此将小于 25pcu/km 的数据点排除考虑范围。

对调查结果进行参数标定，得出 Greenberg 跟驰模型为

$$u = 29.5402 \times \ln\left(\frac{162.5435}{k}\right), \quad 20 \leqslant k \leqslant 162.544 \tag{4-8}$$

Greenshields 跟驰模型[78]为

$$u = 58.4573 \times \ln\left(1 - \frac{k}{134.7823}\right), \quad 20 \leqslant k \leqslant 134.783 \tag{4-9}$$

式中，u 为车速，km/h；k 为车流密度，pcu/km。

标定结果见表 4.1。

表 4.1 车速与车流密度关系标定结果

分类参数	自由流车速/(km/h)	最佳车速/(km/h)	阻塞密度/(pcu/km)	最优密度/(pcu/km)	决定参数 R^2
调查数据	60.00	31.21	165.00	60.00	—
Greenshields	57.47	28.56	132.21	65.87	0.91
Greenberg	—	27.98	163.24	56.32	0.93

4.2.4 加速度波动指数定性分析

将模型标定的参数值代入式(4-7)，得

$$\beta_{n+1}(u_{n+1}) = -1.2136 - 0.2431\exp\left[\frac{u_{n+1}}{8.19} - 0.5382(H_{n+1} - H_{n+1,d})\right] \quad (4\text{-}10)$$

根据式(4-10)可得，加速度波动指数和车速及车头间距相关，而且是车头间距的减函数、车速的增函数，但其绝对值为车速的增函数。不过因为波动指数 $\beta_{n+1}(u_{n+1}) < 0$，所以当车速在不断增加的过程中，每增加相同的车速 Δu_{n+1}，所需的加速度数值越小，即减少的加速度值 Δa_{n+1} 越大。

式(4-10)中包含两个未知量：车速 u_{n+1} 和车头间距 H_{n+1}。首先假设车头间距已知，设 H_{n+1}=10m，车速的取值范围为 $u_{n+1} \in [30,60]$ (km/h)，计算结果如图 4.6 所示；然后再假设车速已知，设 u_{n+1}=45km/h，车头间距的取值范围为 $H_{n+1} \in [5,25]$ (m)，计算结果如图 4.7 所示。

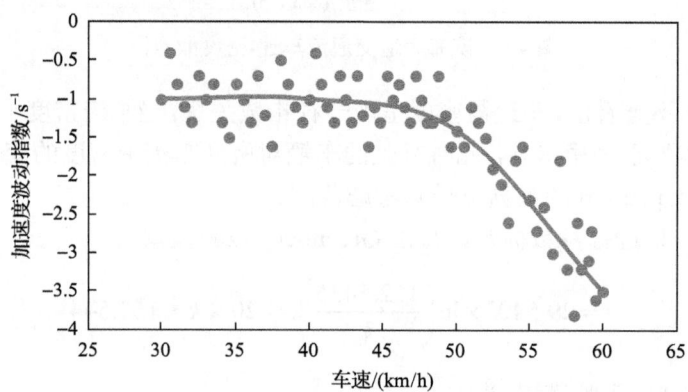

图 4.6 加速度波动指数随车速的变化

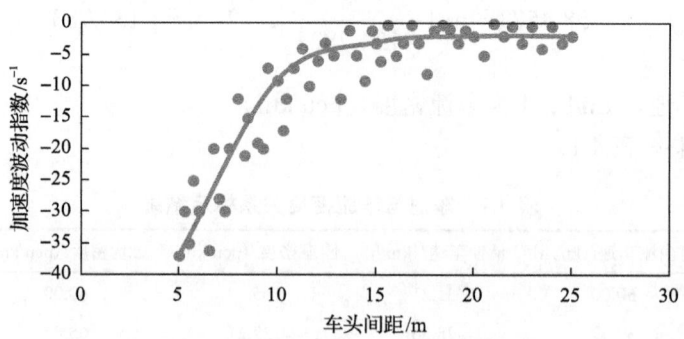

图 4.7 加速度波动指数随车头间距的变化

由图 4.6 及图 4.7 可知，当车头间距处于稳定状态时，加速度波动指数随车速的增加而降低，且车速越高，波动指数下降越快。从驾驶员的角度可以说明，在速度逐渐增加的过程中，驾驶员的自由度也逐渐提高，可选择的加速度范围也对应变大。当车速不变，仅考虑车头间距对加速度的影响时，随着车头间距由小增大，加速度波动指数迅速增大，也说明驾驶员自由度随车头间距的增大而提高，但车头间距大于某一定值后，波动指数的增长变得非常缓慢，最终也接近定值，从日常生活的驾驶中也能总结出这样的经验，即车头间距极大的情况下，驾驶员自由度接近一个定值，其对加速度造成的影响也非常小。

4.3 加速度波动指数与车流状态的关系

经前面对加速度波动指数的研究可知，影响加速度最主要的因素是车速及车头间距，这两个变量使得加速度呈现一种波动的状态。由车流的微观特性可知，车头间距与车流密度相关，车流密度越大，车头间距越接近最小安全距离；反之，车流密度越小，车头间距便有可能无限增大。车流密度和车速能反映交通量的大小，因此也可以通过车头间距及车速来分析车流状态。

4.3.1 车流状态相互转化解析

在无外界因素干扰的情况下于道路中稳定行驶的车流，其车流运行状态通常较稳定，但是当局部区域跟随车辆间出现扰动或者遇到外界干扰（交通信号、交通事故等）时，车流整体运行状态将会受到影响，下面通过对加速度波动指数的分析，来研究加速度与车流状态之间的转化关系。

道路上稳定行驶的车流，前导车与跟驰车之间的车头间距对加速度波动指数有非常重要的影响，车头间距与期望车头间距之间的差值为车头间距偏移值，在某一时刻大于某一阈值时，驾驶员会采取行为使车头间距产生改变，进而导致加速度改变，根据这种特性，可以定义该阈值为

$$\left|H_{n+1} - H_{n+1,d}\right| = \lambda H_{n+1,d} \tag{4-11}$$

式中，λ 为车头间距偏移系数；H_{n+1} 为第 $n+1$ 辆车在某时刻与第 n 辆车的车头间距，m；$H_{n+1,d}$ 为第 $n+1$ 辆车在某时刻与第 n 辆车的期望车头间距，m。

4.3.2 自由-同步-阻塞状态的转化

车流的加速度波动指数会随着车流状态的变化呈现一个渐变过程，车流运行由自由向阻塞状态慢慢转化过程中，伴随着车速的逐渐减小，甚至减小到零。选取四组车头间距偏移系数（0.02,0.04,0.06,0.08），分别计算出不同速度下的加速度

波动指数,如图 4.8 所示。

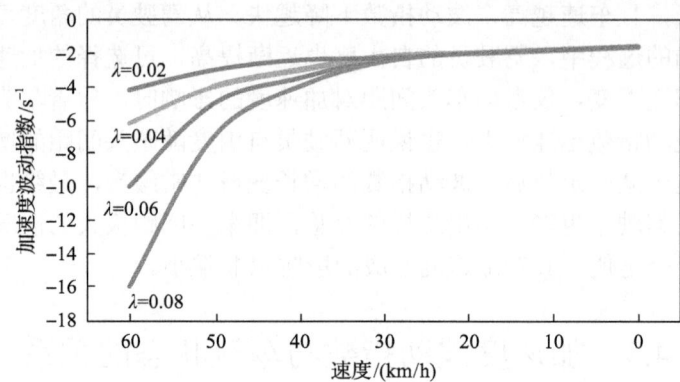

图 4.8　加速度波动指数与运行状态转化关系

通过分析图 4.8,不难得出以下结论:

(1)随着速度的减小,加速度波动指数增大,但绝对值减小。即在低速情况下,改变造成同等数值的速度改变量所对应的加速度比高速情况下要小得多。

(2)当车速保持一致时,加速度波动指数随着车头间距偏移系数减小而增大,但其绝对值变小,此时车头间距无限接近期望车头间距,车辆之间不会因为存在速度差而导致较大加速度差的产生,车流发展趋势稳定。

(3)当车速逐渐减小时,加速度波动指数变化率也随之减小,说明在低速状态下,加速度波动指数不敏感。当处在阻塞状态下时,在不同速度下的加速度改变量基本相同,此状态下不会有较大的加速度产生,速度的改变量也不会很大。

为了分析车流运行过程中车辆加速与减速的状态,选择车头间距偏移系数 $\lambda=0.08$ 时的加速度波动指数对交通流状态进行分类,计算结果如图 4.8 所示。根据曲线的斜率变化程度可以确定其代表车流运行中自由、同步、阻塞三种状态的临界点,可以看出 $\beta=-4.00$ 时,曲线左侧下降极快,于是可以将该点定为同步状态与自由状态临界点;当 $\beta=-2.00$ 时,该点右侧曲线基本呈水平状态,可将该点定为阻塞状态与同步状态的临界点,其各自对应的车速于图中均有体现,可汇总为表 4.2。

表 4.2　各状态对应的加速度波动指数

车流状态	自由状态	同步状态	阻塞状态
加速度波动指数/s^{-1}	(—, -4.00)	[-4.00, -2.00)	[-2.00, -1.21]
车速/(km/h)	(40.67, —)	[19.42, 40.67]	[0.00, 19.42]

根据加速度波动指数与运行状态的关系,分析 $\lambda=0.08$ 时的曲线,可以看到,该曲线以下车头间距偏移系数对应的区域较小。在曲线以上,车流是稳定的减速

状态；在曲线以下，则表示实际行驶的加速度变化量大于正常行驶时的加速度变化量，此时车流处于急减速状态，甚至会发生停车拥堵现象。

通过以上分析，可以得出车辆在减速过程中，加速度波动不能过大，当加速度波动指数过大，在图 4.8 中处于 $\lambda = 0.08$ 曲线下方时，车流中车头间距将会急剧变小，车速下降速度异常加快，导致车流不稳定。随着车速逐渐减小，车头间距也逐渐缩短，车流整体状态由自由行驶向阻塞方向发展。

4.3.3 阻塞-同步-自由状态的转化

已有的研究可以表明，在密集的交通流中，就算是极小的交通扰动也容易演变成不稳定交通流，进一步影响车流运行状态。车流状态从阻塞渐渐过渡为紧紧跟驰的同步状态，进而最终转变为自由状态。

这种状态的缓慢变化伴随着车速的不断提高，也伴随着加速度波动指数的不断变化。选取四组车头间距偏移系数(0.02,0.04,0.06,0.08)，求出这四组车头间距偏移系数下的加速度波动指数，如图 4.9 所示。

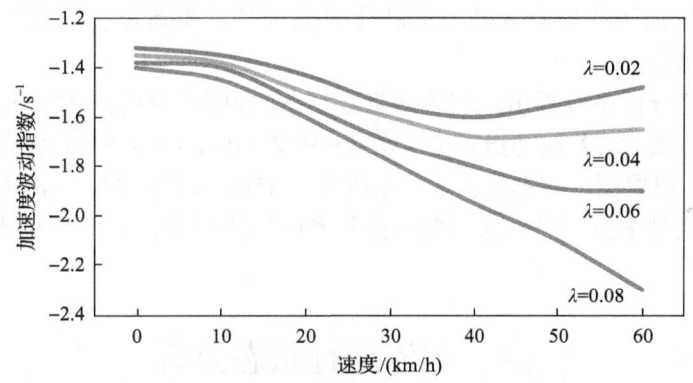

图 4.9 加速度波动指数与运行状态对应关系

分析图 4.9，可以得到以下结论：

(1)当车辆流量由阻塞状态向自由状态转化时，加速度波动指数随着车速的增加而减小，绝对值增大。可以理解的是，车辆速度越大，增加相同速度所需的加速度量就越大；当车流处在自由状态时，车头间距决定加速度波动指数的变化，体现在车头间距偏移系数增大时，加速度波动指数也变大。

(2)当车流状态比较稳定，前导车辆与跟驰车辆速度一致时，车头时距系数越小，加速度波动指数越小，绝对值越大，即车头时距接近期望车头时距。

(3)加速度波动指数的变化率随速度增大而增大，从负值到正值，表明加速度波动指数具有最小值，最小加速度波动指数最小，绝对值最大。一旦交通流速度大于该值，车辆的加速度将变小，交通流更容易保持自由状态。

通过前面分析可知，车流由阻塞状态向自由状态逐渐转化的过程中伴随着速度的不断增大，通过分析加速过程来区分车流状态。从图 4.9 中分析可得，阻塞状态与同步状态分界点定为 $\beta = -1.5$，同步状态与自由状态分界点为 $\beta = -1.61$。$\beta = -1.5$ 时对应的车速为 38km/h，$\beta = -1.61$ 时对应的车速为 13.47km/h，由此可列出车流各状态对应的加速度波动指数见表 4.3。

表 4.3 车流阻塞-同步-自由状态转化中各状态对应的加速度波动指数

车流状态	阻塞状态	同步状态	自由状态
加速度波动指数/s⁻¹	[−1.5, −1.44)	[−1.61, −1.5)	[−1.44, −1.2)
车速/(km/h)	[0.00, 13.47)	[13.47, 38.00)	[38.00, —)

根据加速度波动指数与运行状态的关系，同样分析 $\lambda = 0.08$ 时的曲线，可以发现，该曲线以下车头间距偏移系数对应的区域较小。在曲线以上，加速度波动指数曲线趋于平稳，车流运行逐渐趋于稳定状态；在曲线以下，实际所需的加速度变化量大于正常行驶时的加速度变化量，此时车流中车辆加速度大于预期，导致车流由阻塞向自由状态的转化时间延长，也可能出现长时间维持同步状态甚至阻塞状态。

通过上述分析不难看出，车流从阻塞状态向自由状态的转化过程中，加速度波动指数不能太大，若波动指数位于图 4.9 中 $\lambda = 0.08$ 曲线下方，将会使得车流状态转化缓慢，根据图中数据分析，车速在 25~45km/h 区间时，车流更不易于保持当前状态，此时车流从阻塞状态向自由状态的转化更快，也更容易转变为下一个状态。

4.4 车流运行状态分析

将道路上行驶的车流比作流体，而车流便是指在道路上众多车辆来往不绝，如液体一般的行车状态。对流体的研究是基于其所处的运动状态，把车流的运行状态分为三种：自由状态、同步状态、阻塞状态。

4.4.1 自由状态

在自由状态下，道路上通行车辆较少，车流密度较小，驾驶员基本上不受或极少受其他通行车辆的影响，可以依据自己的意愿及道路条件、车辆状况进行驾驶，这种情况下通常能维持较高的车速。这种状态下车辆以自由流速度在道路中行驶。

自由状态下的车速是确定道路服务水平和分析道路交通流特性的一个重要依据。通常影响车速达到自由状态的原因有三个：一是道路条件，如路面性质、车道宽、路基宽、道路平整度、纵坡等；二是交通状况，如车辆类型、车流密度、横向干扰、交通管制等；三是外界环境，如天气条件、道路状况、驾驶员心情等。在不同道路条件下自由流速度有不同的标准，例如，在公路上，标准自由流车速是指在理想的道路条件(路面宽度 9m，设计速度 80km/h，路肩每侧宽度 1.5m，地势平坦)、天气环境(天气良好，驾驶员视距大于 200m)、交通状况(道路通行车辆类型单一，交通信号正常，无横向干扰)下，车流量特别小时，车辆行驶的速度。对于此，本节认为城市快速路上要以理想的自由流车速行驶，条件应为车道宽 3.75m，设计车速 80km/h，路肩宽度为 3.5m，路缘带宽度为 0.75m，中央分隔带宽度为 3m，纵坡为 0，行驶车辆类型单一，天气状况良好，车辆与车辆之间不存在横向干扰。

4.4.2 同步状态

在同步状态下，车辆不能像在自由状态下一样自由地任意行驶，跟驰车辆行驶受到前车的制约，但总体车流行驶状态稳定，出现小的扰动并不会使车流发生紊乱，车流本身具有一定的抗扰动能力，在这种状态下，交通流量会慢慢达到通行能力的流量；当达到最大流量时，车流处于稳定的极限，车流抗扰动能力明显下降，这时车流内部就算出现小的扰动，也会使车流产生较大波动。

4.4.3 阻塞状态

在阻塞状态下，车流对扰动非常敏感，即便是小的扰动也会使车流产生较大的波动。

4.5 车流稳定性影响因素

车辆微观跟驰模型中的稳定性分为局部稳定性及渐近稳定性[31]。车流在正常行驶过程中，对其稳定性造成影响的因素主要有外部环境情况、驾驶员心理特性及车流均一性等。

4.5.1 驾驶员心理特性

1) 倾向特性

驾驶员驾驶车辆行驶过程中对前车的跟驰倾向不同而分为两种类型：保守型和冒险型。保守型驾驶员由于对自我能力较弱的保守估计，相对安全意识更强，没有强烈的竞速心理，在车辆跟驰过程中通常与前车保持较大的间距，当前车行驶状态发生变化时可以有较大的安全距离来调整车速以保证行车安全。冒险型驾驶员则具有强烈的跟随前车愿望且对自身反应能力较自信，此类型驾驶员驾驶车辆过程中往往会选择紧随前车的驾驶方式，由此导致前后车距过小，加上驾驶员本身的反应滞后性，当前车车速发生变化时，后车驾驶员应变起来便没有保守型那样从容，这样很容易引发车流的不稳定。将两种驾驶员特性进行比较，保守型对抑制不稳定车流能起到积极作用。

2) 反应特性

车辆跟驰过程中，跟随车辆对前导车车速变化形成扰动做出迅速反应的能力，称为驾驶员的反应特性。驾驶员为应对前导车行车状态变化而采取的应变过程大致可分为感知、判断、执行三个阶段，三个阶段所花时间的总和称为驾驶员的反应时间(reaction time)，用 T 来表示，T_1、T_2、T_3 分别表示三个阶段的时间，根据驾驶员习惯的不同，各阶段的时间划分也各不相同。例如，某些驾驶员在感知阶段 T_1 所花时间较多，却在执行阶段 T_3 很果断；相反，某些驾驶员在感知阶段 T_1 花时间较少，而在判断阶段 T_2 或执行阶段 T_3 却反应较慢。

3) 预判特性

预判特性形成于驾驶员反应时间的前两个阶段，即感知阶段 T_1 与判断阶段 T_2，在跟驰过程中前导车车速发生变化，跟驰车辆对前导车产生的扰动进行感知与判断，对扰动将要传播到自己驾驶车辆的时间进行预估，该时间称为预判时间(anticipation time)，如图4.10所示。

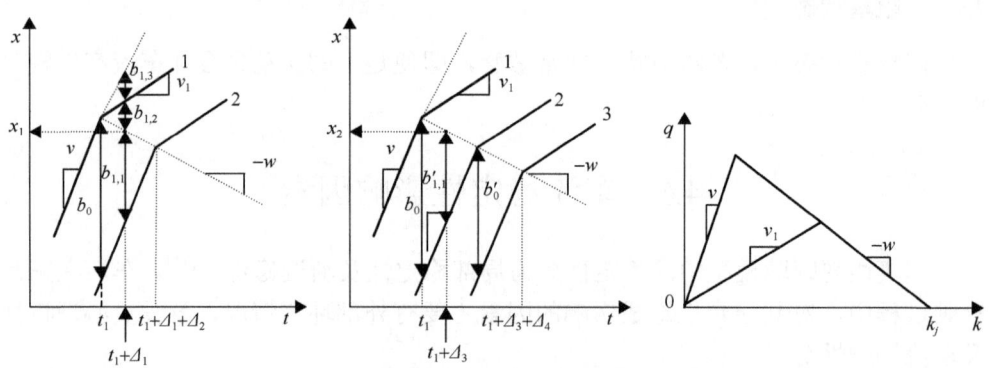

图 4.10　驾驶员预判特性图解

在前导车车速出现变化，产生扰动波时，跟驰车对扰动波传播到达时间的预判过程可以用图4.10来表示，设1表示前导车，2表示跟驰车，两车的初始行驶速度都为 v，车辆间距为 b_1，在 t_1 时刻车辆1车速变化为 v_1，产生扰动，扰动波向上游传播的速度为 $-w$，跟驰车辆2由于驾驶员反应具有滞后性，其在 $t_1+\Delta_1$ 时刻才意识到前导车产生变化，且在 Δ_1 时间段内，跟驰车辆2仍然保持速度 v 行驶，此时两车间距为 $b_{1,1}+b_{1,2}$，前导车所产生的扰动波位置处于 x_1，假设跟驰车辆速度

不变，扰动波传播至跟驰车辆 2 的时刻为 $t_1+\Delta_1+\Delta_2$，可以推导出 $\Delta_1=\dfrac{b_{1,1}+b_{1,3}}{v+|-w|}$，$\Delta_2=\dfrac{b_{1,1}}{v+|-w|}$，式中，$\Delta_1$ 相当于驾驶员反应时间中感知和判断时间之和，Δ_2 为跟驰车驾驶员对扰动波何时到达的预判时间，可以设扰动波在车流中向后传播的时间为 τ，则可以求出 $\tau=\Delta_1+\Delta_2=\dfrac{b_0}{v+|-w|}$。

通常车辆在视距良好的条件下行驶时，跟驰车驾驶员有机会看到前面第二辆甚至更靠前的车辆运行状态。这种情况下驾驶员能够更好地预测前方车流的变化，所驾驶车辆也能在扰动波没有传播到的情况下做好应对准备，如图 4.10 所示，跟驰车辆 3 可以同时观察到前导车 2 及前导车 1 的行驶状态，当车辆 1 在 t_1 时刻发生速度变化产生扰动时，车辆 3 在 $t_1+\Delta_3$ 时刻便可以感觉到前方的扰动，此时扰动波传播至 x_2 处，传播到车辆 3 的时间为 $\Delta_4=\dfrac{b_{1,1}+b_0}{v+|-w|}$，这样可以看出对于车辆 1 速度变化引起的扰动，车辆 3 能有充足的时间做出应对，不过通常情况下，车辆 3 的具体反应仍与其跟驰的车辆 2 的反应情况相关。

4.5.2 车流均一性

行驶的车流中各个驾驶员的反应特征各不相同，这种表示其分布情况的特性称为车流均一性。具有理想型均一性的车流中各跟驰车辆期望的安全距离相等且驾驶员驾驶习惯相似，可以严格保持车间距；相反，不能做到这一点的车流称为非均一性车流。稳定型驾驶员对周围环境的变化更为敏捷以便使自身车辆更平稳地在道路上行驶，这种使自己驾驶车辆稳定的做法也可间接使整个车流更加稳定。

4.6 稳定性条件

4.6.1 必要条件

Daganzo[79]用"意识波"与"激波"之间的关系解释了交通流稳定性的标准，如图 4.11(a) 所示，当车辆 1 在 t_1 时刻速度发生扰动(速度由 v_1 变化为 v_2)时，传递至车辆 2 与车辆 3 的时刻为 t_1+h，此刻扰动被车辆 2 与车辆 3 感知到，可以理解为车流中扰动的传播速度为 $-w$，"意识波"的传播速度为 $-w_a$，车流需要提前感知到扰动波的到来才能维持之前的稳定状态。不然，后续跟驰车辆将不能及时做出反应，车流将向不稳定状态转变，即图 4.11(b) 所示结果，图 4.11(b) 中 OQ 所在为虚线下方，即 $h<\tau$ 或者 $1/h>k_j\cdot w$，此时车流稳定性的必要条件为 $1/h>k_j\cdot w$。

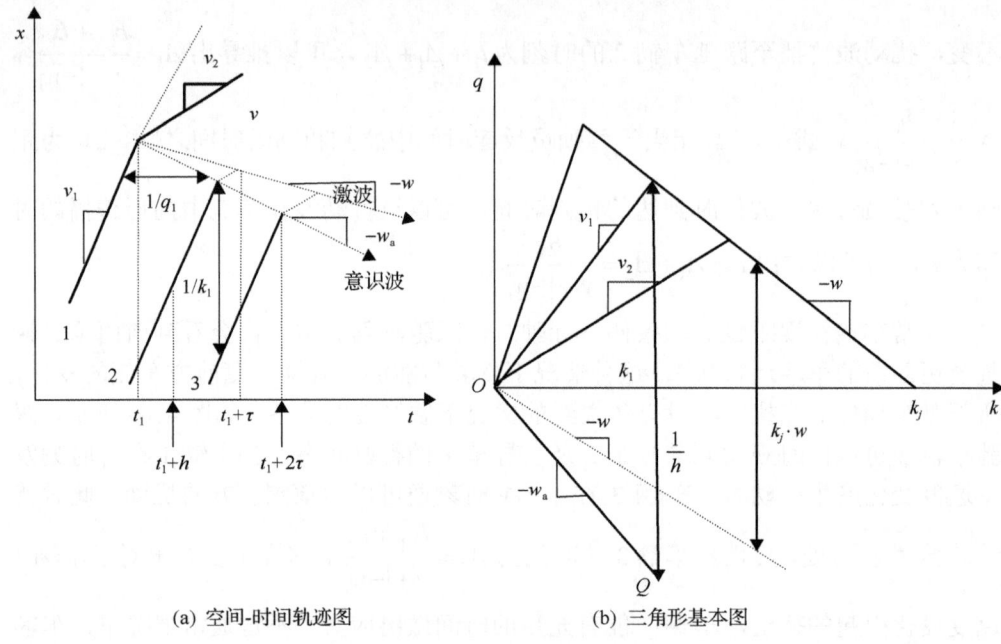

(a) 空间-时间轨迹图　　　　(b) 三角形基本图

图 4.11　稳定性标准的图解

4.6.2　充分条件

通过跟车模型的一般稳定性标准，设 τ 为扰动波在车流中车辆之间的传播时间，v 表示车速，c 表示扰动波相对于道路的速度，b 表示车头间距，可以推导出 $\tau = \dfrac{b}{v-c}$。Holland 引入预测点的概念，用 x 来表示车辆在车流中所处的位置，n 表示车辆编号，当车流处于稳定均衡状态时，可判断车辆编号为等价于 x/b 的变量，对前导车 1 与跟驰车 2 的位置进行 Taylor 展开，可以推出两车车头间距为

$$x(1) - x(2) = \frac{\mathrm{d}x}{\mathrm{d}n}(\alpha) + \left[\frac{(1-\alpha)^2 - \alpha^2}{2}\right]\frac{\mathrm{d}^2 x}{\mathrm{d}n^2}(\alpha) + \cdots,$$

使第二项差分项为零，则有 $\alpha = \dfrac{1}{2}$，这可以解释为若把车辆数与车头间距看成关于相对位置的连续变量，则有 $x(1) - x(2) = \dfrac{\mathrm{d}x}{\mathrm{d}n}\left(\dfrac{1}{2}\right) \approx x(0) - x\left(\dfrac{1}{2}\right)$，若进一步假设扰动波在无另外的干扰下持续沿车流向后传播，当传播到第 $n+1$ 辆车时，其位置可以用虚拟的第 $n+\alpha$ 辆车的位置来估计，α 表示预测点，如图 4.12 所示，预测时间=预测点(α)×扰动波传播时间(τ)。当满足驾驶员预测时间大于反应时间，即 $\alpha\tau > T$ 时，车流将保持稳定，如果不能满足该条件，扰动波在传播过程中将导致车流稳定性降低。根据这一标

准,跟驰模型的稳定条件都能用 $\lambda T < \frac{1}{2}$ 来表示,式中,T 表示驾驶员反应时间,λ 表示反应波动指数,由此可知 $\lambda T < \frac{1}{2}$ 为车流稳定性的充分条件[32]。

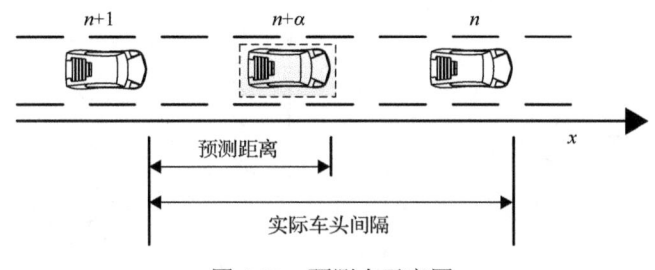

图 4.12　预测点示意图

4.7　扰动波的产生及传播机理

4.7.1　扰动波产生机理

交通扰动在车流中传播和扩散会造成车流中各车辆车速的离散波动,进而对车流稳定性产生影响和破坏,车速离散波动的根本原因由加速度波动特性所决定,加速度波动的产生除外界情况(道路条件及周围环境)外,最主要是来自车辆跟驰与换道的过程,跟驰与换道是车辆行驶过程中两个最基本的特征,这两种驾驶行为伴随着车辆加速与减速。车流中每辆车的性能、几何尺寸方面各有差异,这就直接导致每辆车在加减速过程中所产生的加速度波动是不一致的,而且驾驶员的驾驶习惯、个性、身体状况及心理状况各不相同,更加导致加速度波动的特异性与扰动波产生的不可避免。

速度的波动是加速度波动沿车流传播的间接发展形式,由此可把加速度波动视为交通扰动的常见形式。加速度波动可能是由不同操作,如车道变换、交通信号、换道行为等造成的,而且车流行驶过程中偶遇特定的道路条件与环境条件也可能间接导致车流加速度波动,假设在没有任何外界干扰的理想道路上行驶的车流,车辆状况变化都相对平稳、理想,但在实际情况中是不存在理想情况的,交通流并不会按绝对严格的规则来运行,其受到诸如外部环境、交通状况、驾驶员个性等因素影响,所以车辆运行的随机性是很强的,这种随机性也会引起加速度的改变,进而这种加速度波动在车流中扩散传播,影响车流的运行状态。

因此,为了描述扰动波的产生机理,可以通过图 4.13 来描述,图 4.13(a) 中,车流在状态 A 时的流量、密度、速度和加速度分别用 q_A、k_A、v_A 和 a_A 来表示,

车流在状态 B 时的流量、密度、速度和加速度分别用 q_B、k_B、v_B 和 a_B 来表示。从图 4.13(a) 可以看出，状态 B 时的车速明显高于状态 A，而状态 B 的加速度与状态 A 时的加速度关系为 $a_A < a_B$，随着时间的延长，这种加速度的波动必然导致扰动波产生，图 4.13(a) 中 ω_{AB} 为扰动波的传播速度。

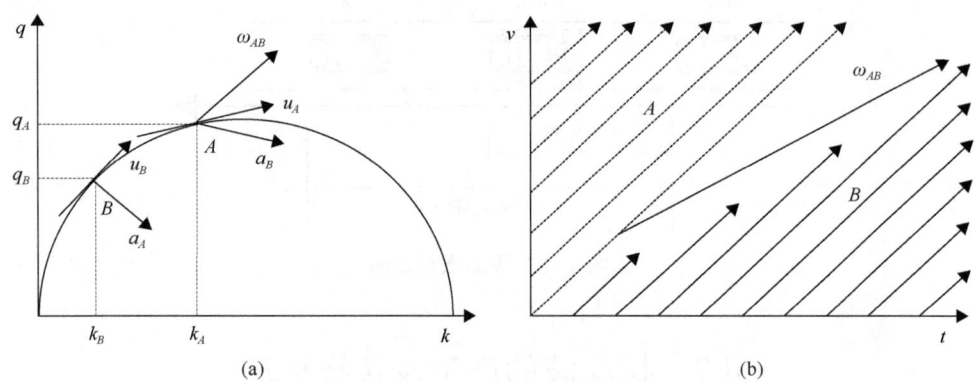

图 4.13　扰动波基本原理及加速度波分析示意图

图 4.13(b) 是通过研究车速与时间的变化关系来描述车流状态变化的，图中虚线代表状态 A 车流，实线代表状态 B 车流。当状态 B 的加速度大于状态 A 的加速度时，两种状态必会随着时间的推移缓慢发展成一种状态，这种情况下，如果扰动较小且平稳地在车辆之间传递，那么车流将会在小的波动之后恢复平稳，如果扰动比较大，其在车辆之间的传播便有可能造成交通失稳，最终改变车流运行状态。

4.7.2　扰动波传播机理

根据守恒方程，状态 A 车辆数 N_A 与状态 B 车辆数 N_B 之和保持恒定。在两种交通流交汇处，扰动波波速与状态 A、B 交通流的速度差为 $(u_A - \omega_{AB})$、$(u_B - \omega_{AB})$。因此，N_B 和 N_A 可以用下面的方法计算：

$$N_B = q_B t = (u_B - \omega_{AB}) k_B t \tag{4-12}$$

$$N_A = q_A t = (u_A - \omega_{AB}) k_A t \tag{4-13}$$

令 $N_A = N_B$，得

$$(u_A - \omega_{AB}) k_A t = (u_B - \omega_{AB}) k_B t \tag{4-14}$$

进而推导出

$$\omega_{AB} = \frac{q_A - q_B}{k_A - k_B} = \frac{\Delta q}{\Delta k} \tag{4-15}$$

$\omega_{AB}>0$，说明扰动波的传播方向与车流运行方向一致；$\omega_{AB}<0$，表明扰动波传播方向与车流方向相反。交通流量的变化量除以密度的变化量等于两种交通流状态之间的交通波速。在图 4.13 中，$q_A>q_B$，$k_A>k_B$，因此 $\omega_{AB}>0$，说明扰动波传播方向与车流运行方向一致。

为了更好地研究车流运行过程中产生的扰动波传播机理，由物理波特性得

$$\begin{cases} u_{tt}-a^2 u_{xx}=0, & -\infty<x<+\infty, \quad t>0 \\ u(x,0)=\varphi(x), & u_t(x,0)=\psi(x) \end{cases} \tag{4-16}$$

式中，u 为波动函数。进行变形以便更好理解，有

$$\left(\frac{\partial}{\partial t}+a\frac{\partial}{\partial x}\right)\left(\frac{\partial}{\partial t}-a\frac{\partial}{\partial x}\right)u=0 \tag{4-17}$$

对函数自变量进行转换，得

$$\xi=x-at, \quad \eta=x+at \tag{4-18}$$

应用复合函数求导法则，得

$$\frac{\partial u}{\partial t}=\frac{\partial u}{\partial \xi}\frac{\partial \xi}{\partial t}+\frac{\partial u}{\partial \eta}\frac{\partial \eta}{\partial t}=-a\frac{\partial u}{\partial \xi}+a\frac{\partial u}{\partial \eta} \tag{4-19}$$

$$\frac{\partial u}{\partial x}=\frac{\partial u}{\partial \xi}\frac{\partial \xi}{\partial x}+\frac{\partial u}{\partial \eta}\frac{\partial \eta}{\partial x}=\frac{\partial u}{\partial \xi}+a\frac{\partial u}{\partial \eta} \tag{4-20}$$

$$\frac{\partial u}{\partial t}-a\frac{\partial u}{\partial x}=-2a\frac{\partial u}{\partial \xi} \tag{4-21}$$

$$\frac{\partial}{\partial t}+a\frac{\partial}{\partial x}=2a\frac{\partial}{\partial \eta} \tag{4-22}$$

代入式(4-17)，可得

$$u_{\xi\eta}=0 \tag{4-23}$$

由此可以得到通解：

$$u(x,t)=F(\xi)+G(\eta)=F(x-a)+G(x+at) \tag{4-24}$$

式中，F 和 G 是任意二阶连续可微函数。为了确定 F 和 G 的具体形式并从通解中找出满足初始条件的解，把初始条件代入式(4-24)，得

$$F(x)+G(x)=\varphi(x) \tag{4-25}$$

$$-aF'(x)+aG'(x)=\psi(x) \tag{4-26}$$

对式(4-26)两边进行积分，得

$$-F(x)+G(x)=\frac{1}{a}\int_{x_0}^{x}\psi(\xi)\mathrm{d}\xi+C \tag{4-27}$$

式中，C 为积分常数。

联合式(4-25)和式(4-27)可以解出：

$$F(x)=\frac{1}{2}\varphi(x)-\frac{1}{2a}\int_{x_0}^{x}\psi(\xi)\mathrm{d}\xi-\frac{1}{2}C \tag{4-28}$$

$$G(x)=\frac{1}{2}\varphi(x)+\frac{1}{2a}\int_{x_0}^{x}\psi(\xi)\mathrm{d}\xi+\frac{1}{2}C \tag{4-29}$$

综上可得

$$u(x,t)=\frac{1}{2}[\varphi(x-at)+\varphi(x+at)]+\frac{1}{2a}\int_{x_0-at}^{x+at}\psi(\xi)\mathrm{d}\xi \tag{4-30}$$

式(4-30)为波动方程形式解。但是车辆的类别、驾驶员的生理及心理素质等特异性因素会对扰动波的传播造成影响，使其强度在传播过程中慢慢递减(图 4.14)，由此可以总结出扰动波的能量与传播距离成反比，得出如下表达式：

$$u(x,t)=\frac{1}{2}[\varphi(x-at)+\varphi(x+at)]+\frac{1}{2a}\int_{x_0-at}^{x+at}\psi(\xi)\mathrm{d}\xi \tag{4-31}$$

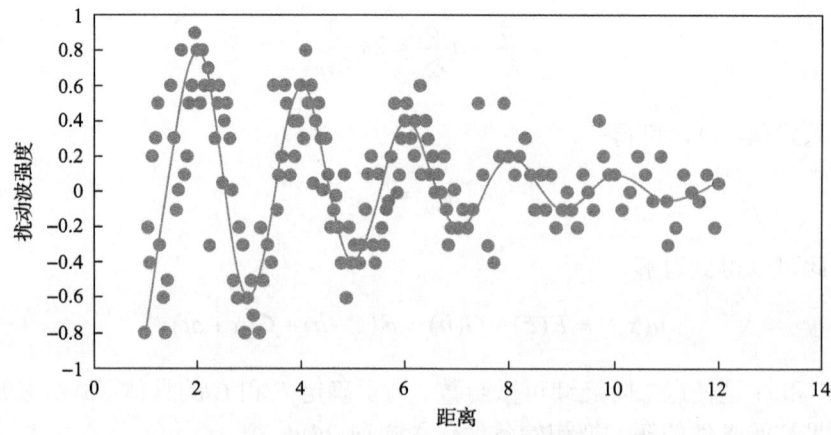

图 4.14 纵向扰动波传播示意图

4.8 车流稳定性分析

4.8.1 局部稳定性分析

在对车流的稳定性进行分析时，需考虑其跟驰过程中的受力关系，前导车与跟驰车之间始终存在一种类似于分子之间引力与斥力关系，使得跟驰关系得以维持，即使遭到外部干扰也能在一段时间之后恢复，这种力很好地解释了车流在宏观运行中保持紧凑行驶的状态，但是物理上并不能解释这种力，其为根据驾驶员对车辆的驾驶行为抽象出来所形成的，依据分子动力学理论，即使一个微小的力的变化也有可能改变车流的状态。

如图 4.15 所示，假定车辆 1、车辆 2 之间存在一定的引力，当车辆 1 在初始稳定形势状态下突然受到其他车辆干扰时，对于车辆 2，由牛顿第二定律得二阶微分方程：

$$\ddot{x}(t) + \omega^2 x(t) = 0 \tag{4-32}$$

式中，$x(t) = -\dfrac{F}{k}$；$\omega = \sqrt{\dfrac{k}{m}}$，$m$ 为车辆 2 的质量，ω、k 为无量纲系数[44]。

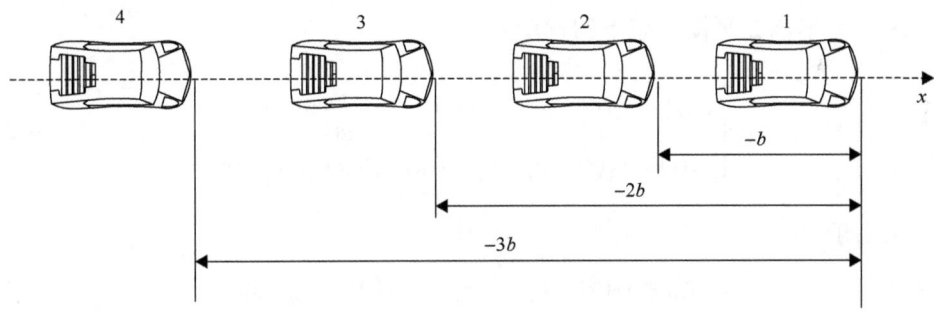

图 4.15 主线均匀同步流车队

为了研究车流簇在正常行驶过程中受扰动影响后的稳定性变化，令

$$\begin{cases} x_1(t) = x(t) \\ x_2(t) = \dot{x}(t) \end{cases} \tag{4-33}$$

式(4-32)可以转化为一阶微分方程组：

$$\begin{cases} x_1(t) = x(t) \\ \dot{x}_2(t) = -\omega^2 x(t) \end{cases} \tag{4-34}$$

下面研究车辆 2 在初始状态下的稳定性：在初始时刻（车辆 2 接收到扰动信号）$t=0$ 时，车辆 2 的状态改变为

$$\begin{cases} x_1(0) = 0 \\ x_2(0) = 0 \end{cases} \tag{4-35}$$

二阶微分方程的通解为

$$x(t) = e^{\alpha x}[C_1 \cos(\beta x) + C_2 \sin(\beta x)] \tag{4-36}$$

式中，α、β 分别为共轭复根的实部和虚部；C_1、C_2 为任意常数。

式(4-36)应用二阶微分方程求解，可以得出：$\alpha = 0$、$\beta = \omega$，所以

$$x(t) = C_1 \cos(\omega x) + C_2 \sin(\omega x) \tag{4-37}$$

又因为式(4-35)为式(4-37)在初始条件下的特解，所以能够求出车辆 2 平均状态下的微扰运动方程：

$$\begin{cases} x_1(t) = x_{10} \cos(\omega t) + \dfrac{v_{20}}{\omega} \sin(\omega t) \\ x_2(t) = v_{20} \cos(\omega t) - \omega x_{10} \sin(\omega t) \end{cases} \tag{4-38}$$

因此，车辆 2 平衡状态下的扰动为

$$\begin{cases} y_1(t) = x_1(t) - 0 = x_{10} \cos(\omega t) + \dfrac{v_{20}}{\omega} \sin(\omega t) \\ y_2(t) = x_2(t) - v_0 = v_{20} \cos(\omega t) - \omega x_{10} \sin(\omega t) \end{cases} \tag{4-39}$$

又由于

$$y_{10} = y_1(0) = x_{10}, \quad y_{20} = y_2(0) = v_{20} - v_0 \tag{4-40}$$

所以由式(4-39)及式(4-40)可得

$$\begin{cases} y_1(t) = y_{10} \cos(\omega t) + \dfrac{y_{20} + v_0}{\omega} \sin(\omega t) \\ y_2(t) = (y_{20} + v_0) \cos(\omega t) - \omega y_{10} \sin(\omega t) - v_0 \end{cases} \tag{4-41}$$

观察式(4.41)，显然

$$\begin{cases} |y_1(t)| \leqslant |y_{10}| + \left|\dfrac{y_{20} + v_0}{\omega}\right| \\ |y_2(t)| \leqslant |y_{20} + v_0| + \omega|y_{10}| - v_0 \end{cases} \tag{4-42}$$

设 ε 为任意给定的正数，要保证式(4-43)成立：

$$\begin{cases} |y_1(t)| < \varepsilon \\ |y_2(t)| < \varepsilon \end{cases} \tag{4-43}$$

只需初始扰动满足

$$\begin{cases} |y_{10}| + \dfrac{|y_{20} + v_0|}{\omega} < \varepsilon \\ |y_{20} + v_0| + \omega|y_{10}| - v_0 < \varepsilon \end{cases} \tag{4-44}$$

为了使式(4-44)成立，只需使式(4-45)成立即可：

$$\begin{cases} |y_{10}| \leqslant \delta \\ |y_{20} + v_0| \leqslant \delta \\ \delta + \dfrac{\delta}{\omega} < \varepsilon \\ \delta + \omega\delta - v_0 < \varepsilon \end{cases} \tag{4-45}$$

式(4-45)又等价于

$$\begin{cases} |y_{10}| \leqslant \delta \\ |y_{20} + v_0| \leqslant \delta \\ \delta \leqslant \min\left[\dfrac{\varepsilon + v_0}{\omega + 1}, \dfrac{\omega\varepsilon}{\omega + 1}\right] \end{cases} \tag{4-46}$$

当 $\delta = \dfrac{1}{3}\min\left[\dfrac{\varepsilon + v_0}{\omega + 1}, \dfrac{\omega\varepsilon}{\omega + 1}\right]$、$|y_{10}| \leqslant \delta$、$|y_{20} + v_0| \leqslant \delta$ 时，式(4-46)成立，进而式(4-45)也成立。所以，任意给定的小数 ε，存在正数 $\delta = \dfrac{1}{3}\min\left[\dfrac{\varepsilon + v_0}{\omega + 1}, \dfrac{\omega\varepsilon}{\omega + 1}\right]$。进而当所有的 $t \geqslant 0$ 时，皆存在 $|y_{10}| \leqslant \delta$、$|y_{20} + v_0| \leqslant \delta$，由此可以得出车辆 2 的运动是稳定的。当扰动向上游传播至车辆 2 时，车辆 2 的行驶状态由此改变，其稳定性状态与扰动波强度有关。若扰动波强度满足式(4-46)要求，车辆 2 将会保持稳定的行驶状态；若不能满足其要求，车辆 2 行驶状态将产生较大改变。

在车辆 1 受到扰动的情况下，对车辆 2 的行车状态变化进行分析。由图 4-15 可得

$$X_1^0(t) = X_2^0(t) + b \tag{4-47}$$

式中，$X_1^0(t)$、$X_2^0(t)$ 为初始状态下车辆 1、车辆 2 的位置；b 为两车车头间距，m。

当车辆 1 加速度出现改变，即产生以速度 v^* 传播的加速度波动时，扰动后的车速为

$$v'(t) = v^0(t) + v^*(t) \tag{4-48}$$

$$v'(t)\Delta t = v^0(t)\Delta t + v^*(t)\Delta t \tag{4-49}$$

t 时刻车辆 1 的位置可表示为

$$X_1(t) = X_1^0(t) + v'(t)\Delta t = X_1^0(t) + v^0(t)\Delta t + v^*(t)\Delta t \tag{4-50}$$

$$X_1(t) - X_1^0(t) = v^0(t)\Delta t + v^*(t)\Delta t = \Delta D \tag{4-51}$$

假设 t 时刻车辆 1 与车辆 2 之间的车头间距为 $D(t)$，即 $X_1(t) = X_2(t) - D(t)$，于是有

$$v_0(t) + v^*(t) = \frac{\mathrm{d}[X_1(t)]}{\mathrm{d}t} - \frac{\mathrm{d}[X_2(t)]}{\mathrm{d}t} \tag{4-52}$$

则有

$$v_2(t) = v_1(t) - [v_0(t) + v^*(t)] \tag{4-53}$$

又由于车辆 1 与车辆 2 对扰动波的反应行为不同步，会有一段时间的延迟，于是

$$v_B(t+T) = v_A(t) - [v_0(t) + v^*(t)] \tag{4-54}$$

根据驾驶员心理跟驰模型[80]可以分析得到

$$\Delta\alpha = \alpha - \alpha_0 = \frac{\omega}{D_0 + \Delta D} - \frac{\omega}{D_0} = -\frac{\omega}{D_0^2}\Delta D \tag{4-55}$$

式中，α_0 为初始跟驰状态时跟驰车驾驶员观察前导车的投影视角；α 为扰动波影响到车辆 1 与车辆 2 的车头间距后，前导车在跟驰车驾驶员视觉中的投影夹角；ω 为车辆宽度；D 为相邻两车的距离。

当前导车在跟驰车驾驶员中的投影夹角改变值 $\Delta\alpha=c$ 时，跟驰车的反应时间表达式为

$$T = \frac{\Delta D}{v'} = \frac{\Delta D}{v_0(t) + v^*(t)} = \frac{-cD_0^2}{\omega[v_0(t) + v^*(t)]} \tag{4-56}$$

$$v_2\left[t + \frac{\Delta D}{v_0(t) + v^*(t)}\right] = v_1(t) - [v_0(t) + v^*(t)] \quad (4\text{-}57)$$

所以 $v_2(t)$ 与 ΔD、Δv 和 $a_1(t)$ 有关，采用无量纲量 g、e 进行变化，得

$$v_2(t) = f(\Delta D) + ga_1(t) + \Delta v_{1,2}(t) + ev^0(t) \quad (4\text{-}58)$$

$$a_2(t) = f'(\Delta D) + ga_1'(t) + \Delta v_{1,2}'(t) + e \quad (4\text{-}59)$$

4.8.2 渐近稳定性分析

上面分析了跟驰车辆间的局部稳定性，因为扰动波在车辆之间的传播，必然会导致车流上游运行状态发生改变，扰动波的传播最终可能导致两种结果，车流在经历小幅波动后恢复平稳状态，或车流无法恢复平稳状态导致交通阻塞，下面对理想状态下的车流稳定性进行分析。

把处于平衡状态的一股车流定义为理想状态车流，如图 4.16 所示，假设这股车流中每一辆车的性能相同，驾驶员的习惯也完全一致。若扰动波在车流中传播最终导致阻塞的产生，车速变为 0，将此状态定义为状态 1，平衡状态（初始状态）定义为状态 0，状态 n 为车辆 n 减速为 0 后的车流状态。

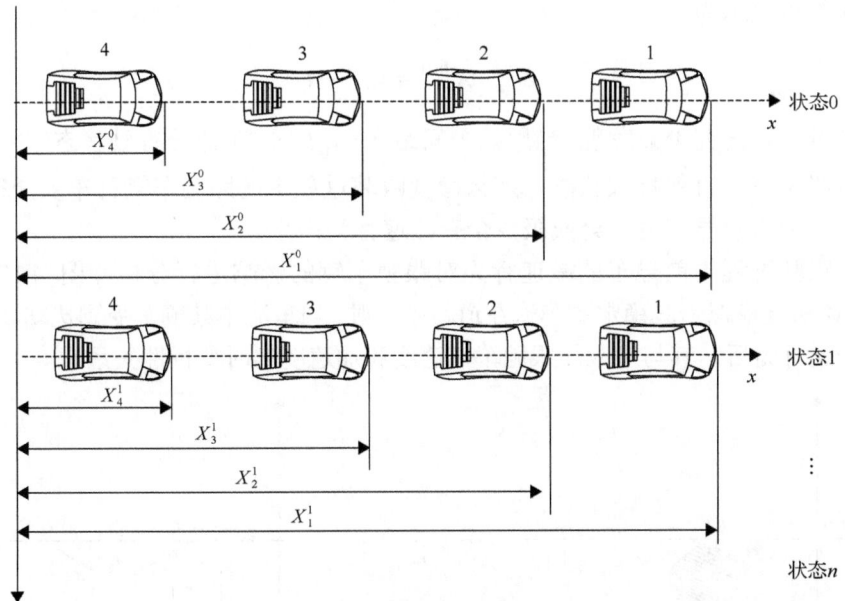

图 4.16 稳态车队行为变化图

当前状态下前导车的位置为 X_1^0，制动距离为 $S_1 = \dfrac{v_0^2}{2a}$，车辆加速度为 a，则

$$X_1^1 = X_1^0 + S_1 \tag{4-60}$$

$$X_1^1 = X_1^0 + \frac{v_0^2}{2a} \tag{4-61}$$

$$X_2^2 = X_2^1 + v_0 t_1 - \frac{1}{2}at^2 \tag{4-62}$$

当 $t = t_0 + 2T$ 时,车辆 3 开始减速,T 表示为驾驶员反应时间,于是有

$$X_3^3 = X_3^0 + v_0(t_0 + 2T) + \frac{v_0^2}{2a} \tag{4-63}$$

同样有

$$X_4^4 = X_4^0 + v_0(t_0 + 3T) + \frac{v_0^2}{2a} \tag{4-64}$$

$$X_n^n = X_n^0 + v_0(t_0 + nT) + \frac{v_0^2}{2a} \tag{4-65}$$

最终可表示为

$$X_n^n - X_{n-1}^{n-1} = v_0 T - d \tag{4-66}$$

经过上述研究论证发现,当原始车间距 $d > v_0 T$ 时,车流的行驶状态维持稳定。如果这股车流一直保持该状态,那么微观跟驰过程中的跟驰车辆行车安全得到充足保障,因为前导车将不会或极少会有减速行为产生。

对跟驰过程中前导车的减速行为对跟驰车辆的影响进行分析,图 4.17 是用 VISSIM 仿真模拟一股稳定的车流在道路中行驶,当车流中某辆车受到扰动波影响,采取减速行为后,其与对应的跟驰车辆速度和加速度的时变特性关系。

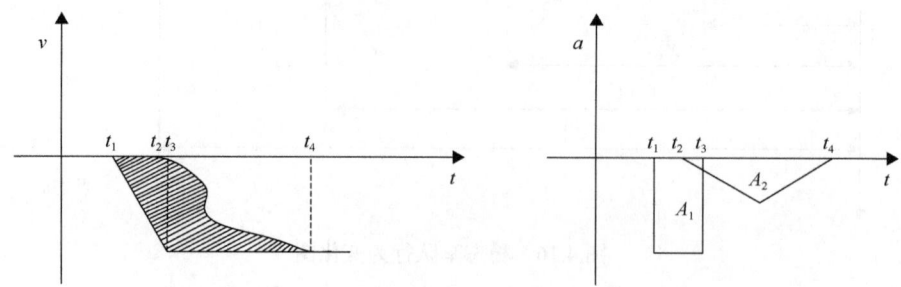

图 4.17 跟驰车辆之间速度和加速度变化图

图 4.17 中，v 为前导车辆与跟驰车辆相对于车速初始值的改变量，a 为加速度，于是有

$$a_L(t) = \ddot{X}_L(t) \tag{4-67}$$

$$a_F(t) = \ddot{X}_F(t) \tag{4-68}$$

$$\Delta v = v_2 - v_1 = \int_{t_1}^{t_2} \ddot{X}_L(t) dt = \int_{t_3}^{t_4} \ddot{X}_F(t) dt, \quad A_1 = A_2 \tag{4-69}$$

$$t_3 = t_1 + T + t_5 \tag{4-70}$$

式中，T 为驾驶员反应时间，s；t_5 为跟驰车辆前后车间距从初始状态改变为 12% 时所花的时间，s；A_1 和 A_2 为图 4.17 中两个图形与坐标轴所围成的面积。

$$S_A = \int_{t_1}^{t_4} \left[v_1 + t\ddot{X}_L(t) \right] dt$$

$$= \begin{cases} \int_{t_1}^{t_2} \left[v_1 + t\ddot{X}_L(t) \right] dt, & t_1 < t \leqslant t_2 \\ \int_{t_2}^{t_4} \left[v_1 + t\ddot{X}_L(t) \right] dt + (t - t_2) \left[v_1 + (t_2 - t_1)\ddot{X}_L(t) \right], & t_2 < t < t_4 \end{cases} \tag{4-71}$$

$$S_B = \int_{t_3}^{t} \left[v_1 + t\ddot{X}_F(t) \right] dt + (t_3 - t_1) v_1 \tag{4-72}$$

$$\Delta S = S_A - S_B = H \tag{4-73}$$

式中，H 表示图 4.17 中阴影部分面积。

当 $t_1 < t < t_2$ 时，

$$\Delta S = \int_{t_2}^{t_3} \left[2v_1 + t\ddot{X}_L(t) \right] dt + \int_{t_1}^{t_2} \ddot{X}_L(t) dt \tag{4-74}$$

由于 $\ddot{X}_F(t)$ 与 $\ddot{X}_L(t)$ 相关，于是可以假设

$$\ddot{X}_F(t) = \lambda \ddot{X}_L(t) \tag{4-75}$$

由此可得

$$\Delta S = \left[2v_1 + \frac{1}{2}\ddot{X}_L(t)(T + t_5) + \lambda_t \ddot{X}_L(t) \right](T + t_5) \tag{4-76}$$

由此可以得出 ΔS 是由 λ_t 决定的，当 $t=t_4$ 时，有

$$S_A = \int_{t_1}^{t_2}\left[v_1 + t\ddot{X}_L(t)\right]dt + \left[v_1 + (t_2 - t_1)\ddot{X}_L(t)\right](t_4 - t_2) \tag{4-77}$$

$$S_B = (t_3 - t_1) + \int_{t_3}^{t_4}\left[v_1 + t\ddot{X}_L(t)\right]dt \tag{4-78}$$

$$\Delta S = \frac{1}{2}\ddot{X}_L(t)(3t_2 - 2t_4 - t_1) - \int_{t_3}^{t_4} t\lambda(t)\ddot{X}_L(t)dt \tag{4-79}$$

由于 t_1、t_2 是由最初行为产生变化的车辆决定的，t_4 与 $\lambda(t)$ 有关，$t_3=t_1+T+t_5$，因此 ΔS 的大小仅取决于 $\lambda(t)$，将无量纲量 a、b、c 引入，对原式进行变换得

$$\Delta S = \frac{1}{2}\ddot{X}_L(t)a\left[b - 2c\lambda(t)\right] - \int_{t_3}^{t_4} t\lambda(t)\ddot{X}_L(t)dt \tag{4-80}$$

为了使车流继续稳定行驶而不发生交通意外，必须满足

$$\Delta S < -L_1 \tag{4-81}$$

式中，L_1 为车流处于初始状态时，跟驰车辆间的原始车间距，m。由此可以求出两车最终车间距为

$$L_2 = \Delta S + L_1 \tag{4-82}$$

车流若想保持平衡状态行驶，需要使 L_2 的波动幅度在安全需求距离附近，两跟驰车辆间的安全需求距离可以通过经典的跟驰模型来求得

$$\ddot{X}_{n+1}(t+T) = \lambda\left[\dot{X}_n(t) - \dot{X}_{n+1}(t)\right], \quad n = 1,2,3,4,\cdots \tag{4-83}$$

由于

$$\int_0^\infty \ddot{X}_F(t+T)dt = v_2 - v_1 \tag{4-84}$$

$$\lambda\int_0^\infty \left[\dot{X}_L(t) - \dot{X}_F(t)\right]dt = \lambda\Delta S \tag{4-85}$$

$$\int_0^\infty \ddot{X}_F(t+T)dt = \lambda\int_0^\infty \left[\dot{X}_L(t) - \dot{X}_F(t)\right]dt \tag{4-86}$$

可以求得

$$\Delta D = \frac{v_2 - v_1}{\lambda} \tag{4-87}$$

在道路中行驶的处于稳定状态的车流,某辆车采取制动减速至车速为 0 的过程中,前导车与跟驰车辆之间的车头间距变化为 $-\dfrac{v_1}{\lambda}$。由此可以得出为了保证行车安全的最小车间距为 $-\dfrac{v_1}{\lambda}$,可以进一步推导出最小车头间距为 $\dfrac{v_1}{\lambda+l}$(l 表示为车辆长度),$\dfrac{v_1}{\lambda}$ 即可定为行车过程中最小安全需求距离。要使道路通行效率最高,车流中任意两辆车之间的距离应保持最小安全距离,车头间距尽可能小,λ 尽可能取最大值,理想化的值为 $\lambda=(\mathrm{e}^t)^{-1}$。

4.9 本章小结

本章提出了交通流状态转化过程中的加速度波动特性,研究了加速度波动指数,建立相关加速度波动模型并推导出表达式,进而对加速度波动指数与车速及车头时距的关系进行研究;根据加速度波动指数的特性,对车流处于自由状态、同步状态及阻塞状态之间的转化方式进行了分析;从车流运行的三种状态入手,探讨了车流稳定性的影响因素及稳定性的充分与必要条件;根据加速度波动特性研究了加速度波动造成的扰动波的产生及传播机理,研究了车流运行的局部稳定性及渐近稳定性,并给出了保持车流稳定的建议。

第 5 章　车流运行信息支撑平台

车流运行状态需要通过代表交通流特性的各参数来体现,研究车流运行的特性也需要借助各交通流特性参数,而交通流特性参数需要通过各类检测器来采集,本章归纳用于研究车流加速度特性所需的基本交通流参数及采集各参数较常用的几类检测器,为下一步的研究奠定基础。

5.1　车辆检测器工作原理

5.1.1　环形感应线圈检测器

环形感应线圈检测器使用电磁感应为工作原理,通常将此类检测器埋于路面以下。当有车辆从线圈上方驶过时,会改变感应线圈回路的电感量,这个信息被传达至检测器,以此便能检测出车辆的存在,这样交通流信息便通过检测器成功被采集。如图 5.1 所示,当道路中行驶的车辆从一边驶入检测器检测范围时,感应线圈中电流产生变化,这就是电磁感应的原理,电流变化会在车辆经另一边驶出时消失,检测器在这个过程输出一个感应信号,车辆对环形线圈起作用的长度 L_e 定义为车辆有效长度,在数值上 L_e 约为线圈长度与车身长度之和。

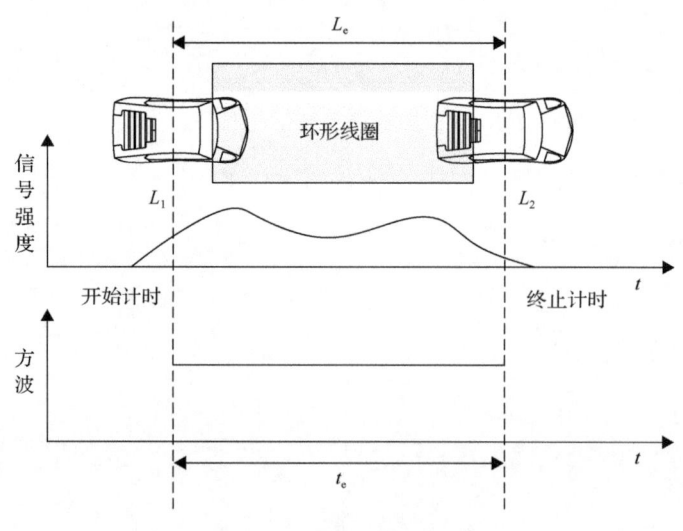

图 5.1　单线圈测速方法

5.1.2 视频检测器

相对于感应线圈检测器,视频交通检测器检测范围更广,能够采集的交通参数也更加具有可视度,检测器界面如图 5.2 所示。配置好检测区域及系统之后,检测器会统计被检测区域的背景图像灰度值,将其与预置数据进行比对,然后经内部系统计算得出检测到的各类参数情况[81]。

图 5.2　虚拟视频检测器界面

5.1.3 微波检测器

微波检测器通常安装在道路两侧的立柱上,向道路中检测区域发射两道微波波束,如图 5.3 所示,两道波束具有一定张角,其被通过检测区域的车辆反射,由于多普勒效应,反射波频率会发生偏移,这样检测器就能检测出有车辆通过。

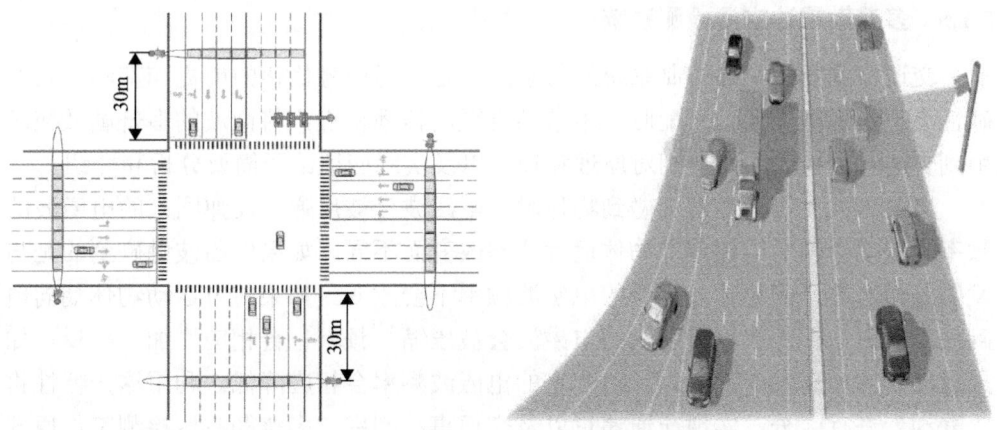

图 5.3　微波检测器投影截面图

微波检测器发射的是连续的电磁波，这种波无法检测静止的车辆，可以检测移动车辆的车速，其传输信号 f 与接收信号 f_D 不一致，具体关系如下：

$$f_D = (2v/c) f \cos q \tag{5-1}$$

式中，q 为车辆行驶方向与能量传播方向的夹角；c 为光的传播速度。

5.1.4 地磁检测器

地磁检测器通常埋设在车道内，一般检测系统由主控器、中继器、地磁检测器组成，安装示意图如图 5.4 所示。中继器转发无线信号用于地磁检测器与主控器之间的通信；地磁检测器检测到的数据通过无线通信方式持续传输至主控器。

图 5.4　地磁检测器安装示意图

5.1.5 多普勒雷达交通检测系统

交通检测器是交通控制系统的信息源，是交通信号优化的前提和基础，其准确性会直接影响交通信号配时。本节结合微波传播特点，将微波的多普勒效应运用到交通参数检测中，分别对原理和技术以及实际应用给予简要分析和介绍。

当电磁波在传播过程中碰到物体时，电磁波会被反弹，反弹回来的电磁波的频率和振幅会因所触碰到的物体运行状态改变而不同。如果电磁波触碰到的是与发射源相对静止的物体，反射的电磁波频率不会改变。如果前方运动物体朝向电磁波发射方向，那么反射回来的电磁波会被压缩，频率也会相应增加。相反，如果运动物体远离发射源时，反射回来的电磁波频率会相应降低。利用这一特性将"静动"进行区分，实现交通违章以及交通事故判别。多普勒雷达检测工作原理如图 5.5 所示。

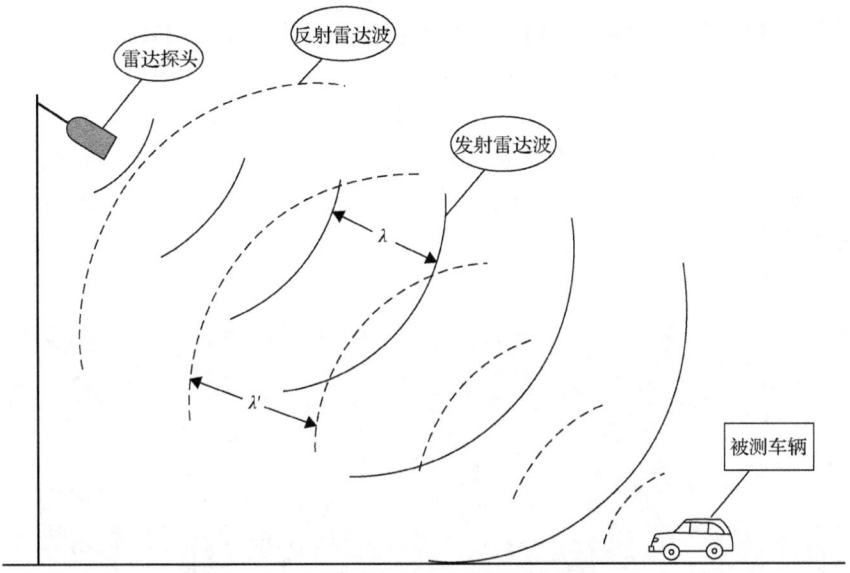

图 5.5 多普勒雷达交通检测原理图

采用核心技术：多目标、全方位数据检测，阵列式、实时性画面显示。多普勒阵列式雷达能够识别覆盖范围内的道路渠化并检测所有目标车辆通行状态，实时获取每辆车的坐标和车速、车头时距等交通参数，并将数据信号以动态画面形式实时显示于雷达车辆运行显示屏。

因车辆在车道中行驶，故车道与雷达之间的关系是通过距离反映的，所以可以通过车道距离位置来辨别车道，由于距离与发射电磁波和反射电磁波的频率差成正比，因此可以通过反射波频率的差异区分不同的车道，进一步利用滤波器组来实现车道的识别。微波束及其投影截面图如图 5.6 所示。

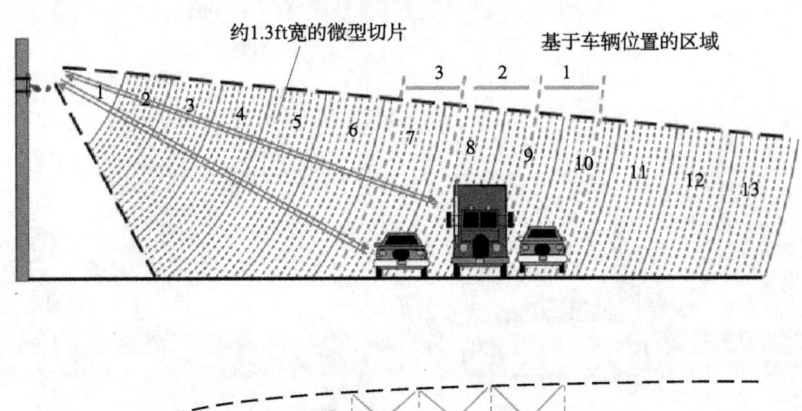

图 5.6 微波束及其投影截面图

多普勒雷达交通检测器发射的电磁波具有全天候和衍射的特性，并且不受恶劣天气的影响。由于电磁波绕过障碍前进，波长越长衍射越明显，故雷达能够探测到被大车挡住的车辆。由于被挡住的车辆电磁波反射微弱，雷达检测系统难以探测到所有被遮挡的车辆，所以为了避免完全遮挡的发生，检测雷达必须安装在比最高车辆还要高的位置，并且确保发射的电磁波可以覆盖要检测的区域。可安装于路侧较高的立柱或类似结构上，如图 5.7 所示。安装维护方便，无须破坏路面，不影响交通[82]。

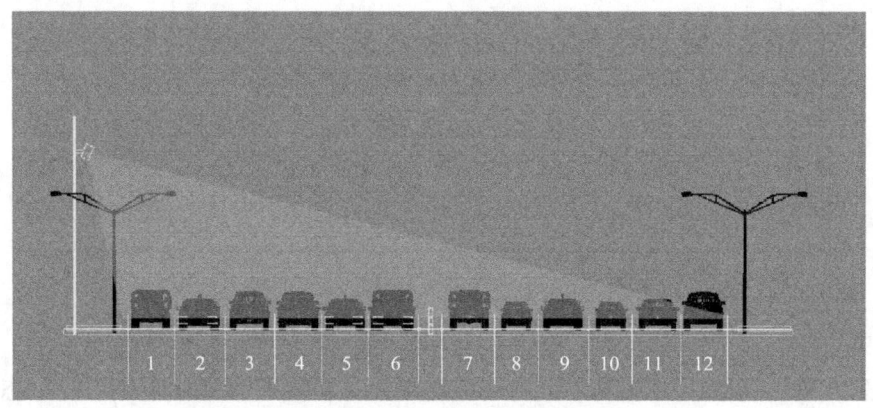

图 5.7　多普勒雷达侧向 12 车道检测安装截面图

采用无线数据传输方式进行数据传输，如图 5.8 所示。多普勒雷达检测器完

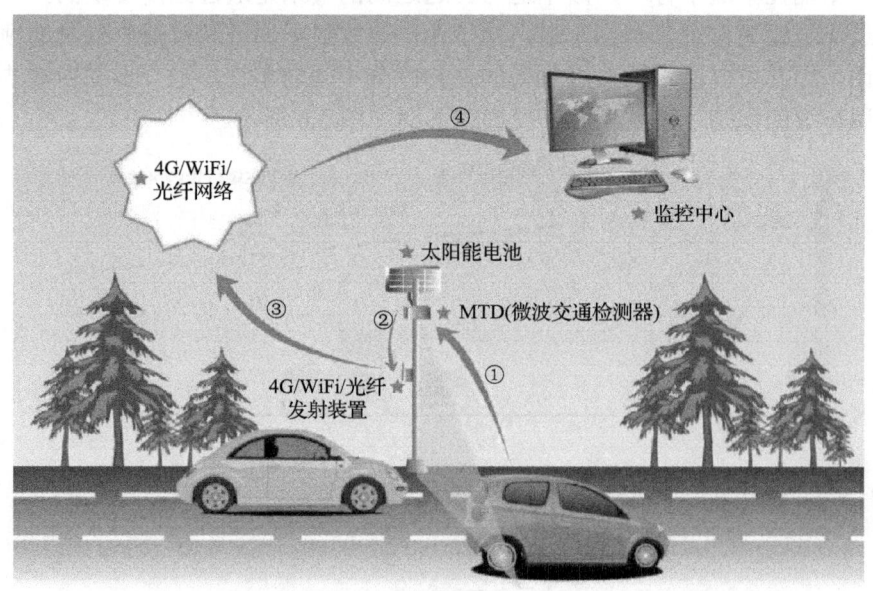

图 5.8　无线数据传输方式示意图

成数据采集后,首先进行本地数据处理,数据经过处理通过标准的异步传输标准接口 RS232 与无线传输模块进行连接。无线传输模块通过移动数据中心和基站将数据传输到本地的中心控制系统。从设备的异步传输标准接口到本地的控制系统之间是一个透明的无线数据通道,只需要将双雷达微波交通检测器采集终端的无线传输模块配置成控制系统的固定 IP 地址,由此控制系统中任何一台配置该 IP 地址的服务器都可以接收双雷达微波交通检测器采集的数据。如果要实现多台检测设备的监控管理,仅需将每一个设备采集终端的无线传输模块都配置成与中心控制系统相同的 IP 地址即可。

5.2 检测器技术优势分析

上述检测器特点比较见表 5.1。

表 5.1 常用车辆检测器特点比较

检测器	优点	缺点
环形感应线圈检测器	(1) 发展成熟,性能稳定 (2) 检测可靠	(1) 安装修理困难 (2) 对路面造成损害 (3) 无法检测到静止车辆
视频检测器	(1) 检测范围广 (2) 用途广泛,适用性强 (3) 安装修理方便	(1) 易受天气条件影响 (2) 需借助辅助图像处理设备支持
微波检测器	(1) 可检测静止车辆 (2) 不受天气状况影响	(1) 费用过高 (2) 辐射对环境造成影响
地磁检测器	(1) 灵敏度高,稳定 (2) 使用寿命长,可维护性高	安装时会破坏路面

5.3 系 统 设 计

5.3.1 试验场地

试验场地选择青岛市西海岸经济开发区滨海大道九连山—井冈山路段,如图 5.9 所示,滨海大道为西海岸经济开发区东西向主干道,且各时段交通状况稳定,适合道路试验。

5.3.2 系统整体架构

检测系统由各类检测器、传输设备、综合服务器、工作站及供电电源组成,如图 5.10 所示。各类检测器对车流参数进行采集,首先在本地进行处理,处理后的数据经路口交换机上传至核心交换机传输系统,核心交换机将接收的数据传输至综合服务器,对采集数据进一步处理,处理结果最后传输至工作站,供人提取所需的车流参数。

图 5.9　试验路段示意图

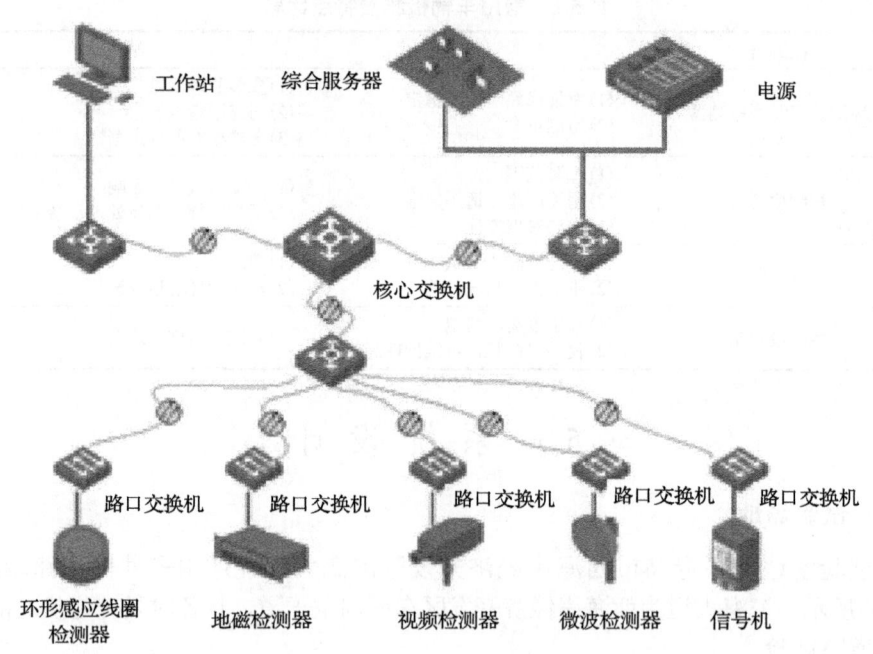

图 5.10　检测系统架构

5.3.3　检测器系统构成

1) 环形感应线圈检测器系统

环形感应线圈检测器由环形感应线圈、接线盒、信号检测处理单元和传输电缆等组成，如图 5.11 所示。检测器安装好后，按常规方法将线圈埋在路口处，当检测器检测到信号后，通过电缆将数据发送到检测处理单元微处理器处理，得到车流参数。

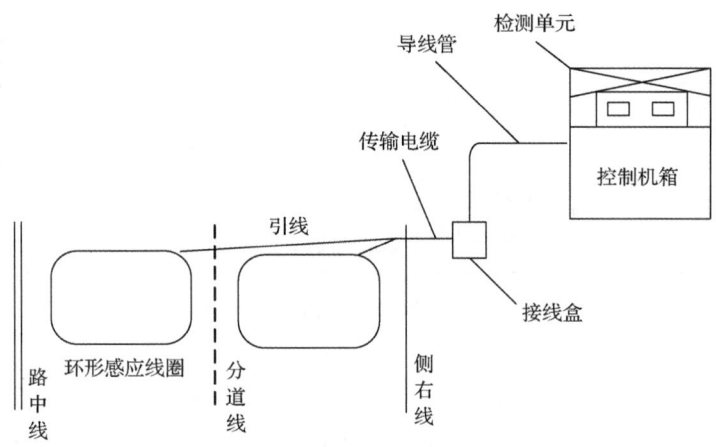

图 5.11　环形感应线圈检测器系统构成图

各项交通数据（车速、交通量、占有率等）被检测器采集到后，传输至主控机，环形感应线圈检测器通过通信电缆与控制中心的主控机连接，主控机可以实时监测检测器状态以及发现故障问题，还能够直接远程设置检测器的各项参数。如此便完成控制系统信息储存、配置优化、选择方案及事件检测等功能，使得系统控制效果达到最佳。

2）视频检测器系统

视频检测器组件通常包括摄像机、通信模块、检测器等。其中含有的电荷耦合器件（charge coupled device，CCD）可以把图像信号从二维的光学形式转存为一维视频信号。CCD常规有面型和线性两种类型，这两种类型的CCD将实景图转换成像于CCD的像敏面上，然后转存至移位寄存器，在强驱动脉冲作用下转换为视频信号，该信号经预处理（放大、调节亮度及对比度）后传输至数字信号转换器成为数字信号，进而转存至帧存储器。控制电路将其中一路数字信号转换为视频信号并显示于显示器上；另一路数字信号被交通检测器分析处理后输出为各项所需的交通参数。

视频检测器系统构成及工作流程如图5.12所示。

视频检测器中预存有空白的背景参数，运行过程中与实际测量值进行对比分析，以此判断检测路段是否存在车辆，可以预估背景图像的灰度值，再预存一个阈值。在处理图像时，终端上设定的检测区域周围的灰度值会因为有车辆通过检测区域而发生变化，如果相对于预存的阈值有变化，表明成功检测到车辆通过，无变化则表示没有车辆通过，可用如下公式简明表达：

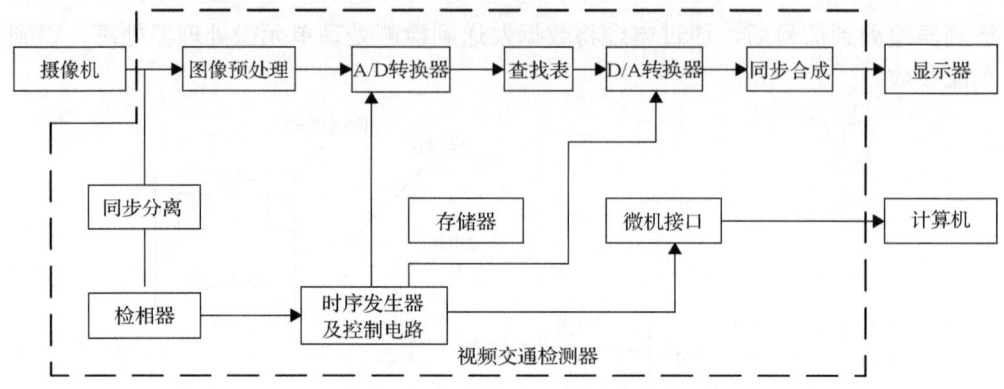

图 5.12 视频检测器工作流程

$$P = \begin{cases} 0 \\ 1 \end{cases} \tag{5-2}$$

式中，当 $P=0$ 时表示无车通过；当 $P=1$ 时表示有车通过。

3) 微波检测器系统

微波检测器系统组成部分有微波检测器、串口线、程序软件及外部设备等，通常将检测器安置在道路两侧的立柱上，通信设备和检测器之间通过串口线进行连接，最后将预置的各项参数在操作界面设置好，检测器便能够正常工作用以检测道路中所需交通参数。

4) 地磁检测器系统

地磁检测器系统主要由地磁检测器、微处理器、主控器、中继器及后备电池组成。该系统核心为地磁检测器，检测器被安置于模块中，检测器上方区域有车辆通过时，地磁磁场系统被干扰，干扰信号被检测器采集并加以分析，这个阶段便可获得流量、通过时间等原始数据。检测器将检测到的原始数据经过中继器发送给主控器，再经主控器对数据进行计算处理，输出几种关键参数。整个过程的供电由后备电池提供。

5.3.4 检测器设置

1) 环形感应线圈检测器设置

如图 5.13 所示，当设置双环形感应线圈检测器时，两个线圈需要保持一定距离，使车辆在通过前后两线圈时有足够的时间产生两个脉冲方波。环形感应线圈检测器需设置于远离交叉口路段，以确保检测更少受到来自交通信号影响的车流参数，通常将感应线圈埋设于地表以下 3~5m，对交通不造成影响。

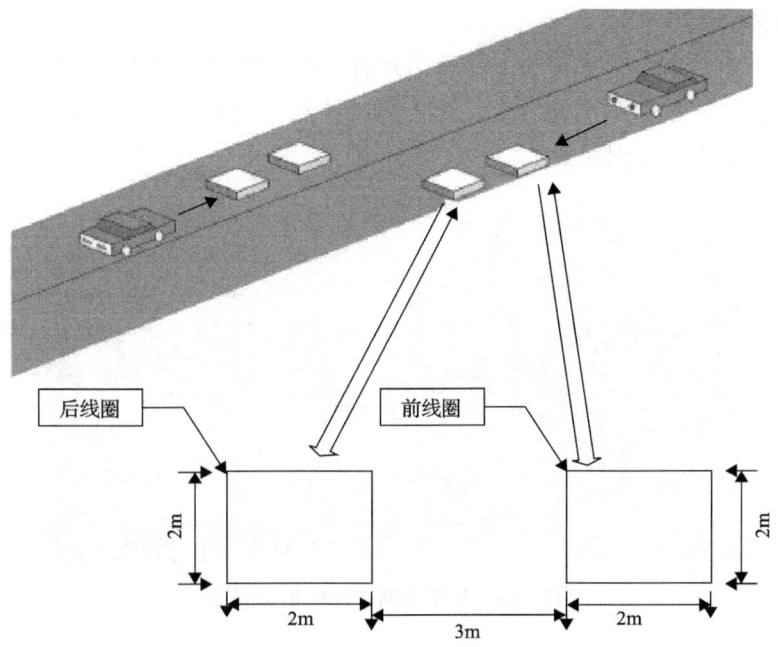

图 5.13　环形线圈检测器安装示意图

2) 微波检测器设置

微波检测器通过发射与接收电磁波来检测车辆的通过，检测器设置于道路一旁的立柱上，如图 5.14 所示，施工与维护较方便，不影响车辆正常通行。由于被挡住的车辆反射的电磁波较弱，会使得检测器难以检测到其通过，所以微波检测器安装高度需高于行驶的最高车辆，需确保发射电磁波能够覆盖所有检测区域。

图 5.14　微波检测器安装截面图

3) 视频检测器设置

视频检测器需安装于试验道路旁边具有开阔视野的高楼上,如图 5.15 所示,拍摄范围能将整条试验道路覆盖,由于视频检测器受天气影响严重,故试验时间需选取天气条件较好时进行。

图 5.15 视频检测器标准拍摄界面

5.3.5 试验方案

试验数据主要包括地点车速、车头间距、车头时距等,这些参数可采用环形感应线圈检测器、高清交通视频检测器、地磁检测器等常规检测设备获得,在试验路面若干路段分别按照检测器的标准设置点位及流程安装好,使用这些常规检测设备采集的数据计算统计需要的试验参数。车辆加速度的采集需应用专业的数据采集设备,如便携的加速度测量仪。将采集设备安装于试验车上,在试验路段自然驾驶采集试验数据。

在滨海大道试验路段沿线选取高楼点位,一并选取使用高清交通视频检测器拍摄试验车辆分别在自由状态车流、同步状态车流及阻塞状态车流中的运行状态,同时试验车辆车载加速度测量仪会记录其在测试过程中加速度数值的变化情况。

另在滨海大道试验路段设置不少于 7 处检测点位,安置各参数检测所需检测器,测量各点位基本跟驰数据,各模态测量 3 组数据。用测量的基本数据标定模型参数,完善模型表达式。再用试验数据作为初始条件代入加速度波动模型,对比模型描述的波动曲线与试验车辆加速度波动曲线符合程度,并依据符合程度不断进行修正。

5.3.6 参数计算

通常意义上的交通参数都可以使用上述几种检测器来采集,下面介绍各自的采集方法。

采集交通量：当车辆通过感应线圈上方的道路时将导致检测器产生一个脉冲信号，检测器的逻辑部分或微处理器可以计数脉冲信号。定义 T 为检测器的检测周期，设 $N_i(k)$ 为第 k 周期内第 i 车道检测器的编号，所检测车道在一个周期内的交通量为

$$q_i(k) = \frac{N_i(k)}{T} \tag{5-3}$$

检测占有率：定义 T 为检测器的检测周期，k 表示第 k 个检测周期，i 为车道编号，则占有率的检测公式如下：

$$o_i(k) = \sum_{j=1}^{N_i(k)} \frac{t_{ji}(k)}{T} \times 100\% \tag{5-4}$$

式中，$t_{ji}(k)$ 为感应线圈上方车辆通过的时间，s；$N_i(k)$ 为第 i 车道在第 k 周期内被检测到的车辆数。

检测车速：当感应线圈检测器上方检测范围内有车辆驶过时，会因为电流的变化产生对应方波，不同车速对应的方波波形各异，通过对方波的数目统计及波形的宽度计算便能够获得交通量和瞬时车速等所需数据，具体计算公式如下：

$$v_{ti}(k) = \frac{1}{N_i(k)} \sum_{j=1}^{N_i(k)} \frac{L_{ji}(k)}{t_{ji}(k)} \tag{5-5}$$

式中，$v_{ti}(k)$ 定义为第 i 车道所有被检测车辆第 k 周期内的平均速度，km/h；$t_{ji}(k)$ 表示车辆 j 通过检测器上方车辆有效长度 $L_{ji}(k)$ 所需花费的时间，s；$N_i(k)$ 表示第 i 车道在第 k 周期内被检测到的车辆数。

上述关于车速的检测方法为单线圈检测，通常如果对检测精度要求较高，可以采用双线圈检测方法来更加精确地检测车辆有效长度。

将两个线圈埋于需要检测的车道下进行双线圈测速。检测器不需要使用平均车辆长度的估计数值便可以完成车辆计数和每辆车速度的检测，相较于单线圈检测，双线圈检测的精度明显较高。如图 5.16 所示，当双线圈检测器上方有车辆驶过时，经过 A、B 两线圈的时刻被依次记录下来，可以计算出该车辆的速度为 $s/(t_B - t_A)$，以此便可以求出这段时间内车辆的平均速度。

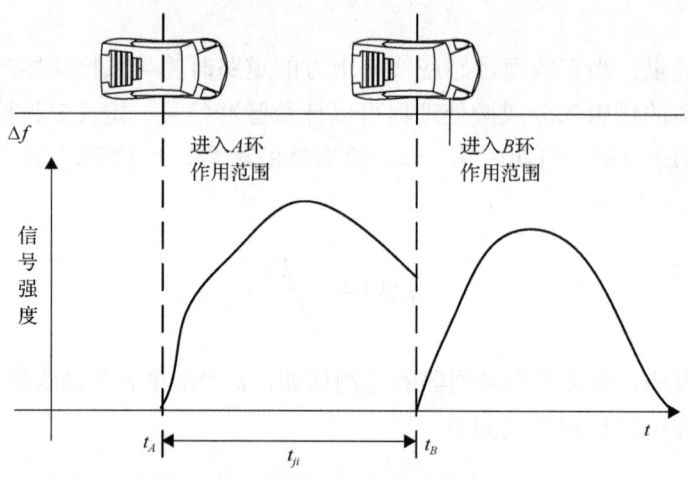

图 5.16 双线圈测速方法

定义 i 车道上检测器在 k 周期检测到的所有车辆数值为 $N_i(k)$，车辆 j 完全通过检测器的时间为 t_{ji}，$t_{ji} = t_B - t_A$，所有车辆瞬时速度的平均值为时间平均速度 v_{ti}，则有

$$v_{ti}(k) = \frac{1}{N_i(k)} \sum_{j=1}^{N_i(k)} \frac{s}{t_{ji}} \tag{5-6}$$

令 $v_{ji} = \dfrac{s}{t_{ji}}$，$v_{ji}$ 为第 j 辆车的瞬时速度，式(5-6)可写成

$$v_{ti}(k) = \frac{1}{N_i(k)} \sum_{j=1}^{N_i(k)} v_{ji} \tag{5-7}$$

可以进一步推导出各车瞬时速度的平均值。定义第 i 车道车辆在 k 周期内的空间平均速度为 $v_{si}(k)$，于是有

$$v_{si}(k) = \frac{N_i(k)}{\sum_{j=1}^{N_i(k)} \dfrac{1}{v_{ji}}} \tag{5-8}$$

进一步可以推导出 i 车道车辆在 k 周期内通过检测区域的平均时间 $t_i(k)$：

$$t_i(k) = \frac{1}{N_i(k)} \sum_{j=1}^{N_i(k)} \frac{L_{ji}}{v_{ji}} \tag{5-9}$$

式中，v_{ji} 为车辆速度，km/h；L_{ji} 为被检测车辆长度，m。

进而可推导平均时间 $t_i(k)$ 与空间平均速度 v_{si} 的积为车辆平均有效长度：

$$L_i(k) = \frac{\sum_{j=1}^{N_i(k)} \frac{L_{ji}}{v_{ji}}}{\sum_{j=1}^{N_i(k)} \frac{1}{v_{ji}}} \tag{5-10}$$

5.4 常规交通状态辨识

本节以城市道路偶发性拥堵为研究对象，分别从交通拥堵程度、交通拥堵类型以及交通拥堵传播特性进行研究，融合多元信息进行交通拥堵分级，智能信号机根据交通拥堵分级及其实际拥堵状况自适应生成信号方案，以缓解交通拥堵以及交通拥堵进一步传播。

5.4.1 交通拥堵程度定义

交通拥堵是因路网系统交通通行能力小于交通需求而产生车辆排队和延误的一种交通现象。影响交通通行能力的主要是道路条件，如道路设施、渠化、交通冲突、交通信号配时等，交通需求主要受车流量的影响。因交通需求与交通通行能力的失衡，一个点的拥堵随着时间的推移可能导致多个点或者一条道路甚至一个区域的交通拥堵，即如果交通拥堵点不能及时发现解决，就会产生拥堵负反馈效应[83]。

针对城市道路拥堵程度评价，我国通常采用车辆平均速度作为评价指标。在我国的《城市交通管理评价指标体系》(2002)中，将交通拥堵划分为4个等级，见表5.2。

表 5.2 主干路交通拥堵程度参考标准

拥堵状态等级	畅通	轻度拥堵	拥堵	严重拥堵
平均行程速度/(km/h)	>30	[20, 30]	[10, 20)	<10

对于城市道路信号控制交叉口，因红灯时段车辆禁止通行，在停止线外排队，以排队车辆通过交叉口耗时为交通拥堵程度的评价标准，见表5.3。

表 5.3 交叉口交通拥堵程度参考标准

拥堵状态等级	非常畅通	畅通	轻度拥堵	中度拥堵	重度拥堵
平均排队时间/s	<30	[30, 40)	[40, 50)	[50, 60]	>60

5.4.2 交通拥堵类型

1) 根据拥堵产生的客观条件划分

交通拥堵客观限制条件为道路设计通行能力的不足。主要因素有：道路设计不合理，如道路渠化不合理，交通设施不规范，有无隔离栏等降低了道路通行能力；逐年不断增长的机动车数量与一成不变的道路通行能力发生冲突，导致道路通行能力不能满足当前交通需求，发生交通拥堵；道路周边大型交通吸引点，如大型商场、学校、火车站、地铁口等，车流量大导致周边交通拥堵；驾驶员不合理的驾驶行为导致交通拥堵，如频繁变道、变速、超车等。

2) 根据交通拥堵发生时间频率划分

交通拥堵根据发生的时间频率划分为常发性交通拥堵、偶发性交通拥堵和反复性交通拥堵[84]。当道路本身通行能力不能满足交通需求时，就会导致常发性交通拥堵；因交通事故、车辆故障、特殊天气、道路临时占道施工等偶然性因素导致的交通拥堵为偶发性交通拥堵；反复性交通拥堵如每日早晚高峰期间的短时拥堵。在突发性交通拥堵发生后，周边交通状况会发生一定的变化，如果不能及时解决交通拥堵，就会导致大面积交通拥堵。

3) 根据交通拥堵点空间位置划分

根据交通拥堵点在道路上的位置分布，可分为四种类型，如图 5.17 所示。交叉口中交通拥堵点发生在交叉口内，对多个方向车辆通行有阻碍影响，降低通行效率，甚至交叉口滞留车辆增多，导致交叉口通行混乱以致车辆在交叉口内无法通行，进而导致各方向交通拥堵。进口处交通拥堵点发生在交叉口进口处，降低该进口车辆通行效率，导致交通拥堵。路段交通拥堵点位于上下游交叉口中间路段，因交通拥堵点后车辆变道通行缓慢，导致拥堵点后车辆排队，拥堵点前方车流量小，导致前方出现绿损空放现象。出口处交通拥堵点发生在交叉口出口处，阻碍出口处车辆通行，致使车辆易溢出至交叉口，形成交叉口拥堵。

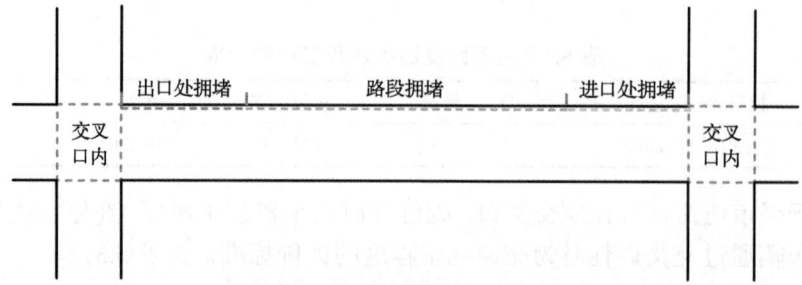

图 5.17 交通拥堵位置分布图

其中根据拥堵点占据车道不同，还分为占据左转车道、直行车道、右转车道等情况。

4) 根据交通拥堵段空间位置划分

根据交通拥堵段在城市路网中的位置分布,可分为三种类型:①点拥堵。交通拥堵点只对单个交叉口造成路段拥堵影响,没有发生车流溢出,即对周围交叉口没有影响。②线拥堵。发生交通拥堵后,在没有及时消除交通拥堵点的情况下,当通行能力不足以满足交通需求时,随着单方向排队长度的增加,交通拥堵在拥堵点上下游交叉口传播,进而造成路段或相邻交叉口之间的拥堵。③面拥堵。交通拥堵从点拥堵形成线拥堵后,若不能缓解拥堵则会以周边交叉口为新节点向外扩散,影响周边越来越多的交叉口,形成区域性交通拥堵。

5.4.3 交通拥堵传播

本节主要以交通拥堵传播速度来分析预测交通拥堵传播趋势,进而采取相应的临时交通信号控制方案进行车流疏导,降低交通拥堵传播速度,防止交通拥堵进一步扩散。

在正常条件下,道路本身通行能力没有发生变化,只是在交通拥堵点降低了通行效率的情况下,当每个周期拥堵点引发的车辆排队达到稳定时,即在拥堵点前方无主要车流(受信号灯控制的车流)通行,后方无主要车流到达的情况下,排队长度会发生三种情况的变化。

(1)排队长度呈现递增趋势。交通拥堵发生后,随着时间的推移(相邻信号周期时间对比),交通拥堵点后的车辆排队长度都会递增,此类情况最常见的就是交通事故发生后,因占用车道,导致车辆前行缓慢,排队不能及时消散,排队越来越长。此类情况下,如若不能及时采取相应措施消散排队车辆,排队长度就会递增,导致区域性拥堵。

(2)排队长度呈现恒定趋势。交通拥堵发生后,随着时间的推移,交通拥堵点后的车辆排队长度会维持恒定且不影响周边交叉口车辆通行。

(3)交通拥堵点不能导致车辆排队。即使交通拥堵点降低通行效率,但是因交通流量较小,通行车辆均可有序绕行通过拥堵点位置,不至于造成交通拥堵。

5.5 本章小结

交通流特性的合理描述需要以高质量的交通数据为前提,交通数据的获取需要多种检测器协作进行收集。本章详细介绍了车辆检测器的类型、工作原理和设置方法,并分析了各种检测器的优缺点和适用性。根据特定的试验场地结合实际情况搭建了检测系统整体架构,该系统可以辨识常规的交通状态,为下一步的信号控制及组织优化研究奠定基础。

第6章 车流有序化组织理论与方法

交通流不均衡特性是潮汐流交通最直观的表现,其不均衡性主要体现在干线潮汐交通流不均衡和交叉口转向流不均衡两方面,在设置变向车道时,交通流的通行模式发生变化,潮汐流对转向流存在一定影响。本章通过对两种车流的特征及形成原因的概述以及两种车流之间的影响分析,为车道的设置奠定理论分析基础。

6.1 潮汐交通流特性分析

6.1.1 潮汐交通流特征

潮汐交通流的潮汐性是指同一路段、不同时间内,阶段性、周期性地出现单向拥堵现象,一个方向极大的车流量导致干线车密度较大、排队严重;另一个方向则车流畅通运行[85]。潮汐特性主要描述出现在早高峰、晚高峰、活动举办期等居民出行的时空特性。

交通流的潮汐特性具有较强的空间性及时间性,从其交通量时变化、日变化、周变化的变化规律可以得出其主要特性如下。

(1)不均衡性。同一路段上,往返方向交通流分布不均衡。如图6.1所示,在早晨7:00之后,上班车流高峰出现,驶入工作区的交通量较大,甚至产生拥堵,而驶入居住区的交通量较小,畅通无阻。与此相反,下班高峰即17:00之后,驶离工作区的车流量较大,驶入工作区的则较小。

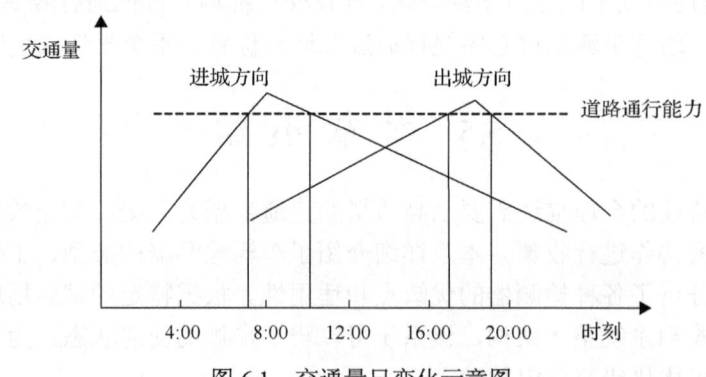

图6.1 交通量日变化示意图

(2) 空间资源浪费。由交通流分布不均衡性所致，重交通流方向需大于供，道路空间不能满足交通需求；轻交通流方向则供大于需，道路资源闲置得不到充分利用。空间资源浪费是潮汐交通流不均衡分布产生的直接影响结果，合理分配道路资源是解决该问题的关键。

(3) 规律性、周期性。潮汐交通流的规律性与周期性主要体现在每日出现的早晚高峰：早上，出城车流小，进城车流大，形成早高峰进城交通流；晚上从市区返回郊区，出城车流形成晚高峰流，进城车流小。潮汐交通流以早晚高峰的形式周期性、规律性地出现。从交通量时变图 6.2 中可以看出，交通量时间变化图呈驼峰形，上、下午均有一个高峰点，达到当日交通量最大，每天交通量的变化会以这种变化特性展现。

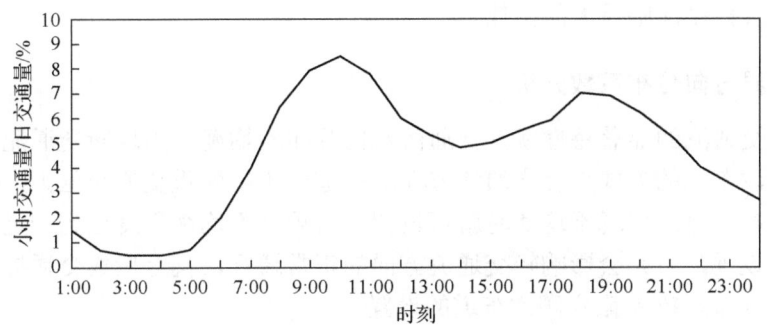

图 6.2 交通量小时变化特性

(4) 偶发性、剧烈性。大型展览会、演唱会等娱乐活动的举办时间通常没有规律性，而且举办时会吸引大量人流，导致短时间内交通流朝同一方向集聚及解散，其吸引产生的交通量甚至超过平时的高峰交通量，城市交通的管理与控制面临更严峻的挑战。

6.1.2 潮汐交通流形成原因

依据现有交通状况、城市布局规划的发展、居民生活习惯及交通设施的影响等产生潮汐式交通，其形成原因大致包含以下三点。

1) 城市规模发展形成的职住分离的分布布局

卫星城式的分布，市中心为商业、娱乐、办公等，吸引周围强大的客流；而随着人口的增多及市中心房价的上涨，居住区均往郊区扩展。由此产生职住分离的城市结构布局，形成明显的早晚高峰时期，郊区居民早晨去市中心上班，晚上返回郊区的居住区，形成规律性潮汐交通流。

2）私家车的增加

当下经济的发展，私家车的增加，出行居民更多倾向于驾驶自家车减少出行时间，更多的上班族为了减少在路上的时间，选择自驾上班，由此导致上路车辆增多，交通压力增大，交通拥堵现象涌现，形成明显的早晚高峰车流，加剧了潮汐交通流的不均衡特性。

3）节假日、大型娱乐活动的举办

假期中，居民的活动范围及其出行路线导致短时间内的交通流集聚，当人们去购物或旅游时，会在某段时间内出发到目的地，在购物结束返程时，会朝各方向疏散。而在大型活动举办时，在开始前的特定时间内，大量的车辆往活动地点汇聚，在活动结束后，又会突然地分散开。这种短时间的交通量骤增，使城市交通的管理及控制面临巨大的挑战。

6.1.3 临界方向分布系数分析

潮汐交通流的显著特性就是交通流双向分布不均衡，为均衡交通流分布，利用设置潮汐车道的方式将轻交通流方向的车道用于缓解重交通流压力，但潮汐车道并不是在交通流出现不均衡时就可设置，必须是不均衡程度达到一定的限度值时才可以设置，否则会影响轻交通流方向的正常通行，甚至造成交通拥堵。本节设定临界分布系数 K 限定潮汐车道的设置。

轻交通流方向车道数为 n_1，每车道交通量为 v_1；重交通流方向车道数为 n_2，每车道交通量为 v_2，且各车道的通行能力 c 相同。设置潮汐车道前轻交通流方向与重交通流方向的交通量分别为

$$V_L = n_1 v_1 \tag{6-1}$$

$$V_W = n_2 v_2 \tag{6-2}$$

轻交通流方向饱和度为

$$\frac{V_L}{C} = \frac{V_L}{n_1 c} = \frac{v_1}{c} \tag{6-3}$$

重交通流方向饱和度为

$$\frac{V_W}{C} = \frac{V_W}{n_2 c} = \frac{v_2}{c} \tag{6-4}$$

若设置潮汐车道，改变轻交通流方向一条车道的通行权用于分担重交通流方向的通行压力，则此时两方向的饱和度变化为

$$\frac{V_{\mathrm{L}}}{C} = \frac{V_{\mathrm{L}}}{(n_1-1)c} = \frac{n_1 v_1}{(n_1-1)c} \tag{6-5}$$

$$\frac{V_{\mathrm{W}}}{C} = \frac{V_{\mathrm{W}}}{(n_2+1)c} = \frac{n_2 v_2}{(n_2+1)c} \tag{6-6}$$

对于设置潮汐车道后的路段,需保证轻交通流方向通行状况不受影响,为此,以轻交通流车道数减少后的服务水平与重交通流车道数增加后的服务水平相同为条件,此时满足

$$\frac{n_1 v_1}{(n_1-1)c} = \frac{n_2 v_2}{(n_2+1)c} \tag{6-7}$$

得出

$$V_{\mathrm{L}} \leqslant \frac{n_1-1}{n_2+1} V_{\mathrm{W}} \tag{6-8}$$

而 $V_{\mathrm{L}} = kV_{\mathrm{W}}$,交通流分布系数 $0 < k < 1$,由 $k = \frac{n_1-1}{n_2+1}$ 可以得出

$$K = \frac{V_{\mathrm{W}}/n_2}{V_{\mathrm{L}}/n_1 + V_{\mathrm{W}}/n_2} = \frac{n_1 n_2 + n_1}{2n_1 n_2 + n_1 - n_2} \tag{6-9}$$

临界分布系数是一个与双向车道数相关的函数,是随双向车道数的变化而变化的。一般情况下双向车道数是相同的,则得出其系数值为

$$K = \frac{n+1}{2n} \tag{6-10}$$

6.2 转向交通流特性分析

6.2.1 转向不均衡交通特性

产生转向不均衡特性的原因复杂多样,除了与城市布局规划、居民生活习惯导致的潮汐现象有关外,还与交通控制设施的设计和建设有关[86]。传统的信号交叉口控制与管理方式在解决时段性不均衡转向的交通状况时存在局限性,若只依靠信号配时的方式进行优化会出现无法充分利用道路资源、各车道通行方向排队长度不均、车辆延误较大等情况。

转向不均衡特性的表现与潮汐交通特性相同。职住分离导致交通流不均衡，表现为周期性、规律性；大型活动、节假日等导致交通流增加，表现为突发性、偶然性。还有一个特性是转向交通流的变化特点，依据总交通量与转向交通量变化关系，将转向不均衡特性分为两种：某转向交通量骤增，其他方向交通量相对稳定；各转向交通量成反比，随着某转向交通量的增加，其他方向交通量减少，其关系图如图6.3(a)和(b)所示。

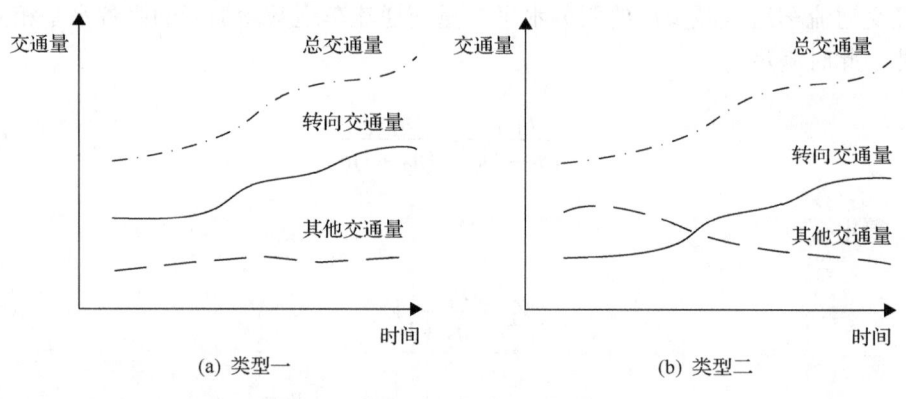

图6.3 转向不均衡交通量变化图

6.2.2 转向不均衡系数分析

进口道流向不均衡主要是由于通勤出行，在到达某一地点时，所有车辆向同一地点汇聚，导致左转或右转车辆某段时间增加，出现转向不均衡性，这种明显的差异，会使某一方向车道多个周期总是处于饱和状态，而同进口的其他方向各车道饱和度较低，道路资源被浪费。转向不均衡性达到一定程度，尤其是车道饱和度超过1时，再依靠信号配时调优已难以改善现有的不均衡状态。为了更直观地体现不均衡程度，本节引入转向不均衡系数，衡量交叉口各转向的流量变化关系。

观察时间内，左转车辆为Q_L、直行车辆为Q_S、右转车辆为Q_R，左转车辆占总车辆的比例$b=Q_L/(Q_L+Q_S+Q_R)$，高峰时左转车辆比例最大值为b_{gLmax}、最小值为b_{gLmin}；平峰时左转车辆比例最大值为b_{pLmax}、最小值为b_{pLmin}，将高峰时期与低峰时期车辆所占比例差值的最大值$\max\{|b_{gLmax}-b_{pLmin}|,|b_{gLmin}-b_{pLmax}|\}$作为评价标准，转向不均衡系数为

$$d_L=\max\{|b_{gLmax}-b_{pLmin}|,|b_{gLmin}-b_{pLmax}|\}n \tag{6-11}$$

式中，n为进口道各方向车道数总和。

右转不均衡系数同理，但右转车辆不存在类似于左转车辆在交叉口与直行车辆这样的交织影响，需要引入修正系数 β，根据实际右转车辆在交通运行状况中的影响分析，β 的取值在 0.6~0.8 范围内：

$$d_R = \max\{|b_{gRmax} - b_{pRmin}|, |b_{gRmin} - b_{pRmax}|\} n\beta \tag{6-12}$$

通过对实际经验调查及理想状态的分析，当 $d \geqslant 1$ 时，进口道具有明显的转向不均衡特性；当 $0.5 \leqslant d < 1$ 时，具有微弱的不均衡特性；当 $d < 0.5$ 时，不均衡特性不存在。依据此判断条件，当不均衡系数超过 0.5 却低于 1，即转向不均衡性较弱时，可以考虑设置变向车道，也可适时人工调节；而当不均衡系数 d 超过 1 时，说明转向交通量大，易产生转向车道严重拥堵现象，需对其进行诱导行驶，即增设变向车道分担交通量。本节提出的是潮汐交通与变向车道协同优化，针对潮汐车道行驶方向的变化来确定变向车道的行驶方向，无左转相位保护时，不影响直行与左转车流的运行则需要进行直行与直左的转换。

交叉口进口道的通行能力分别从直行车道与左转车道两部分进行分析，进口道总体的通行效果需要加权分析各进口车道的通行能力。右转车流的通行一般不在信号控制范围内，不存在车流间的交叉冲突，对交叉口车流的运行影响较小，所以此处忽略右转车流的通行影响。

为了权衡该类交叉口总的不均衡情况及设置条件，定义协同系数 M，进口道直行车辆占总车辆数的比例 $a = \dfrac{Q_S}{Q_L + Q_S + Q_R}$，按直行、左转交通量影响比例分析得出

$$M = aK_D + bd_L \tag{6-13}$$

根据实际的交通流通行习惯，当 $M > 0.6$ 时，交叉口的直行、左转交通量较大，对于车道条件有限的交叉口，进口道压力较大而又无法压缩本向直行车道数，既要保证提高左转和直行的通行效率，又要保证相互不影响，协同设置潮汐车道与导向可变车道尤为重要。

6.3 潮汐交通流与转向交通流的影响分析

6.3.1 交织特性分析

在一般情况下预设潮汐车道的交叉口进口道为保证不影响左转车辆的通行效率必须有左转车道或左转专用相位，但在增设潮汐车道时，潮汐车道的应用分两

个时段——早高峰行驶车道和晚高峰行驶车道,其性能不会定义为其他车道属性。根据潮汐车道的设置位置可知,为不影响双向交通流的正常运行,以及便利性和合理性,潮汐车道都是建设于内侧车道,因此,潮汐车道的应用会影响专用左转车辆的通行。

依据潮汐车道通行原则从两方面分析其影响:

当潮汐车道只许直行车辆通行时,如图6.4所示,若无专用相位分离直左交通流,左转车辆与本向直行车辆及对向直行车辆存在交叉冲突,冲突点增多。且当潮汐车道车流的间隙较小,无左转车辆通过的可接受间隙时,导致左转车辆在路口中心停车等待,停车延误较长。

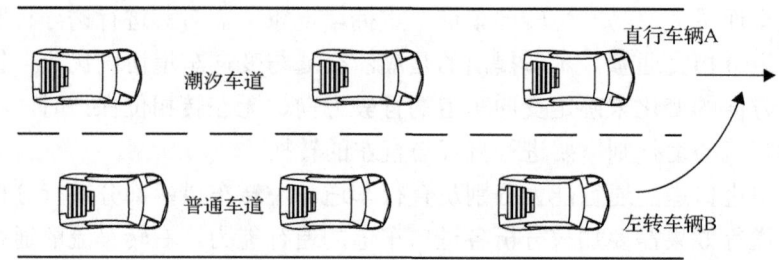

图 6.4 直行车辆拥有通行权

当潮汐车道内左转车辆拥有通行权时,如图6.5所示。受道路空间的限制,当路口无专用左转车道时,左转车辆与直行车辆混行,通过驾驶行为特性分析,左转车辆的启动时间较长,会增加直行车辆的等待通行时间,影响直行车辆高效率地通过交叉口。

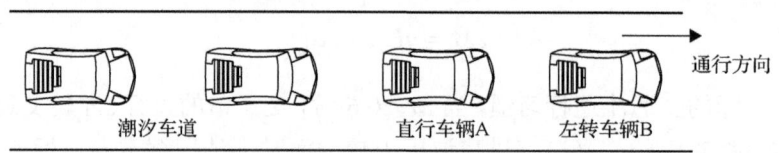

图 6.5 左转车辆拥有通行权

6.3.2 跟驰特性分析

通过压缩车道宽度,增加车道为变向车道的渠化形式,在变向车道过渡段,车流的行驶会存在缓冲,如图6.6所示。为了清楚地识别变向车道信息提示牌,在首车A识别前方通行路径的过程中,后面跟随车辆会受前车A的限制而减速,形成密集的减速车流,体现了车流的传递性、跟随性的跟驰理论。

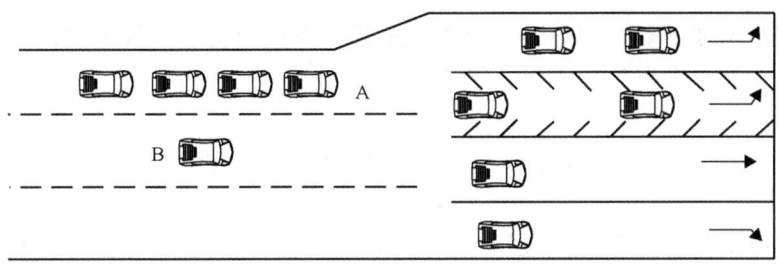

图 6.6　导向可变车道过渡段车流状态

6.3.3　冲突特性分析

交叉口导向可变车道的设置对进口道车流的影响较大，表现在行驶速度明显低于未设置可变车道时的速度。由于变向车道指示标志的位置、信息辨识度以及车道属性转换时机对驾驶员的影响不同，对驾驶员在接下来的驾驶行为选择上具有一定的影响。

变向车道进口道处追尾碰撞如图 6.7 所示，由于指示牌信息的接收难度要比一般指示牌复杂，前车 A 驾驶员为了清楚解读信息，在看见前方指示牌时会紧急减速，导致紧随其后的 B 车被迫减速发生追尾。这种冲突碰撞在导向可变车道设置后发生频繁。

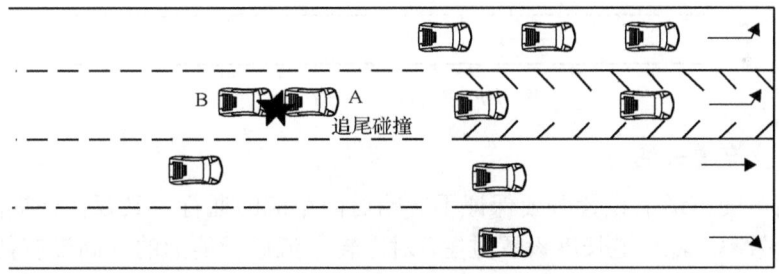

图 6.7　导向可变车道上游追尾碰撞

如图 6.8 所示，在前车 A 保持低速行驶解读指示牌信息时，后车 B 为了保持

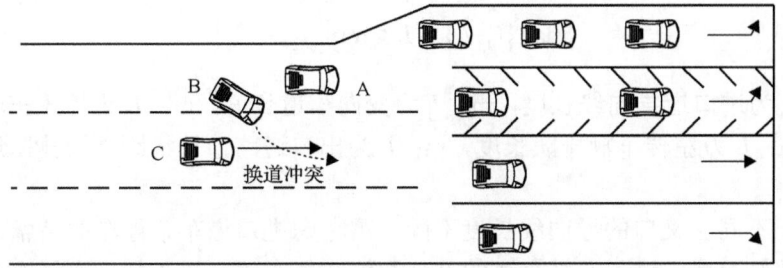

图 6.8　导向可变车道上游换道冲突

自己的驾驶习惯,获得更好的驾驶舒适条件,驾驶员会通过换道提高行驶速度和驾驶空间,从而会导致与邻道车辆 C 冲突。

6.4 导向可变车道模型

导向可变车道是设置交叉口进口道或出口道,针对交通流转向分布设置的均衡交通流的车道,导向可变车道分逆向可变车道、同向可变车道两种。

6.4.1 逆向可变车道模型

逆向可变车道是指在不影响对向车辆行驶的情况下,占用对向行驶车道,使其既具有出口道的行驶功能又具有进口道左转行驶功能的车道。其示意图如图 6.9 所示。

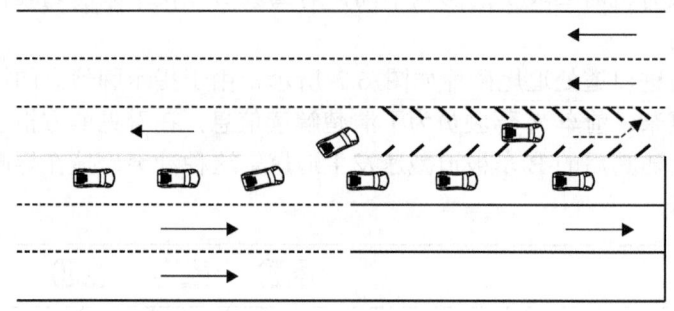

图 6.9 逆向可变车道示意图

1) 可变车道长度

逆向可变车道的设置既要保证不影响对向车流的通行,又要保证提高本向车道的通行效率。若车道长度设置过短,对左转车流通行能力的提高没有任何作用,未发挥设置变向车道的真正意义;若设置过长,在有效时间内左转车辆无法及时离开变向车道,影响出口道路权的转换,同时会影响后续车辆的正常通行。因此,其长度条件要满足

$$\max\{l_0, l_1\} \leqslant L \leqslant \min\{l_2, l_3, l_4\} \tag{6-14}$$

式中,l_0 为进口道导向线长度,m;l_1 为变向车道长度,m;l_2 为停止车辆的有限长度,m;l_3 为左转车辆排队长度,m;l_4 为出口道路口边缘距下游排队尾车的间距,m。

由于不同交叉口的导向线长度不同,需考虑进口道车辆停车等待情况,依据驾驶员驾驶习惯,进入左转车道的首车及第 2 辆车不会进入转向车道,变向车道长度应大于 $l_1 = 2(l_{che} + l_{ju})$,$l_{che}$ 为车身长度,l_{ju} 为车间安全距离。为保证有效的

左转绿灯时间内，车辆完全驶出变向车道不影响直行车流及相交左转车流的通行，逆向可变车道内停止的车辆数是有限的，其长度可为 $l_2 = nl_{che} + (n-1)l_{ju}$，以免留有无法通过的车辆。$n$ 为左转相位为绿灯时间内通过的车辆数，逆向可变车道长度示意图如图 6.10 所示。

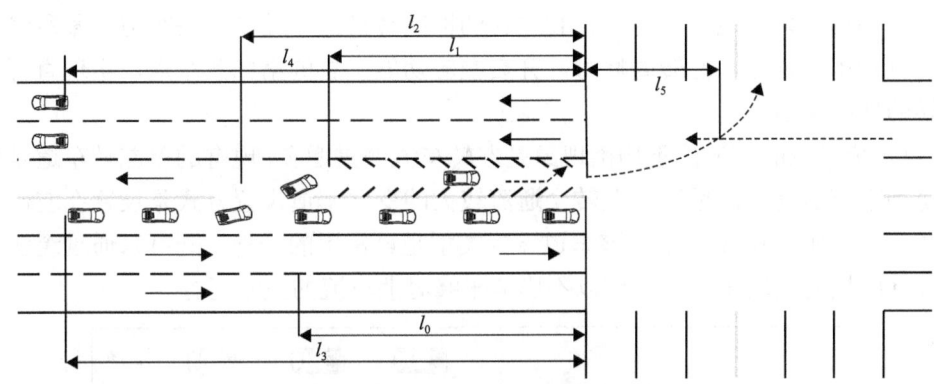

图 6.10　逆向可变车道长度示意图

2) 开启时间

因逆向可变车道的设置是在左转相位获得通行权时占用对向车道改变出口道行驶路权，为避开与其他车流冲突，以及不影响其他车流对出口道的使用，应合理安排变向车道的启用及关闭时间。

$$t_k = t_1 + \frac{L}{v_k} \tag{6-15}$$

式中，t_k 为可变车道提前开启的最小时间，s；t_1 为首车启动进入可变车道需要的时间，s；v_k 为左转车辆驶入可变车道前的待行平均速度，m/s。

当信号相位发生转变，出口道路权属于对向直行车流时，本向左转车流需要在此转变发生前驶离逆向可变车道。按最大化考虑，变向车道最尾端的车辆驶过冲突点位置，即

$$t_g = \frac{L + l_5}{v_g} \tag{6-16}$$

式中，t_g 为可变车道提前关闭时间，s；l_5 为停车线距冲突点的距离，m；v_g 为左转车辆驶离可变车道的行驶速度，m/s。

6.4.2　同向可变车道模型

同向可变车道是在本向直行车流量不大，转向车流严重超过其车道通行能力

情况下设置的变向车道。其条件要求：在现有的信号配时条件下，所建交叉口通过优化信号配时难以解决交通流不均衡特性；同时，左转和直行在不同的独立相位。进口道没有加宽或多渠化车道，且交通流分布具有显著的不均衡。

依据城市交通交叉口进口道的构成布局，同向可变车道的位置设置分三种：位于左侧第二条车道，实现直行和左转的性能转换；左转第一条车道，某段时间内为直行车道禁左，左转高峰时，开启左转功能；右侧第二条车道，实现直行和右转的性能转换。

（1）最常见的交通流不均衡现象是左转车流严重增多，现有的单左转车道难以满足当下交通需求。适用于左转交通流较大的变向车道设置方式是设置在左侧第二条车道，如图 6.11 所示，该车道设置类型是最常用的一种。既可以通过缓解左转高峰时期的交通压力，又可以不影响平峰时期车流的正常运行。

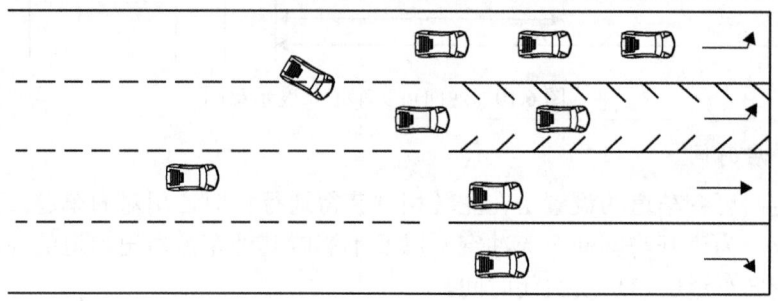

图 6.11　左二设置示意图

（2）导向可变车道位于最左侧的设置，一般在平峰时禁止左转，该车道只用于直行，而高峰时，该车道则实施左转功能，如图 6.12 所示。

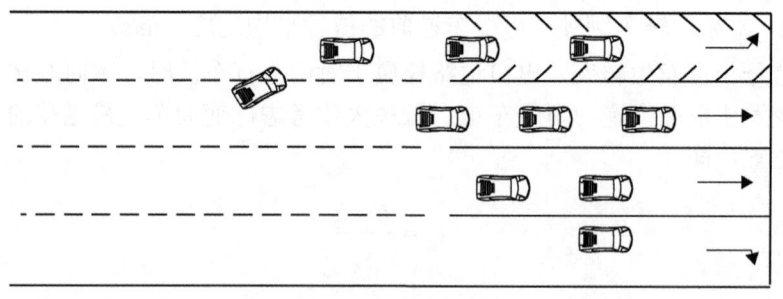

图 6.12　左一设置示意图

（3）设置在右侧第二车道上的导向可变车道，完成车道属性直行和右转的转换。右转交通流量较大的情况，一般在 T 型交叉口，为减少交通流冲突禁止左转，导致右转车流增多，需要更多的进口道资源用于右转。此时，可以将右侧第二条车道的属性定为导向可变车道，如图 6.13 所示。

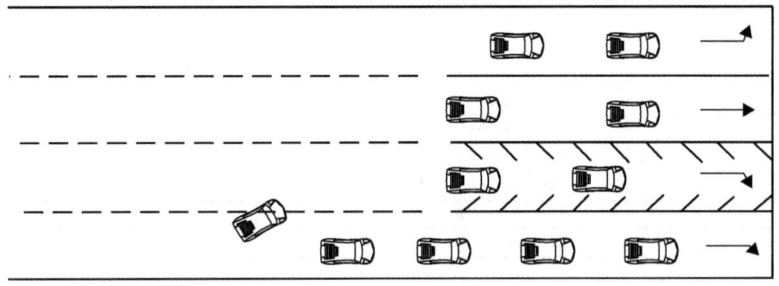

图 6.13　右二设置示意图

两种导向可变车道的设置模型可解决转向交通流不均衡的交通问题，依据现有分析，其设置流程如图 6.14 所示。

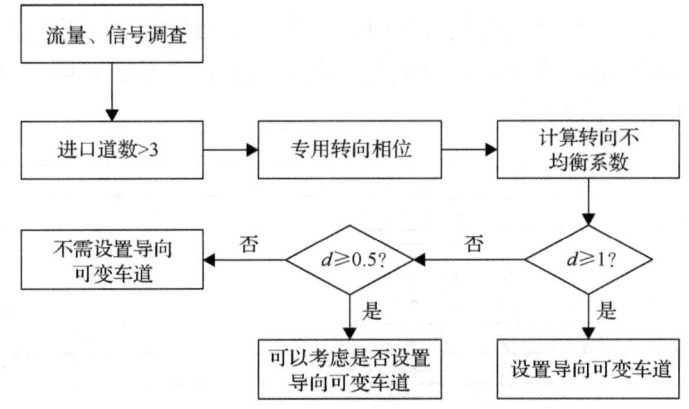

图 6.14　导向可变车道模型设置流程图

6.5　潮汐车道与导向可变车道协同模型构建

在设置潮汐车道的干线上，存在某一交叉口直行和左转交通量均较大的现象，潮汐车道的设置在一定程度上减缓了直行的交通压力，但左转的通行压力没有得到缓解。一般情况下，为避免交通冲突及对潮汐流通行效率的影响，潮汐车道内不允许其他车流进入，无法设置左转车道，这时可以增设随相位变换通行权的导向可变车道。

设置模式：如图 6.15 所示，内侧车道 4 为潮汐车道，车道 3 为左转车道，为改善车道 3 的通行状况，在车道 4 进口处设置变向车道，为避免潮汐车道上游的直行车辆与左转车辆冲突，变向车道起止点设置两条停车线 a、b。当东西向直行车辆获得通行权时，进口道处的变向车道的属性为直行车道，当东西左转绿灯启亮时，变向车道为左转车道，其通行权具体如图 6.15 所示。

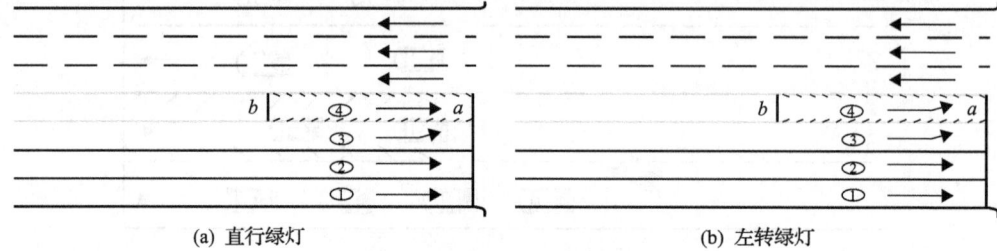

(a) 直行绿灯　　　　　　　　　　　　(b) 左转绿灯

图 6.15　早高峰车道设置示意图

同理，晚高峰时，潮汐车道行驶方向改变，东向西车道数减少，左转车流禁止进入车道 4，为保证左转车流的高效通行，车道 2 进口道处设置变向车道用于左转车辆。当东西向车流获得通行权时，车道 2 为直行车道；当东西向绿灯将要结束，左转车辆获得通行时，进口道处变向车道为左转车道，同早高峰潮汐车道变向设置，如图 6.16 所示。

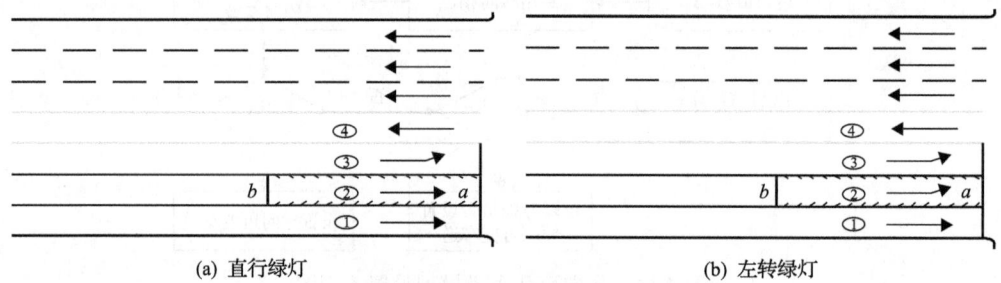

(a) 直行绿灯　　　　　　　　　　　　(b) 左转绿灯

图 6.16　晚高峰车道设置示意图

通行原则：早高峰车道通行原则为当东西向直行绿灯启亮时，车道 1、2、4 的车辆均为直行车辆，各车道车辆拥有相同的通行权，当红灯将要启亮时，潮汐车道 4 直行车辆停止前进，需停在停车线 b 处，否则为违法通行；但已驶过的车辆可以继续直行驶离变向车道路段；而左转车辆则可以从车道 3 进入变向车道区域等待左转。东西向直行期间，车道 3 的车辆不准变道进入车道 4，否则为违法通行，只有左转通行时才可变换车道。

同理，晚高峰时，车道 4 更换行驶方向，东西向绿灯启亮时，车道 1、2 直行；当左转绿灯启亮时，车道 2 用于车辆左转，左转车辆则可从车道 3 进入车道 2 等待左转，直行车辆不准通过停车线 b，已驶过停车线的则继续行驶清空变向车道。利用相位变化，设置短变向车道，实现早晚高峰双左转车道的设置，避免了空间资源不足的问题，可提高单相位下车辆通过率。

6.6 变向车道控制优化模型

6.6.1 信号参数的确定

变向车道的设置，使部分车道的功能发生变化，周期时间内通过的车流量也随之变化。因此，在进行信号配时时考虑流量比的变化，通过车道功能与信号配时协同的优化，实现交叉口通行效益的最大化。

传统的 Webster 信号配时方法，在保证通行效益最大的前提下确定信号最佳周期：

$$C = \frac{1.5L + 5}{1 - Y} \tag{6-17}$$

交叉口增设潮汐车道及变向车道，设原有直行车道 a 条，左转车道 b 条，增设一条属性为直行车道的潮汐车道，当左转相位拥有通行权时转换为左转车道，同时缓解了直行车流及左转车流的通行压力。对左转及直行车流的饱和流率与流量比进行分析，其变化关系如下。

实施变向车道后，因左转车道增加，左转相位的饱和流率 S'_L 要比原有的饱和流率 S_L 大，其关系为

$$S'_L = \frac{b+1}{b} S_L \tag{6-18}$$

受车道增加的影响其相应的流量比减少为

$$y'_L = \frac{b}{b+1} y_L \tag{6-19}$$

同理，直行相位的饱和流率增加为

$$S'_T = \frac{a+1}{a} S_T \tag{6-20}$$

流量比减少为

$$y'_T = \frac{a}{a+1} y_T \tag{6-21}$$

则进口道总的流量比为

$$Y' = Y - y'_L - y'_T = Y - \frac{b}{b+1}y_L - \frac{a}{a+1}y_T \qquad (6\text{-}22)$$

设置变向车道后的信号周期计算公式优化为

$$C' = \frac{1.5L + 5}{1 - \left(Y - \frac{b}{b+1}y_L - \frac{a}{a+1}y_T\right)} \qquad (6\text{-}23)$$

导向可变车道设置后，左转相位的有效绿灯时间分配为

$$g'_L = (C' - L)\frac{y'_L}{Y'} \qquad (6\text{-}24)$$

直行相位绿灯时间为

$$g'_T = (C' - L)\frac{y'_T}{Y'} \qquad (6\text{-}25)$$

6.6.2 相位相序的确定

交叉口处左转车流的通行对其他方向车流的运行具有一定影响，若未设置独立的左转相位，则左转车流与对向直行车流产生交织冲突；若设置独立的左转相位，则会增加交叉口的相位数，车辆等待时间延长，降低交叉口通行效率。因此，左转相位的设置取决于直左的流量及其关系和两个方向的左转流量。现对左转相位的设置进行分析。

1）提前左转

交叉口每一相位车流的到达在后半周期会出现车流较小的情况，尤其是左转车流，在前半周期车流量较大，而后半周期较小，且在左转车流更小或无左转车流的情况下，可采用左转提前，首相位是一个进口道左转与直行，下一相位是双向直行，如图 6.17 所示。

2）滞后左转

与提前左转适用情况相反，在前半周期内到达车流较小，而后半周期流量较大时，左转车流滞后放行，如图 6.18 所示。

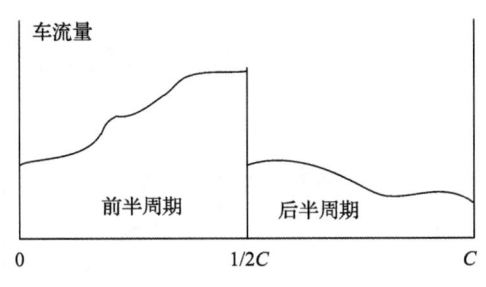
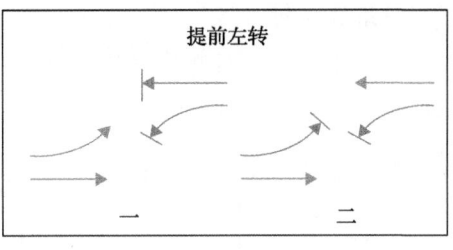

图 6.17　提前左转

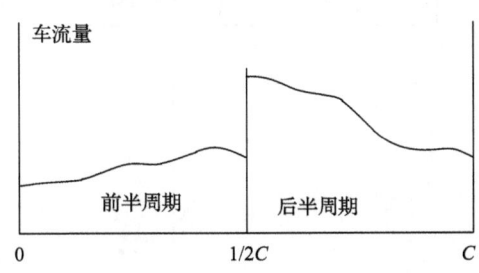
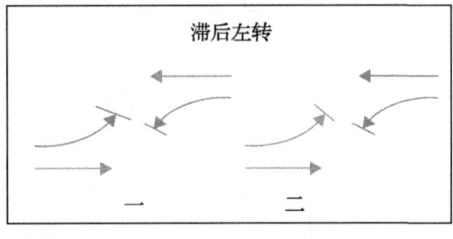

图 6.18　滞后左转

3) 同步左转

这种同步提前左转的通行顺序是最常用、最典型的四相位设置，在前半周期到达车流较大，且为保障主路的协调相位而采用，如图 6.19 所示。

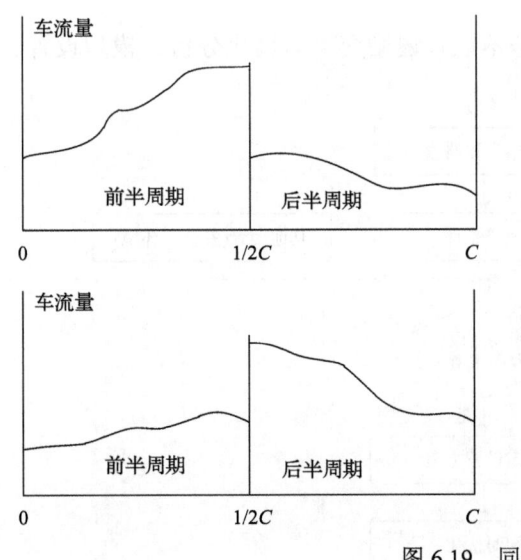
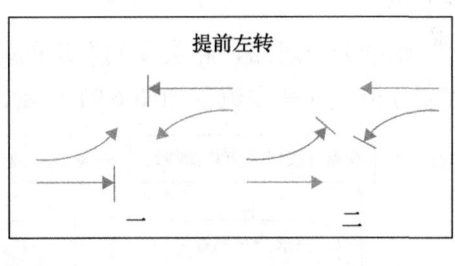
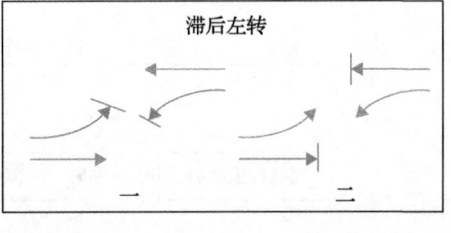

图 6.19　同步左转

4) 组合左转

这种组合的放行顺序适用于在同一周期内出现两个左转高峰时,分别在两个进口方向,如图 6.20 所示。

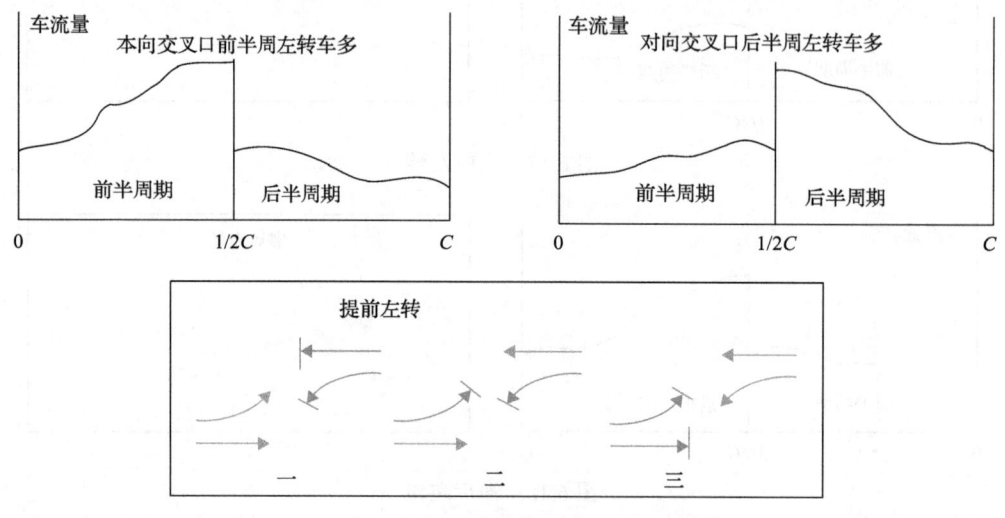

图 6.20　组合左转

转向不均衡的交叉口,因左转车流较大,为不影响主干线车流的通行,设置左转相位是必需的。在变向车道的设置影响下,左转提前是最适合应用的一种放行顺序。

依据分析思路,各类变向车道的基本设置遵循交叉口渠化分析、模型设置、控制分析,其基本流程如图 6.21 所示。

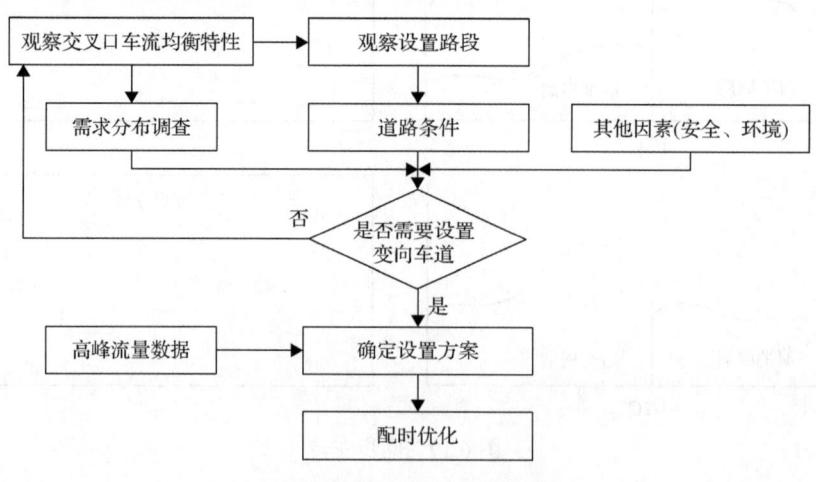

图 6.21　变向车道设置流程

6.7 实 例 分 析

针对江山南路—卓亭广场交叉口，卓亭广场内有大量办公楼，南左转车流较大，为不影响南向北直行车流的通行，采用协同控制模型。

缩减车道宽度，将六车道规划成七车道，中间车道 4 为潮汐车道，早高峰时，潮汐车道进口处设置变向车道，当左转绿灯启亮时，车道 4 为左转车道，直行灯启亮时，车道 4 为直行车道。晚高峰时，车道 4 的变向车道取消，车道 2 设置变向车道，直行车辆获得通行权时，车道 2 为直行车道，当直行绿灯结束，左转绿灯启亮时，车道 2 更换车道属性为专左车道，具体设置如图 6.22 所示。

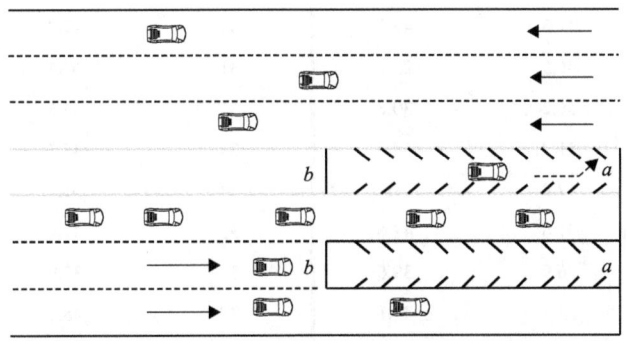

图 6.22 江山南路—卓亭广场变向车道设置

江山南路—卓亭广场交叉口是 T 型交叉口，且交叉口类型较小，南进口的左转车流需要与对向直行车流相交，所以单独设置左转相位，其信号相位设计如图 6.23 所示。

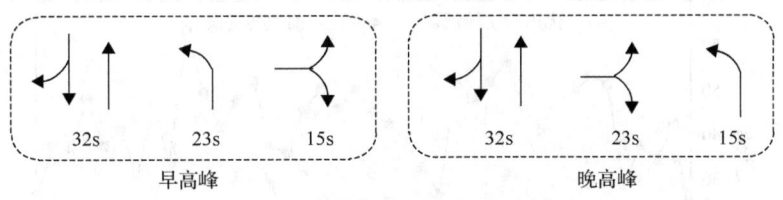

图 6.23 相位设计

对交叉口设置变向车道前后车辆的运行进行仿真分析，以交叉口左转延误为考核指数，分析 40 个周期内的行车延误，如表 6.1 所示。

表 6.1　交叉口左转延误优化前后对比表

周期数	优化前延误/s	优化后延误/s	周期数	优化前延误/s	优化后延误/s
1	18.7	9.3	21	50.2	38.5
2	42.4	29	22	46.2	26
3	34.6	35	23	50.5	26
4	37.4	29	24	45.9	31.4
5	28.8	38.2	25	36.5	37.9
6	51.2	28.2	26	37.8	29.3
7	53.3	30.5	27	52.2	37.6
8	49.5	25.2	28	47.9	29.7
9	48	23.4	29	42.1	46.1
10	41.3	42.3	30	49.7	30.1
11	46.5	23.2	31	63.4	27.4
12	56.2	30.8	32	33.5	40.2
13	51.9	58.4	33	46.5	24.7
14	47.9	41	34	31.3	44.1
15	51.6	42.6	35	41.4	43.3
16	26.9	39.6	36	37.9	23.7
17	32.8	43.1	37	48.5	39
18	38.8	40.5	38	37	39.9
19	42.5	26	39	38	29
20	45.5	31	40	27	35

对表 6.1 所得延误统计数据进行分析得出对比图 6.24。

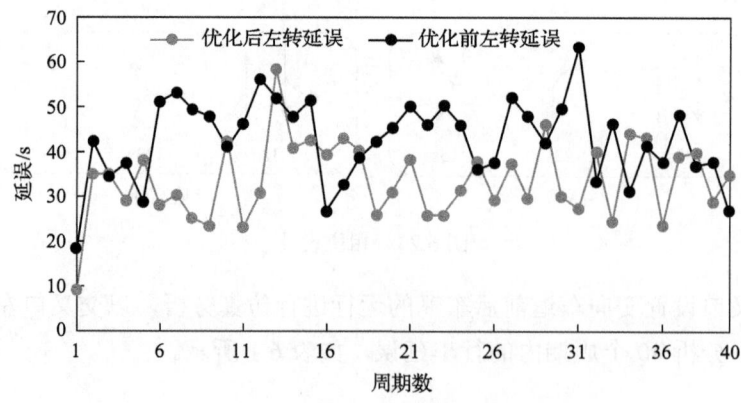

图 6.24　左转延误对比图

如图 6.24 所示，变向车道设置后左转延误比设置前有明显降低，降幅达 20%~40%，而且增加一条直行车道，不会影响直行车流的运行，且会分担直行车道的通行压力，调高通行效率。在交叉口进口道，潮汐车道与导向可变协同的变向车道模型与信号控制协同优化，对交叉口的通行效率具有很大的提高，对交通状态的改善具有重要意义。

6.8 干线变向车道模型构建

1) 设置条件分析

潮汐车道的设置一般要满足基本的理论条件：不影响轻交通流方向的交通通行能力，中间无隔离带或护栏，机动车车道数双向三车道以上，最重要的一点是交通流分布不均衡性严重。

交通流方向分布系数 (K_D) 反映了一条路段上两个方向交通量分布的不平衡性，是交通流是否具有潮汐性的象征，是判断是否设置潮汐车道的重要指标。

$$K_D = \frac{q_z}{q_z + q_q} \alpha \tag{6-26}$$

式中，q_q 为轻交通流方向交通流量，pcu/h；q_z 为重交通流方向交通流量，pcu/h；α 为交通流影响因子，考虑到外界其他因素的影响及交通量统计误差，修正各方向交通量。

当 $K_D \geq \frac{2}{3}$ 时，干线交通流分布不均衡程度较高，需设置潮汐车道。

2) 车道数分配模型

潮汐车道设置最大的利益是合理分配道路交通空间资源，实现双向交通最大的通行效率。为了合理设置变向车道数，引入道路阻抗系数，道路阻抗函数是路段行驶时间与路段交通负荷、交叉口延误和交叉口负荷之间的关系，影响交通流路径的选择与流量分配。

在车道分配模型中，以车辆总的阻抗最小为目标，优化车道分配。设重交通流通行方向为 a，轻交通流通行方向为 a'，上下行通行车道数分别为 n 和 c，轻交通流方向可分配 m 条车道用于重交通流方向。BPR(美国道路局)路阻函数公式为

$$t = t_0 \left[1 + \alpha \left(\frac{V}{C} \right)^\beta \right] \tag{6-27}$$

式中，t 为路段行驶时间；t_0 为路段自由流行驶时间；V 为路段交通量，veh/h；C 为路段通行能力；α、β 分别依据实际通行条件取 0.57、1.4。

道路交通量的变化关系可通过实际检测得出，则实现变向车道设置的车道数优化分配，以在观察时间内路段的车辆阻抗最小为目标，构建车道数分配优化模型，该模型的目标函数为

$$F(t) = \min \int_{t_1}^{t_2} t_0 \left\{ 1 + \left[\alpha(x_{a'}/n)c + mc \right]^{\beta} \right\} x_{a'} \mathrm{d}t + \min \int_{t_1}^{t_2} t_0 \left\{ 1 + \left[\alpha(x_a/n)c - mc \right]^{\beta} \right\} x_a \mathrm{d}t \tag{6-28}$$

式中，t_1 为变向车道设置起始时间，s；t_2 为变向车道设置结束时间，s。

依据式 (6-28)，得出路段车辆阻抗最小的车道组成模式，实现车道最优分配。

3) 潮汐车道的具体设置

(1) 在设置潮汐车道的路段上架设挂有指示牌的龙门架，通过电子指示牌提示车道属性：红叉时，代表机动车禁止行驶；箭头时，代表机动车允许驶入，且每一指示牌对应一车道。

(2) 潮汐车道用双黄线标出，如图 6.25 所示，并在起终点前一定距离设置信息情报板，给予驾驶员明确的道路指示。

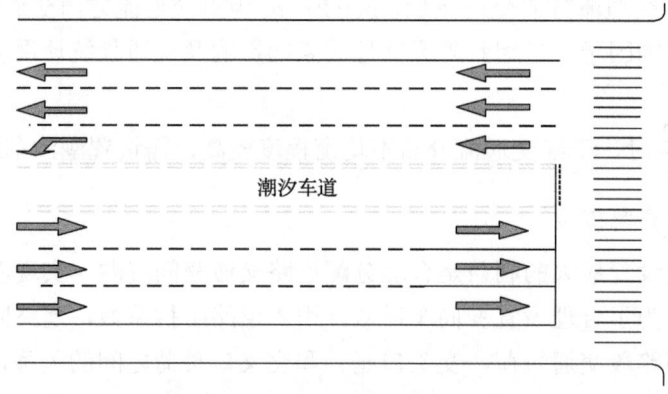

图 6.25 潮汐车道示意图

(3) 将全天化为两个阶段：0:00~12:00、12:00~24:00。依据早晚高峰重交通流行驶方向，确定两时段的行驶方向。非短时间变道的设置，避免了驾驶员对车道变化的不适应。

(4) 在 12:00 之后 5min 内，双向交通流都呈禁止状态，待 12:00 前的交通流在潮汐车道上行驶完毕，进行潮汐车道清空，避免对向车流通行时，与其还未驶完的交通流相冲突。

设置(4)中的清空方式如图 6.26 所示,在潮汐车道行驶方向转换前需要进行车道内清场:在状态 1 时,潮汐车道为上行车道;状态 2 时,潮汐车道改变通行方向为下行方向,则此时潮汐车道右侧的双虚线为内侧虚线外侧实线,呈闪烁状态,车道 5 内的车辆不得再进入潮汐车道,而潮汐车道 4 内的车辆可驶离潮汐车道进入车道 5,该状态持续至潮汐车道内无车辆行驶;状态 3 时,闪烁的虚实线为双虚线,通行方向转换为下行通行方向。潮汐车道下行方向改为上行方向时同理。

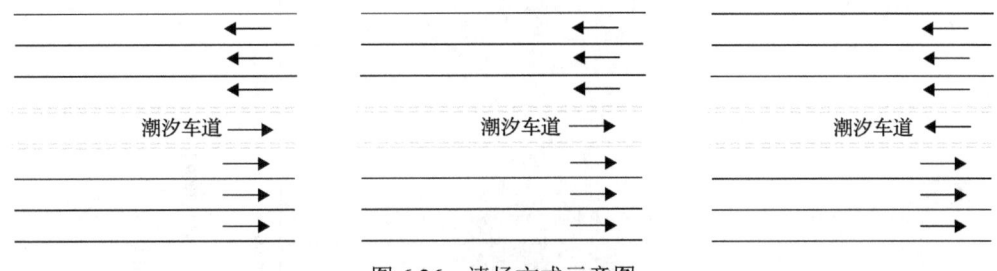

图 6.26 清场方式示意图

6.9 周期优化

变向车道设置下的交叉口信号配时设计需要从两方面出发:低饱和状态和高饱和状态。重交通流方向在设置变向车道后车道的关键车流饱和程度及拥堵程度得到一定缓解,成为非饱和状态,则此时为低饱和状态;若设置变向车道后关键车流的拥堵状况得到一定改善但仍为饱和状态,则为高饱和状态。

信号周期是交叉口有效绿灯时间及总损失时间的和,是交叉口控制优化效果实现的关键,交通流较小的小型交叉口,相位数少,一般周期取 60s 左右,而大型交叉口车辆较多,通常采用多相位控制,周期在 160s 左右。新建交叉口各方向流量较少,一般设置 60~80s 的小周期。

在干线协调中,存在个别交叉口是小型交叉口的情况,尤其是非协调方向进口车流较少,若只是考虑协调方向的通行效率而给予较长的绿灯时间,会导致非协调方向长时间等待,为了避免这种现象,对该类交叉口采用半周期协调,如图 6.27 所示。

交通流的运行状况在设置变向车道后会有所改变,其划分条件依据饱和状况进行:一种情况是设置变向车道后重交通流得到分担,运行状态为低流量;另一种是交通流仍处于饱和状态。因此,对变向车道设置下交叉口的信号周期优化依据其运行状况分别考虑。

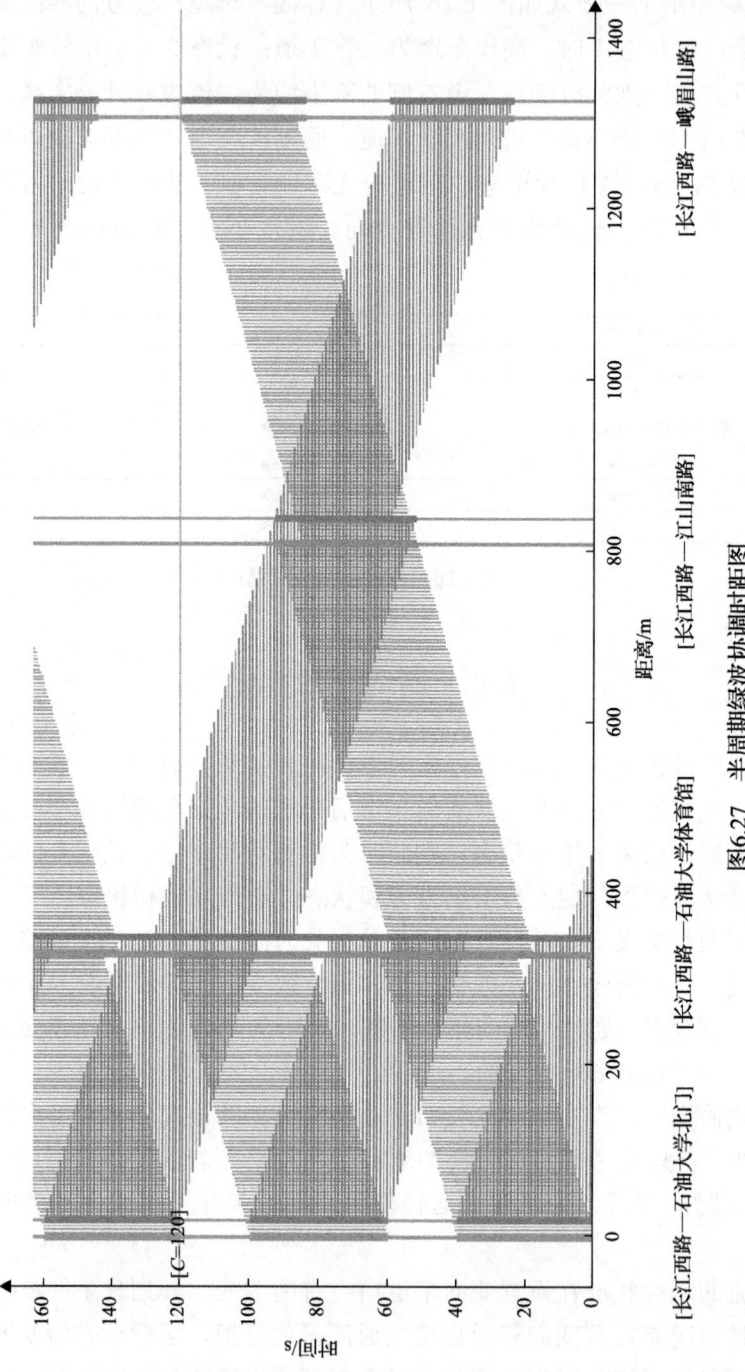

图6.27 半周期绿波协调时距图

6.9.1 低饱和流状态

低饱和状态下,重交通流方向在设置变向车道后缓解为非饱和状态,原轻交通流方向仍为非饱和流状态。因此,低饱和流状态下可采用相位等饱和度分配原则进行配时,为了减少时间损失,通常使其值刚好满足高峰小时设计交通量的最短信号周期时长,但为了避免流量变化造成通行能力不足,以高峰小时饱和度为控制目标计算信号周期,该周期是较接近实际交通状况的实用周期。

$$C = \frac{L}{1 - \frac{Y}{v/c}} \tag{6-29}$$

式中,C 为低饱和度下信号周期,s;L 为信号总损失时间,s;Y 为流量比之和;v/c 为交叉口设计饱和度。

6.9.2 高饱和流状态

高饱和流状态下,无论如何设计信号配时,原高饱和的交通状态都难以改善,为此,依据交叉口的信号周期时长上限或流量比确定高饱和状态交通口的信号周期。对饱和状态下的关键车流而言,其绿灯时间根据等饱和度分配原则进行剩余有效绿灯时间的划分,非饱和相位的饱和度不大于 0.9,饱和状态的关键车流分配最多的绿灯时间,降低饱和度。高饱和状态下,周期计算公式为

$$C_G = \begin{cases} \max\left[\dfrac{1.5L+5}{1-Y}, C_{\max}\right], & Y \leqslant 0.9 \\ \max\left[\dfrac{1.5L+5}{1-0.9}, C_{\max}\right], & Y > 0.9 \end{cases} \tag{6-30}$$

式中,C_G 为高饱和度下信号周期时长,s;L 为信号总损失时间,s;$C_{\max}$ 为交叉口信号周期上限,s;Y 为流量比之和。

因绿波控制的周期是先确定周期最大值为公共周期,再依据交叉口的类型及流量大小确定周期是否采用半周期,所以在协调过程中,选用高饱和度条件下的周期 C_G 作为公共周期,对于交叉口中流量较小的点,对 C_G 进行减半缩小,进而优化周期。

6.10 绿信比优化

在一个信号周期中,各相位的有效绿灯时间与周期时长的比值称为绿信比[87]。在缓解交通拥堵、减少停车次数及停车延误中,绿信比发挥重要作用,是交叉口信号配时控制的重要参数。绿信比反映了一个交叉口一个周期内绿灯的持续时长,如图 6.28 所示。绿信比的确定即绿灯时间的确定,其确定按关键相位、非关键相位分类。

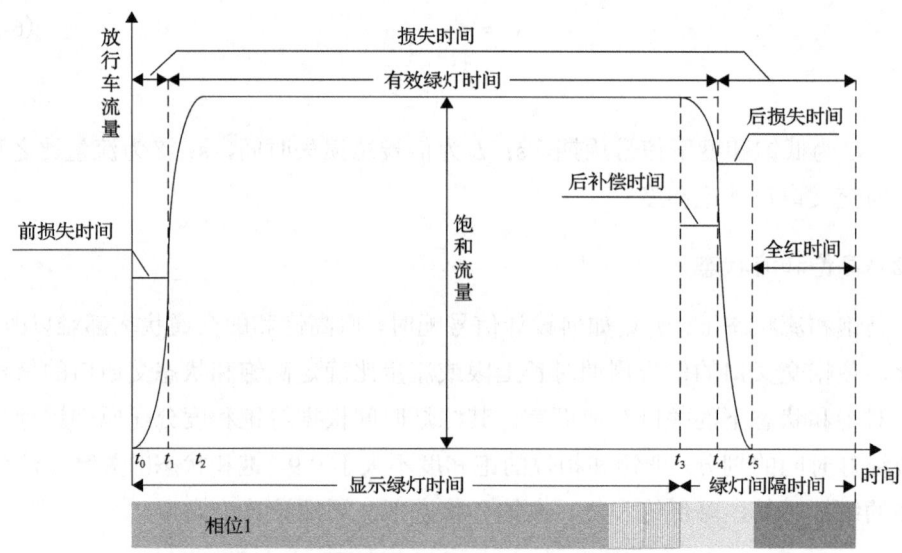

图 6.28 信号相位期间车流驶出停车线流量示意图

根据交叉口关键相位关键车道的流量比(以下简称关键相位流量比),首先确定关键相位流量比最大者,其余关键相位依照等饱和度原则,按式(6-31)分配有效绿灯时间,有效绿灯时间要取整:

$$g_i = \frac{y_i}{Y}(c - L) \tag{6-31}$$

式中,g_i 为关键相位 i 的有效绿灯时间,s;c 为周期时长,s;y_i 为关键相位 i 的流量比;$Y = \sum y_i$ 为交叉口关键相位流量比之和;$L = \sum l_i$ 为信号周期的总损失时间,l_i 为关键相位 i 的损失时间,s。

剩余的有效绿灯时间即为最大流量比的关键相位的有效绿灯时间。

关键相位 i 的显示绿灯时间为

$$G_i = g_i + l_i - I_i \tag{6-32}$$

式中，G_i 为关键相位 i 的显示绿灯时间，s；l_i 为关键相位 i 的损失时间，s；I_i 为关键相位 i 的绿灯间隔时间(上一相位绿灯结束到下一相位绿灯启亮之间的时间，一般情况下建议取 5s，对于特殊交叉口，根据具体情况而定)。

6.11 相位相序优化

一个周期内，平面交叉口上某一支或几支交通流获得的通行权称为信号相位，获得通行权的先后顺序称为信号相序[88]。相位相序设置的目的是避免或减少相交车流之间的交织与冲突，减少冲突点以降低交通事故发生的概率。相位相序的安排应保证各相位车流拥有通行权，畅通地通过各交叉口。

相位设计应遵循的原则如下。

1) 车流均衡

车流的均衡主要体现在相位间均衡、相位内均衡两方面：相位间均衡主要是针对整个方案的效率，为使各相位间的饱和度呈均衡状态，通过相位差、周期、绿信比等参数优化调整相位间的时间分配。而相位内均衡原则是对某一相位阶段的效率评价，试图通过相位设计及相位方案的调整，实现各个阶段相位的车流均衡。

2) 相位简单化

相位的复杂程度影响了驾驶员的通行条件，复杂的相位方案驾驶员接受力低，容易违反交通规则。为保证交通流正常运行，在满足道路通行能力及保证交通安全的条件下，相位相序的设计应尽可能简单。

基本的信号相序分为对向放行和单口放行，而对向放行又分为先直行后左转和先左转后直行两种，如图 6.29 所示。

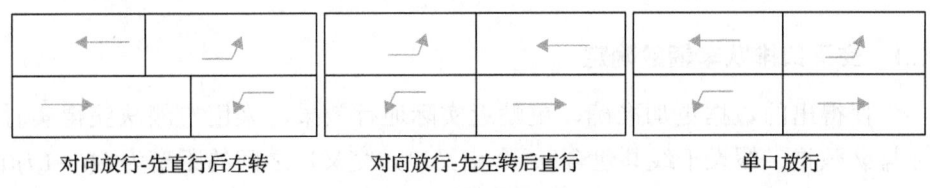

对向放行-先直行后左转　　对向放行-先左转后直行　　单口放行

图 6.29 基本相序图

相序设置的基本原则是：左转车道为渠化车道且导向线长度较短时，不适合采用先左转后直行；有左转待转，不选用先左转后直行；最左侧车道为直左车道时，宜采用单口放行。

在潮汐交通条件下交通流分布不均衡特性导致不同进口道的通行效率不同，转向不均衡导致交叉口相位配时浪费，为了提高大流量相位的通行能力和交叉口的相位绿灯利用效率，可采用相位搭接的处理方法，两种最常用的方式如图 6.30 所示。

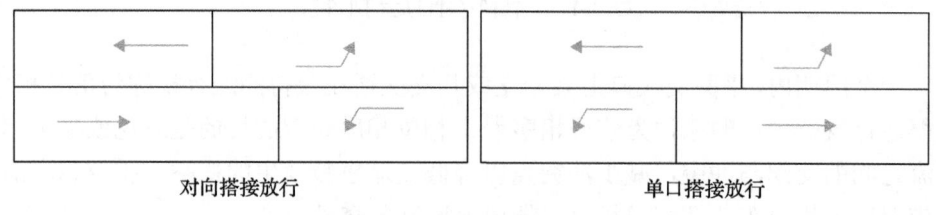

图 6.30　适用于交通流不均衡交叉口放行方式

6.12　相位差计算优化模型

相位差是干线协调中的重要概念，是绿波协调的重要参数，其最主要的目的是减少车辆在交叉口前的停车等待，保证车辆依次不停车地通过各交叉口[89]。对相位差调整存在的最大难点是交叉口前排队车辆消散时间的影响，会导致相位差的协调存在误差，无法实现理想的绿波控制，尤其是在高峰时，车辆数增多，排队影响更大，因而对相位差依据排队长度进行优化调整。

依据交通流理论，排队车流的消散与消散波的速度、车道通行能力及信号配时时长等因素有重要关系。由此导致排队出现一次排队和二次排队两种现象。因下游交叉口前的停车等待车辆，在一个周期的绿灯时间内无法一次性通过，只能等待下一个周期的绿灯时间，从而影响从上游相邻交叉口驶来的车辆通行效率，交叉口等待车辆再次增加。

6.12.1　交叉口排队车辆数确定

为使得出的数据更加准确，更贴近实际通行效果，采用检测法获得实时的车流排队数据。假设干线共包含 n 个交叉口，交叉口之间的距离为 $L(i-1,i)(i=2,3,\cdots,n)$。

如图 6.31 所示，检测器布设距离下游路口 L_s，红灯时长 r，协调车流绿灯时长 g_2，交叉口 $i-1$ 到交叉口 i 的通行速度为 $v(i-1,i)$，$q(t_i)$ 为 t_i 时刻通过检测器的车流量(pcu)，交叉口 i 停车线前的排队车辆数为 $N(i-1,i)$，m 为协调方向车道数。

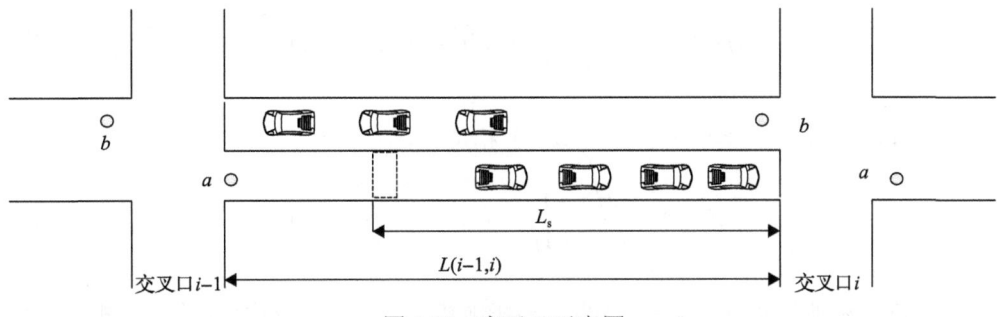

图 6.31　交叉口示意图

在交叉口上游布设检测器，且该检测器的布设位置不在车辆排队范围内，记录红灯期间通过的协调车流车辆数。在交叉口上游各车道均要布设，且各检测器只记录红灯时间协调车流通过的车辆数，并根据交叉口车辆直行、左转、右转的比例，确定协调车流的红灯期间的排队长度。

根据协调车流的显示绿灯时间范围及车流的平均行驶速度，i 交叉口 a 信号灯的绿灯启亮时刻 $D(i,a)$ $(i=1,2,\cdots,n)$，设定在 $D(i,a)+g_2-\dfrac{L_s}{v(i-1,i)}$ 时刻后通过检测器的车辆将无法通过交叉口停车线，则检测器检测的是 $\left[D(i,a)+g_2-\dfrac{L_s}{v(i-1,i)},\right.$ $\left. D(i,a)+g_2-\dfrac{L_s}{v(i-1,i)}+r\right]$ 时间范围内通过的车辆数，根据交叉口车辆左转、直行和右转的比例及协调方向的车道数确定红灯时间内排队车辆数。

交叉口 $i-1$ 至交叉口 i 的协调车流在交叉口 i 停车线前的排队车辆数 $N(i-1,i)$ 为

$$N(i-1,i)=\dfrac{\sum q(t_i)}{m},\quad t_i \in \left[D(i,a)+g_2-\dfrac{L_s}{v(i-1,i)}, D(i,a)+g_2-\dfrac{L_s}{v(i-1,i)}+r\right]$$

(6-33)

6.12.2　相位差计算模型

交叉口前排队车辆消散时间为 $t(i-1,i)=N(i-1,i)\cdot s(i-1,i)+t_0$，$s(i-1,i)$ 为交叉口 $i-1$ 与交叉口 i 间的协调相位饱和流量，t_0 为绿灯起始时刻首车的反应时间，一般取 1~2s。交叉口间平均行驶时间为 $T(i-1,i)=\dfrac{L(i-1,i)}{v(i-1,i)}$。交叉口 $i-1$ 至交叉口 i 方向的相位差满足

$$o(i-1,i) = \frac{L(i-1,i)}{v(i-1,i)} - N(i-1,i) \cdot s(i-1,i) - t_0 \tag{6-34}$$

同理，反方向交叉口 i 至交叉口 $i-1$ 相位差满足

$$o(i,i-1) = \frac{L(i,i-1)}{v(i,i-1)} - N(i,i-1) \cdot s(i,i-1) - t_0 \tag{6-35}$$

在双向绿波协调时，相位差的大小影响整个路段车流的通行效果。相位差即绿灯启亮的时间差度，因此此处对相位差的调整根据各交叉口绿灯启亮是否同步来确定，形成以下约束条件。

(1) 当交叉口的 a、b 绿灯启亮时间相同时，$o(i-1,i) + o(i,i-1) = C$。依据上述公式推导出 $N(i-1,i) \cdot s(i-1,i) + N(i,i-1) \cdot s(i,i-1) = T(i-1,i) + T(i,i-1) - C + 2t_0$。

根据式(6-34)得出的排队车辆数若满足该式，则得出的为实际理想相位差，若不满足，则依据双向排队长度的比值 $\frac{N(i-1,i)}{N(i,i-1)} = P$，将其代入进行再次计算。

(2) 当启亮时间不同时，分三种情况考虑。

情况一：上游交叉口 $i-1$ 两组信号灯 a、b 启亮时刻不同，时间关系为 $D(i-1,b) = D(i-1,a) + \Delta t_1$，下游交叉口 i 的两灯同时启亮，即 $D(i,a) = D(i,b)$，相位差满足

$$o(i-1,i) + o(i,i-1) = C + \Delta t_1, \quad \Delta t_1 < C \tag{6-36}$$

情况二：上游交叉口 $i-1$ 同时启亮 $D(i-1,b) = D(i-1,a)$，下游交叉口 i 不同时启亮时，时间关系为 $D(i,b) = D(i,a) + \Delta t_2$，相位差满足

$$o(i-1,i) + o(i,i-1) + \Delta t_2 = C, \quad \Delta t_2 < C \tag{6-37}$$

情况三：交叉口 $i-1$、i 的信号灯均是不同时刻启亮，即 $D(i-1,b) = D(i-1,a) + \Delta t_1$，$D(i,b) = D(i,a) + \Delta t_2$，则相位差满足

$$o(i-1,i) + o(i,i-1) + \Delta t_2 = C + \Delta t_1 \tag{6-38}$$

同理，若所得的相位差满足相位差关系式，则所得相位差为实际理想相位差，若不满足则依据双向排队长度的比值进行再次计算。变向车道设置及控制流程如图 6.32 所示。

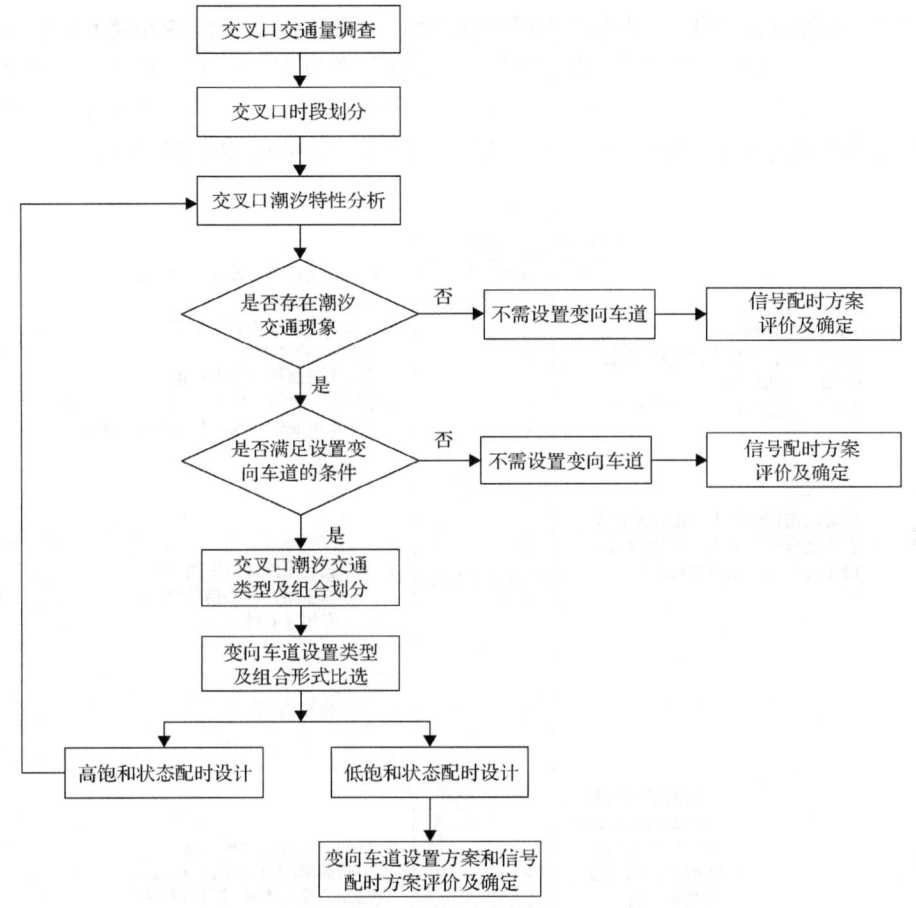

图 6.32 变向车道设置及控制流程

6.13 实例验证分析

江山南路是青岛市西海岸经济开发区的一条重要主干道，双向六车道，且每车道 3.5m，承载了开发区上下班的主要车流。对江山南路沿线三个交叉口(江山南路—五台山路、江山南路—保税港区、江山南路—卓亭广场路口)进行干线分析。

6.13.1 控制策略设计分析

江山南路(五台山路至卓亭广场路段)采用 "4+3" 的形式：拆除原有的隔离护栏，将单幅车道宽度压缩由六车道增为七车道，其中中间车道规划为潮汐车道，0:00~12:00 潮汐车道通行方向为南向北，出口处只允许在卓亭广场左转的车辆进入；12:00~24:00 潮汐车道通行方向为北向南，保税港区出口处只允许在保税港区左转的车辆进入。同时在卓亭广场南进口设置可变车道,当潮汐车道通行方向为南向北,可供卓亭广场左转车辆使用时,可变车道为直行车道,增大直行车的通行效率;当潮汐车道通行方向为北向南,北左转车辆少了一条行驶车道,因此可变车道为直左车道,以满足部分左转车辆的需求。具体如图 6.33 所示。

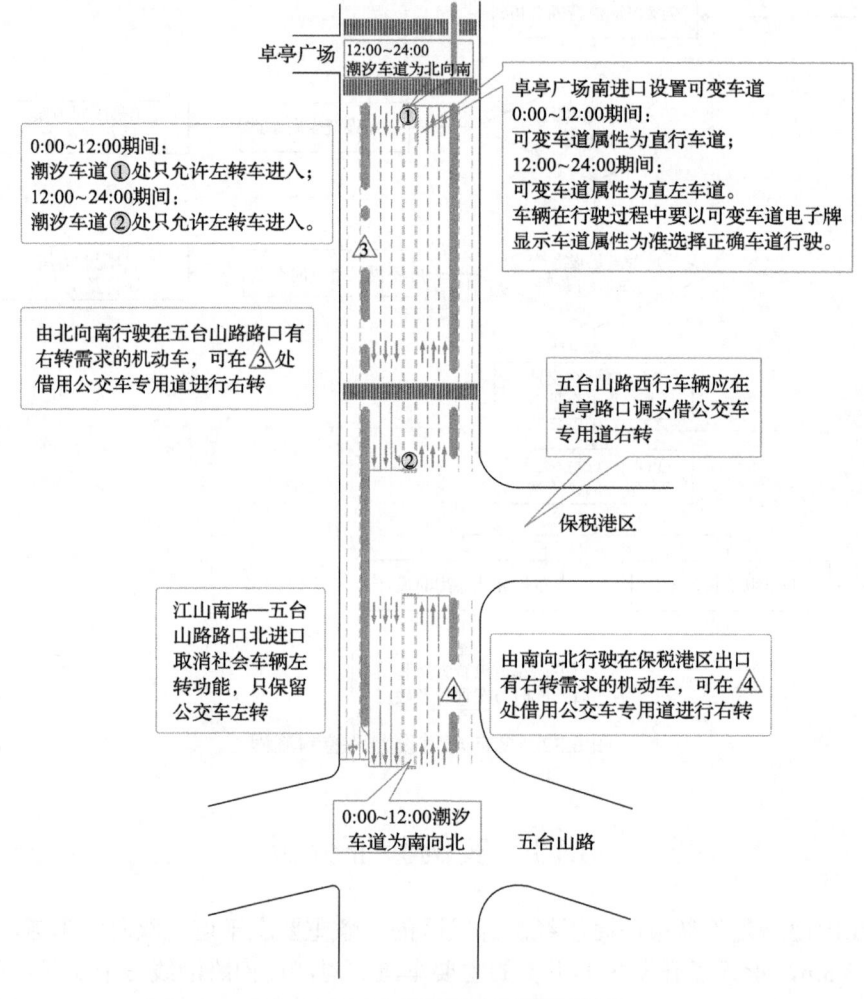

图 6.33　江山南路潮汐车道设计图

6.13.2　绿波信号方案设计

由于江山南路—卓亭广场交叉口非协调方向交通流量较小,为了避免非协调方向车流长时间的红灯等待,并保证直行车流的通行效率,所以对该交叉口进行半周期协调,即采用干线公共周期的一半作为该交叉口的实际周期时长。同时,因交叉口各进口道的流量存在不均衡问题,为了提高大流量相位的通行能力和交叉口的相位绿灯利用效率，采用相位搭接的处理方法。

针对早高峰、平峰、晚高峰分别优化配时，早高峰配时方案在 6:30～8:30 实施，晚高峰配时方案在 17:00～19:00 实施，各交叉口相位配时方案见表 6.2。

表 6.2 相位配时方案

交叉口	相位设计	信号周期/s
五台山路	70s 25s 45s	140
	75s 24s 41s	140
保税港区	70s 40s 30s	140
卓亭广场	15s 32s 23s	70
	32s 15s 23s	70

依照交叉口相位配时方案，由 TDP 软件工具形成江山南路绿波协调效果如图 6.34 和图 6.35 所示，车辆在基本车速 45km/h 的行驶下，可不停车通过每一交叉口，形成畅通的绿波带。

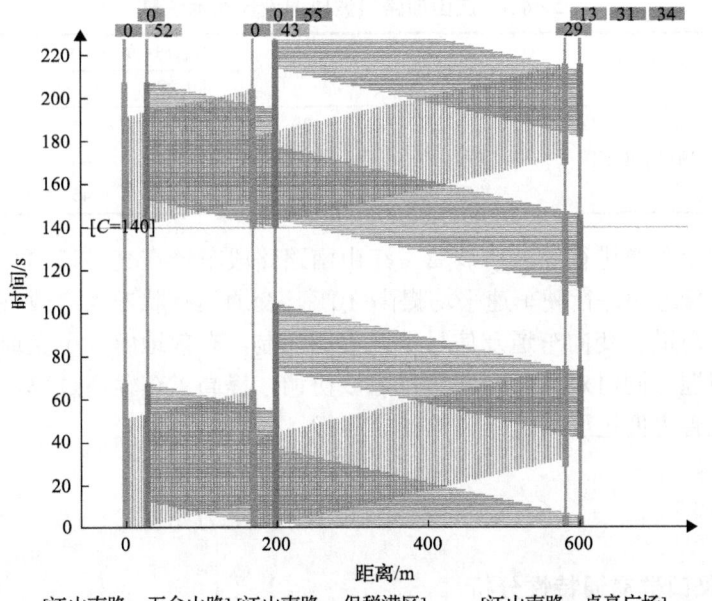

[江山南路—五台山路] [江山南路—保税港区]　　[江山南路—卓亭广场]

图 6.34 早高峰绿波协调时距图

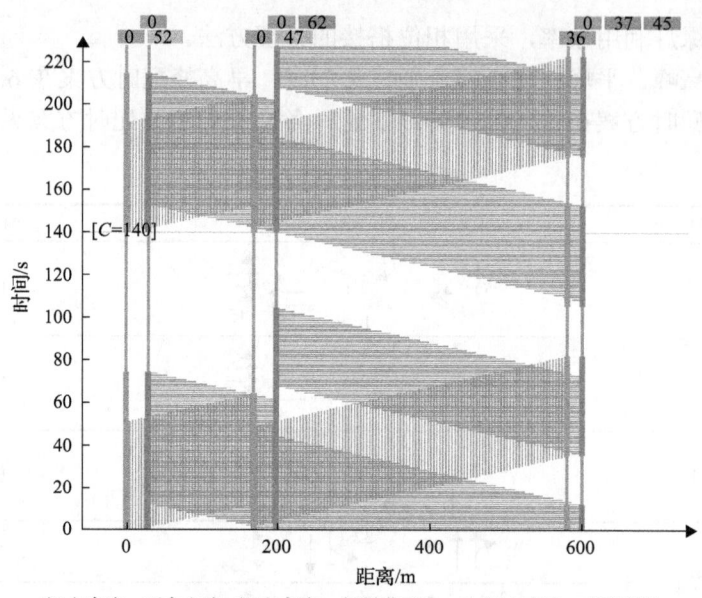

[江山南路—五台山路] [江山南路—保税港区]　　　[江山南路—卓亭广场]

图 6.35　晚高峰绿波协调时距图

江山南路变向车道设置路段各交叉口的绿波协调控制基本设计方案信息见表 6.3。

表 6.3　江山南路绿波协调设计基本信息

编号	子区	交叉路段	距离/m	设计速度/(m/s)		相位差/s
				正向	反向	
1		五台山路	0	45	—	0
2	潮汐车道子区	保税港区	170	45	45	—
3		卓亭广场	513	—	45	32

在对潮汐车道进行绿波协调后，江山南路路段车辆在交叉口的交通延误、停车次数几乎接近 0，行驶车速平均提高 10%，交通运行状况大有改善。对江山南路实施潮汐车道、变向车道及信号绿波协调控制，有效地解决了交通拥堵及左转排队等待问题，同时对江山南路进行绿波协调，提高了车辆通过率，江山南路交通状况的改善也促进了周边交通的畅通运行。

6.14　交叉口群特性分析

6.14.1　交叉口群交通特性分析

城市道路信号控制交叉口群是道路网络中地理位置相邻且存在较强关联性的

若干信号控制交叉口的集合。依据交通流理论,车流在微观及宏观上具有复杂的运行特性,而信号控制下交叉口群的车流通行方式更具有层次性,其拥堵产生因素比较复杂,有交通流条件、道路空间条件、信号控制条件等三方面的因素影响,见表6.4。

表6.4 交叉口群饱和度影响因素

类别	影响因素
交通流条件	交通流量的时间变化特性、空间分布特性、构成特征
道路空间条件	道路拓扑结构、交叉口间距、道路设施、车道功能分布
信号控制条件	周期、相位差、绿信比、相位相序

交叉口群的交通流特性较单交叉口或干线交叉口更复杂,同理于OD矩阵,因存在交叉口群内路径的选择,其影响较大。在交叉口群中,交通流特性主要表现在交叉口群内下游交叉口的通行状态与上游交叉口的信号控制关联紧密性,具体体现在两方面。

(1) 上游交叉口的信号控制将交通流在时间上隔离开,使得通往下游的车流划分为间断车流与高密度车流两种。

(2) 一个周期内到达下游交叉口的车辆数受上游交叉口通行能力的制约,并随其变化。

以江山南路路段周围的交叉口组成的交叉口群为例分析说明以下问题。

(1) 交叉口群包含的交叉口数量不一,且地理位置不同,交叉口大小迥异,交叉口间的路段属性也参差不一,江山南路—卓亭广场、江山南路—保税港区是T型路口,且交叉口间距较小,受交叉口信号控制的影响较大,车辆频繁制动、启动,无法形成稳定的交通流;而江山南路—嘉陵江路是立交桥,车流量大。

(2) 因交叉口间的距离较小,在高峰时期车流量较大,交叉口间的牵连控制性强,相邻下游交叉口车流通行对上游交叉口具有很大影响。

(3) 交叉口相交道路等级不同,交叉口两相交道路的交通量不同,通行权竞争严重,从而导致交叉口交通流通行不稳定。而两相交道路等级相似时,交叉口通行权均衡对称分布,车流运行稳定,如团结路—齐长城路、团结路—五台山路。

(4) 高峰时期,交叉口群内的车流通行路径大致朝同一方向行驶,导致某路段内短时间高峰拥堵;另外,因非机动车、行人受信号控制较小,随机流动性大,对交通流正常行驶影响较大。

6.14.2 交叉口群的关键路径特性

关键路径是指交叉口群中最重要的路,是交叉口群中交通量最大且决定路网运行效果的路径,通常情况下,即主要交通流通过的路段。因交叉口群内各交叉口关联度的影响，交叉口群内关键路径的各路段交通服务水平对其他路径的车流运行具有一定影响。

关键路径从其静态的物理属性及动态的宏观属性分为静态路径和动态路径两大路径，静态路径特性是指交叉口间几何特性和与信号控制及交通设计方案的关联特性。静态路径特性与路径长度、路径流量、经过信号灯组的数量及路径间关联度有关，是选择关键路径的主要依据。动态路径特性是对交通流状态变化的描述，主要包括路径的形成时间、流量、交叉口 OD 分布及其分配等。静态路径在信号控制里具有一定的影响，一般作为信号配时优化的参考或研究推导出信号控制模型中的影响参数[90,91]。

关键路径的拥堵主要表现为交叉口的交通拥堵，是约束交通网络运行的关键因素。一般关键路径是路网中的主干道，其主干道的道路条件比较宽阔，车流通行量较大，在一定条件下，吸引了更多车流输入主干道，因此关键路径的车流量是最大的。

6.14.3 交叉口群影响下的变向车道运行特性

变向车道设置在主要干道或道路条件允许的路段。一般情况下，变向车道设置路段的交通运行状态是交叉口群中的关键路径。其设置在一定条件下促进了交通流的畅通运行，并且吸引了周围路网车流的驶入。交叉口群网络结构如图 6.36 所示。

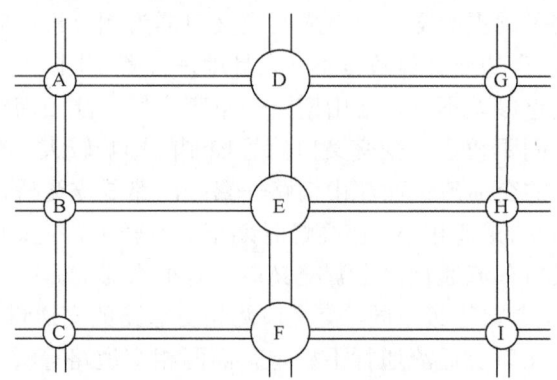

图 6.36 交叉口群网络结构示意图

D—E—F 为设置变向车道的主干道，在这样的交叉口群网络中，车流由南向北行驶，有多条路径可以选择。例如，驾驶员从交叉口 C 到交叉口 D，可以选择 C—B—A—D、C—B—E—D、C—F—E—D，因变向车道的设置，该路径通行效率高，行驶时间短，更多的驾驶员倾向于选择设置变向车道的路径。这样的路径选择下，D—E—F 路段吸引了更多的车流，在一定程度上会造成车流拥挤或交叉口溢流现象。从而变向车道的设置没有得到应有的发挥。

6.15 交叉口群拥堵消散分析

交叉口产生过饱和是因为交叉口的通行能力难以满足时下的通行量,即是由需大于供的不平衡状态导致的,而交通量未达到通行能力的交叉口也时常发生交通拥堵。分析两种拥堵的产生,交叉口过饱和状态的形成原因主要是:交叉口排队溢流、滞留排队、绿灯空放、交叉口阻滞溢流[60,92,93]。

下游交叉口停车线前的排队车辆延伸至上游交叉口,且导致上游交叉口的车辆在绿灯时间内无法通行的拥堵现象称为"溢流"。如图 6.37 所示,因为相位差的设置不当,下游交叉口 i 已是红灯,而上游交叉口 $i-1$ 的绿灯持续,则更多的车流驶入下游,导致车流积压至交叉口 $i-1$,该交叉口停车线前的等待车辆也无法通行。

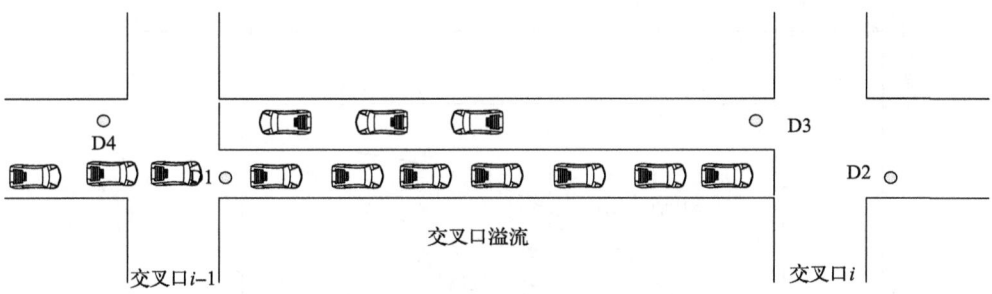

图 6.37 交叉口溢流

因相位差 O 设置不当,上游交叉口 $i-1$ 红灯时刻,下游交叉口 i 停车线前无停放车辆,或是车辆较少,在绿灯时刻已通过,剩余绿灯时间内无车辆通过,导致下游交叉口 i 的绿灯时间无法充分利用。如图 6.38 所示,交叉口 i 的绿灯空放不仅会导致交叉口信号时间浪费,还导致上游驶来车流正遇下游交叉口红灯,交通流运行不稳定,短时间交通拥堵严重。

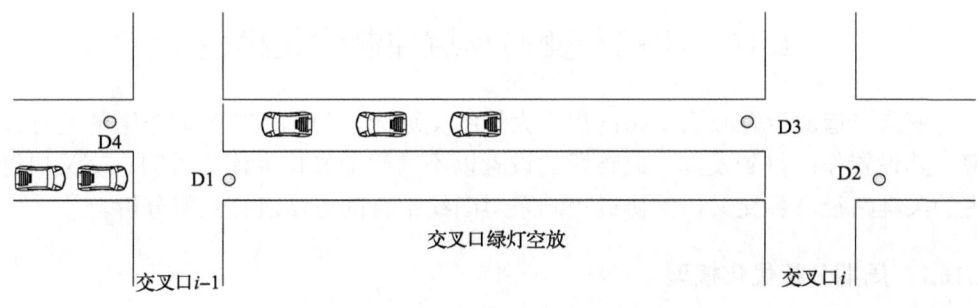

图 6.38 交叉口绿灯空放

从上述两种状况来看,下游交叉口车辆产生停滞排队是妨碍路段车流通行效率的主要原因,不但会严重影响车流的正常运行,还会产生不必要的延误,每周期如此循环,会导致交叉口过饱和现象产生。

对于整个交通网络,瓶颈路段的交叉口通行能力会先达到能力极限值,当实际流量超过交叉口的基本通行能力时,瓶颈路段就会涌现交叉口拥堵现象,从而导致排队滞留,逐渐产生交叉口溢流。

当交叉口的通行能力 $M(t)$ 到达其极限值,与实际到达的车流 $N(t)$ 难以保持平衡时,造成交叉口供给不足形成拥堵。如图 6.39 所示,在 t_1 时刻当交通量 Q 超过路段容量 C 时,车辆开始形成排队,交通拥堵开始,车流不断驶向下游交叉口,在交叉口停车线前集聚,排队长度不断增长;在 t_2 时刻,车流量达到最大,此时排队长度也达到最大,交通量 Q 小于驶离流量时,排队车辆开始消散。

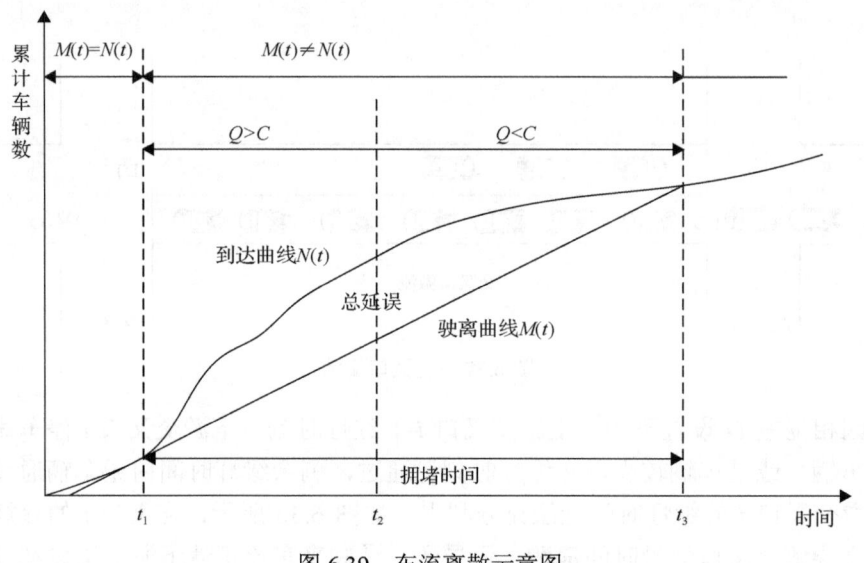

图 6.39 车流离散示意图

6.16 主路径变向车道控制优化模型

变向车道的设置吸引了路网周围大量的交通流,为了保证变向车道的通行效率,其设置作用得到发挥,此路段的设置以不产生交叉口溢流为目的。交叉口群内的关键路径及各交叉口的协调控制采用图线结合的方法进行几何分析。

6.16.1 周期分析优化模型

交叉口周期对车流具有重要影响,其长短影响整个网络的运行效果。

如图 6.40 所示，上游交叉口 $i-1$ 与下游交叉口 i 的路段间距为 $L(i-1,i)(i=2,3,\cdots,n)$，在第 n 个周期起始时刻，下游交叉口 i 停车线前已有排队 $Q(i)$ ($i=1,2,\cdots,n$)，上游交叉口车辆不断驶向下游排队车辆尾部，形成向后的停车波，下游交叉口的驶离波与停车波相交的点为消散点 1，若点 1 在上游交叉口之前，即消散点距离下游交叉口停车线 $rL(i-1,i) \leq L(i-1,i)$ $(0 < r \leq 1)$，此时交叉口不会产生溢流，否则交叉口溢流，增加交叉口的延误时间。

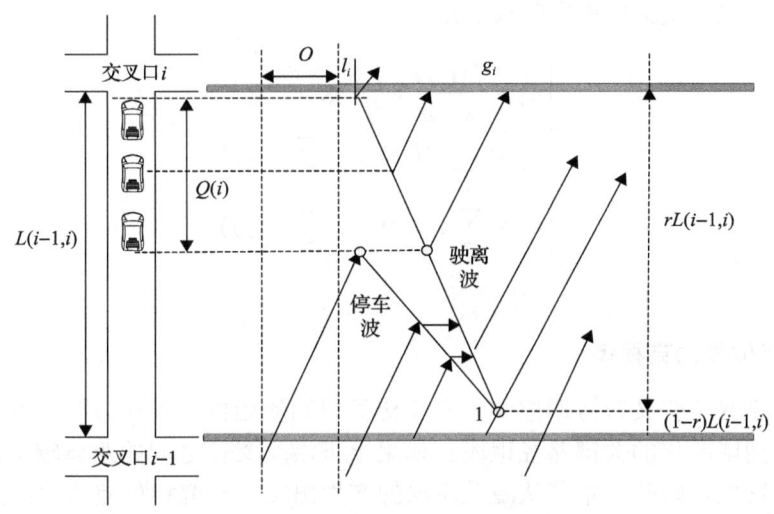

图 6.40　交叉口周期计算图

因上下游交叉口信号灯相位差的存在，在上游交叉口的通行车辆驶向下游时，下游交叉口前已有排队长度 $Q(i) = wR_i$，交叉口红灯时间满足 $R_i = C - g_i - l_i$，为满足停车波与驶离波相交点在上游交叉口之前，两种波到达的时间满足

$$\frac{L(i-1,i)}{u} \leq \frac{L(i-1,i) - Q(i)}{w} \tag{6-39}$$

综合交叉口前各参数计算，得出

$$C_1 \leq \frac{L(i-1,i)}{w-u} + l_i + g_i \tag{6-40}$$

同时，在交叉口通行能力的约束下，通过考虑关键路径的静态特性-通行能力、饱和度、实际周期计算等影响因素，综合协调信号控制的优化周期。

取 i 交叉口 j 相位的步长为 $g(i,j)$，损失时间为 $l(i,j)$，因各交叉口最小通行能力的限制，该条件下的周期长度满足：

$$C_2 \geqslant \sum_j g(i,j)_{\min} + \sum_j l(i,j) \tag{6-41}$$

同理，受最大通行能力的约束，其周期满足

$$C_3 \leqslant \sum_j g(i,j)_{\max} + \sum_j l(i,j) \tag{6-42}$$

综上所述，交叉口周期时长满足

$$\begin{cases} C_1 \leqslant \dfrac{L(i,j)}{w-u} + l_i + g_i \\ C_2 \geqslant \sum_j g(i,j)_{\min} + \sum_j l(i,j) \\ C_3 \leqslant \sum_j g(i,j)_{\max} + \sum_j l(i,j) \end{cases} \tag{6-43}$$

6.16.2 相位差约束模型

对于路网各交叉口协调控制，相邻交叉口间的相位差存在重要影响，尤其是潮汐交通拥堵严重的关键路径地段。如果上下游交叉口之间的距离较小，溢流现象更容易发生。因此，本节从溢流现象的产生出发，研究相位差的约束条件。

如图 6.41 所示，在停车波与驶离波相遇点，即消散点 1 在上游交叉口之前不会

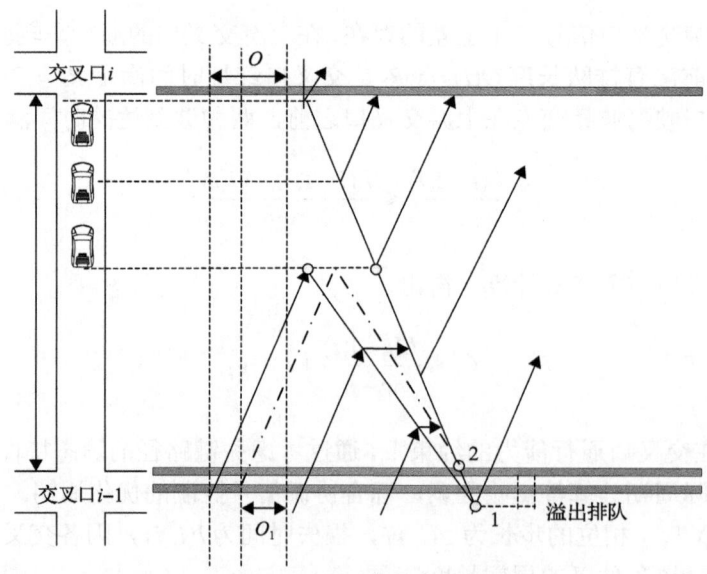

图 6.41　防止溢流相位差计算图

第 6 章　车流有序化组织理论与方法

产生溢流，否则交叉口溢流，造成交通拥堵。下游交叉口车流启动波以波速 u 向后传播，启动波传递至上游交叉口的时长为 $t_q = \dfrac{L(i-1,i)}{u}$，上游交叉口头车到达下游车队队尾时，停车波以 w 为波速向后传播，传递至交叉口时长为 $t_p = \dfrac{L(i-1,i) - Q(i)}{w}$，溢流的临界点为消散点 2 所在位置，此时相位差满足

$$O_1 \geq \frac{L(i-1,i) - Q(i)}{v} + \frac{L(i-1,i) - Q(i)}{w} - \frac{L(i-1,i)}{u} - l_i \tag{6-44}$$

在上游交叉口绿灯启亮时间滞后于下游交叉口较长时间时，下游交叉口会出现绿灯空放时间。如图 6.42 所示，图中实线是相位差值较大，存在空放的行车轨迹，图中虚线表示缩小相位差后的行车轨迹，此时空放现象不存在。

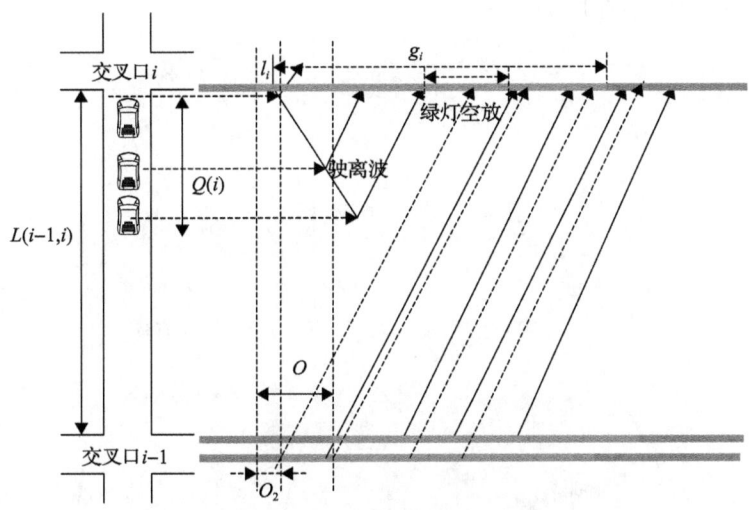

图 6.42　防止空放相位差计算图

结合图 6.42 行车轨迹关系，依据交通流理论，上游交叉口驶来的头车到达下游排队队尾的时间为 $t_t = \dfrac{L(i-1,i) - Q(i)}{v}$，下游交叉口驶离波传播至队尾的时间为 $t_s = \dfrac{Q(i)}{u}$，为消除绿灯空放时间，相位差满足

$$O_2 + \frac{L(i-1,i) - Q(i)}{v} \leq \frac{Q(i)}{u} \tag{6-45}$$

综合交叉口溢流与空放两约束条件，协调相位差满足

$$\frac{L(i-1,i)-Q(i)}{v}+\frac{L(i-1,i)-Q(i)}{w}-\frac{L(i-1,i)}{u}-l_i \leqslant O \leqslant \frac{Q(i)}{u}-\frac{L(i-1,i)-Q(i)}{v}$$

(6-46)

6.17 实例分析

以江山南路及其周边的 11 个交叉口组成的交叉口群为分析对象,如图 6.43 所示,江山南路是开发区由南向北的主干道路,大量的交通流集聚,尤其是在江山南路北端江山南路—五台山路至江山南路—卓亭广场增设一条车道,设置变向车道后,分担了运行交通流,同时对周围支路车流的吸引更大,在嘉陵江路、团结路、太行山路以及五台山路上的交通流就会选择宽阔的道路,驶入江山南路,增加了江山南路的交通压力。

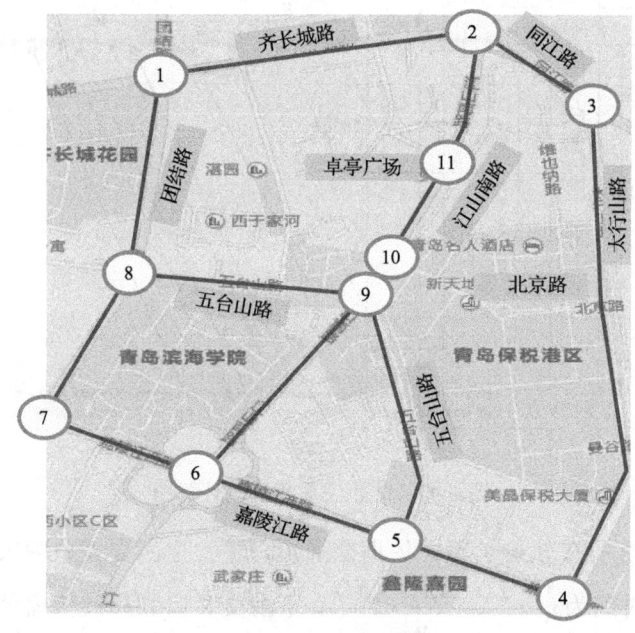

图 6.43 交叉口群分布

为保证江山南路的畅通,对以江山南路为主干的交叉口群内的 11 个交叉口进行信号控制参数优化,通过 6.16 节图线结合法分析,得出交叉口信号方案见表 6.5。

江山南路交叉口相位差的计算采用 6.12 节绿波相位差的计算方式,保证江山南路车辆无停车地通过各交叉口。对 11 个交叉口运行网络通行效果的改善主要表现在车流的通行效率、停车次数、延误等方面,对其优化前后的效果进行总结,见表 6.6。

表 6.5 交叉口信号方案

交叉口名称	信号方案	信号周期/s
团结路—齐长城路	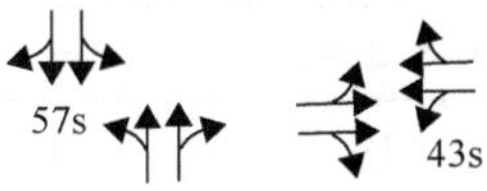 57s / 43s	100
江山南路—齐长城路	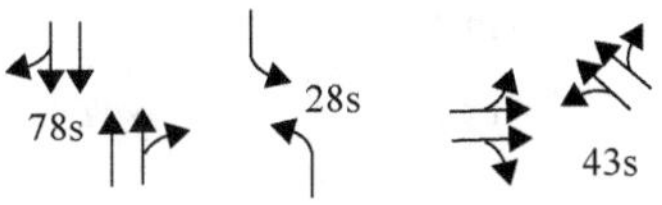 78s / 28s / 43s	149
太行山路—同江路	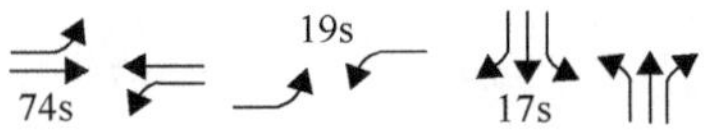 74s / 19s / 17s	110
太行山路—嘉陵江路	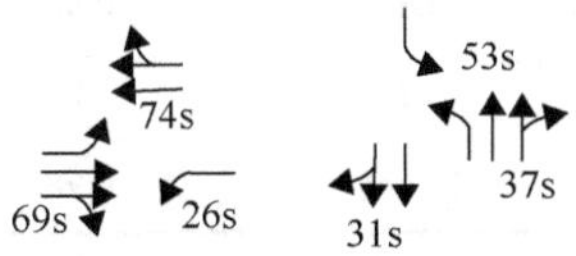 74s / 53s / 69s / 26s / 31s / 37s	100
嘉陵江路—五台山路	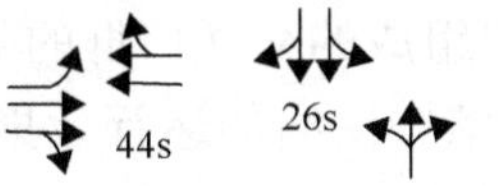 44s / 26s	70
嘉陵江路—江山南路	立体交叉口	
嘉陵江路—团结路	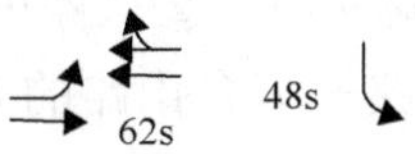 62s / 48s	110
团结路—五台山路	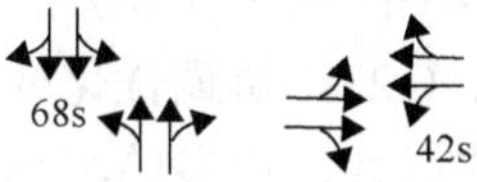 68s / 42s	110
江山南路—五台山路	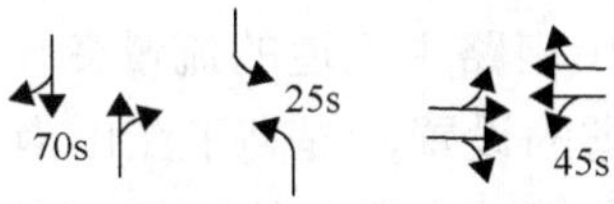 70s / 25s / 45s	140
江山南路—北京路	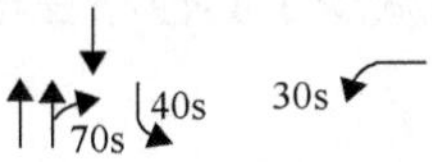 70s / 40s / 30s	140
江山南路—卓亭广场	 15s / 32s / 23s	70

表 6.6 交叉口群信号调优效果参数对比表

交叉路段	调优前		调优后	
	停车延误/s	停车次数	停车延误/s	停车次数
团结路—嘉陵江路	14.5	0.71	10.6	0.45
团结路—五台山路	12.1	1	8.5	0.71
团结路—齐长城路	13.5	0.87	12.4	0.51

续表

交叉路段	调优前		调优后	
	停车延误/s	停车次数	停车延误/s	停车次数
嘉陵江路—五台山路	12.4	0.76	7.1	0.24
太行山路—嘉陵江路	10.7	1	7.7	0.54
太行山路—同江路	16.4	0.87	10.2	0.45
江山南路—嘉陵江路	—	—	—	—
江山南路—五台山路	10.9	0.87	8.3	0.27
江山南路—保税港区	15.8	0.95	9.2	0.26
江山南路—卓亭广场	12.2	1	10	0.23
江山南路—齐长城路	15.6	0.78	9.7	0.56

通过对这 11 个交叉口组成的交叉口群的效果参数指标(停车次数、停车延误)进行统计分析,可以看出整个网络的运行效果有所改善:①对于江山南路这条主干道,在吸引交通量增大的情况下,交叉口的运行指标均有所改善,未造成江山南路交通拥堵,可见优化策略可行。②从停车延误、停车次数效果参数指标出发,嘉陵江路—太行山路、团结路—五台山路的效果显著;江山南路—五台山路、江山南路—保税港区、江山南路—卓亭广场三个交叉口的停车次数分别由 0.87、0.95、1 降低为 0.27、0.26、0.23,协调优化效果显著。

对于交叉口群内车流的运行,更多的车辆选择更畅通的车道,对 6、9、10、11 四个交叉口形成的江山南路主干道的流量变化进行分析,从图 6.44 中可以看出流量有所增加,变向车道的设置,提高了江山南路车流的通行效率,同时吸引了部分车流从此路通行,从而减少了其他路径车流的通行,缓解了整个路网的交通状况。

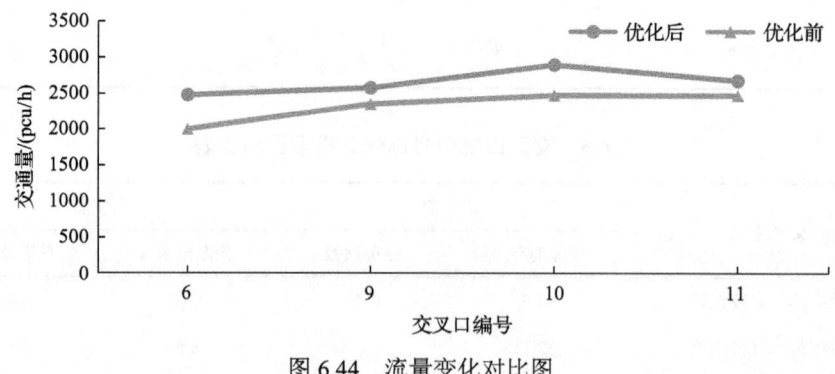

图 6.44 流量变化对比图

6.18 本章小结

本章系统阐述了潮汐交通流及转向交通流的特征、形成原因,并确定了交通流不均衡系数,结合各自的行驶环境,分析潮汐交通对转向车流的影响及变向车道设置的影响,为车道的设置分析提供有效的理论基础。在交通流特性分析的基础上,研究了交叉口变向车道的设置模型及其交叉口的控制优化。首先分析包含设置长度、位置、清空时间的导向可变车道设置模型及不同应用条件下的同向可变车道模型。通过对潮汐流及转向流的分析建立协同优化模型,设置双向停车线实现协同优化下车道功能的转换。其次,进一步协同信号控制优化,修正变向车道设置下信号控制参数计算方式。通过优化干线潮汐车道的设置方法,从信号周期、绿信比、相位相序、相位差等参数出发,分别进行优化调整;通过基于排队车辆消散的分析计算合理的相位差实现绿波协调或半周期协调,从而实现车辆无停车通过交叉口,缩短行驶时间,提高道路交通服务水平。

以干线为研究对象,建立基于交通延误的潮汐车道数优化分配模型,完善潮汐车道优化设置;并通过实际的交通运行状况,依据潮汐交通拥堵特性,以提高绿灯时间利用率、降低交叉口车辆停车次数及停车延误为目的,提出基于红灯时间内车流排队长度的相位差优化,实现接近理想绿波的交通控制;辅以交叉口信号周期、相位相序的优化,现实提高单个交叉口通行效率的目的。

第7章 路网车流控制优化方法

传统的车辆排队研究一般针对单个交叉口进行，依据车辆到达规律与信号配时方案等确定进口道车辆的排队特性与排队长度。但随着路网的复杂化和交通流量的增加，各相邻交叉口相互关联、相互影响，仅研究单个交叉口的排队特性可能会造成排队车辆的周期累计，严重时排队车辆在上游交叉口溢流，导致车辆排队的"多米诺"效应。将干线一批相邻交叉口联系起来，在分析单个交叉口排队特性的基础上，考虑上游交叉口信号控制以及车辆离散性的影响，研究协调交叉口的排队特性，为研究干线协调控制提供基础和解决思路。

7.1 基于交通波理论的单个交叉口排队特性分析

7.1.1 交通波理论

从宏观角度，交通流可看作大量车辆组成的可压缩连续流体介质，通常采用流量、密度、速度等流体力学术语来描述交通流特性。当交通流状态发生变化时，车流密度随之改变，产生掠过一辆辆车向车流后部传递的波动现象，即交通波的传播，此时两种车流密度的分界面为波阵面[94]。

如图 7.1 所示，假设所有交通流均处于稳定状态，道路上有处于 (q_A, k_A, v_A) 和 (q_B, k_B, v_B) 两种不同交通状态的区域 A、B，两者相遇将会形成交通波的传播。两种状态的波阵面为 S，波速为 v_w，若传播方向与交通流运行方向相同则波速为正值，交通波向车队前方传播；反之，波速为负值，交通波向车队后方传播。

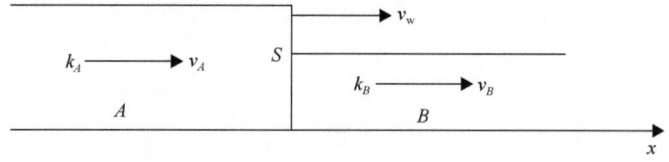

图 7.1 交通波原理图

依据交通流量守恒原则可知，t 时间内驶离状态 B 的车辆数 N_B 与驶入状态 A 的车辆数 N_A 相等，满足

$$N_B = (v_B - v_w) k_B t = (v_A - v_w) k_A t = N_A \tag{7-1}$$

根据交通流基本模型 $q = kv$，解方程得

$$v_{\mathrm{w}} = \frac{v_A k_A - v_B k_B}{k_A - k_B} = \frac{q_A - q_B}{k_A - k_B} \tag{7-2}$$

式(7-2)为交通波基本模型。

考虑区间平均车速与密度的具体关系,可得交通波模型的其他表达形式。根据 Greenshields 速度-密度模型 $v = v_{\mathrm{f}}\left(1 - \dfrac{k}{k_{\mathrm{j}}}\right)$,将其代入式(7-2)得到基于线性模型的交通波模型:

$$v_{\mathrm{w}} = \frac{k_A v_{\mathrm{f}}\left(1 - \dfrac{k_A}{k_{\mathrm{j}}}\right) - k_B v_{\mathrm{f}}\left(1 - \dfrac{k_B}{k_{\mathrm{j}}}\right)}{k_A - k_B} = v_{\mathrm{f}}\left(1 - \frac{k_A + k_B}{k_{\mathrm{j}}}\right) = v_{\mathrm{f}}\left[1 - (\eta_A + \eta_B)\right] \tag{7-3}$$

式中,v_{f} 为畅行速度,即密度趋于零时车流的平均速度,km/h;k_{j} 为阻塞密度,即速度趋于零时的车辆密度,veh/km;η 为标准化密度,定义为 $\eta = k/k_{\mathrm{j}}$。

根据 Greenberg 速度-密度模型 $v = v_{\mathrm{m}} \ln \dfrac{k_{\mathrm{j}}}{k}$,将其代入式(7-2)得到基于对数模型的交通波模型:

$$v_{\mathrm{w}} = \frac{k_A v_{\mathrm{m}} \ln \dfrac{k_{\mathrm{j}}}{k_A} - k_B v_{\mathrm{m}} \ln \dfrac{k_{\mathrm{j}}}{k_B}}{k_A - k_B} = \frac{v_{\mathrm{m}}\left(k_A \ln \dfrac{k_{\mathrm{j}}}{k_A} - k_B \ln \dfrac{k_{\mathrm{j}}}{k_B}\right)}{k_A - k_B} = \frac{v_{\mathrm{m}}(k_B \ln \eta_B - k_A \ln \eta_A)}{k_A - k_B} \tag{7-4}$$

式中,v_{m} 为临界速度,即流量趋于最大时车流的平均速度,km/h。

7.1.2 排队形成与消散分析

依据车流运行时空特性,需做出如下假设:路段交通流未达到饱和状态,且车流连续并保持稳定;交叉口采用固定信号方案,排队车辆在周期绿灯时间内能够完全消散;全部车辆加速与减速性能相同。如图 7.2 所示,车辆排队与消散过程如下。

$t_{m,i}^r$ 时刻,交叉口 $I(i)$ 第 m 个信号周期红灯启亮,停车线处的车辆从接收到阻滞信号开始减速,从行驶状态 (q_1, k_1, v_1) 经变速状态变为阻塞状态 $(0, k_{\mathrm{j}}, 0)$,车辆开始排队。两种不同密度之间形成波阵面 S_1,停车波以速度 $v_{t,i}$ 向着车流运行的反方向传播。经红灯时间 r_i,车辆不断停车排队,排队车辆数最多,排队队列长度最大。

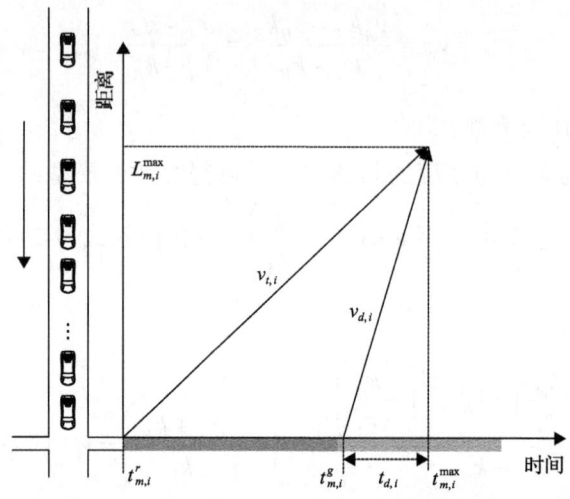

图 7.2 车辆排队与消散过程分析图

$t_{m,i}^g$ 时刻,交叉口 $I(i)$ 第 m 个信号周期绿灯启亮,停车线处的车辆接收到启动信号开始加速,从阻塞状态 $(0,k_j,0)$ 经变速状态变为饱和状态 (q_m,k_m,v_m),排队车辆开始消散。两种不同密度之间形成波阵面 S_2,消散波以速度 $v_{d,i}$ 向与车流运行方向相反的方向传播。

绿灯时间 g_i 内,停车波与消散波同时向车队后部传播,即车队头部车辆消散的同时队尾车辆不断停车排队,$t_{m,i}^{\max}$ 时刻消散波追上停车波,此时排队完全消散,排队队尾车辆处于最远位置,排队长度最大,记为 $L_{m,i}^{\max}$,需要注意排队长度最大与排队队列长度最大对应的时刻并不相同。设排队消散时间为 $t_{d,i}$,则

$$L_{m,i}^{\max} = v_{t,i}\left(t_{m,i}^{\max} - t_{m,i}^r\right) = v_{t,i}\left(r_i + t_{d,i}\right) = v_{d,i}\left(t_{m,i}^{\max} - t_{m,i}^g\right) = v_{d,i}t_{d,i}$$

$$t_{m,i}^{\max} = t_{m,i}^g + t_{d,i} \quad (7-5)$$

$$t_{d,i} = \frac{v_{t,i}r_i}{v_{d,i} - v_{t,i}}$$

由式(7-5)分析可知,排队长度的确定必须要计算停车波与消散波的大小,而基于交通波理论推出的各种停车波与消散波模型认为车流密度变化是瞬时发生的,这与实际不符,本节考虑车辆加速/减速过程中产生的密度过渡状态,提出一种新的停车波与消散波计算方法。

交叉口 $I(i)$ 红灯启亮后停车线处的车辆在行驶状态 (q_1,k_1,v_1) 下接收阻滞信号,以加速度 a 经时间 T 完成停车,在第一辆车减速未停车的过程中,其后车辆也收到阻滞信号开始减速,也就是说阻滞信号存在一定的影响区域,因车辆性能

相同,影响区域固定。假设减速时间 T 内阻滞信号传播 M 辆车,则前后车之间信号传递的时间为 $\Delta T = \dfrac{T}{M}$,M 辆车处于密度过渡状态,该状态与阻塞状态、行驶状态间的波阵面 S_1 与 S_1' 的速度相同,记为 $v_{t,i}$。

如图 7.3 所示,ΔT 时间后阻滞信号从过渡区域的第一辆车传播到跟随车,波阵面向车队后方平移一辆车,波阵面位置由状态 A 变为 B。对于波阵面 S_1,ΔT 时间内移动距离 l_1 为阻塞状态车头间距,即

$$l_1 = \frac{1}{k_j} = v_{t,i}\Delta T \tag{7-6}$$

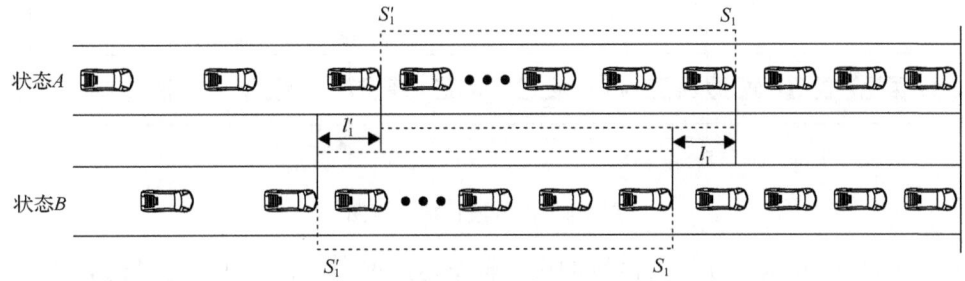

图 7.3 停车波传播示意图

对于波阵面 S_1',经 ΔT 时间由行驶状态第一辆车传播到行驶状态第二辆车,其移动距离为行驶状态车头间距与第二辆车行驶距离的差值,即

$$l_1' = \frac{1}{k_1} - v_1\Delta T = v_{t,i}\Delta T \tag{7-7}$$

因 $l_1 = l_1'$,$\dfrac{1}{k_1} = h_1 v_1$,由式(7-6)与式(7-7),可求得停车波模型为

$$v_{t,i} = \frac{v_1}{h_1 v_1 k_j - 1} \tag{7-8}$$

同理,通过分析密度过渡状态下消散波的传播过程可得到消散波模型。交叉口 $I(i)$ 绿灯启亮后处于阻塞状态 $(0, k_j, 0)$ 的车辆接收消散信号,以加速度 a' 经时间 T' 完成加速达到饱和状态,在加速过程中,其跟随车辆也收到消散信号开始加速;同样,消散信号也存在固定的影响区域。假设加速时间 T' 内消散信号传播 M' 辆车,则消散信号传递的时间为 $\Delta T' = \dfrac{T'}{M'}$;同样,$M'$ 辆车处于密度过渡状态,该

状态与饱和状态、阻塞状态间的波阵面 S_2 及 S_2' 的速度相同，记为 $v_{d,i}$。

如图 7.4 所示，$\Delta T'$ 时间后消散信号从过渡区域的第一辆车传播到第二辆车，波阵面向车队后方平移一辆车，波阵面位置由状态 A 变为 B。对于波阵面 S_2，$\Delta T'$ 时间内移动距离 l_2 为状态 B 波阵面到前车的距离 H_2 与状态 A 过渡区域第一辆车行驶距离 H_1 的差值，即

$$l_2 = H_2 - H_1 = v_{d,i}\Delta T' \tag{7-9}$$

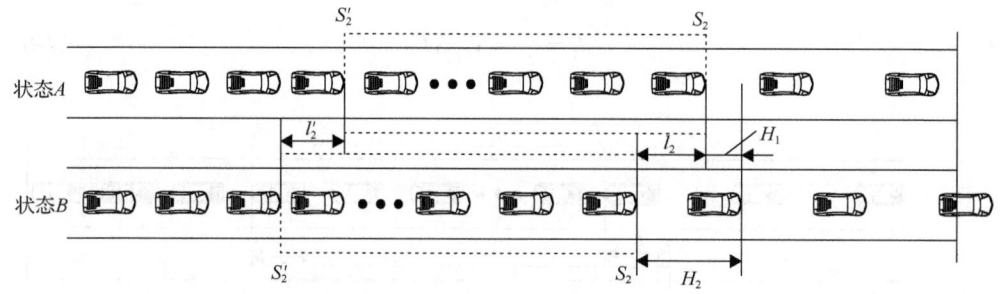

图 7.4　消散波传播示意图

经 $\Delta T'$ 时间状态 A 过渡区域的第一辆车达到饱和状态，速度达到 v_m，其行驶距离 H_1 可看作初速度为 v_m、加速度为 a' 的车辆在 $\Delta T'$ 时间内的制动距离，即

$$H_1 = v_m \Delta T' - \frac{1}{2}a'\Delta T'^2 \tag{7-10}$$

同理，状态 B 过渡区域的第一辆车经下一个 $\Delta T'$ 时间行驶 H_1 也会达到饱和状态，此时状态 A 过渡区域的第一辆车行驶了 $v_m\Delta T'$，两辆车均处于车头间距为 $\dfrac{1}{k_m}$ 的饱和状态，因此反推状态 B 过渡区域的第一辆车与前车距离 H_2 满足

$$H_2 + v_m\Delta T' - \left(v_m\Delta T' - \frac{1}{2}a'\Delta T'^2\right) = \frac{1}{k_m} \tag{7-11}$$

由式(7-9)～式(7-11)可得波阵面 S_2 移动距离为

$$l_2 = \frac{1}{k_m} - v_m\Delta T' = v_{d,i}\Delta T' \tag{7-12}$$

对于波阵面 S_2'，经 ΔT 时间由阻塞状态的第一辆车传播到第二辆车，其移动距离为阻塞状态的车头间距，即

$$l'_2 = \frac{1}{k_j} = v_{d,i}\Delta T' \tag{7-13}$$

因 $l_2 = l'_2$, $\frac{1}{k_m} = h_m v_m$, 可求得消散波模型为

$$v_{d,i} = \frac{v_m}{h_m v_m k_j - 1} \tag{7-14}$$

7.2 协调交叉口排队特性分析

7.2.1 影响因素分析

协调交叉口车辆的排队形成和消散过程与单个交叉口类似但更为复杂。受信号控制的影响,从协调方向上游交叉口驶出的车流并不是稳定不变的,而且在下游交叉口形成排队的车辆并不仅仅来自上游交叉口的协调方向,因此对于协调交叉口车辆的排队问题,要分析各因素的综合影响。

1) 车队离散性

分析交叉口排队特性时通常假设到达车流稳定,为某一固定值,这与实际交通运行状况并不完全符合。车流通常以车队形式从上游交叉口驶出,到达下游交叉口前因车辆行驶速度存在差异,车队头部与尾部的距离逐渐加大,以致头车与尾车通过下游交叉口所需的时间差值很大,发生车队"离散现象",特别是大间距交叉口,行驶时间的延长使车间距不断增大,离散现象更加明显。

英国运输与道路研究所(TRRL)关于车流离散现象的描述见图7.5[95]。从图中可知,因车流离散现象的存在,流量峰值趋于平滑,且平滑程度与车队中车辆行驶速度的差异有关。上下游交叉口的间距一定,但车辆的行驶时间不同,且行驶时间出现的频率符合随机分布规律,常见的是正态分布。因车流离散现象的存在,下游交叉口车流到达率不再固定不变,而是遵循随机分布规律。

2) 相交道路转弯车流

图7.6所示的两相邻交叉口,受信号控制的影响,在下游交叉口停车线处停车排队的车辆来自三个部分:一是上游交叉口主路绿灯期间直行通过的车辆中未能在下游绿灯时通过的车辆;二是上游交叉口相交道路绿灯期间左转通过的车辆中未能在下游绿灯时通过的车辆;三是上游交叉口相交道路右转车辆中未能在下游绿灯时间内通过的车辆。

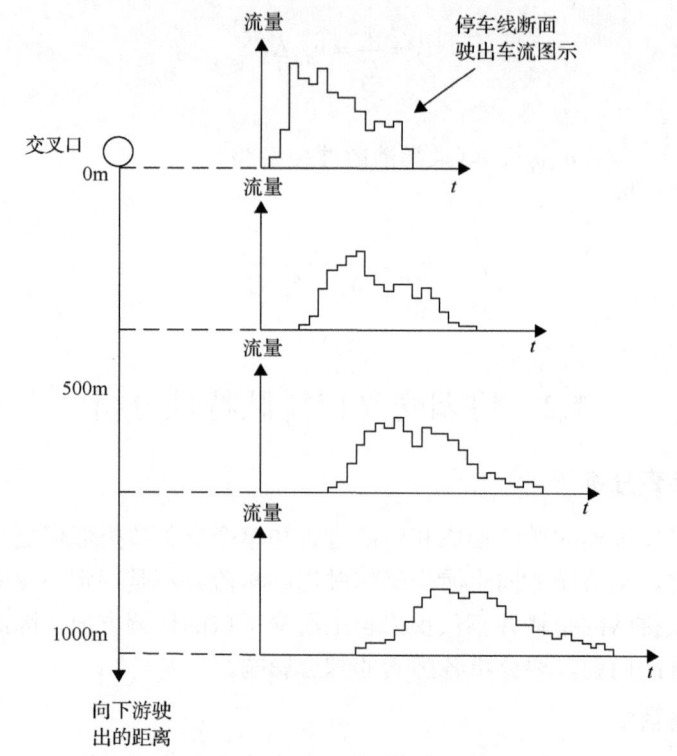

图 7.5 车流运动中的离散现象

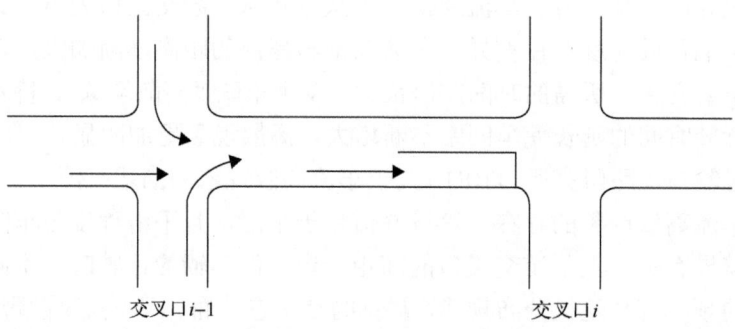

图 7.6 相邻交叉口路段车流示意图

7.2.2 排队过程解析及模型建立

1. 交叉口协调方式说明

干线协调控制在于交叉口间的联动协调,常见的双向交通协调控制方式有同步式协调控制、交互式协调控制和续进式协调控制[96]。同步式控制与交互式控制下车队到达下游交叉口的排队过程如图 7.7(a) 和 (b) 所示。其中,同步式控制下相邻交叉口的相位差为 0，交互式控制下相邻交叉口的相位差为上游交叉口的绿灯时间，而续进式控制是通过调整相位差的取值，确保上游绿灯通过的车辆能在下游绿灯时通过交叉口，减少车辆排队的可能性，因此同步式与交互式控制可看作续进式控制的特殊形式。下面以续进式控制方式为例，研究下游交叉口的排队过程及其特性。

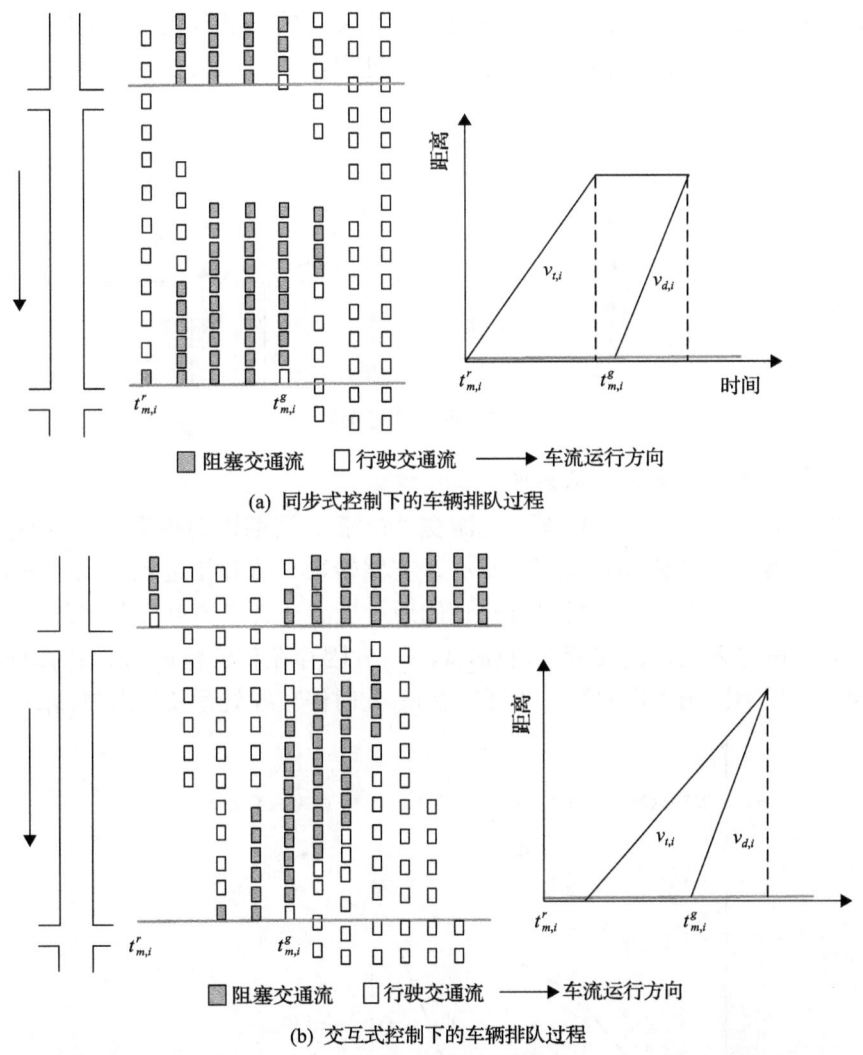

(a) 同步式控制下的车辆排队过程

(b) 交互式控制下的车辆排队过程

图 7.7 同步式协调交叉口与交互式协调交叉口车辆排队过程

2. 排队长度模型构建

假设上游交叉口 $I(i-1)$ 与下游交叉口 $I(i)$ 参与信号协调控制，交叉口间距为

$L_{i-1,i}$，公共周期为 C，信号方案如图 7.8 所示采用两相位，其中 P_1 相位为主路提供通行权，P_2 相位为支路提供通行权。下游交叉口相对于上游交叉口的相位差为 $\varphi_{i,i-1}$，$t^r_{m,i}$ 和 $t^g_{m,i}$ 为下游交叉口第 m 信号周期协调相位红灯启亮时刻与绿灯启亮时刻，$t^r_{m,i-1}$ 和 $t^g_{m,i-1}$ 为上游交叉口第 m 信号周期协调相位红灯启亮时刻与绿灯启亮时刻，r_i 与 g_i 为下游交叉口协调相位的红灯时间与绿灯时间。考虑上游交叉口信号方案，主路直行车流与支路转弯车流对下游交叉口的车辆到达存在影响，排队状态不断变化，下面分三种情况分析车辆排队过程。

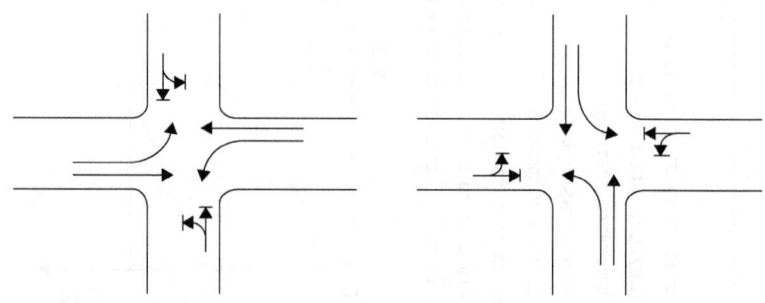

图 7.8　两相位方案图

1) 排队完全消散且无二次排队

如图 7.9(a)所示，$t^r_{m,i-1}$ 时刻，上游交叉口第 m 周期协调相位红灯启亮，上游直行车流被截断；非协调相位绿灯启亮，支路转弯车流开始进入，此时路段上存在两种交通状态的车流，一种是绿灯期间通过上游交叉口的直行车流(q_1,k_1,v_1)，另一种是刚刚进入路段的转弯车流(q_2,k_2,v_2)。因存在相位差 $\varphi_{i,i-1}$，$t^r_{m,i}$ 时刻下游交叉口第 m 周期协调相位的红灯才开始启亮，此时停车线处行驶状态为(q_1,k_1,v_1) 的

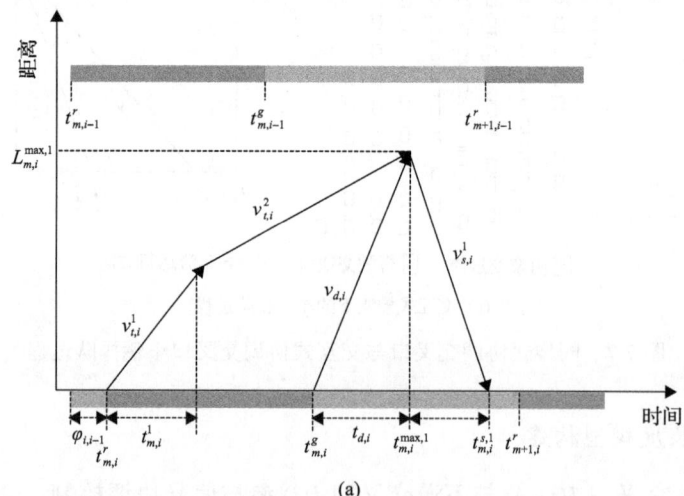

(a)

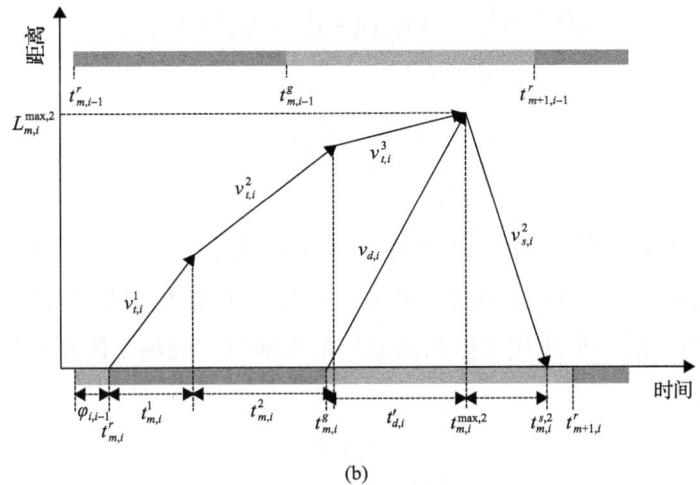

(b)

图 7.9 排队完全消散且无二次排队情形下的车辆排队过程

车流变为阻塞状态 $(0,k_j,0)$ 开始排队,形成速度为 $v_{t,i}^1$ 的停车波向上游传播。当行驶状态为 (q_1,k_1,v_1) 的车流全部完成排队,(q_2,k_2,v_2) 状态的转弯车流开始加入排队,因密度不同于直行车流,产生的停车波速度 $v_{t,i}^2$ 也不同。

依据 7.1 节中的停车波与消散波模型,求得停车波与消散波波速为

$$v_{t,i}^1 = \frac{v_1}{h_1 v_1 k_j - 1}$$

$$v_{t,i}^2 = \frac{v_2}{h_2 v_2 k_j - 1} \quad (7\text{-}15)$$

$$v_{d,i} = \frac{v_m}{h_m v_m k_j - 1}$$

定义 (q_1,k_1,v_1) 状态车辆完成排队的时间为 $t_{m,i}^1$,则满足

$$v_{t,i}^1 t_{m,i}^1 + v_2 \left(t_{m,i}^1 + \varphi_{i,i-1} \right) = L_{i-1,i}$$

$$t_{m,i}^1 = \frac{L_{i-1,i} - v_2 \varphi_{i,i-1}}{v_{t,i}^1 + v_2} \quad (7\text{-}16)$$

$t_{m,i}^g$ 时刻,下游交叉口第 m 周期协调相位绿灯启亮,停车线处的排队车辆开始启动并消散,形成速度为 $v_{d,i}$ 的消散波向上游传播,车辆从阻塞状态 $(0,k_j,0)$ 变为饱和状态 (q_m,k_m,v_m)。经 $t_{d,i}$ 时间后消散波与停车波相遇,排队队尾车辆处于最远位置,排队长度最大,记为 $L_{m,i}^{\max,1}$,此时对应的时刻为 $t_{m,i}^{\max,1}$,则

$$L_{m,i}^{\max,1} = v_{t,i}^1 t_{m,i}^1 + v_{t,i}^2 \left(r_i - t_{m,i}^1 + t_{d,i} \right) = v_{d,i} t_{d,i}$$

$$t_{m,i}^{\max,1} = t_{m,i}^g + t_{d,i} \quad (7\text{-}17)$$

$$t_{d,i} = \frac{v_{t,i}^1 t_{m,i}^1 + v_{t,i}^2 \left(r_i - t_{m,i}^1 \right)}{v_{d,i} - v_{t,i}^2}$$

在排队最远位置，消散车辆处于饱和状态 (q_m, k_m, v_m)，而上游车辆以 (q_2, k_2, v_2) 状态到达，两种不同交通状态将产生向下游传播的压缩波，速度为 $v_{s,i}^1$，压缩波传播至下游停车线代表排队消散后的车辆全部驶离下游交叉口，定义该时间为 $t_{m,i}^{s,1}$，则

$$t_{m,i}^{s,1} = \frac{L_{m,i}^{\max,1}}{v_{s,i}^1}$$

$$v_{s,i}^1 = \frac{v_2}{h_2 v_2 k_m - 1} \quad (7\text{-}18)$$

设 $t_{m+1,i}^r$ 为下游交叉口第 $m+1$ 周期协调相位的红灯启亮时刻，若排队完全消散且排队车辆驶离下游交叉口无二次排队，则需满足排队消散时间小于协调相位绿灯时间且压缩波到达下游停车线的时刻要小于 $t_{m+1,i}^r$，即

$$t_{d,i} \leqslant g_i, \quad t_{m,i}^{\max,1} + t_{m,i}^{s,1} \leqslant t_{m+1,i}^r \quad (7\text{-}19)$$

由于下游交叉口绿灯启亮排队开始消散前上游协调相位已为绿灯，此时 (q_3, k_3, v_3) 状态的直行车流进入下游路段，定义 (q_2, k_2, v_2) 状态的转弯车流全部完成排队的时间为 $t_{m,i}^2$，则满足

$$v_{t,i}^1 t_{m,i}^1 + v_{t,i}^2 t_{m,i}^2 + v_3 \left(t_{m,i}^1 + t_{m,i}^2 + \varphi_{i,i-1} \right) = L_{i-1,i}$$

$$t_{m,i}^2 = \frac{L_{i-1,i} - v_{t,i}^1 t_{m,i}^1 - v_3 \left(t_{m,i}^1 + \varphi_{i,i-1} \right)}{v_{t,i}^2 + v_3} \quad (7\text{-}20)$$

若 $v_{t,i}^1 t_{m,i}^1 + v_{t,i}^2 t_{m,i}^2 \leqslant v_{d,i} \left(t_{m,i}^1 + t_{m,i}^2 - r_i \right)$，则停车波传递到转弯车流的末车前排队已完成消散，排队过程如图 7.9(a) 所示；若 $v_{t,i}^1 t_{m,i}^1 + v_{t,i}^2 t_{m,i}^2 > v_{d,i} \left(t_{m,i}^1 + t_{m,i}^2 - r_i \right)$，则停车波传递到转弯车流的尾车时消散波还未追上，$(q_3, k_3, v_3)$ 状态的直行车流继续加入排队队列，形成速度为 $v_{t,i}^3$ 的停车波继续向上游传播，停车波波速大小为

$$v_{t,i}^3 = \frac{v_3}{h_3 v_3 k_j - 1} \quad (7\text{-}21)$$

此时排队过程如图 7.9(b)所示，最大排队长度 $L_{m,i}^{\max,2}$、对应时刻 $t_{m,i}^{\max,2}$ 及排队消散时间 $t'_{d,i}$ 计算如下：

$$L_{m,i}^{\max,2} = v_{t,i}^1 t_{m,i}^1 + v_{t,i}^2 t_{m,i}^2 + v_{t,i}^3 \left(r_i + t'_{d,i} - t_{m,i}^1 - t_{m,i}^2 \right) = v_{d,i} t'_{d,i}$$

$$t_{m,i}^{\max,2} = t_{m,i}^g + t'_{d,i} \tag{7-22}$$

$$t'_{d,i} = \frac{v_{t,i}^1 t_{m,i}^1 + v_{t,i}^2 t_{m,i}^2 + v_{t,i}^3 \left(r_i - t_{m,i}^1 - t_{m,i}^2 \right)}{v_{d,i} - v_{t,i}^3}$$

这种排队状态下，排队最远位置处的上游车辆以 (q_3, k_3, v_3) 状态到达，产生速度为 $v_{s,i}^2$ 的压缩波向下游传播，此时压缩波传播至下游停车线的时间 $t_{m,i}^{s,2}$ 满足

$$t_{m,i}^{s,2} = \frac{L_{m,i}^{\max,2}}{v_{s,i}^2}$$

$$v_{s,i}^2 = \frac{v_3}{h_3 v_3 k_m - 1} \tag{7-23}$$

此时排队完全消散，排队车辆驶离下游交叉口无二次排队的条件为

$$t'_{d,i} \leqslant g_i, \ t_{m,i}^{\max,2} + t_{m,i}^{s,2} \leqslant t_{m+1,i}^r \tag{7-24}$$

2) 排队完全消散且有二次排队

如图 7.10(a)所示，$t_{m+1,i}^r$ 时刻下游交叉口第 $m+1$ 周期协调相位红灯启亮后，压缩波还未传播到下游停车线，排队消散后的部分车辆未能驶离下游交叉口，即存在下列关系：

$$t_{d,i} \leqslant g_i, \ t_{m,i}^{\max,1} + t_{m,i}^{s,1} > t_{m+1,i}^r \tag{7-25}$$

此时处于饱和状态的滞留车辆发生二次排队，饱和状态和阻塞状态之间形成速度为 $v_{t,i}^q$ 的停车波向上游传播，则

$$v_{t,i}^q = \frac{v_m}{h_m v_m k_j - 1} \tag{7-26}$$

当停车波与压缩波相遇，即滞留车辆全部排队，(q_2, k_2, v_2) 状态的正常行驶车辆开始排队，此时二次排队完成，排队长度为 $L_{m,i}^{q,1}$，对应的时刻为 $t_{m,i}^{q,1}$，则

$$L_{m,i}^{q,1} = v_{t,i}^q \left(t_{m,i}^{q,1} - t_{m+1,i}^r \right)$$

$$v_{s,i}^1 \left(t_{m,i}^{q,1} - t_{m,i}^{\max,1} \right) + L_{m,i}^{q,1} = L_{m,i}^{\max,1} \tag{7-27}$$

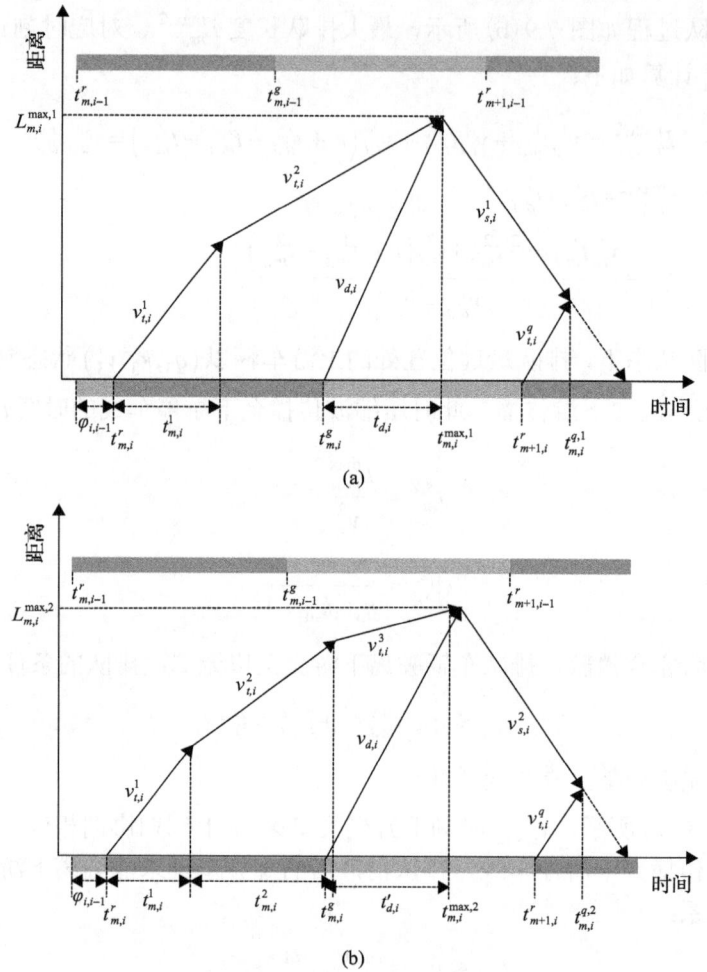

图 7.10 排队完全消散且有二次排队情形下的车辆排队过程

对于图 7.10(b) 对应的排队状态,排队消散后部分处于饱和状态的车辆未能驶离下游交叉口发生二次排队的条件为

$$t'_{d,i} \leqslant g_i, \quad t_{m,i}^{\max,2} + t_{m,i}^{s,2} > t_{m+1,i}^r \tag{7-28}$$

此时,滞留车辆二次排队同样形成速度为 $v_{t,i}^q$ 的停车波向上游传播,当停车波与速度为 $v_{s,i}^2$ 的压缩波相遇时,滞留车辆全部排队,(q_3,k_3,v_3) 状态的正常行驶车辆开始排队,此时二次排队完成,排队长度为 $L_{m,i}^{q,2}$,对应的时刻为 $t_{m,i}^{q,2}$,则

$$\begin{aligned}L_{m,i}^{q,2} &= v_{t,i}^q \left(t_{m,i}^{q,2} - t_{m+1,i}^r \right) \\ v_{s,i}^2 &\left(t_{m,i}^{q,2} - t_{m,i}^{\max,2} \right) + L_{m,i}^{q,2} = L_{m,i}^{\max,2}\end{aligned} \tag{7-29}$$

3) 排队未完全消散且有二次排队

如图 7.11(a)所示，消散时间满足

$$t_{d,i} > g_i \tag{7-30}$$

此时，$t^r_{m+1,i}$ 时刻下游交叉口第 $m+1$ 周期协调相位红灯启亮时，消散波未能追上速度为 $v^2_{t,i}$ 的停车波，排队没有完全消散，且下游交叉口处于饱和状态的已消散车辆开始二次排队，此时最大排队长度 $L^{\max,1}_{m,i}$、消散时间 $t_{d,i}$ 及其对应的时刻 $t^{\max,1}_{m,i}$、二次排队长度 $L^{q,1}_{m,i}$ 及其对应的时刻 $t^{q,1}_{m,i}$ 按式(7-17)、式(7-27)计算。

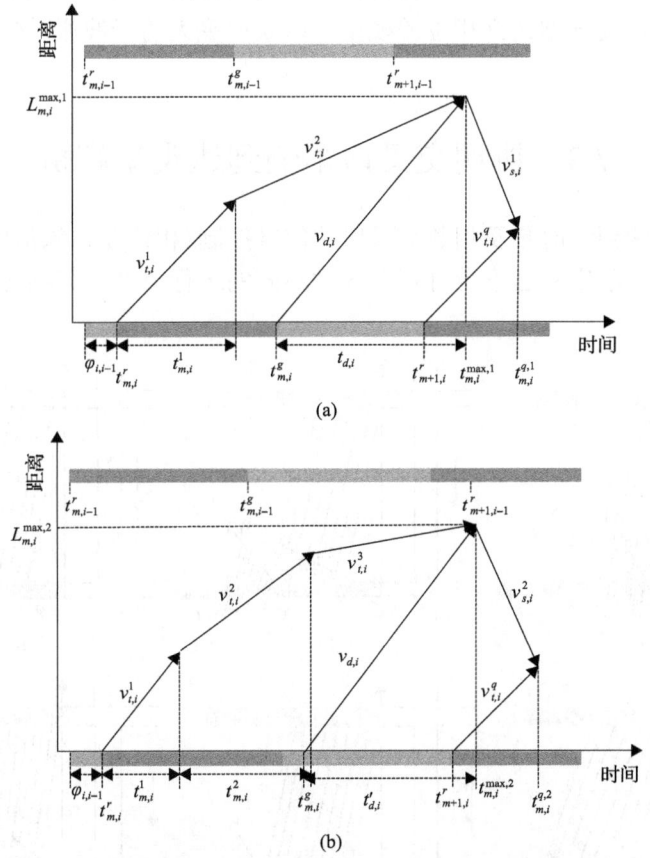

图 7.11 排队未完全消散且有二次排队情形下的车辆排队过程

对于图 7.11(b)对应的排队状态，下游交叉口第 $m+1$ 周期协调相位红灯启亮时，消散波未能追上速度为 $v^3_{t,i}$ 的停车波，则

$$t'_{d,i} > g_i \tag{7-31}$$

此时,最大排队长度 $L_{m,i}^{\max,2}$、消散时间 $t'_{d,i}$ 及其对应的时刻 $t_{m,i}^{\max,2}$、二次排队长度 $L_{m,i}^{q,2}$ 及其对应的时刻 $t_{m,i}^{q,2}$ 按式 (7-22)、式 (7-29) 计算得到。

干线相位差优化实质是在周期时长、绿信比等控制参数确定的基础上,通过协调交叉口间的相位差,实现干线协调,也就是使车辆在协调方向的第一个交叉口绿灯驶过后,一路绿灯或跟随前方排队队尾不停车通过后续多个路口,形成连续的交通流,或者能够保证通过交叉口的车辆总延误最小。传统的相位差设计过程一般假设相邻交叉口路段上无排队车辆,全部车辆来自同一信号周期上游交叉口的驶离车辆,该假设忽略了路段车辆的时空特性,直接影响干线协调控制的效果。因此,本章考虑路段车辆运行特性,特别是排队特性,从保证车辆不停车与延误最小两个角度分别建立相位差模型,以获得更大的绿波通过带,提高道路服务水平。

7.3 协调交叉口车辆到达类型解析

依据车队的到达时刻及相邻交叉口的信号控制(相位差、绿信比等),车流从上游交叉口绿灯驶出到达下游时存在 6 种不同的运行类型,其到达图示如图 7.12 所示。

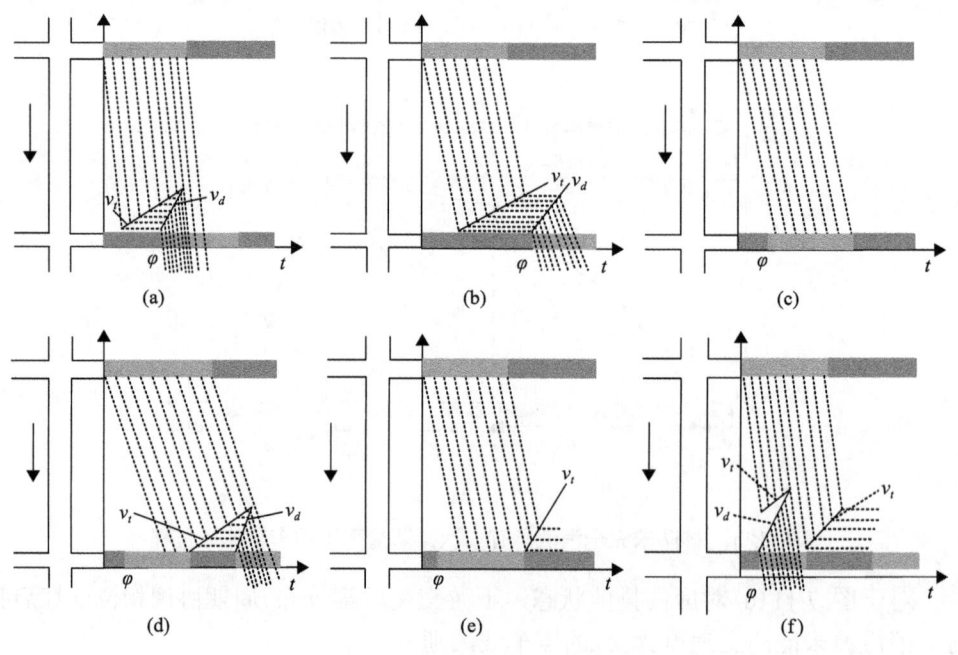

图 7.12 车流到达类型解析图

(1) 车队头车到达时为红灯，尾车到达时为绿灯。该情况下头部车辆接收阻滞信号停车排队，并在绿灯启亮后排队开始消散，当队尾车辆到达排队最远位置时已完成消散，此时队尾车辆跟随排队消散的车辆通过交叉口。

(2) 车队头车与尾车到达时均为红灯。该情况下车队的全部车辆停车排队，并在绿灯启亮之后消散波传播至排队尾车时间后完成消散。

(3) 车队头车与尾车在同一绿灯时间内到达。该情况下车队全部车辆一次通过，不发生排队现象。

(4) 车队头车绿灯时达到，且尾车在下一个绿灯时间内到达。该情况下车队中部车辆停车排队，并在下一绿灯时间内队尾车辆到达时排队消散。

(5) 车队头车到达时为绿灯，尾车到达时为红灯，且头车到达时不存在排队或排队完全消散，该情况下仅队尾车辆发生排队。

(6) 车队头车到达时为绿灯，尾车到达时为红灯，但头车到达时滞留排队未完全消散。该情况下部分队首车辆受前车影响停车排队，且队尾车辆接收阻滞信号发生排队。

因相邻交叉口间相位差和绿灯时间不同，车流行驶到下游交叉口时遇到不同的信号状态，从而形成不同的到达类型。根据车流运行特性可知到达类型的不同造成的排队长度和行驶延误也不同。对于整个线控系统，可通过协调相邻交叉口间的相位差，保证车队头车与尾车在下游绿灯时通过或者干线车辆行驶总延误最小。

7.4 不停车状态下的相位差模型构建

不停车状态表示车队头车与尾车绿灯时到达下游交叉口，且头车到达时不存在排队或排队完全消散，此时全部车辆通过交叉口。为优化相位差使车队达到不停车状态，可分三种情况讨论：①不存在排队现象，头车与尾车绿灯时直接通过。②存在一次排队，头车绿灯到达排队最远位置时排队已消散，车辆通过交叉口。③存在二次排队，头车绿灯到达时，下游交叉口前一周期存在滞留车辆且滞留排队完全消散。

7.4.1 无排队下的相位差模型

假设上游交叉口 $I(i-1)$ 与下游交叉口 $I(i)$ 间车队的平均速度为 $v_{i-1,i}$，交叉口的停车线间距为 $L_{i-1,i}$，下游交叉口相对于上游交叉口的相位差为 $\varphi_{i,i-1}$，上下游交叉口协调相位绿灯时间分别为 g_{i-1}、g_i。无排队情况下，相位差满足车队头车与尾车均绿灯到达。取上游交叉口绿灯启亮为初始时刻，在下游交叉口无排队情况下，头车经 λ 个周期到达的运行时间可表示为 $t_h = \dfrac{L_{i-1,i}}{v_{i-1,i}}$，此时头车到达停车线时信号状态恰为绿灯开始时刻是相位差计算的临界条件，该状态下相位差满足：

$$\varphi_{i,i-1} + \lambda C \leqslant \dfrac{L_{i-1,i}}{v_{i-1,i}} \tag{7-32}$$

考虑相邻交叉口的间距一般在 1000m 之内，车辆在交叉口间的运行时间一般在 2 个信号周期之内[97]，故 λ 取 0 或 1。

对于队尾车辆，其到达下游交叉口的时刻可表示为 $t_t = g_{i-1} + \dfrac{L_{i-1,i}}{v_{i-1,i}}$，尾车经 λ 个周期到达下游停车线时恰为绿灯结束时刻是相位差计算的临界条件，此时相位差满足

$$\varphi_{i,i-1} + g_i + \lambda C \geqslant g_{i-1} + \dfrac{L_{i-1,i}}{v_{i-1,i}}, \quad \lambda = 0,1 \tag{7-33}$$

综合车队头车与尾车的约束条件，可知无排队情况下相位差应满足：

$$g_{i-1} - g_i + \dfrac{L_{i-1,i}}{v_{i-1,i}} - \lambda C \leqslant \varphi_{i,i-1} \leqslant \dfrac{L_{i-1,i}}{v_{i-1,i}} - \lambda C, \quad \lambda = 0,1 \tag{7-34}$$

7.4.2 一次排队下的相位差模型

上游交叉口 $I(i-1)$ 协调方向绿灯启亮初期，因相位差的存在下游交叉口 $I(i)$ 协调方向仍为红灯，此时上游交叉口在上一周期进入下游并遇红灯发生停车排队的车辆并未开始消散，最大排队长度为 $L_i^{\max}$。头车向下游行驶过程中，下游交叉口信号状态变为绿灯，排队车辆开始消散，消散速度为 $v_{d,i}$，完全消散所需时间为 $t_{d,i} = \dfrac{L_i^{\max}}{v_{d,i}}$。

若车辆在第一个信号周期内到达下游交叉口，即 $\lambda = 0$ 时，头车到达最远排队位置时排队车辆完全消散是相位差计算的约束条件。头车到达最远排队位置所用的时间 $t_h = \dfrac{L_{i-1,i} - L_i^{\max}}{v_{i-1,i}}$ 应大于相位差与排队消散时间之和，即

$$\varphi_{i,i-1} + \frac{L_i^{\max}}{v_{d,i}} \leqslant \frac{L_{i-1,i} - L_i^{\max}}{v_{i-1,i}} \tag{7-35}$$

而队尾车辆通过下游交叉口,相位差满足式(7-33)中 $\lambda = 0$ 的情况。

若车辆在第二个信号周期到达下游交叉口,即 $\lambda = 1$ 时,因下游交叉口仅存在一次排队,即第一个信号周期内排队车辆已完全消散,因此首末车辆到达情况与无排队时相同,相位差满足式(7-34)中 $\lambda = 1$ 的情况。

综上所述,一次排队下相位差满足如下条件:

$$\begin{cases} g_{i-1} - g_i + \dfrac{L_{i-1,i}}{v_{i-1,i}} \leqslant \varphi_{i,i-1} \leqslant \dfrac{L_{i-1,i} - L_i^{\max}}{v_{i-1,i}} - \dfrac{L_i^{\max}}{v_{d,i}}, & \lambda = 0 \\ g_{i-1} - g_i + \dfrac{L_{i-1,i}}{v_{i-1,i}} - C \leqslant \varphi_{i,i-1} \leqslant \dfrac{L_{i-1,i}}{v_{i-1,i}} - C, & \lambda = 1 \end{cases} \tag{7-36}$$

7.4.3 二次排队下的相位差模型

二次排队是指上一周期的排队车辆在绿灯时间内未能全部通过下游交叉口而滞留下来重新排队的现象,排队长度为 L_i^q,该情况下头车只能在第二个信号周期到达下游交叉口,此时相位差计算的临界条件是头车到达二次排队位置时,排队车辆恰好完全消散。头车到达二次排队位置的行驶时间为 $t_h = \dfrac{L_{i-1,i} - L_i^q}{v_{i-1,i}}$,二次排队消散时间为 $t_{d,i} = \dfrac{L_i^q}{v_{d,i}}$,故相位差满足

$$\varphi_{i,i-1} + C + \frac{L_i^q}{v_{d,i}} \leqslant \frac{L_{i-1,i} - L_i^q}{v_{i-1,i}} \tag{7-37}$$

队尾车辆的运行状态与无排队情况一致,相位差满足:

$$\varphi_{i,i-1} + g_i + C \geqslant g_{i-1} + \frac{L_{i-1,i}}{v_{i-1,i}} \tag{7-38}$$

综上所述,二次排队下相位差满足

$$g_{i-1} - g_i - C + \frac{L_{i-1,i}}{v_{i-1,i}} \leqslant \varphi_{i,i-1} \leqslant \frac{L_{i-1,i} - L_i^q}{v_{i-1,i}} - \frac{L_i^q}{v_{d,i}} - C, \quad \lambda = 1 \tag{7-39}$$

7.5 延误最小状态下的相位差模型构建

对线控系统而言,车辆总延误为车辆通过各交叉口的延误之和,包括首末交叉口的驶出车流延误和中间交叉口的上行与下行延误[98],因此要满足目标函数 $\min D = \min\left[\sum_{i=2}^{n-1}(D_{d,i}+D_{u,i})+D_{u,1}+D_{d,n}\right]$($D_d = \sum_{i=2}^{n-1}D_{d,i}$ 为下行总延误,$D_u = \sum_{i=2}^{n-1}D_{u,i}$ 为上行总延误),使干线延误最小,就要保证交叉口上行与下行延误均最小,即 $\min D = \sum_{i=2}^{n-1}\min(D_{d,i}+D_{u,i})+\min(D_{u,1})+\min(D_{d,n})$。

当车辆从交叉口 $I(i-1)$ 下行至交叉口 $I(i)$ 时,根据前面车流到达的 6 种类型,可将交叉口间车辆的受阻延误分为 3 种情况:①车队头部车辆到达交叉口时为红灯造成的车队受阻排队延误;②车队尾部车辆到达交叉口时信号状态由绿灯变成红灯造成的队尾车辆受阻排队延误;③车队绿灯时不受阻通过交叉口。因车队不受阻通过交叉口的情况 7.4 节已经进行了分析,故下面针对车队头部受阻与尾部受阻两种延误类型进行研究,其中依据排队集结与消散可知车队受阻延误包括停车延误和消散延误两部分。

7.5.1 车队头部受阻延误下的模型建立

假设协调交叉口的公共周期为 C,交叉口 $I(i)$ 的车辆到达率为 $q_{i-1,i}$,干线方向红灯时间为 r_i,其他符号 $L_{i-1,i}$、$v_{i-1,i}$、$\varphi_{i,i-1}$、g_i 的含义如前文所述,其中只有 $\varphi_{i,i-1}$ 为未知变量。

取交叉口 $I(i-1)$ 绿灯启亮为初始时刻,车辆经 λ 个周期到达 $I(i)$ 的行驶时间为 $\frac{L_{i-1,i}}{v_{i-1,i}}$,当满足 $\varphi_{i,i-1}+g_i \leqslant \frac{L_{i-1,i}}{v_{i-1,i}} - \lambda C < \varphi_{i,i-1}+C$ 时,车队头车红灯时间内到达,排队发生延误,经前面分析,λ 取 0 或 1。

1)情况 1:头车红灯到达,尾车绿灯到达情况下的延误计算

交叉口 $I(i-1)$ 绿灯启亮后,头车经 0 或 1 个信号周期到达交叉口 $I(i)$ 遇红灯停车排队,形成速度为 $v_{t,i}$ 的停车波向上游传播;$t_{\mathrm{ed},i}$ 时间后交叉口 $I(i)$ 变为绿灯,排队开始消散,形成速度为 $v_{d,i}$ 的消散波向上游传播;经消散时间 $t_{d,i}$ 排队完全消散,同时队尾车辆跟随消散车辆在绿灯时间内通过交叉口 $I(i)$,排队分析如图 7.13(a) 所示,此时车辆延误由车队头部车辆的排队延误造成,其延误分析如图 7.14(a) 所示,车辆到达累积线与车辆驶离累积线围成三角形。

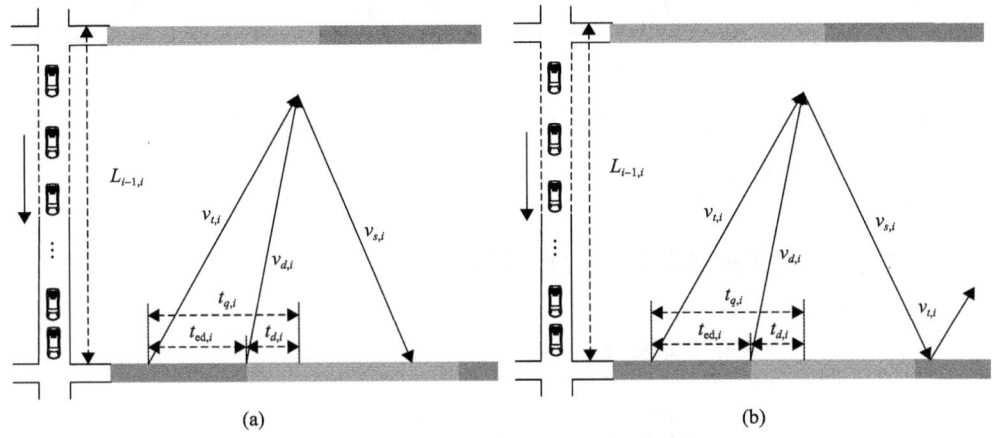

图 7.13 头车红灯到达，尾车绿灯到达情况下的排队分析

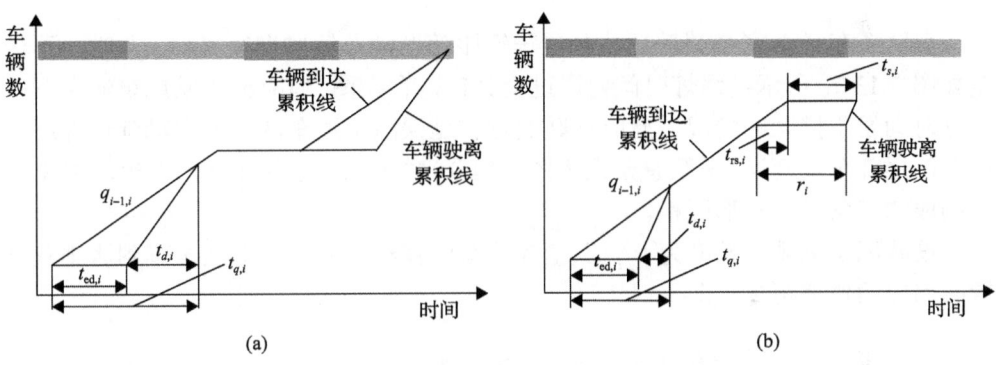

图 7.14 车队头部受阻情况 1 延误分析图

设车队头部车辆在交叉口 $I(i)$ 的最大排队长度为 $L_{h,i}$，根据排队的集结与消散分析可知，消散波传播到车队头部最大排队位置的时刻等于停车波到达车队头部最大排队位置的时刻，即

$$\varphi_{i,i-1} + \lambda C + \frac{L_{h,i}}{v_{d,i}} = \frac{L_{i-1,i}}{v_{i-1,i}} + \frac{L_{h,i}}{v_{t,i}} \tag{7-40}$$

则车队头部车辆最大排队长度 $L_{h,i}$ 为

$$L_{h,i} = \left(\varphi_{i,i-1} + \lambda C - \frac{L_{i-1,i}}{v_{i-1,i}} \right) \frac{v_{t,i} v_{d,i}}{v_{d,i} - v_{t,i}} \tag{7-41}$$

推出排队消散时间 $t_{d,i}$ 为

$$t_{d,i} = \frac{L_{h,i}}{v_{d,i}} = \left(\varphi_{i,i-1} + \lambda C - \frac{L_{i-1,i}}{v_{i-1,i}}\right)\frac{v_{t,i}}{v_{d,i} - v_{t,i}} \tag{7-42}$$

从车队头车到达交叉口 $I(i)$ 到同一个周期的红灯结束的时间长度 $t_{\text{ed},i}$ 满足 $t_{\text{ed},i} = \varphi_{i,i-1} + \lambda C - \dfrac{L_{i-1,i}}{v_{i-1,i}}$。

根据延误三角形推导出车队行驶延误为

$$\begin{aligned} D_{d,i} &= \frac{1}{2}t_{\text{ed},i}q_{i-1,i}\left(t_{\text{ed},i} + t_{d,i}\right) \\ &= \frac{1}{2}q_{i-1,i}\left(\varphi_{i,i-1} + \lambda C - \frac{L_{i-1,i}}{v_{i-1,i}}\right)^2 \frac{v_{d,i}}{v_{d,i} - v_{t,i}} \end{aligned} \tag{7-43}$$

车队头车排队完全消散后，队尾车辆跟随消散车辆驶向交叉口 $I(i)$ 时，不一定如图 7.13(a) 所示在绿灯时间内通过交叉口，存在图 7.13(b) 中队尾车辆在下一红灯时间发生排队的情况，此时车队的行驶延误除上述车队头部车辆延误外还包括车队尾部车辆延误，车队总延误为图 7.14(b) 中车辆到达累积线与车辆驶离累积线围成的三角形与梯形面积。

设队尾车辆排队长度为 $L_{s,i}$，其值为停车波在红灯启亮至车队尾车到达排队位置时间内的传播距离，即

$$\begin{aligned} L_{s,i} &= t_{\text{rs},i}v_{t,i} \\ &= \left[g_{i-1} + \frac{L_{i-1,i} - L_{s,i}}{v_{i-1,i}} - \lambda C - \left(\varphi_{i,i-1} + g_i\right)\right]v_{t,i} \end{aligned} \tag{7-44}$$

式中，$t_{\text{rs},i}$ 为从红灯启亮时刻到尾车行驶至排队最远位置的时间，s。

解方程得

$$\begin{aligned} L_{s,i} &= \left[g_{i-1} + \frac{L_{i-1,i}}{v_{i-1,i}} - \left(\varphi_{i,i-1} + g_i + \lambda C\right)\right]\frac{v_{t,i}v_{i-1,i}}{v_{i-1,i} + v_{t,i}} \\ t_{\text{rs},i} &= \left[g_{i-1} + \frac{L_{i-1,i}}{v_{i-1,i}} - \left(\varphi_{i,i-1} + g_i + \lambda C\right)\right]\frac{v_{i-1,i}}{v_{i-1,i} + v_{t,i}} \end{aligned} \tag{7-45}$$

尾车从到达排队位置开始排队到消散后行驶通过交叉口的时间 $t_{s,i}$ 满足

第 7 章 路网车流控制优化方法 · 213 ·

$$t_{s,i} = r_i + \frac{L_{s,i}}{v_{d,i}} - t_{\text{rs},i}$$

$$= C - g_i + \frac{(v_{t,i} - v_{d,i})v_{i-1,i}}{(v_{i-1,i} + v_{t,i})v_{d,i}}\left[g_{i-1} + \frac{L_{i-1,i}}{v_{i-1,i}} - (\varphi_{i,i-1} + g_i + \lambda C)\right] \quad (7\text{-}46)$$

根据延误三角形和延误梯形推导出车队行驶延误为

$$\begin{aligned}
D_{d,i} &= \frac{1}{2}t_{\text{ed},i}q_{i-1,i}\left(t_{\text{ed},i} + t_{d,i}\right) + \frac{1}{2}q_{i-1,i}t_{\text{rs},i}\left(t_{s,i} + r_i\right) \\
&= \frac{1}{2}q_{i-1,i}\left(\varphi_{i,i-1} + \lambda C - \frac{L_{i-1,i}}{v_{i-1,i}}\right)^2 \frac{v_{d,i}}{v_{d,i} - v_{t,i}} \\
&\quad + q_{i-1,i}\frac{v_{i-1,i}}{v_{i-1,i} + v_{t,i}}\left\{\frac{1}{2}\left[g_{i-1} + \frac{L_{i-1,i}}{v_{i-1,i}} - (\varphi_{i,i-1} + g_i + \lambda C)\right]^2 \frac{(v_{t,i} - v_{d,i})v_{i-1,i}}{(v_{i-1,i} + v_{t,i})v_{d,i}} \right. \\
&\quad \left. + (C - g_i)\left[g_{i-1} + \frac{L_{i-1,i}}{v_{i-1,i}} - (\varphi_{i,i-1} + g_i + \lambda C)\right]\right\}
\end{aligned} \quad (7\text{-}47)$$

2) 情况 2：头车与尾车均红灯到达情况下的延误计算

该情况下车队全部车辆停车排队，最大排队长度为尾车所在位置。$t_{\text{ed},i}$ 时间后交叉口 $I(i)$ 变为绿灯，排队车辆开始消散，经消散时间 $t_{d,i}$ 排队完全消散，全部车辆在绿灯时间内通过交叉口 $I(i)$。此时车辆的行驶延误为图 7.15 中车辆到达累积线与驶离累积线围成的梯形面积。

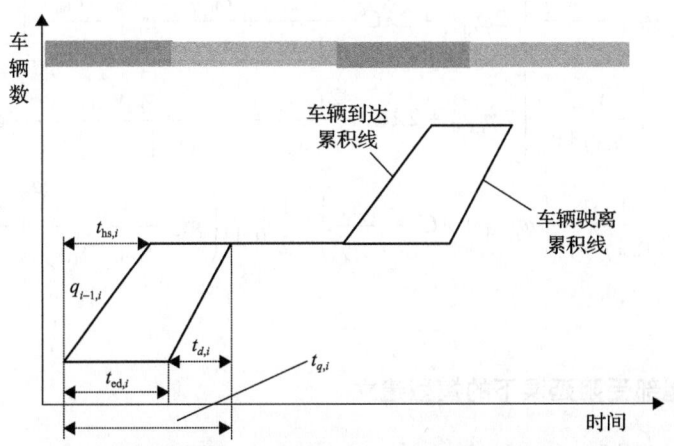

图 7.15 车队头部受阻情况 2 延误分析图

设车队最大排队长度为 $L_{\text{hs},i}$，其值大小等于停车波在头车到达交叉口至尾车

到达排队最远位置时间段内的传播距离,即

$$L_{\mathrm{hs},i} = t_{\mathrm{hs},i} v_{t,i}$$
$$= \left(g_{i-1} + \frac{L_{i-1,i} - L_{\mathrm{hs},i}}{v_{i-1,i}} - \frac{L_{i-1,i}}{v_{i-1,i}}\right) v_{t,i} = \left(g_{i-1} - \frac{L_{\mathrm{hs},i}}{v_{i-1,i}}\right) v_{t,i} \quad (7\text{-}48)$$

式中,t_{hs} 表示车队头车到达交叉口 $I(i)$ 与尾车到达排队最远位置的时间差,s。

解方程得

$$L_{\mathrm{hs},i} = g_{i-1} \frac{v_{t,i} v_{i-1,i}}{v_{i-1,i} + v_{t,i}}$$
$$t_{\mathrm{hs},i} = g_{i-1} \frac{v_{i-1,i}}{v_{i-1,i} + v_{t,i}} \quad (7\text{-}49)$$

推出排队消散时间 $t_{d,i}$ 为

$$t_{d,i} = \frac{L_{\mathrm{hs},i}}{v_{d,i}} = g_{i-1} \frac{v_{t,i} v_{i-1,i}}{(v_{i-1,i} + v_{t,i}) v_{d,i}} \quad (7\text{-}50)$$

根据延误梯形推导出车队行驶延误为

$$D_{d,i} = \frac{1}{2} q_{i-1,i} t_{\mathrm{hs},i} \left(t_{\mathrm{ed},i} + t_{\mathrm{ed},i} + t_{d,i} - t_{\mathrm{hs},i}\right)$$
$$= \frac{1}{2} q_{i-1,i} \left(g_{i-1} - \frac{L_{\mathrm{hs},i}}{v_{i-1,i}}\right) \left(2\varphi_{i,i-1} + 2\lambda C - \frac{2L_{i-1,i}}{v_{i-1,i}} + \frac{L_{\mathrm{hs},i}}{v_{d,i}} - g_{i-1} - \frac{L_{\mathrm{hs},i}}{v_{i-1,i}}\right)$$
$$= \frac{1}{2} q_{i-1,i} g_{i-1} \frac{v_{i-1,i}}{v_{i-1,i} + v_{t,i}} \left[2\varphi_{i,i-1} + 2\lambda C - \frac{2L_{i-1,i}}{v_{i-1,i}} + g_{i-1} \frac{v_{t,i} v_{i-1,i}}{(v_{i-1,i} + v_{t,i}) v_{d,i}} - g_{i-1} \frac{v_{i-1,i}}{v_{i-1,i} + v_{t,i}}\right]$$
$$= q_{i-1,i} g_{i-1} \frac{v_{i-1,i}}{v_{i-1,i} + v_{t,i}} \left(\varphi_{i,i-1} + \lambda C - \frac{L_{i-1,i}}{v_{i-1,i}}\right) + \frac{1}{2} q_{i-1,i} \left(g_{i-1} \frac{v_{i-1,i}}{v_{i-1,i} + v_{t,i}}\right)^2 \left(\frac{v_{t,i} - v_{d,i}}{v_{d,i}}\right)$$

$$(7\text{-}51)$$

7.5.2 车队尾部受阻延误下的模型建立

当 $\varphi_{i,i-1} \leq \frac{L_{i-1,i}}{v_{i-1,i}} - \lambda C < \varphi_{i,i-1} + g_i$ 时,头车绿灯时间内到达交叉口 i 不发生延误,车队的行驶延误由尾部车辆遇红灯排队引起。

1) 情况 1：头车绿灯到达，尾车下一绿灯到达情况下的延误计算

头部车辆绿灯时到达交叉口 $I(i)$，当信号状态变为红灯后车队中部车辆开始停车排队，这时尾车并未到达交叉口，经 r_i 时间信号状态变为下一周期绿灯，排队车辆开始消散，$t_{d,i}$ 时间后排队完全消散，队尾车辆跟随消散车辆在绿灯时间内通过交叉口 $I(i)$，此时车辆的行驶延误为图 7.16 中车辆到达累积线与驶离累积线围成的三角形面积。

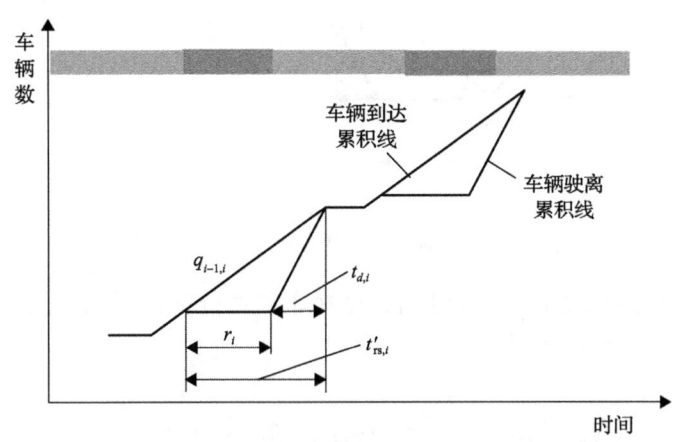

图 7.16　车队尾部受阻情况 1 延误分析图

设从红灯启亮到尾车行驶到交叉口 $I(i)$ 的时间长为 $t'_{rs,i}$，满足

$$t'_{rs,i} = g_{i-1} + \frac{L_{i-1,i}}{v_{i-1,i}} - \lambda C - (\varphi_{i,i-1} + g_i) \tag{7-52}$$

根据图 7.16 中延误三角形推导出车队行驶延误为

$$\begin{aligned} D_{d,i} &= \frac{1}{2} r_i q_{i-1,i} t'_{rs,i} \\ &= \frac{1}{2} q_{i-1,i} (C - g_i) \left[g_{i-1} + \frac{L_{i-1,i}}{v_{i-1,i}} - \lambda C - (\varphi_{i,i-1} + g_i) \right] \end{aligned} \tag{7-53}$$

2) 情况 2：头车绿灯到达，尾车红灯到达，且头车到达时不存在排队情况下的延误计算

头部车辆绿灯时间内到达交叉口 $I(i)$，随着红灯启亮车辆停车排队，经过 $t_{rs,i}$ 时间，尾车到达排队队尾位置，排队完成；红灯结束后排队车辆在 $t_{d,i}$ 时间后完全消散，此时车队的行驶延误由队尾车辆排队造成，如图 7.17 所示，车辆到达累积

线与车辆驶离累积线构成梯形。

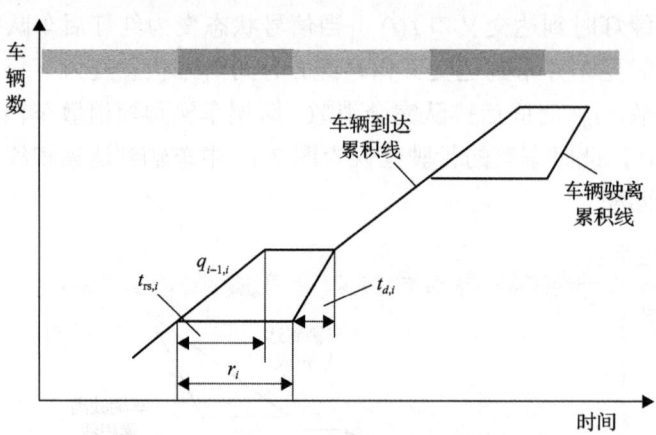

图 7.17 车队尾部受阻情况 2 延误分析图

车队队尾排队长度 $L_{s,i}$ 与红灯启亮至尾车到达排队位置的时间 $t_{\mathrm{rs},i}$ 由式(7-44)与式(7-45)计算得出，满足

$$L_{s,i} = \left[g_{i-1} + \frac{L_{i-1,i}}{v_{i-1,i}} - (\varphi_{i,i-1} + g_i + \lambda C) \right] \frac{v_{t,i} v_{i-1,i}}{v_{i-1,i} + v_{t,i}}$$

$$t_{\mathrm{rs},i} = \left[g_{i-1} + \frac{L_{i-1,i}}{v_{i-1,i}} - (\varphi_{i,i-1} + g_i + \lambda C) \right] \frac{v_{i-1,i}}{v_{i-1,i} + v_{t,i}}$$

推出排队消散时间 $t_{d,i}$ 为

$$t_{d,i} = \frac{L_{s,i}}{v_{d,i}} = \left[g_{i-1} + \frac{L_{i-1,i}}{v_{i-1,i}} - (\varphi_{i,i-1} + g_i + \lambda C) \right] \frac{v_{t,i} v_{i-1,i}}{(v_{i-1,i} + v_{t,i}) v_{d,i}} \qquad (7\text{-}54)$$

根据延误梯形推导出车队行驶延误为

$$\begin{aligned} D_{d,i} &= \frac{1}{2} q_{i-1,i} t_{\mathrm{rs},i} (r_i + r_i + t_{d,i} - t_{\mathrm{rs},i}) \\ &= \frac{1}{2} q_{i-1,i} \frac{v_{i-1,i}}{v_{i-1,i} + v_{t,i}} \left\{ \left[g_{i-1} + \frac{L_{i-1,i}}{v_{i-1,i}} - (\varphi_{i,i-1} + g_i + \lambda C) \right]^2 \frac{(v_{t,i} - v_{d,i}) v_{i-1,i}}{(v_{i-1,i} + v_{t,i}) v_{d,i}} \right. \\ &\quad \left. + 2(C - g_i) \left[g_{i-1} + \frac{L_{i-1,i}}{v_{i-1,i}} - (\varphi_{i,i-1} + g_i + \lambda C) \right] \right\} \qquad (7\text{-}55) \end{aligned}$$

3) 情况 3：头车绿灯到达，尾车红灯到达，且头车到达时存在滞留排队情况下的延误计算

该情况下交叉口 $I(i)$ 存在滞留排队，绿灯启亮后滞留排队开始消散，当头车到达交叉口 $I(i)$ 时滞留车辆未全部消散，致使头车停车排队，头车排队 $t_{ht,i}$ 时间后滞留车辆完全消散，此时头部排队开始消散，经 $t'_{d,i}$ 时间头部排队完全消散；尾部车辆随消散车辆行驶，遇红灯停车排队，经过 $t_{rs,i}$ 时间尾车到达排队队尾位置，排队完成；红灯结束后排队车辆开始消散，$t_{d,i}$ 时间后排队完全消散，此时车队的行驶延误为如图 7.18 中车辆到达累积线与车辆驶离累积线围成的三角形与梯形面积。

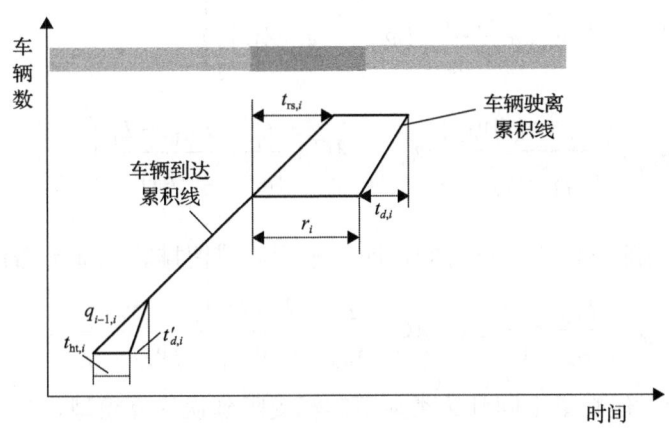

图 7.18 车队尾部受阻情况 3 延误分析图

设车队头部遇滞留车辆的排队长度为 $L'_{h,i}$，依据消散波传播到车队头部最大排队位置的时刻等于停车波到达车队头部最大排队位置可知：

$$\varphi_{i,i-1} + \lambda C + \frac{L'_{h,i} + L_1}{v_{d,i}} = \frac{L_{i-1,i} - L_1}{v_{i-1,i}} + \frac{L'_{h,i}}{v_{t,i}} \tag{7-56}$$

式中，L_1 为滞留车辆的排队长度，m。

则车队头部车辆排队长度 $L'_{h,i}$ 为

$$L'_{h,i} = \left(\varphi_{i,i-1} + \lambda C + \frac{L_1}{v_{d,i}} - \frac{L_{i-1,i} - L_1}{v_{i-1,i}} \right) \frac{v_{t,i} v_{d,i}}{v_{d,i} - v_{t,i}} \tag{7-57}$$

排队消散时间 $t'_{d,i}$ 为

$$t'_{d,i} = \frac{L'_{h,i}}{v_{d,i}} = \left(\varphi_{i,i-1} + \lambda C - \frac{L_{i-1,i} - L_1}{v_{i-1,i}} + \frac{L_1}{v_{d,i}}\right)\frac{v_{t,i}}{v_{d,i} - v_{t,i}} \tag{7-58}$$

根据延误三角形和延误梯形推导出车队行驶延误为

$$\begin{aligned}
D_{d,i} &= \frac{1}{2}q_{i-1,i}t_{\text{rs},i}\left(r_i + r_i + t_{d,i} - t_{\text{rs},i}\right) + \frac{1}{2}q_{i-1,i}t_{\text{ht},i}(t_{\text{ht},i} + t'_{d,i}) \\
&= \frac{1}{2}q_{i-1,i}\frac{v_{i-1,i}}{v_{i-1,i} + v_{t,i}}\left\{\left[g_{i-1} + \frac{L_{i-1,i}}{v_{i-1,i}} - (\varphi_{i,i-1} + g_i + \lambda C)\right]^2 \frac{(v_{t,i} - v_{d,i})v_{i-1,i}}{(v_{i-1,i} + v_{t,i})v_{d,i}}\right. \\
&\quad \left. + 2(C - g_i)\left[g_{i-1} + \frac{L_{i-1,i}}{v_{i-1,i}} - (\varphi_{i,i-1} + g_i + \lambda C)\right]\right\} \\
&\quad + \frac{1}{2}q_{i-1,i}\frac{(v_{d,i} + v_{t,i})v_{d,i}}{(v_{d,i} - v_{t,i})^2}\left(\varphi_{i,i-1} + \lambda C + \frac{L_1}{v_{d,i}} - \frac{L_{i-1,i} - L_1}{v_{i-1,i}}\right)^2
\end{aligned} \tag{7-59}$$

式中，$t_{\text{ht},i}$ 为头部车辆的停车时间，即头车到达滞留排队尾部至滞留排队完全消散的时间长，$t_{\text{ht},i} = \frac{L'_{h,i}}{v_{t,i}} = \left(\varphi_{i,i-1} + \lambda C + \frac{L_1}{v_{d,i}} - \frac{L_{i-1,i} - L_1}{v_{i-1,i}}\right)\frac{v_{d,i}}{v_{d,i} - v_{t,i}}$。

综上分析，建立了不同到达类型下车辆受阻延误计算模型，模型中自变量相位差与因变量行驶延误之间存在一定的数学关系。通过对干线交叉口所处状态的判断，确定车队满足的延误类型，应用最优值解法以延误最小为目标函数求解相位差。

干线双向绿波协调控制方法是一种基于绿波带宽最大化的干线交通信号控制方法，是城市交通控制系统优先选择的一种重要控制方式，目前常见的双向绿波协调控制模型是经典 MAXBAND 模型及其改进模型，解决了不同交通流量与带宽需求下的绿波带宽最大化问题，并取得了良好的效果，但是其忽略了干线车辆排队现象以及由排队过程引发的交叉口相位差、行驶时间等因素改变造成的绿波带宽的变化。因此，本章为了更准确地与干线实际交通状况相符，针对经典双向绿波协调控制模型的不足，提出协调相位绿灯启亮时刻不同关系下的相位相序优化策略，以实现双向绿波带宽最大化，达到提高道路通行能力与车辆行驶平滑性、保证车辆行驶速度及其一致性、减少停车次数的目的。

7.6 经典双向绿波协调控制模型

经典双向绿波协调控制模型包括三种混合整数线性规划模型：一是以双向绿波带宽最大且一致为目标的 MAXBAND 模型；二是考虑双向不同带宽需求比例的 MAXBAND 改进形式 MILP-2 模型；三是针对不同路段的不同带宽需求，绿波带以中心线为基准严格对称的 MULTIBAND 模型。

7.6.1 MAXBAND 模型

MAXBAND 模型是干线协调控制优化的基本模型，其建模思想是通过相邻交叉口间上行与下行方向的时距分析，确定各控制参数的相关关系，以双向绿波带宽一致且最大为优化目标，采用混合整数线性规划法建立模型。假设干线协调系统由 n 个交叉口组成，表示为 $I(i)$，其中 i 取值 $1\sim n$，时距分析如图 7.19 所示，所有与时间相关的变量均以公共周期为基本单位，b 与 $\bar{b}$ 分别为下行方向与上行方向的绿波带宽比率；r_i 与 $\bar{r}_i$ 分别为交叉口 $I(i)$ 下行与上行方向的红灯时间比率；$t_{i-1,i}$ 与 $\bar{t}_{i,i-1}$ 为车辆下行与上行方向的行驶时间比率；ω_i 和 $\bar{\omega}_i$ 分别为交叉口 $I(i)$ 下行方向红灯结束时刻到绿波带左侧的时间比率和上行方向绿波带右侧与红灯开始时刻的时间比率；Δ_i 为交叉口 $I(i)$ 下行方向红灯中间时刻与上行方向红灯中间时刻的时间差比率；$\varphi_{i,i-1}$ 与 $\bar{\varphi}_{i-1,i}$ 分别为下行和上行方向交叉口 $I(i-1)$ 与交叉口 $I(i)$ 红灯中间时刻的时间差比率，即下行与上行方向的相位差比率[99]。

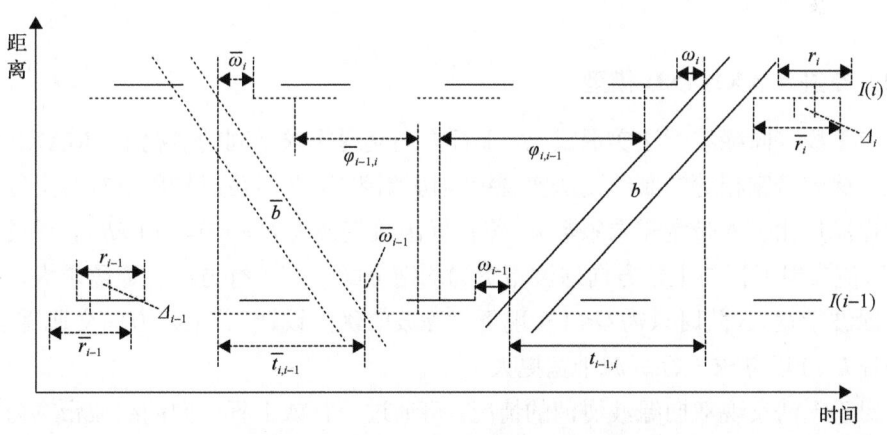

图 7.19 MAXBAND 模型绿波时距图

依据 MAXBAND 模型寻求带宽一致且最大的目标，可确定模型的目标函数为 $F = \max(b=\bar{b})$。按照图 7.19 的时距分析，从几何关系角度得到如下约束条件：

$$\begin{cases} \omega_i + b \leqslant 1 - r_i \\ \overline{\omega}_i + \overline{b} \leqslant 1 - \overline{r}_i \end{cases} \tag{7-60}$$

$$\begin{cases} \varphi_{i,i-1} + 0.5r_i + \omega_i = 0.5r_{i-1} + \omega_{i-1} + t_{i-1,i} \\ \overline{\varphi}_{i-1,i} + 0.5\overline{r}_i + \overline{\omega}_i = 0.5\overline{r}_{i-1} + \overline{\omega}_{i-1} + \overline{t}_{i,i-1} \end{cases} \tag{7-61}$$

式(7-60)表示下行与上行方向绿波带宽必定不能大于绿灯时间，是绿波带基本的约束条件；式(7-61)以上下游交叉口间的距离-时间关系确定了各变量的几何关系。依据时距分析可知，相邻交叉口下行方向相位差 $\varphi_{i,i-1}$ 和上行方向相位差 $\overline{\varphi}_{i-1,i}$ 的相关关系为

$$\varphi_{i,i-1} + \overline{\varphi}_{i-1,i} + \Delta_{i-1} - \Delta_i = \lambda C \tag{7-62}$$

综上所述，得到 MAXBAND 模型的基本表达形式为

$$F = \max(b)$$

$$\text{s.t.} \begin{cases} b = \overline{b} \\ \omega_i + b \leqslant 1 - r_i; \overline{\omega}_i + \overline{b} \leqslant 1 - \overline{r}_i, \quad i = 1, 2, \cdots, n \\ 0.5(r_i + \overline{r}_i) + \omega_i + \overline{\omega}_i + \Delta_{i-1} - \Delta_i \\ \quad = 0.5(r_{i-1} + \overline{r}_{i-1}) + \omega_{i-1} + \overline{\omega}_{i-1} + t_{i-1,i} + \overline{t}_{i,i-1} + \lambda C, \quad i = 2, 3, \cdots, n \\ b, \overline{b}, \omega_i, \overline{\omega}_i \geqslant 0, \quad i = 1, 2, \cdots, n \\ \lambda \in \mathbf{Z} \end{cases} \tag{7-63}$$

7.6.2 改进 MAXBAND 模型

在干线双向绿波无法实现或上、下行方向交通需求不同的情况下，MAXBAND 模型受绿波带宽相等的制约无法实现绿波协调控制，此时可以按照下行与上行方向的交通流量比引入带宽需求系数 k，将目标函数变换为 $F = \max(b + k\overline{b})$，通过调整 k 的取值实现下行与上行方向绿波带宽的均衡分配。若下行方向交通需求大，则需要的绿波带宽大，此时只需 $k \leqslant 1$ 实现下行绿波的优先设计；若上行方向交通需求大，则保证 $k > 1$ 以寻求上行绿波带宽更大。

对于无法实现双向绿波协调的情况，可通过下行或上行方向的绿波带宽为零来实现单向绿波协调，此时可利用阶跃函数 $\varepsilon(x)$，令 $b = \varepsilon(b')b'$，$\overline{b} = \varepsilon(\overline{b'})\overline{b'}$，当只有下行方向实现单向绿波时，$b' > 0$，$\varepsilon(b')$ 取 1；$\overline{b'} \leqslant 0$，$\varepsilon(\overline{b'})$ 取 0。反之亦成立[100]。

引入带宽需求系数 k，得到双向不同带宽需求的改进 MAXBAND 模型的基本表达形式：

$$F = \max(b + k\bar{b})$$

$$\text{s.t.} \begin{cases} b = \bar{b}, \quad k = 1 \\ (1-k)\bar{b} \geqslant (1-k)kb, \quad k \neq 1 \\ \omega_i + b \leqslant 1 - r_i; \bar{\omega}_i + \bar{b} \leqslant 1 - \bar{r}_i, \quad i = 1, 2, \cdots, n \\ 0.5(r_i + \bar{r}_i) + \omega_i + \bar{\omega}_i + \Delta_{i-1} - \Delta_i \\ \quad = 0.5(r_{i-1} + \bar{r}_{i-1}) + \omega_{i-1} + \bar{\omega}_{i-1} + t_{i-1,i} + \bar{t}_{i,i-1} + \lambda C, \quad i = 2,3,\cdots,n \\ b = \varepsilon(b')b', \bar{b} = \varepsilon(\bar{b}')\bar{b}' \\ b, \bar{b}, \omega_i, \bar{\omega}_i \geqslant 0, \quad i = 1, 2, \cdots, n \\ \lambda \in \mathbf{Z} \end{cases} \quad (7\text{-}64)$$

7.6.3 MULTIBAND 模型

MILP-2 模型针对的是上下行方向不同带宽需求的绿波带最大化问题，而 MULTIBAND 模型在此基础上进一步考虑了不同交叉口间由交通需求不同造成的宽度需求差异。图 7.20 为若干交叉口的时距分析，可知因不同交叉口路段上的交通量不同，同一交叉口进口与出口的绿波带宽也存在差异。MULTIBAND 模型假设交叉口不同宽度的绿波带共用一个中心点，且以中心点的连线为基准严格对称，得到的绿波带连续但宽度不同[101]。

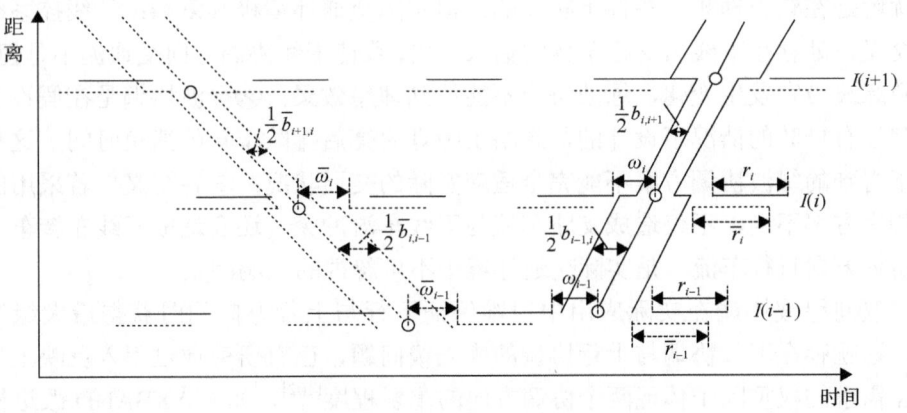

图 7.20 MULTIBAND 模型绿波时距图

定义 $b_{i-1,i}$ 与 $\bar{b}_{i,i-1}$ 为交叉口 $I(i-1)$ 与 $I(i)$ 间下行与上行方向的绿波带宽比率，根据图 7.20 的时空分析，得到下行与上行方向相邻交叉口间的约束条件为

$$\begin{cases} 0 \leqslant \omega_{i-1} \leqslant 1 - r_{i-1} - 0.5 b_{i-1,i} \\ 0 \leqslant \omega_i \leqslant 1 - r_i - 0.5 b_{i-1,i} \\ 0 \leqslant \bar{\omega}_i \leqslant 1 - r_i - 0.5 \bar{b}_{i,i-1} \\ 0 \leqslant \bar{\omega}_{i-1} \leqslant 1 - r_{i-1} - 0.5 \bar{b}_{i,i-1} \end{cases} \quad (7\text{-}65)$$

针对相邻交叉口各下行与上行方向的交通需求不同，定义下行与上行路段的实际交通量和饱和流量之比为带宽权重，用 λ_i 与 $\bar{\lambda}_i$ 表示，从而得到交叉口 $I(i)$ 的双向绿波带宽为 $\lambda_i b_{i-1,i} + \bar{\lambda}_i \bar{b}_{i,i-1}$，进而确定干线系统双向绿波控制的目标函数为

$$F = \max \frac{1}{n-1} \sum_{i=2}^{n} \left(\lambda_i b_{i-1,i} + \bar{\lambda}_i \bar{b}_{i,i-1} \right) \quad (7\text{-}66)$$

7.7 基于相位相序优化的双向绿波带宽最大化模型

7.7.1 问题提出

干线双向绿波协调控制通过将干线所有交叉口联系起来，以寻求绿波带宽的最大化来提高干线通行能力，但系统中交叉口数量越多，获得的连续绿波带宽越小。经典双向绿波协调控制模型利用整数混合线性规划方法求得干线绿波协调的最优解是在较为理想的条件下实现的，但实际交通环境极其复杂：①线控系统的各交叉口处存在干线与支路车辆的输入输出，致使干线协调方向交通流不是恒量，导致绿波带宽发生变化，绿波协调不能达到理想效果；②绿波协调是在假设各交叉口没有排队的情况下设计的，忽略了绿灯启亮后排队车辆的清空时间，这种情况下得到的绿波协调方案不能完全适应实际的交通状况；③各交叉口若采用的相位相序方案不当，不仅造成支路车流与干线车流冲突，还会造成干线左转车流影响协调方向直行车流，是实际交通环境中不可忽视的影响因素。

双向绿波协调在实际应用中很难保证下行与上行方向同时获得最大绿波带宽，这就存在下行协调与上行协调的优先级问题，已有研究通过引入反映上下行带宽需求的权重因子体现两个协调方向的重要程度[102]，如 MAXBAND 改进模型与 MULTIBAND 模型，但这些方法中的权重因子为不确定量，权重的取值给绿波协调带来了不确定性，同时对于某些特定的交通状况，不能保证是否一定存在可行解。

针对传统绿波协调存在的上述问题，从考虑排队清空过程与相位相序优化两个角度提出一种绿波协调控制优化方法。对于排队清空过程，在进行相位差优化

时已考虑了车流在关联交叉口的排队过程,并将排队清空时间计算在内,本章不再研究。对于相位相序优化,通过分析上下行方向所在相位的绿灯启亮时刻之间的关系,在现有相位相序方案的基础上,将为干线左转车流与支路车流提供通行权的非协调相位纳入干线协调中,形成更合理的相位相序组合方案,以实现绿波带宽最大化。

7.7.2 模型构建

现有的交叉口相位相序方案一般分为两种:一种是基于单环结构(single ring)的对称放行方案,通常分为图7.21所示的两相位、三相位、四相位等三种情况,这种单环结构的每一种相位方案都至少有两个方向的车流共用一个信号相位,在交通流时空分布不均衡的情况下会造成共用相位的某一方向绿灯损失严重或绿灯时间不足,降低交叉口的绿灯使用率,进而影响交叉口的通行效率。另一种是具有双环(dual ring)双段(dual stage)结构的NEMA(美国电气制造商协会)相位相序方案,如图7.22所示,调整NEMA相位中同环同段的两个相位的放行顺序或时间长度不会对其他相位造成影响,这提供了多种相位相序的组合方式,以干线相位相序为例,存在图7.23所示的四种组合方式,不仅有效避免了单环结构造成的问题,又保证了绿波协调中更灵活地调整信号方案,以实现绿波带宽最大化。

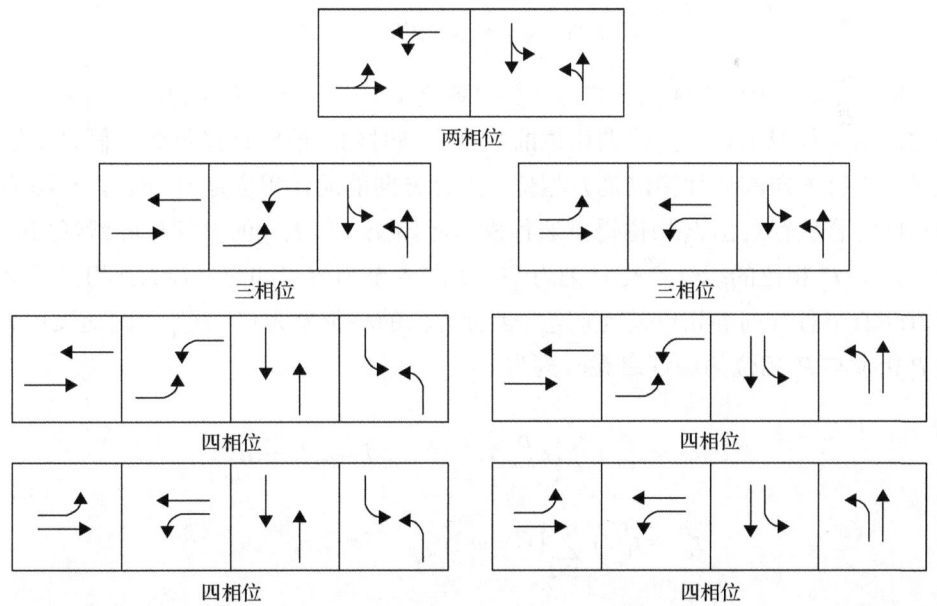

图 7.21 单环结构相位相序方案

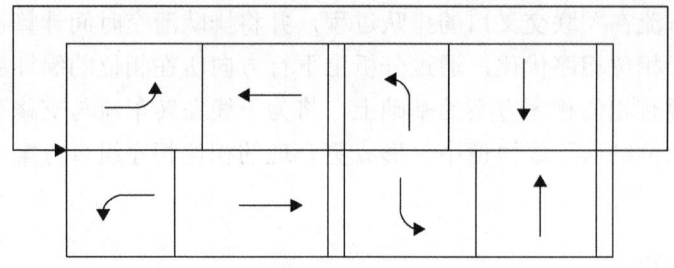

图 7.22 NEMA 双环双段结构示意图

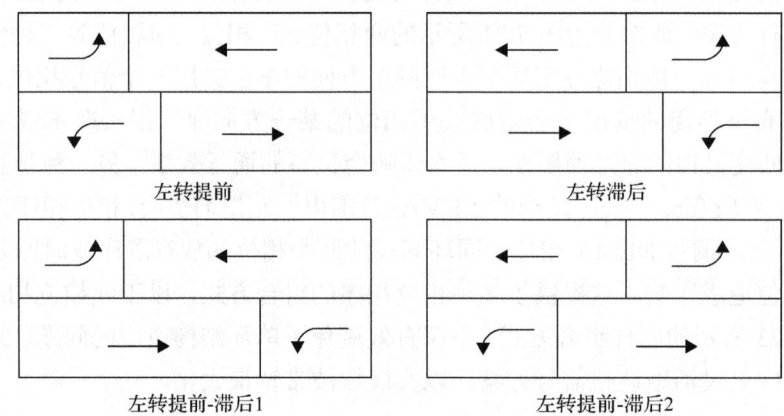

图 7.23 双环结构相位相序方案

根据 7.4 节相位差优化研究可计算出各交叉口上、下行方向的相位差,相位差确定之后下行或上行方向协调相位的绿灯启亮时刻就能够计算得到。假设干线各交叉口下行方向的通行相位是 P_1 相位,上行方向的通行相位是 P_2 相位,支路均采用对向混合放行且由 P_3 相位提供通行权。起始交叉口 $I(1)$ 的 P_1 相位的绿灯启亮时刻为 $t_1^{P_1}$,P_2 相位的绿灯启亮时刻为 $t_1^{P_2}$。由 7.5 节内容可知交叉口 $I(i)$ 相对于交叉口 $I(i-1)$ 下行方向的相位差为 $\varphi_{i,i-1}^D$,上行方向的相位差为 $C - \varphi_{i-1,1}^U$,则交叉口 $I(i)$ 的 P_1 相位与 P_2 相位的绿灯启亮时刻为

$$t_i^{P_1} = t_1^{P_1} + \sum_{k=2}^{i} \varphi_{k,k-1}^D, \quad i = 2, 3, \cdots, n$$

$$t_i^{P_2} = t_1^{P_2} + \sum_{k=2}^{i} \left(C - \varphi_{k-1,k}^U\right), \quad i = 2, 3, \cdots, n$$

(7-67)

若交叉口 $I(i)$ 的信号方案如图 7.24 所示,则对于方案(a),上行方向 P_2 相位的绿灯启亮时刻为 P_1 相位的绿灯结束时刻,即 $t_i^{P_2} = t_i^{P_1} + g_i^{P_1} + aC$;对于方案(b),

上行方向 P_2 相位的绿灯结束时刻为 P_1 相位的绿灯启亮时刻,即 $t_i^{P_2} = t_i^{P_1} - g_i^{P_2} + aC$,其中 a 为整数,仅表示两者之间可能相差的周期数。但在实际协调过程中,因同一交叉口与上、下游交叉口的间距不同,各交叉口提供给同一相位的绿灯时间也不同,所以下行 P_1 相位与上行 P_2 相位的绿灯启亮时刻很难达到上述理想状况,通常两相位之间会存在重叠或间断部分,定义为 Δt_i。

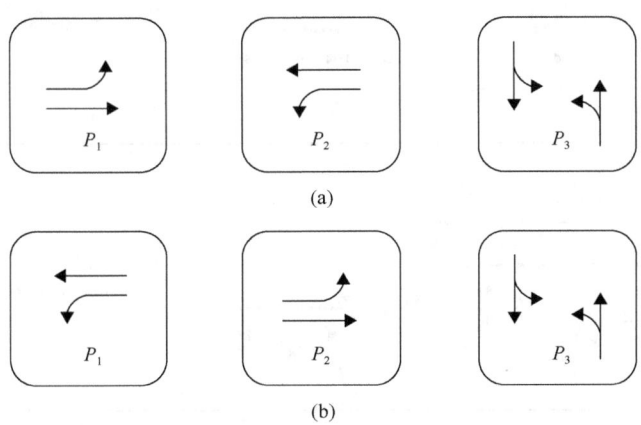

图 7.24 相位方案图

根据 Δt_i 的不同取值以及 P_1 相位与 P_2 相位是重叠还是间断,将交叉口 $I(i)$ 的 P_1 相位与 P_2 相位的绿灯启亮时刻 $t_i^{P_1}$、$t_i^{P_2}$ 的关系分为八种情况,每种情况的图示与相关关系见表 7.1,其中假定 $g_i^{P_2} \geq g_i^{P_1}$。

表 7.1 协调相位 P_1 与 P_2 的绿灯启亮时刻关系

情况	协调相位绿灯启亮时刻相关关系	说明
I		$t_i^{P_2} - t_i^{P_1} = g_i^{P_1}$ $\Delta t_i = 0$
II		$t_i^{P_2} - t_i^{P_1} = -g_i^{P_2}$ $\Delta t_i = 0$

续表

情况	协调相位绿灯启亮时刻相关关系	说明
Ⅲ		$0 < t_i^{P_2} - t_i^{P_1} < g_i^{P_1}$ $0 < \Delta t_i < g_i^{P_1}$
Ⅳ		$-g_i^{P_2} < t_i^{P_2} - t_i^{P_1} < g_i^{P_1} - g_i^{P_2}$ $0 < \Delta t_i < g_i^{P_1}$
Ⅴ		$t_i^{P_2} - t_i^{P_1} = 0$ $\Delta t_i = g_i^{P_1}$
Ⅵ		$g_i^{P_1} - g_i^{P_2} \leqslant t_i^{P_2} - t_i^{P_1} < 0$ $\Delta t_i = g_i^{P_1}$
Ⅶ		$g_i^{P_1} < t_i^{P_2} - t_i^{P_1} < g_i^{P_1} + g_i^{P_3}$ $0 < \Delta t_i < g_i^{P_3}$

情况	协调相位绿灯启亮时刻相关关系	说明
Ⅷ	（图示：周期 C，$g_i^{P_1}$，Δt_i，$g_i^{P_2}$，Δt_i，$g_i^{P_3}$，时刻 $t_i^{P_1}$、$t_i^{P_2}$、$t_i^{P_3}$）	$t_i^{P_2} - t_i^{P_1} = g_i^{P_1} + g_i^{P_3}$ $\Delta t_i = g_i^{P_3}$

为实现绿波协调双向绿波带宽最大，将上述八种情况划分为五种类型进行相位相序优化。

类型 1：P_1 与 P_2 相位既不重叠也不间断满足 $\Delta t_i = 0$

该类型下绿灯启亮时刻 $t_i^{P_1}$、$t_i^{P_2}$ 关系对应表 7.1 中情况 Ⅰ、Ⅱ，相应的相位相序方案如图 7.24 所示。

类型 2：P_1 与 P_2 相位存在重叠，且重叠部分满足 $0 < \Delta t_i < g_i^{P_1}$

该类型下绿灯启亮时刻 $t_i^{P_1}$、$t_i^{P_2}$ 的关系对应表 7.1 中情况 Ⅲ、Ⅳ。因交叉口公共周期 C 恒定不变，当 P_1、P_2 相位存在重叠时，代表两个相位绿灯结束之后有 Δt_i 的空缺时间。重叠时间 Δt_i 同时为上下行车流提供通行权，同时也决定干线左转车辆是否有足够的通行权，既是下行（上行）左转通行权提前关闭的时间，又是上行（下行）左转通行权滞后开启的时间；空缺时间 Δt_i 不属于任何相位必需的放行时间，可认为是额外多出的绿灯时间，可分配给任意相位。Δt_i 取值大小的不同直接决定相位相序方案的不同。

1) $0 < \Delta t_i \leqslant (1-\partial) g_i^{P_1}$

∂ 定义为干线车流左转比率，满足 $\partial = \max\left(\dfrac{q_{i,l}^U}{q_{i,l}^U + q_{i,s}^U}, \dfrac{q_{i,l}^D}{q_{i,l}^D + q_{i,s}^D}\right)$，其中 $q_{i,l}^U$、$q_{i,l}^D$ 为交叉口 $I(i)$ 上行与下行方向左转车流量，$q_{i,s}^U$、$q_{i,s}^D$ 为交叉口 $I(i)$ 上行与下行方向直行车流量。该情况下，Δt_i 仅占 $g_i^{P_1}$ 的一小部分，相位 P_1、P_2 剩余的绿灯时间足够满足左转车辆的通行，不需要额外增加左转相位，故可将重叠部分和空缺部分的绿灯时长 $2\Delta t_i$ 看作同时为直行车流提供通行权的新相位 $\hat{P}_2$；$g_i^{P_1}$（$g_i^{P_2}$）减去 Δt_i 的剩余部分看作 $\hat{P}_1$，为下行（上行）直行、左转车辆提供通行权；$g_i^{P_2}$（$g_i^{P_1}$）减去两个重叠时间加上一个空缺时间看作 $\hat{P}_3$，为上行（下行）直行、左转车辆提供通行权；原 P_3 相位变为 $\hat{P}_4$ 相位，此时，上行与下行直行方向的绿灯启亮时刻没有发生变化，相对于交叉口 $I(i-1)$ 的相位差保持不变。

针对表 7.1 中情况 Ⅲ、Ⅳ，优化方案中各相位绿灯启亮时刻调整如图 7.25 所示。

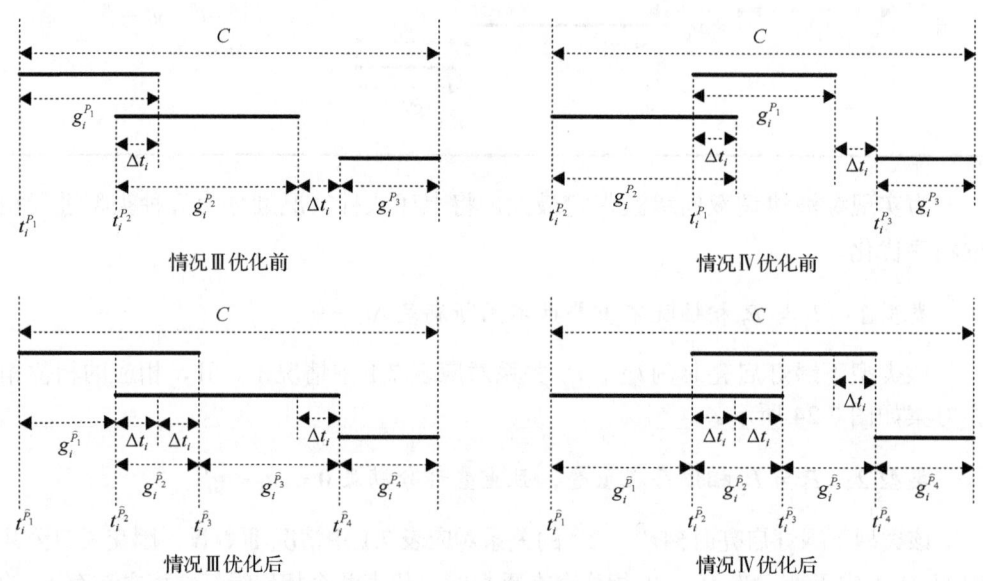

图 7.25　$0 < \Delta t_i \leqslant (1-\partial)g_i^{P_1}$ 条件下绿灯启亮时刻对比图

情况 Ⅲ：优化相位方案如图 7.26(a) 所示，各相位的绿灯启亮时刻、绿灯时长以及上、下行方向的相位差为

$$\begin{cases} t_i^{\hat{P}_1} = t_i^{P_1},\ g_i^{\hat{P}_1} = g_i^{P_1} - \Delta t_i \\ t_i^{\hat{P}_2} = t_i^{P_2} = t_i^{P_1} + g_i^{P_1} - \Delta t_i,\ g_i^{\hat{P}_2} = 2\Delta t_i \\ t_i^{\hat{P}_3} = t_i^{P_1} + g_i^{P_1} + \Delta t_i,\ g_i^{\hat{P}_3} = g_i^{P_2} - \Delta t_i \\ t_i^{\hat{P}_4} = t_i^{P_3},\ g_i^{\hat{P}_4} = g_i^{P_3} \\ \hat{\varphi}_{i,i-1}^{D} = \varphi_{i,i-1},\ \hat{\varphi}_{i,i-1}^{U} = C - \varphi_{i-1,i} \end{cases} \quad (7\text{-}68)$$

情况 Ⅳ：相位方案如图 7.26(b) 所示，各相位的绿灯启亮时刻、绿灯时长以及上、下行方向的相位差为

$$\begin{cases} t_i^{\hat{P}_1} = t_i^{P_2}, g_i^{\hat{P}_1} = g_i^{P_2} - \Delta t_i \\ t_i^{\hat{P}_2} = t_i^{P_1} = t_i^{P_2} + g_i^{P_2} - \Delta t_i, g_i^{\hat{P}_2} = 2\Delta t_i \\ t_i^{\hat{P}_3} = t_i^{P_2} + g_i^{P_2} + \Delta t_i, g_i^{\hat{P}_3} = g_i^{P_1} - \Delta t_i \\ t_i^{\hat{P}_4} = t_i^{P_3}, g_i^{\hat{P}_4} = g_i^{P_3} \\ \hat{\varphi}_{i,i-1}^D = \varphi_{i,i-1}, \hat{\varphi}_{i,i-1}^U = C - \varphi_{i-1,i} \end{cases} \tag{7-69}$$

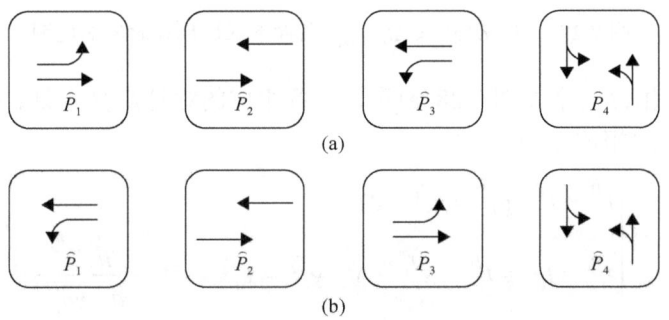

图 7.26 相位方案图

2) $(1-\partial)g_i^{P_1} < \Delta t_i < g_i^{P_1}$

这种情况下重叠部分不再仅占 $g_i^{P_1}$ 的一小部分，相位 P_1、P_2 剩余的绿灯时间不能满足左转车辆的通行，需要额外增加左转相位。因空缺时间作为额外绿灯时间可分配给任意相位，故可将部分空缺时间设置为专左相位 $\hat{P}_3$，该相位的绿灯时间保证上行（下行）左转车辆通行，即满足 $g_i^{\hat{P}_3} = \dfrac{q_{i,l}^U g_i^{P_2}}{q_{i,l}^U + q_{i,s}^U}$ $\left(g_i^{\hat{P}_3} = \dfrac{q_{i,l}^D g_i^{P_1}}{q_{i,l}^D + q_{i,s}^D} \right)$。此时 $g_i^{P_1}$（$g_i^{P_2}$）减去 Δt_i 的剩余部分看作相位 $\hat{P}_1$，为下行（上行）直行、左转车辆提供通行权；$g_i^{P_2}$（$g_i^{P_1}$）加上除去左转时间后剩余的空缺时间看作相位 $\hat{P}_2$，为上下行直行车辆提供通行权；原 P_3 相位变为 $\hat{P}_4$ 相位，此时，上行与下行直行方向的绿灯启亮时刻没有发生变化，故相对于交叉口 $I(i-1)$ 的相位差不变。针对情况Ⅲ、Ⅳ，优化方案中各相位绿灯启亮时刻调整如图 7.27 所示。

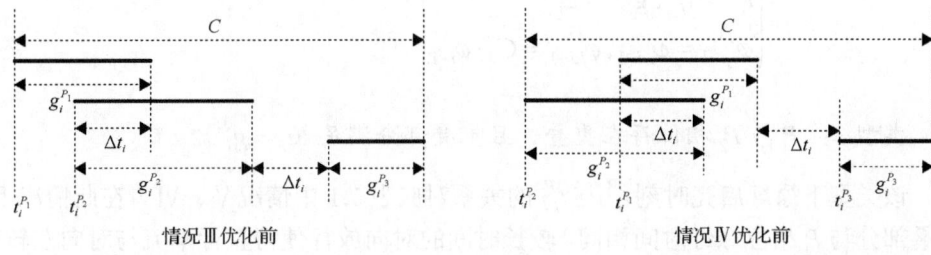

情况Ⅲ优化前　　　　　　　　　　情况Ⅳ优化前

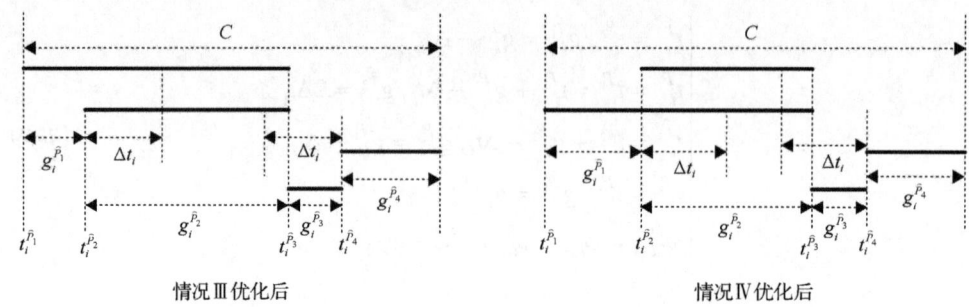

图 7.27 $(1-\partial)g_i^R < \Delta t_i < g_i^R$ 条件下绿灯启亮时刻对比图

情况Ⅲ：相位方案如图 7.28(a)所示，各相位的绿灯启亮时刻、绿灯时长以及上、下行方向的相位差为

$$\begin{cases} t_i^{\widehat{P}_1} = t_i^{R}, g_i^{\widehat{P}_1} = g_i^{P_1} - \Delta t_i \\ t_i^{\widehat{P}_2} = t_i^{P_2} = t_i^{R} + g_i^{P_1} - \Delta t_i, g_i^{\widehat{P}_2} = g_i^{P_2} + \Delta t_i - \dfrac{q_{i,l}^{U} g_i^{P_2}}{q_{i,l}^{U} + q_{i,s}^{U}} \\ t_i^{\widehat{P}_3} = t_i^{R} + g_i^{P_1} + g_i^{P_2} - \dfrac{q_{i,l}^{U} g_i^{P_2}}{q_{i,l}^{U} + q_{i,s}^{U}}, g_i^{\widehat{P}_3} = \dfrac{q_{i,l}^{U} g_i^{P_2}}{q_{i,l}^{U} + q_{i,s}^{U}} \\ t_i^{\widehat{P}_4} = t_i^{P_3}, g_i^{\widehat{P}_4} = g_i^{P_3} \\ \widehat{\varphi}_{i,i-1}^{D} = \varphi_{i,i-1}, \widehat{\varphi}_{i,i-1}^{U} = C - \varphi_{i-1,i} \end{cases} \quad (7\text{-}70)$$

情况Ⅳ：相位方案如图 7.28(b)所示，各相位的绿灯启亮时刻、绿灯时长以及上、下行方向的相位差为

$$\begin{cases} t_i^{\widehat{P}_1} = t_i^{P_2}, g_i^{\widehat{P}_1} = g_i^{P_2} - \Delta t_i \\ t_i^{\widehat{P}_2} = t_i^{P_1} = t_i^{P_2} + g_i^{P_2} - \Delta t_i, g_i^{\widehat{P}_2} = g_i^{P_1} + \Delta t_i - \dfrac{q_{i,l}^{D} g_i^{P_1}}{q_{i,l}^{D} + q_{i,s}^{D}} \\ t_i^{\widehat{P}_3} = t_i^{P_2} + g_i^{P_1} + g_i^{P_2} - \dfrac{q_{i,l}^{D} g_i^{P_1}}{q_{i,l}^{D} + q_{i,s}^{D}}, g_i^{\widehat{P}_3} = \dfrac{q_{i,l}^{D} g_i^{P_1}}{q_{i,l}^{D} + q_{i,s}^{D}} \\ t_i^{\widehat{P}_4} = t_i^{P_3}, g_i^{\widehat{P}_4} = g_i^{P_3} \\ \widehat{\varphi}_{i,i-1}^{D} = \varphi_{i,i-1}, \widehat{\varphi}_{i,i-1}^{U} = C - \varphi_{i-1,i} \end{cases} \quad (7\text{-}71)$$

类型 3：P_1 与 P_2 相位存在重叠，且重叠部分满足 $\Delta t_i = g_i^{R}$。

该类型下绿灯启亮时刻 $t_i^{P_1}$ 与 $t_i^{P_2}$ 的关系对应表 7.1 中情况Ⅴ、Ⅵ。在此情况下，重叠部分与 P_1 相位绿灯时间相同，较长时间的对向放行使得直行车流与对向左转车

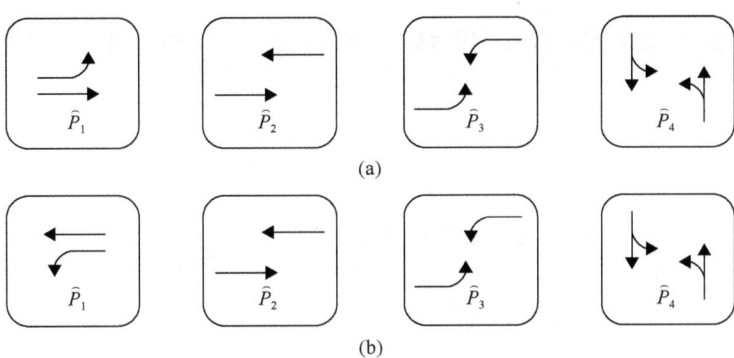

图 7.28 相位方案图

流冲突严重,为避免左转车流对直行车流协调控制的影响,应将直行相位与左转相位分离。为达到双向绿波带宽最大化的目的,在确保各方向车流有足够的绿灯时间通过交叉口的基础上将尽可能多的绿灯时间配置给干线直行车流,因此将空缺时间 Δt_i 分为两部分,一部分用于左转车流的通行,形成新相位 $\widehat{P}_2$,该相位的绿灯时间必须同时保证上下行左转车辆通行,即满足 $\max\left(\dfrac{q_{i,l}^U g_i^{P_2}}{q_{i,l}^U+q_{i,s}^U}, \dfrac{q_{i,l}^D g_i^{P_1}}{q_l^D+q_{i,s}^D}\right)$;另一部分配置给直行车流,形成新相位 $\widehat{P}_1$。针对情况 V、VI,优化方案中各相位绿灯启亮时刻调整如图 7.29 所示。

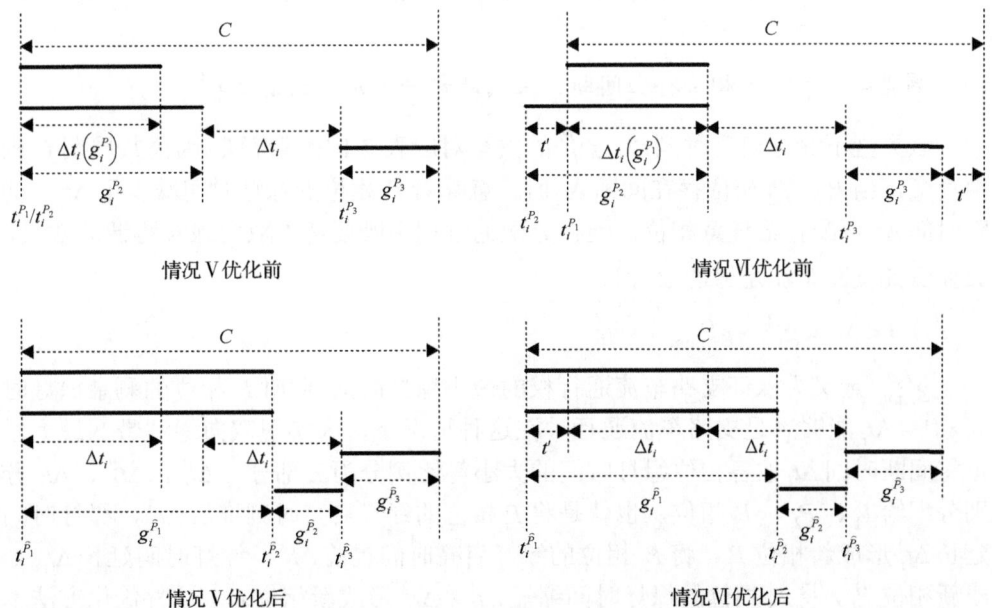

图 7.29 $\Delta t_i = g_i^{P_1}$ 条件下绿灯启亮时刻对比图

相位方案为图 7.30，各相位的绿灯启亮时刻和绿灯时长计算如下：

$$\begin{cases} t_i^{\hat{P}_1} = t_i^{P_2}, g_i^{\hat{P}_1} = g_i^{P_2} + \Delta t_i - \max\left(\dfrac{q_{i,l}^U g_i^{P_2}}{q_{i,l}^U + q_{i,s}^U}, \dfrac{q_{i,l}^D g_i^{P_1}}{q_l^D + q_{i,s}^D}\right) \\ t_i^{\hat{P}_2} = t_i^{P_2} + g_i^{\hat{P}_1}, g_i^{\hat{P}_2} = \max\left(\dfrac{q_{i,l}^U g_i^{P_2}}{q_{i,l}^U + q_{i,s}^U}, \dfrac{q_{i,l}^D g_i^{P_1}}{q_l^D + q_{i,s}^D}\right) \\ t_i^{\hat{P}_3} = t_i^{P_3}, g_i^{\hat{P}_3} = g_i^{P_3} \end{cases} \quad (7\text{-}72)$$

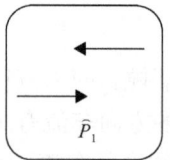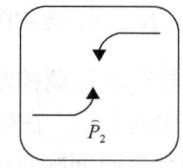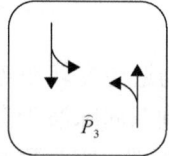

图 7.30 相位方案图

对于情况 V，上行与下行直行方向的绿灯启亮时刻没有发生变化，故相位差不变。对于情况 VI，下行方向绿灯启亮时刻由 $t_i^{P_1}$ 提前为 $t_i^{\hat{P}_1}$，此时相位差发生变化，上、下行方向的相位差为

$$\hat{\varphi}_{i,i-1}^D = \varphi_{i,i-1} - \left(g_i^{P_2} - g_i^{P_1}\right) \qquad \hat{\varphi}_{i,i-1}^U = C - \varphi_{i-1,i} \quad (7\text{-}73)$$

类型 4：P_1 与 P_2 相位存在间断，且间断部分满足 $0 < \Delta t_i < g_i^{P_3}$

该类型下绿灯启亮时刻 $t_i^{P_1}$ 与 $t_i^{P_2}$ 的关系对应表 7.1 中情况 VII。因公共周期 C 固定不变，当 P_1、P_2 相位存在间断 Δt_i 时，意味着 P_3 相位的绿灯时间减少了 Δt_i。间断时间 Δt_i 可配置给任意相位，但在分配的过程中既要考虑双向绿波协调的效果，又要保证支路车流足够的通行权。

1) $0 < \Delta t_i < g_i^{P_3} - g_{i,\min}^{P_3}$

$g_{i,\min}^{P_3}$ 定义为保证支路车流通行权的最小绿灯时间，此时 P_3 相位的剩余绿灯时间 $g_i^{P_3} - \Delta t_i$ 能够满足支路车流通行。在这种情况下，为实现双向绿波带宽最大，可将间断时间 Δt_i 按各相位绿灯时间的大小等比例分为三部分，Δt_i^1、Δt_i^2、Δt_i^3 分别分配给 P_1、P_2、P_3 相位，也就是将 P_1 相位的绿灯启亮时刻推后 Δt_i^3，绿灯时间延长 Δt_i^1 形成新相位 $\hat{P}_1$，将 P_2 相位的绿灯启亮时间提前 Δt_i^2，绿灯时间延长 Δt_i^2 形成新相位 $\hat{P}_2$，将 P_3 相位的绿灯时间缩短 $\Delta t_i^1 + \Delta t_i^2$ 形成新相位 $\hat{P}_3$。这种优化方法本质是将支路绿灯时间转换成干线绿灯时间以增加绿波带宽，但下行方向绿灯启亮延后影响了下行初始车辆通行。其相位优化方案如图 7.24(a)所示，图 7.31 给出了优化方案中各相位绿灯启亮时刻间的关系，其中上行与下行直行方向的绿灯启亮时刻发生变化，相位差也相应改变。此时各相位的绿灯启亮时刻、绿灯时长以及上、下行方向的相位差计算如下：

$$\begin{cases} t_i^{\hat{P}_1} = t_i^{P_1} + \Delta t_i^3 = t_i^{P_1} + \dfrac{g_i^{P_3}}{C}\Delta t_i, \ g_i^{\hat{P}_1} = g_i^{P_1} + \Delta t_i^1 = g_i^{P_1} + \dfrac{g_i^{P_1}}{C}\Delta t_i \\ t_i^{\hat{P}_2} = t_i^{P_2} - \Delta t_i^2 = t_i^{P_1} + \dfrac{g_i^{P_3}}{C}\Delta t_i + g_i^{P_1} + \dfrac{g_i^{P_1}}{C}\Delta t_i, \ g_i^{\hat{P}_2} = g_i^{P_2} + \Delta t_i^2 = g_i^{P_2} + \dfrac{g_i^{P_2}}{C}\Delta t_i \end{cases}$$

$$\begin{cases} t_i^{\hat{P}_3} = t_i^{P_3} = t_i^{P_1} + g_i^{P_1} + g_i^{P_2} + \Delta t_i, \ g_i^{\hat{P}_3} = g_i^{P_3} - \Delta t_i + \dfrac{g_i^{P_3}}{C}\Delta t_i \\ \hat{\varphi}_{i,i-1}^D = \varphi_{i,i-1} + \dfrac{g_i^{P_3}}{C}\Delta t_i, \ \hat{\varphi}_{i,i-1}^U = C - \varphi_{i-1,i} - \dfrac{g_i^{P_2}}{C}\Delta t_i \end{cases} \quad (7\text{-}74)$$

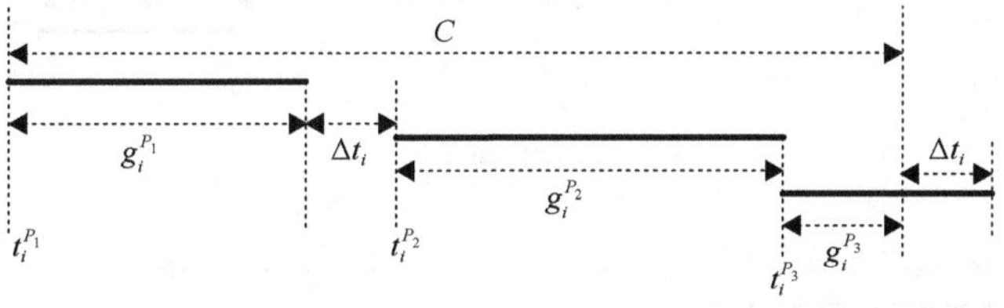

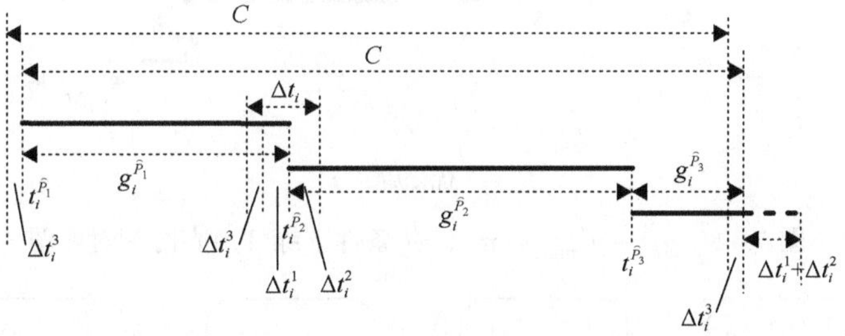

图 7.31 $0 < \Delta t_i < g_i^{P_3} - g_{i,\min}^{P_3}$ 条件下绿灯启亮时刻对比图

2) $g_i^{P_3} - g_{i,\min}^{P_3} < \Delta t_i < g_i^{P_3}$

此时相位 P_3 的剩余绿灯时间 $g_i^{P_3} - \Delta t_i$ 不能满足支路车流通行，在这种情况下，为保证支路方向足够的通行权，将间断时间 Δt_i 分配给支路车流，此时非协调相位 P_3 分为两部分：一部分是间断时间 Δt_i 形成的新相位 $\hat{P}_2$，另一部分是原 P_3 相位减去间断时间 Δt_i 的剩余时间形成的新相位 $\hat{P}_4$。对于该优化方法，上下行协调相位的绿灯启亮时刻与绿灯时间不变，双向绿波带宽不受影响，各相位绿灯启亮时刻

如图 7.32 所示，相位优化方案如图 7.33(a) 所示，受相位方案配置习惯的影响，可将支路方向直行与左转分离，如图 7.33(b) 所示分别配置为 $\hat{P}_2$ 与 $\hat{P}_4$ 相位。优化方案中各相位的绿灯启亮时刻、绿灯时长以及上、下行方向的相位差计算如下：

$$\begin{cases} t_i^{\hat{P}_1} = t_i^{P_1}, \ g_i^{\hat{P}_1} = g_i^{P_1} \\ t_i^{\hat{P}_2} = t_i^{P_1} + g_i^{P_1}, \ g_i^{\hat{P}_2} = \Delta t_i \\ t_i^{\hat{P}_3} = t_i^{P_1} + g_i^{P_1} + \Delta t_i, \ g_i^{\hat{P}_3} = g_i^{P_2} \\ t_i^{\hat{P}_4} = t_i^{P_1} + g_i^{P_1} + g_i^{P_2} + \Delta t_i, \ g_i^{\hat{P}_4} = g_i^{P_3} - \Delta t_i \\ \hat{\varphi}_{i,i-1}^{D} = \varphi_{i,i-1}, \ \hat{\varphi}_{i-1,i}^{U} = C - \varphi_{i-1,i} \end{cases} \tag{7-75}$$

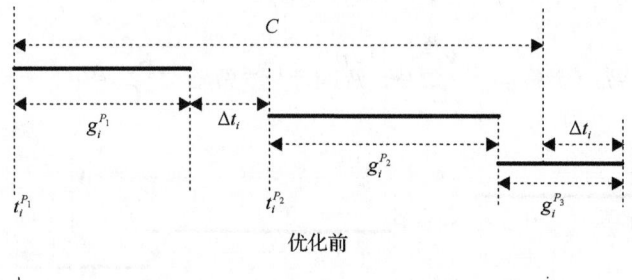

优化前

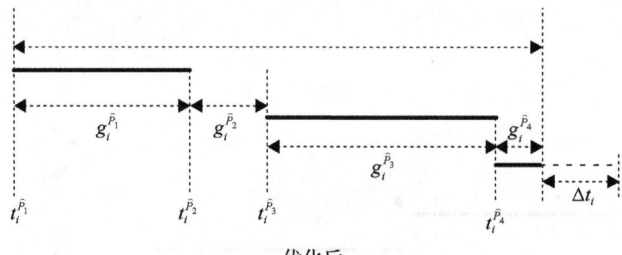

优化后

图 7.32 $g_i^{P_3} - g_{i,\min}^{P_3} < \Delta t_i < g_i^{P_3}$ 条件下绿灯启亮时刻对比图

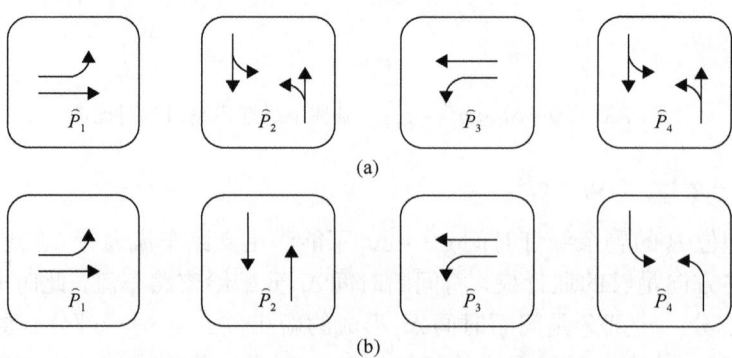

图 7.33 相位方案图

类型 5：P_1 与 P_2 相位存在间断，且间断部分满足 $\Delta t_i = g_i^{P_3}$

该类型下绿灯启亮时刻 $t_i^{P_1}$ 与 $t_i^{P_2}$ 的关系对应表 7.1 中情况Ⅷ。在此情况下，间断时间 Δt_i 恰好为非协调相位 P_3 的绿灯时间，可将 P_3 相位插入 P_1 与 P_2 相位之间形成新的相序组合，如图 7.34 所示，各相位的绿灯启亮时刻、绿灯时长以及上、下行方向的相位差计算如下：

$$\begin{cases} t_i^{\hat{P}_1} = t_i^{P_1}, \quad g_i^{\hat{P}_1} = g_i^{P_1} \\ t_i^{\hat{P}_2} = t_i^{P_1} + g_i^{P_1}, \quad g_i^{\hat{P}_2} = g_i^{P_3} \\ t_i^{\hat{P}_3} = t_i^{P_1} + g_i^{P_1} + g_i^{P_3}, \quad g_i^{\hat{P}_3} = g_i^{P_2} \\ \hat{\varphi}_{i,i+1} = \varphi_{i,i+1}, \quad \hat{\varphi}_{i,i-1} = \varphi_{i,i-1} \end{cases} \quad (7\text{-}76)$$

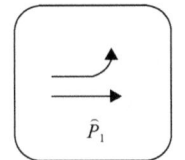 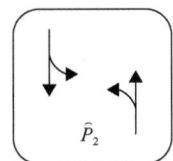 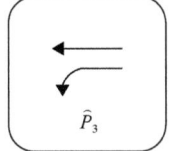

图 7.34　相位方案图

基于上述分析可知，因公共周期 C 固定不变，重叠时间 Δt_i 越大意味着额外分配给交叉口 $I(i)$ 协调相位的绿灯时间越多，与相邻交叉口的协调带宽也就越大，换言之，双向绿波带宽最大化等同于协调相位重叠时间最大化。

7.8　本章小结

本章研究了干线协调交叉口的排队特性。首先，基于交通波理论分析了单个交叉口的排队形成与消散过程，进而考虑车辆加速/减速过程中形成的密度过渡状态提出新的停车波与消散波计算方法；其次，在单点排队的基础上，考虑路段车辆的离散性和协调交叉口相交道路转弯车辆对交通流运行特性的影响，分析了信号控制下车辆在协调交叉口间的排队特性，并根据初始排队是否完全消散与是否存在二次排队两个条件分析了三种情形下的排队形成与消散过程，并建立了相应的排队长度计算模型。

考虑协调交叉口间车辆的排队形成与消散，研究了干线协调交叉口的相位差优化模型。首先，分析了协调交叉口交通流的到达类型，确定了相位差优化的两种思路：一是确保车辆不停车通过交叉口，二是车辆在交叉口受阻排队但保证行驶总延误最小；然后，针对不停车角度，研究了交叉口无排队、存在一次排队与二次排队三种状态下的相位差优化模型；最后，依据车辆到达类型将延误分为车队头部受阻、车队尾部受阻两种状态，考虑排队对延误的影响，在六种不同情形的延误计算过程中引入排队长度模型，并以延误最小为目标求解干线相位差优化模型。

建立了干线双向绿波带宽最大优化模型。首先，分析了实现不同带宽需求的经典双向绿波协调控制模型——MAXBAND 模型、改进 MAXBAND 模型以及 MULTIBAND 模型；其次，针对经典模型的不足，提出从相位相序优化角度实现绿波带宽最大的优化方法，该方法通过分析协调相位绿灯启亮时刻间的八种关系，依据协调相位的重叠或间断及其不同的取值区间，分五种类型进行相位相序优化，将非协调相位引入协调优化中，提出相位相序优化方案，建立绿灯时间与绿灯启亮时刻模型。

第 8 章　车流运行系统仿真与评价

系统分析协调交叉口的排队特性，按协同排队形成与消散过程建立相位差优化模型，依据由相位差确定的各相绿灯启亮时刻间的关系，提出获得最大绿波带宽的相位相序优化方案，研究干线协调控制方法。本章将提出的模型与方法应用于具体案例，设计出适应实际交通状况的干线信号协调控制方案，通过仿真模拟验证控制方案的有效性与实用性。

8.1　工程技术案例分析

8.1.1　案例简介

为检验优化模型在实际交通干线上的应用效果，验证协调控制方案的有效性与实用性，本章选取青岛市西海岸经济开发区滨海大道主干线上 8 个相邻交叉口作为案例进行分析，从东向西 8 个相邻交叉口分别为滨海大道—江山南路、滨海大道—凤和日丽、滨海大道—昆仑山路、滨海大道—德惠凤凰都、滨海大道—大湾港路、滨海大道—海港路、滨海大道—十七号路、滨海大道—学院路。其中，昆仑山路交叉口、大湾港路交叉口、海港路交叉口与十七号路交叉口为十字型交叉口，其他四个为 T 型交叉口，各交叉口状况与现状渠化方案如图 8.1 所示。

8.1.2　交通调查现状及问题分析

通过对所选 8 个交叉口交通基础数据的调查可知，滨海大道作为连接黄岛区与胶南区的主干路，交通状况稳定，车流量较大且与支路流量有一定差距，并且路面条件良好，视距不受遮挡，路段行驶速度可达 60km/h 以上；沿线除交叉口外无其他支路和出入口的干扰，基本具备参与干线协调控制的条件。

经调查得到干线 8 个交叉口的现状信号配时方案，见表 8.1，表中箭头指向代表车流方向，M 代表车道组编号；配时方案中数字代表显示绿灯时间与 3s 黄灯时间之和；虚相位不提供任何通行权，其作用仅是保持周期的完整性。

现状方案中 8 个交叉口均采用单点信号控制，各交叉口信号方案之间缺少联系，使得滨海大道上运行状况较为稳定的交通流在交叉口处存在普遍的停车现象，增加了车辆延误与停车次数。另外，交叉口的信号配时方案不够合理，滨海大道—大湾港路交叉口、滨海大道—海港路交叉口与滨海大道—学院路交叉口周期过长，存在绿灯空放现象，绿灯损失严重；滨海大道—学院路交叉口作为 T 型交叉口，西进口直行车流与左转车流无冲突点，采用左转单独放行，使得该相位绿灯利用不充分。

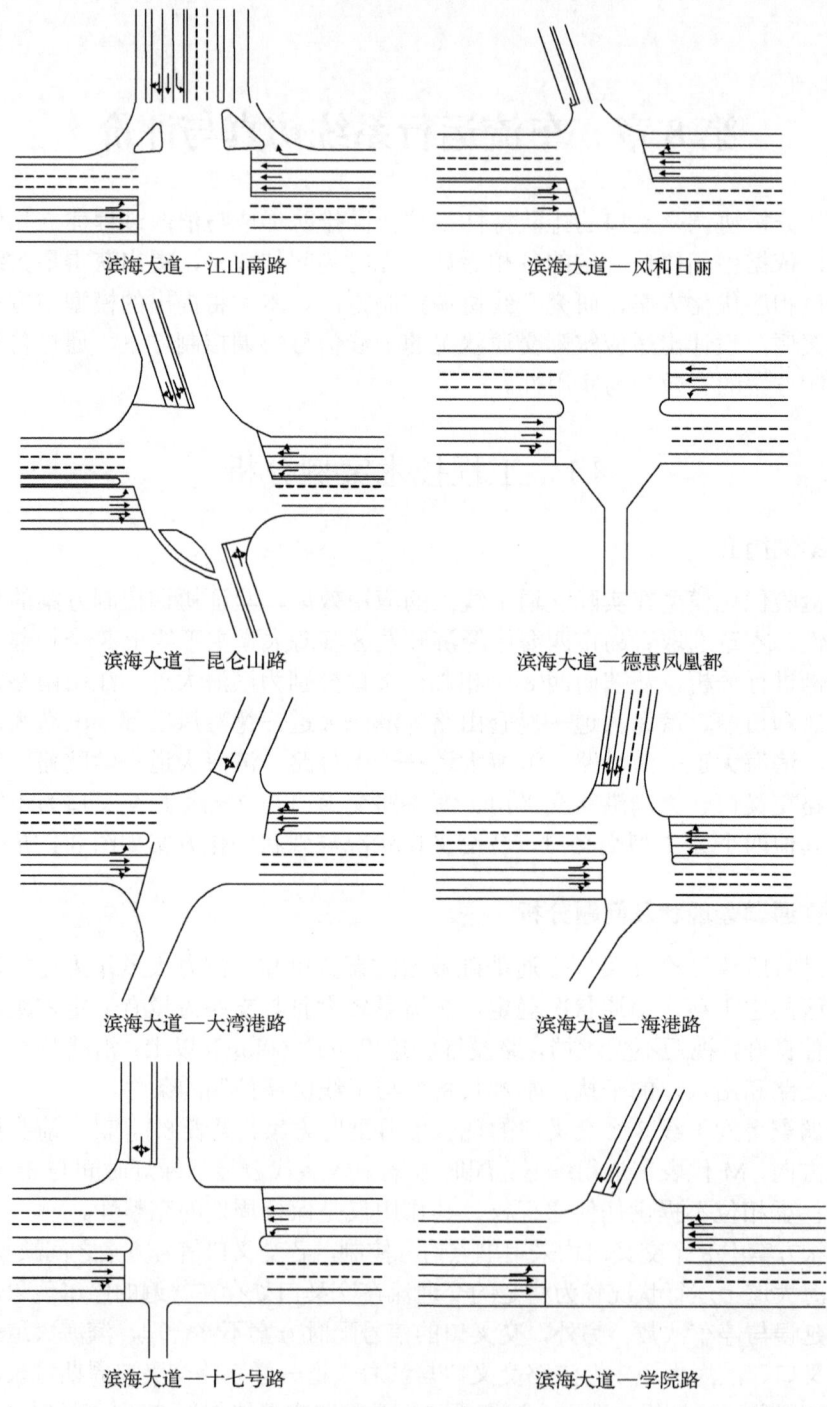

图 8.1 各交叉口渠化方案

表 8.1 各交叉口现状信号配时方案

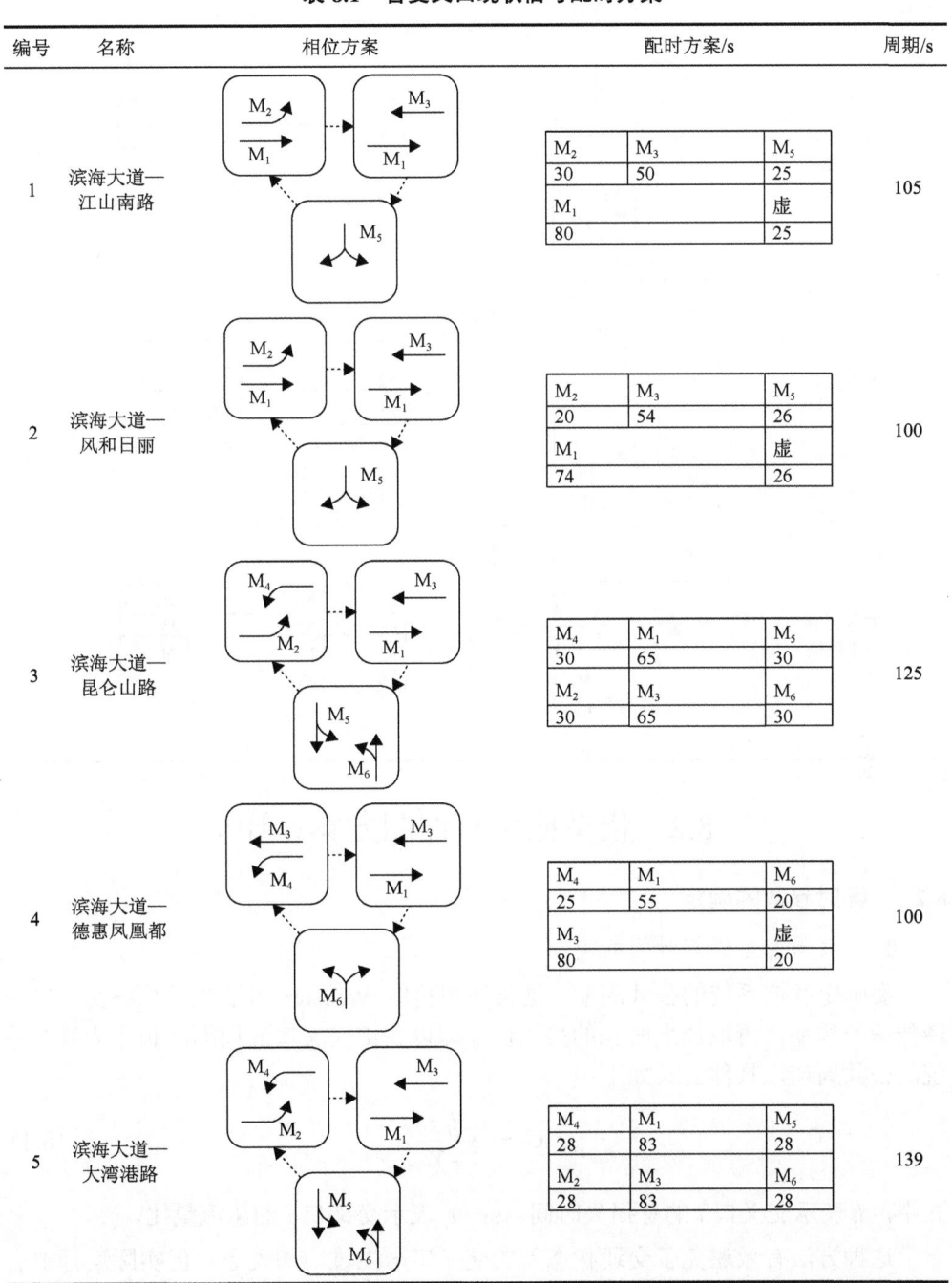

续表

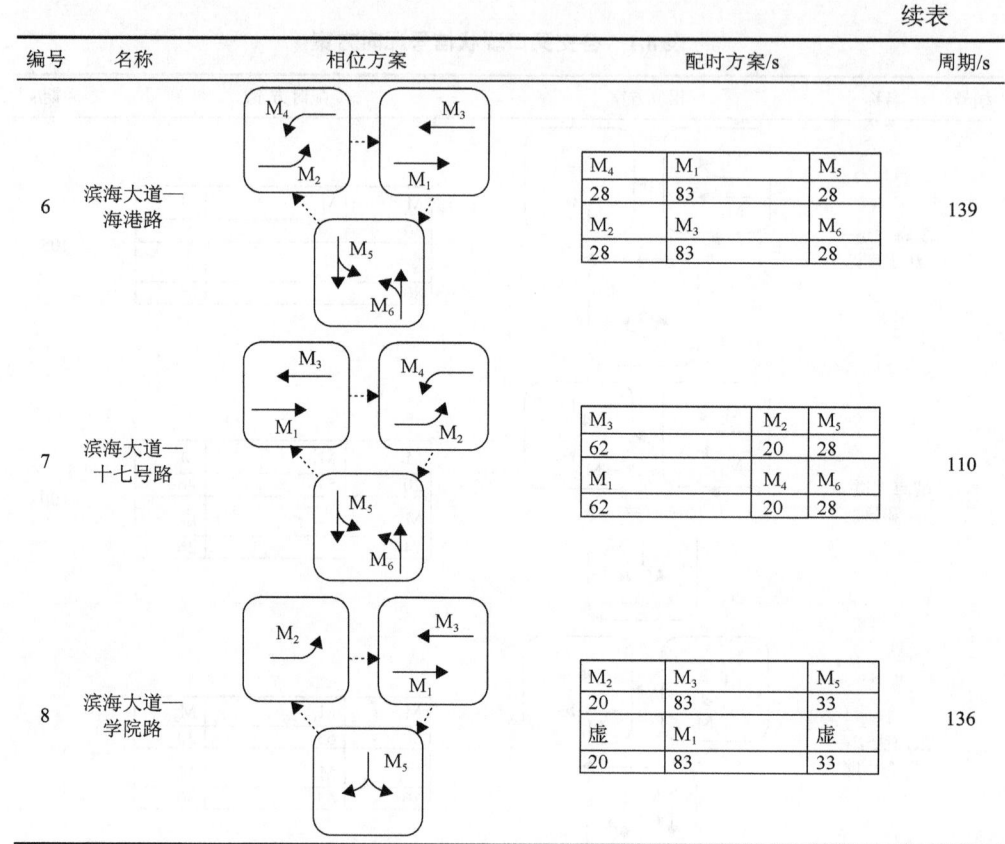

编号	名称	相位方案	配时方案/s			周期/s
6	滨海大道—海港路		M_4 28	M_1 83	M_5 28	139
			M_2 28	M_3 83	M_6 28	
7	滨海大道—十七号路		M_3 62	M_2 20	M_5 28	110
			M_1 62	M_4 20	M_6 28	
8	滨海大道—学院路		M_2 20	M_3 83	M_5 33	136
			虚 20	M_1 83	虚 33	

8.2 模型应用与控制方案设计

8.2.1 配时参数的确定

1) 公共周期与绿灯时间的确定

要确定线控系统的公共周期,通常采用传统 Webster 方法先计算各交叉口的最佳信号周期,再取周期时长的最大值,即以关键交叉口的周期时长作为线控系统的公共周期,具体公式如下:

$$C_i = \frac{1.5l_i + 5}{1 - Y_i} \tag{8-1}$$

式中,l_i 表示交叉口 i 的总损失时间,s;Y_i 表示交叉口 i 的总流量比。

这种方法有效避免了交通状态差的交叉口产生过饱和现象,但实际运行中交通流并不稳定且具有时变性,该方法未考虑实际交通状态及周期时长变化对协调控制效果的影响,计算的公共周期可能会造成某些交叉口的延误增加,通行能力降低[72]。因此，根据周期变化对延误和通行能力的影响以及交通流实际运行特性，调整周期时长，最终确定案例的公共周期为 110s。

交叉口各通行方向的绿灯时间由道路流量比确定，采用 Webster 配时算法可计算出各交叉口各通行方向的最短有效绿灯时间，由于信号方案中的绿灯时间为显示绿灯时间，故还要求出各交叉口的最短显示绿灯时间，公式如下：

$$g_{eij} = (C_i - l_i)\frac{y_{ij}}{Y_i}$$
$$g_{ij} = g_{eij} + l - A$$
(8-2)

式中，g_{eij} 和 g_{ij} 表示交叉口 i 通行方向 j 的有效绿灯时间和显示绿灯时间，s；y_{ij} 表示交叉口 i 通行方向 j 的最大流量比；l 表示启动损失时间，s；A 表示黄灯时间，取 3s。

依据式(8-2)可求出案例中各交叉口各通行方向的最短显示绿灯时间。由于交叉口的支路车流量较小，采用对向混合放行方式足够满足交通需求，故在计算最短显示绿灯时间时不再区分支路直行与左转，只需对干线方向分开计算。最短显示绿灯时间确定之后，通过分析各通行方向最短显示绿灯时间之和与公共周期的大小关系，考虑行人过街时间要求、交通流量比等因素，对周期时长进行分配，得到各通行方向的绿灯时间，见表 8.2，特别注意表中绿灯时间包括 3s 黄灯时间。

表 8.2 各交叉口各通行方向绿灯时间

编号	名称	绿灯时间/s					
		东→西		西→东		北→南	南→北
		直行	左转	直行	左转	直行/左转	直行/左转
1	滨海大道—江山南路	39	—	45	30	26	—
2	滨海大道—风和日丽	40	—	42	17	28	—
3	滨海大道—昆仑山路	41	22	43	22	26	26
4	滨海大道—德惠凤凰都	37	18	47	—	—	26
5	滨海大道—大湾港路	44	19	40	16	26	26
6	滨海大道—海港路	40	19	44	20	26	26
7	滨海大道—十七号路	41	18	43	20	26	26
8	滨海大道—学院路	45	—	39	19	26	—

2) 相位差的确定

设东向西方向为车辆行驶的下行方向，西向东为上行方向，利用第 7 章确定的相位差模型，可得到案例中 8 个交叉口下行与上行方向的相对相位差。下行方向取滨海大道—江山南路交叉口为初始交叉口，相位差取值 0，从东向西各交叉口相对于上游交叉口的相位差为 $\varphi_{i,i-1}$；上行方向取滨海大道—学院路交叉口为初始交叉口，相位差取值 0，从西向东各交叉口相对于上游交叉口的相位差为 $\varphi_{i,i+1}$。为方便对信号控制方案中相位相序的优化设计，均取滨海大道—江山南路交叉口为初始交叉口，此时上行方向各交叉口的相对相位差发生变化，调整为 $C-\varphi_{i-1,i}$，结果见表 8.3。

表 8.3 各交叉口的相对相位差

编号	名称	距离/m	相对相位差/s		
			$\varphi_{i,i-1}$	$\varphi_{i,i+1}$	$C-\varphi_{i-1,i}$
1	滨海大道—江山南路	0	0	43	0
2	滨海大道—风和日丽	1103	56	61	67
3	滨海大道—昆仑山路	373	75	74	49
4	滨海大道—德惠凤凰都	372	100	62	36
5	滨海大道—大湾港路	1034	44	25	48
6	滨海大道—海港路	1145	109	47	85
7	滨海大道—十七号路	804	43	5	63
8	滨海大道—学院路	796	99	0	105

8.2.2 信号控制方案优化

在三大配时参数公共周期、绿灯时间和相位差确定之后，下一步需要通过控制策略实现干道 8 个交叉口的协调。以双向通过带宽最大为目标，依据第 4 章的分析对 8 个交叉口进行相位相序优化，通过调整相位相序保证车辆在滨海大道的绿波通行。

设 P_1 相位为东向西方向提供通行权，P_2 相位为西向东方向提供通行权，支路对向混合放行，以滨海大道—江山南路交叉口绿灯启亮时刻为初始 0 时刻，此时两协调相位的绿灯时间与绿灯启亮时刻如图 8.2(a1)所示，协调相位的重叠时间满足 $\Delta t_i = g_i^R$。按照第 4 章的分析，将 Δt_i 分为两部分，一部分提供左转车流的通行权，取值 30s，另一部分配置给直行车流，此时新的相位相序为直行对向放行、左转对向放行，但是因滨海大道—江山南路交叉口为 T 型口，不存在东向西左转方向，而单独放行西向东左转会造成绿灯时间损失，故将左转对向放行相位变为西向东单口放行，调整后协调相位绿灯时间与绿灯启亮时刻如图 8.2(b1)所示。

对于滨海大道—风和日丽交叉口，其东向西和西向东方向与初始交叉口的相对相位差分别为 56s、67s，即该交叉口两个方向的绿灯启亮时刻分别为 56s、67s，如图 8.2(a2)所示，两个协调相位的重叠时间为 29s，相位剩余绿灯时间 11s<17s，不足以保证左转通行，即符合情况 $(1-\partial)g_i^R < \Delta t_i < g_i^R$，此时如图 8.2(b2)所示重新分配 Δt_i，相位方案为东向西单口放行、直行对向放行、左转对向放行，同样因该交叉口为 T 型口，不存在东向西左转方向，相位方案变更为直行对向放行、西向东单口放行。由于西向东绿灯启亮时刻提前，故该方向相对相位差变为 56s。

第8章 车流运行系统仿真与评价

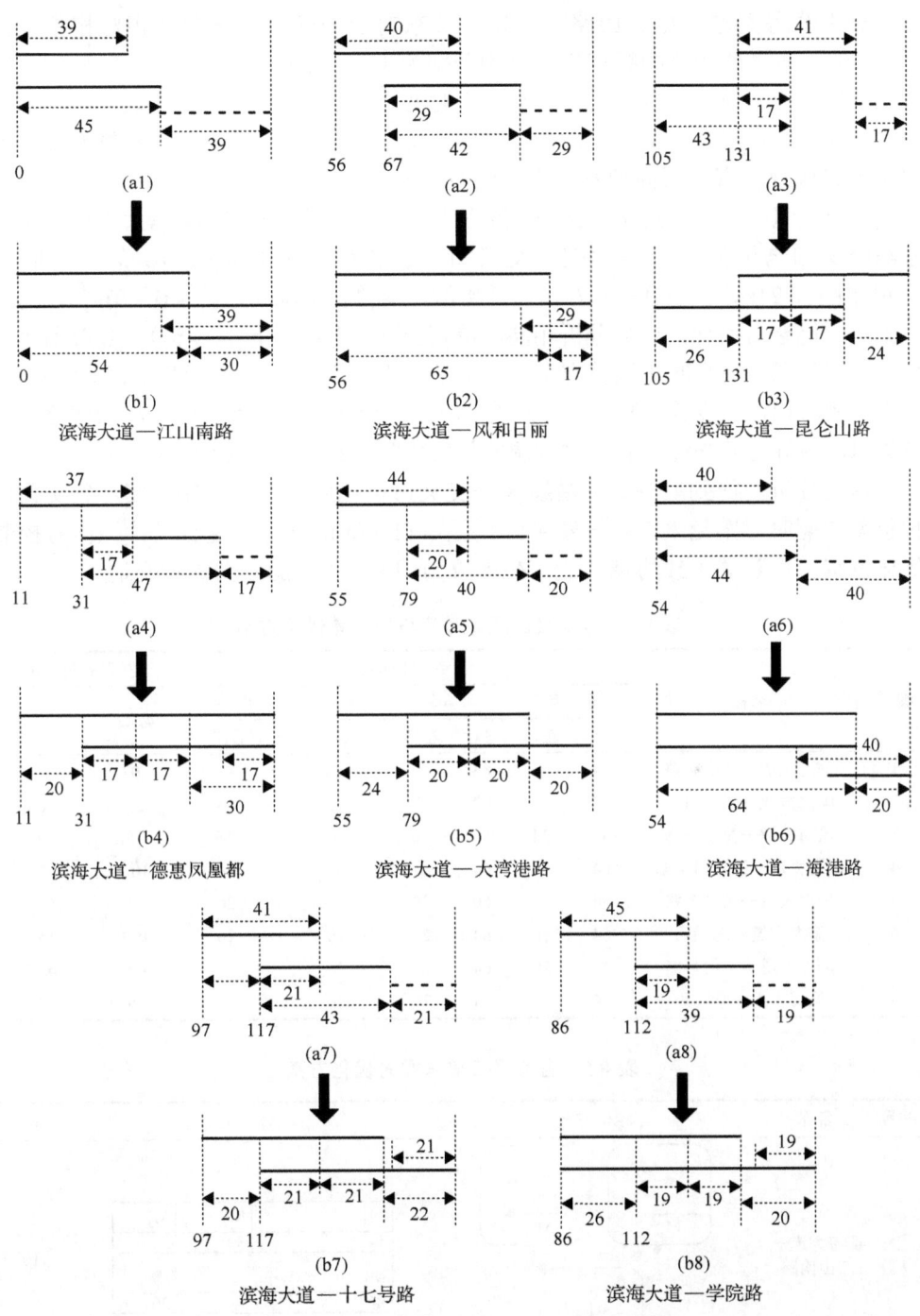

图8.2 各交叉口协调相位绿灯启亮时刻调整图(单位：s)

对于滨海大道—昆仑山路交叉口，其东向西与西向东方向的相对相位差为75s、49s，两协调相位的绿灯启亮时刻分别为131s、105s，如图8.2(a3)所示，协调相位的重叠时间为17s，相位剩余绿灯时间26s>22s，能够保证左转车流通行，符合情况 $0 < \Delta t_i \leqslant (1-\partial)g_i^R$，此时如图8.2(b3)所示重新分配 Δt_i，相位方案为西向东单口放行、直行对向放行、东向西单口放行。

滨海大道—德惠凤凰都交叉口，滨海大道—大湾港路交叉口，滨海大道—十七号路交叉口与滨海大道—学院路交叉口协调相位的绿灯时间与绿灯启亮时刻分别如图8.2(a4)、(a5)、(a7)、(a8)所示，均符合情况 $0 < \Delta t_i \leqslant (1-\partial)g_i^R$，与滨海大道—昆仑山路交叉口的分析相同，得到图8.2(b4)、(b5)、(b7)、(b8)所示的绿灯时间与绿灯启亮时刻调整方案，其中学院路交叉口西向东绿灯启亮时刻提前，该方向相对相位差变为79s。滨海大道—海港路交叉口与滨海大道—江山南路交叉口类似，绿灯时间与绿灯启亮时刻调整前后如图8.2(a6)、(b6)所示。

综上分析，得到滨海大道沿线8个交叉口优化后的信号控制方案，各交叉口相位差与配时方案见表8.4与表8.5，采用60km/h的设计车速行驶，该信号控制优化方案可达到的干线协调控制理想效果为图8.3所示的双向绿波交通。

表8.4　各交叉口绿灯时间与相位差优化方案

编号	名称	绿灯时间/s						相对相位差/s	
		东→西		西→东		北→南	南→北	$\varphi_{i,i-1}$	$C-\varphi_{i-1,i}$
		直行	左转	直行	左转	直行/左转	直行/左转		
1	滨海大道—江山南路	54	—	84	30	26	—	0	0
2	滨海大道—风和日丽	65	—	82	17	28	—	56	56
3	滨海大道—昆仑山路	58	24	60	26	26	26	75	49
4	滨海大道—德惠凤凰都	84	20	64	—	—	26	100	36
5	滨海大道—大湾港路	64	24	60	20	—	26	44	48
6	滨海大道—海港路	64	20	64	20	—	26	109	85
7	滨海大道—十七号路	62	20	64	22	26	—	43	63
8	滨海大道—学院路	64	—	84	20	26	—	99	79

表8.5　各交叉口信号配时优化方案

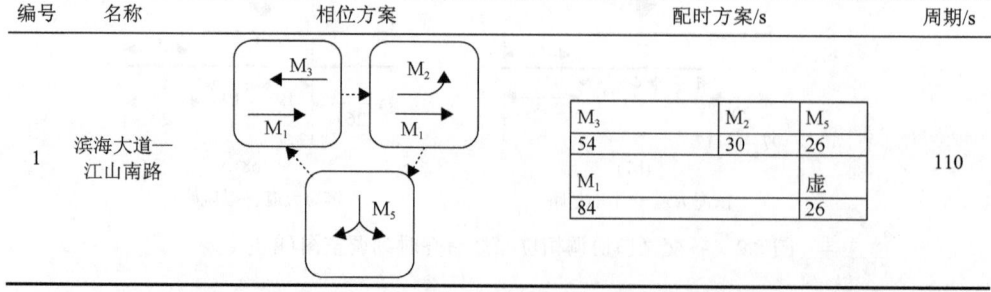

编号	名称	相位方案	配时方案/s	周期/s
1	滨海大道—江山南路		M_3 54 / M_2 30 / M_5 26 ; M_1 84 / 虚 26	110

续表

编号	名称	相位方案	配时方案/s			周期/s
2	滨海大道—风和日丽	M_3 → M_2 → M_5	M_3: 65	M_2: 17	M_5: 28	110
			M_1: 82	虚	28	
3	滨海大道—昆仑山路	M_2 → M_3 → M_5 → M_4 → M_6	M_2: 26	M_3: 58	M_5: 26	110
			M_1: 60	M_4: 24	M_6: 26	
4	滨海大道—德惠凤凰都	M_3 → M_3 → M_6	M_4: 20	M_1: 64	M_6: 26	110
			M_3: 84	虚	26	
5	滨海大道—大湾港路	M_3 → M_3 → M_5 → M_2	M_3: 64	M_2: 20	M_5: 26	110
			M_4: 24	M_1: 60	M_6: 26	
6	滨海大道—海港路	M_3 → M_4 → M_5	M_3: 64	M_2: 20	M_5: 26	110
			M_1: 64	M_4: 20	M_6: 26	

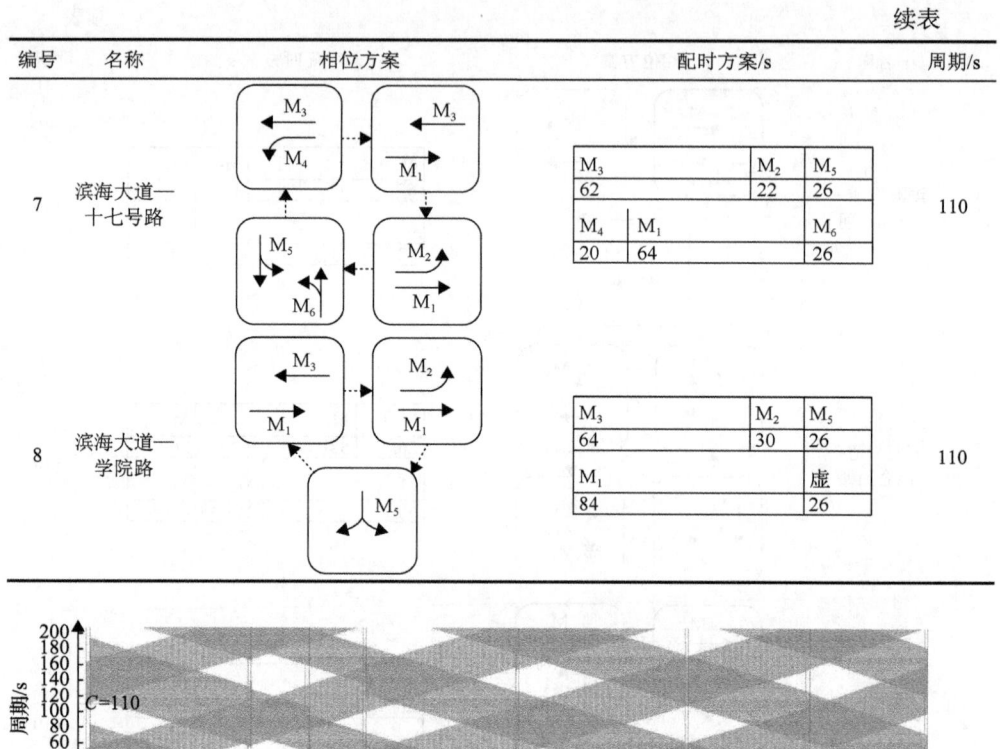

图 8.3 干线协调双向绿波时距图

8.3 系统仿真验证分析

8.3.1 方案仿真模拟

在滨海大道—江山南路到滨海大道—学院路 8 个交叉口的公共周期、各相位绿灯时间、相位相序方案和上、下行相位差确定之后,为检验信号控制方案的效果和干线协调控制方法的有效性,采用对比分析方法对案例进行仿真验证。将干线 8 个交叉口的现状信号方案作为方案一,本节研究的优化方案作为方案二,利用 VISSIM 模拟两个方案的道路车辆运行状态。

考虑实际道路条件,为简化仿真模拟过程,对仿真参数做出如下设置。

(1) 根据滨海大道实际交通运行状况,假定仿真系统中没有大型货车行驶,公交车等大型车与小汽车的比例为 1:10。

(2) 根据实际调查，假定车辆行驶速度为 60~65km/h。

(3) 在仿真过程中，忽略非机动车与行人对车辆行驶的影响。

(4) 仿真运行时间设置为 4200s，因仿真初期交通量逐渐增加，数据不具代表性，故数据采集时段设置为 600~4200s，仿真次数设为 5 次，仿真结果取 5 组数据的平均值。

为比较现状方案与优化方案的效果，在 VISSIM 仿真过程中，通过在干线上行、下行方向设置行程时间检测器和排队计数器，利用行程时间评价模块采集车辆延误时间、停车次数与平均排队长度指标的统计数据，分析比较信号控制优化方案的效果。如图 8.4 所示，行程时间检测器设置在干线直行方向停车线的上游，共设 16 组，而排队计数器同样设置 16 组，不同的是位于干线直行方向的停车线处。

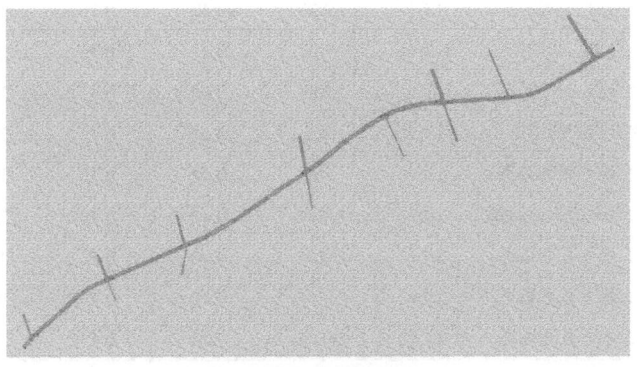

(a) 行程时间检测器设置

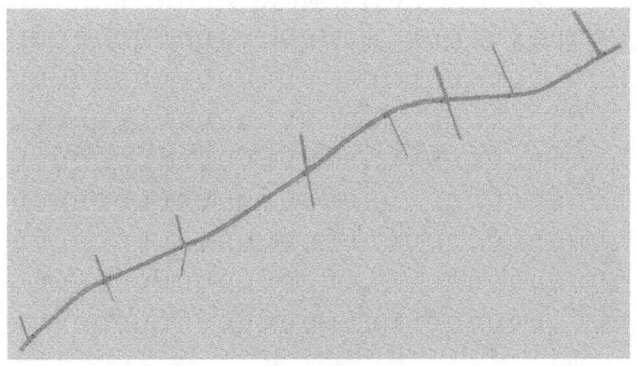

(b) 排队计数器设置

图 8.4 行程时间检测器与排队计数器设置

8.3.2 仿真结果分析

通过对 8 个交叉口组成的干线系统的仿真模拟，采用行程时间评价得到表 8.6 中延误时间、停车次数和平均排队长度的统计数据。

表 8.6 优化前后协调方向各交叉口仿真评价指标统计表

干线方向	名称	延误时间/s		停车次数		平均排队长度/m	
		现状方案	优化方案	现状方案	优化方案	现状方案	优化方案
滨海大道东向西	滨海大道—江山南路	12.3	10.6	0.71	0.45	33.90	19.80
	滨海大道—风和日丽	11.1	8.5	0.59	0.33	17.50	11.60
	滨海大道—昆仑山路	13.5	12.4	0.87	0.51	40.40	24.70
	滨海大道—德惠凤凰都	12.4	7.1	0.37	0.24	11.10	6.30
	滨海大道—大湾港路	10.7	7.7	0.53	0.36	19.40	12.70
	滨海大道—海港路	16.4	10.2	0.48	0.35	22.30	12.40
	滨海大道—十七号路	10.9	8.3	0.40	0.27	18.70	11.90
	滨海大道—学院路	15.8	9.2	0.42	0.26	25.60	17.50
滨海大道西向东	滨海大道—学院路	12.3	9.0	0.41	0.26	29.50	19.40
	滨海大道—十七号路	11.1	7.8	0.46	0.31	15.30	10.40
	滨海大道—海港路	13.5	10.2	0.61	0.37	20.10	11.90
	滨海大道—大湾港路	12.4	8.6	0.52	0.35	18.30	12.50
	滨海大道—德惠凤凰都	10.7	8.1	0.43	0.30	22.30	12.30
	滨海大道—昆仑山路	16.4	12.1	0.90	0.52	41.10	23.70
	滨海大道—风和日丽	10.9	8.4	0.39	0.29	10.90	6.80
	滨海大道—江山南路	15.8	11.5	0.74	0.48	30.70	18.60

整理分析 8 个交叉口上行与下行方向的延误时间、停车次数和平均排队长度的统计数据，得到图 8.5 所示的三组对比图。从图中可以明显看出：①优化方案

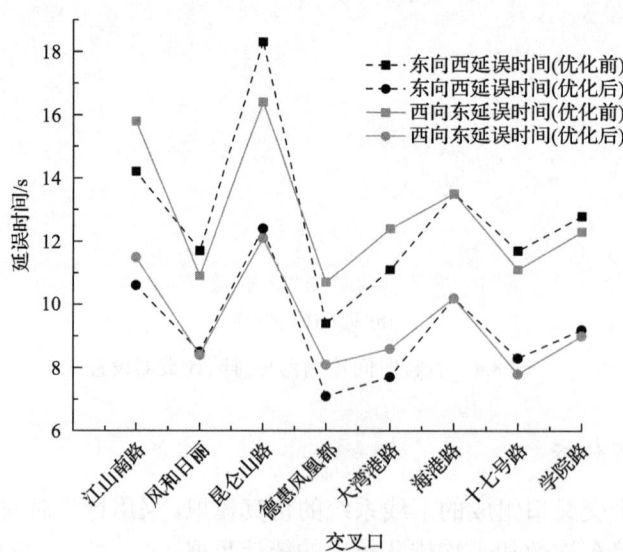

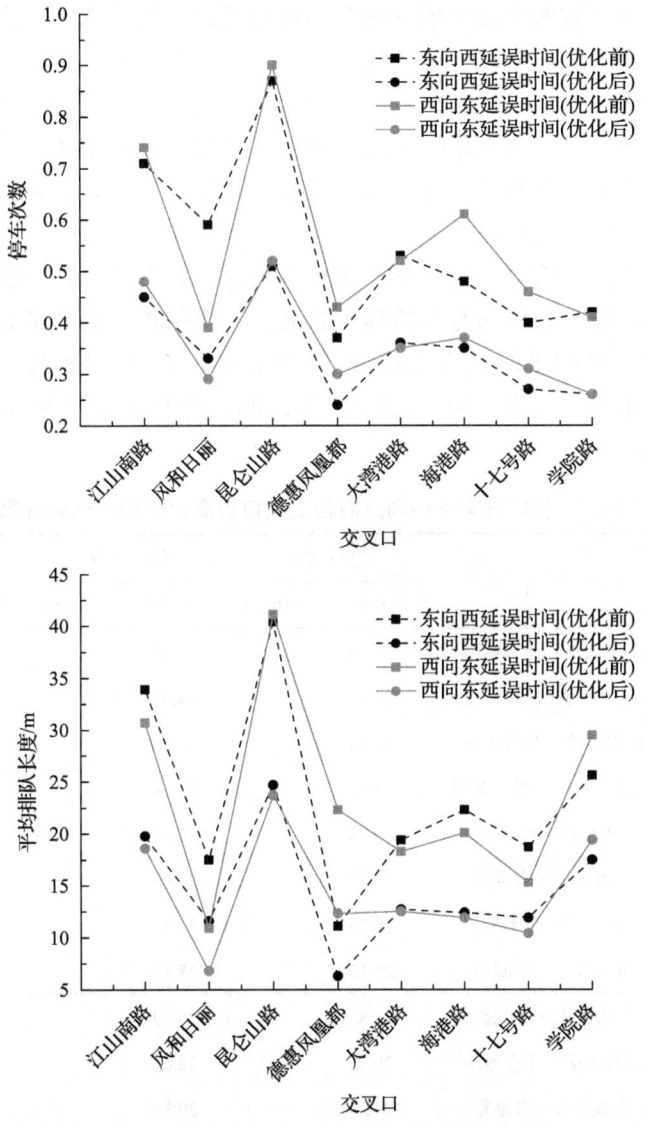

图 8.5 优化前后协调方向各交叉口仿真评价指标对比

中延误时间、停车次数和平均排队长度评价指标在协调下行与上行方向均有一定效果。②对于延误时间评价指标，下行东向西方向滨海大道—昆仑山路交叉口、滨海大道—大湾港路交叉口优化效果显著，上行西向东方向滨海大道—大湾港路交叉口、滨海大道—十七号路交叉口优化效果显著；对于停车次数评价指标，下行东向西方向滨海大道—风和日丽交叉口、滨海大道—昆仑山路交叉口优化效果显著，上行西向东方向滨海大道—昆仑山路交叉口、滨海大道—海港路交叉口优化效果显著；对于平均排队长度评价指标，下行东向西方向滨海大道—海港路交叉口、滨海大道—德惠凤凰都交叉口优化效果显著，上行西向东方向滨海大道—德惠凤凰都交叉口、滨海大道—昆仑山路交叉口优化效果显著。③优化方案下平均排队长度、停车次数相比于延误时间减少比例较为明显，表明协调控制下车辆多数经减速状态通过交叉口。

综合上述分析，滨海大道实施干线协调控制后，各交叉口车辆的延误时间、停车次数和平均排队长度均有不同程度的减少，优化效果提升率如表 8.7 所示，东向西方向延误时间平均减少 27.70%、停车次数减少 35.87%、排队长度减少 38.04%；西向东方向延误时间平均减少 26.54%、停车次数减少 34.31%、排队长度减少 37.87%。

表 8.7 优化方案下协调方向各交叉口仿真评价指标优化效果

干线方向	名称	延误时间		停车次数		平均排队长度	
		提升率/%	均值/%	提升率/%	均值/%	提升率/%	均值/%
滨海大道 东向西	滨海大道—江山南路	25.35		36.62		41.59	
	滨海大道—风和日丽	27.35		44.07		33.71	
	滨海大道—昆仑山路	32.24		41.38		38.86	
	滨海大道—德惠凤凰都	24.47	27.70	35.14	35.87	43.24	38.04
	滨海大道—大湾港路	30.54		32.08		34.54	
	滨海大道—海港路	24.44		27.08		44.39	
	滨海大道—十七号路	29.06		32.50		36.36	
	滨海大道—学院路	28.13		38.10		31.64	
滨海大道 西向东	滨海大道—学院路	26.83		36.59		34.24	
	滨海大道—十七号路	29.73		32.61		32.03	
	滨海大道—海港路	24.44		39.34		40.80	
	滨海大道—大湾港路	30.65	26.54	32.69	34.31	31.69	37.87
	滨海大道—德惠凤凰都	24.30		30.23		44.84	
	滨海大道—昆仑山路	26.22		42.22		42.34	
	滨海大道—风和日丽	22.94		25.64		37.61	
	滨海大道—江山南路	27.22		35.14		39.41	

8.4 本章小结

在考虑协调交叉口排队特性的相位差优化模型与基于相位相序优化的绿波带宽最大优化模型的基础上，为验证干线协调控制优化方法的有效性与实用性，首先选取青岛市西海岸经济开发区滨海大道主干线江山南路至学院路 8 个相邻交叉口作为案例，调查分析其交通渠化现状、配时方案以及存在的问题；其次，根据传统配时方法与前面章节建立的相位差优化模型确定干线 8 个交叉口的配时参数；再次，依据建立的干线绿波带宽最大优化模型确定了各交叉口的相位相序方案，并给出调整后的各交叉口绿灯时间与相位差，确定了干线协调控制优化方案；最后，利用 VISSIM 仿真对现状方案与优化方案进行模拟，采集得到评价指标基础数据，经对比分析确定优化模型与协调控制优化方案的有效性。

参 考 文 献

[1] Pipes L A. An operational analysis of traffic dynamics[J]. Journal of Applied Physics, 1953, 24(3): 274-281.
[2] Bullen A G R. Development of compact microsimulation for analyzing freeway operations and design[J]. Transportation Research Record, 1982, 841: 15-18.
[3] Benekohal R F, Treiterer J. CARSIM: Car-following model for simulation of traffic in normal and stop-and-go conditions[J]. Transportation Research Record, 1988, 1194: 99-111.
[4] Gipps P G. A behavioural car following model for computer simulation[J]. Transportation Research Part B: Methodological, 1981, 15(2): 105-111.
[5] Wiedemann R. Simulation of road traffic in traffic flow[R]. Karlsruhe: University of Karlsruhe, 1974.
[6] Kikuchi S, Chakroborty P. Car following model based on a fuzzy inference system[J]. Transportation Research Record, 1992, 1365: 82-91.
[7] 丹尼尔 L. 鸠洛夫, 马休 J. 休伯. 交通流理论[M]. 蒋璜, 等译. 北京: 人民交通出版社, 1983.
[8] 徐杰, 杜文, 孙宏. 跟随车安全距离的分析[J]. 交通运输工程学报, 2002, 2(1): 102-105.
[9] 许伦辉, 罗强, 吴建伟. 基于最小安全距离的车辆跟驰模型研究[J]. 公路交通科技, 2010, 27(10): 94-100.
[10] 喻丹, 吴义虎, 何霞. 一种基于动态期望车头时距的跟驰模型[J]. 长沙理工大学学报, 2007, 4(4): 26-28.
[11] 卢文玉, 毛建国, 李忠. 车辆高速驾驶临界安全距离[J]. 重庆理工大学学报(自然科学版), 2010, 24(9): 14-18.
[12] 吴新烨, 葛晓宏, 黄红武. 高速公路汽车防追尾安全行驶研究[J]. 厦门大学学报(自然科学版), 2009, 48(3): 374-377.
[13] Golias I, Karlaftis M G. An international comparative study of self-reported driver behavior[J]. Transportation Research Part F: Traffic Psychology and Behaviour, 2001, 4(4): 243-256.
[14] Kim S, Son Y, Kang J. Behaviors and characteristics of traffic flow within the influence zone of freeway merge area in Korea[C]. Proceedings of 3rd International Conference on Traffic and Transportation Studies, Guilin, 2002: 919-926.
[15] Daganzo C F, Laval J A. Lane-changing in traffic streams[J]. Transportation Research Part B: Methodological, 2006, 40(3): 251-264.
[16] Jia B, Li X G, Gao Z Y. A realistic two-lane cellular automata traffic model considering aggressive lane-changing behavior of fast vehicle[J]. Physica A, 2006, 367(1): 479-486.
[17] 徐智慧, 程国柱, 裘玉龙. 车道变换行为对交通流运行速度影响的研究[J]. 中国科技论文在线, 2010, 5(10): 754-762.
[18] 张发, 宣慧玉, 赵巧霞. 换道行为对交通流宏观特性的影响[J]. 系统工程学报, 2009, 24(6): 754-758.
[19] 杨小宝. 考虑实施过程的车辆换道模型及其应用[J]. 物理学报, 2009, 58(2): 836-842.
[20] Bando M, Hasebe K, Nakayama A. Dynamical model of traffic congestion and numerical simulation[J]. Physical Review E, 1995, 51(2): 1035-1042.
[21] Jiang R, Wu Q S, Zhu Z J. Full velocity difference model for a car-following theory[J]. Physical Review E, 2001, 64(1): 017101.
[22] Gong H X, Liu H C, Wang B H. An asymmetric full velocity difference car-following model[J]. Physica A, 2008, 387: 2595-2602.

[23] Nagatani T. Stabilization and enhancement of traffic flow by the next-nearest-neighbor interaction[J]. Physical Review E, 1999, 60(6): 6395-6401.

[24] Lenz H, Wagner C K, Sollacher R. Multi-anticipative car-following model[J]. The European Physical Journal B—Condensed Matter and Complex Systems, 1999, 7(2): 331-335.

[25] Nakayama A, Sugiyama Y, Hasebe K. Effect of looking at the car that follows in an optimal velocity model of traffic flow[J]. Physical Review E, 2001, 65(1): 016112.

[26] Zhao X, Gao Z. Controlling traffic jams by a feedback signal[J]. The European Physical Journal B—Condensed Matter and Complex Systems, 2005, 43(4): 565-572.

[27] Wang T, Gao Z Y, Zhao X M. Multiple velocity difference model and its stability analysis[J]. Acta Physica Sinica, 2006, 55: 634-640.

[28] Zhao X, Gao Z. A new car-following model: full velocity and acceleration difference model[J]. The European Physical Journal B—Condensed Matter and Complex Systems, 2005, 47(1): 145-150.

[29] Yu L, Shi Z K, Zhou B C. Kink-antikink density wave of an extended car-following model in a cooperative driving system[J]. Communications in Nonlinear Science and Numerical Simulation, 2008, 13: 2167-2176.

[30] Ge H X, Dai S Q, Dong L Y. Stabilization effect of traffic flow in an extended car-following model based on an intelligent transportation system application[J]. Physical Review E, 2004, 70(6): 066134.

[31] Xie D F, Gao Z Y, Zhao X M. Stabilization of traffic flow based on the multiple information of preceding cars[J]. Communications in Computational Physics, 2008, 3(4): 899-912.

[32] Han X L, Li X L, Jiang C Y. Modified coupled map car-following model based on comprehensive information of preceding and following cars[J]. Journal of Transportation Engineering and IT, 2009, 9(2): 62-68.

[33] Kerner B S, Demir C. Traffic state detection with floating car data in road network[C]. Proceedings of the 8th International IEEE Conference on Intelligent Transportation Systems, Vienna, 2005: 700-705.

[34] Cheu R L, Xie C, Lee D H. Probe vehicle population and sample size for arterial speed estimation[J]. Computer-Aided Civil and Infrastructure Engineering, 2002, 17(1): 53-60.

[35] Sarvi M, Horiguchi R, Kuwahara M. A methodology to identify traffic condition using intelligent probe vehicles[C]. Proceedings of the 10th ITS Word Congress, Madrid, 2003: 17-21.

[36] 翁剑成, 荣健, 于泉. 基于浮动车数据的行程速度估计算法及优化[J]. 北京工业大学学报, 2007, 33(5): 459-464.

[37] 张存保, 杨晓光, 严新平. 基于浮动车的交通信息采集系统研究[J]. 交通与计算机, 2006, 24(5): 31-34.

[38] Stathopoulos A, Karlaftis M G. A multivariate state space approach for urban traffic flow modeling and prediction[J]. Transportation Research Part C: Emerging Technologies, 2003, 11(2): 121-135.

[39] Geroliminis N, Daganzo C F. Existence of urban-scale macroscopic fundamental diagrams: Some experimental findings[J]. Transportation Research Part B: Methodological, 2008, 42(9): 759-770.

[40] 邹亮, 徐建闽, 朱玲湘. 基于浮动车移动检测与感应线圈融合技术的行程时间估计模型[J]. 公路交通科技, 2007, 24(6): 114-117.

[41] 唐新桥, 黄海军. 两车道交通流的波动分析[J]. 北京航空航天大学学报, 2005, 31(10): 1121-1124.

[42] 曲大义, 杨建, 陈秀锋, 等. 车辆跟驰的分子动力学特性及其模型[J]. 吉林大学学报(工学版), 2012, 42(5): 1198-1202.

[43] 郝媛, 徐天东, 孙立军. 交通扰动与交通流稳定性机理解析[J]. 武汉理工大学学报(交通科学与工程版), 2010, 34(2): 217-220.

[44] 关伟, 何蜀燕. 基于统计特性的城市快速路交通流状态划分[J]. 交通运输系统工程与信息, 2007, 7(5): 42-50.

[45] 杨海飞, 陆建, 祁玥. 基于宏观运动波和微观元胞自动机的双车道交通流混合建模[J]. 东南大学学报(自然科学版), 2012, 42(4): 773-778.

[46] Hu S R, Wang C M. Vehicle detector deployment strategies for the estimation of network origin-destination demands using partial link traffic counts[J]. IEEE Transactions on Intelligent Transportation Systems, 2008, 9(2): 288-300.

[47] Mishanani R G, Coifman B, Gopalakrishna D. Evaluating real-time origin-destination flow estimation using remote sensing-based surveillance data[C]. Proceedings of the 7th International Conference on Applications of Advanced Technology in Transportation, Cambridge, 2002: 640-647.

[48] Dixon M P, Rilett L R. Real-time OD estimation using automatic vehicle identification and traffic count data[J]. Computer-Aided Civil and Infrastructure Engineering, 2002, 17(1): 7-21.

[49] Park E S, Rilett L R. A Markov chain Monte Carlo-based origin destination matrix estimator that is robust to imperfect intelligent transportation systems data[J]. Journal of Intelligent Transportation Systems: Technology, Planning, and Operation, 2008, 12(3): 139-155.

[50] Dailey D J. Travel-time estimation using cross-correlation techniques[J]. Transportation Research Part B: Methodological, 1993, 27(2): 97.

[51] Liu M, Yu L, Geng Y. Double-sided optimization of ITS data aggregation via wavelet transformation[J]. Journal of Transportation Systems Engineering and Information Technology, 2008, 8(1): 49-54.

[52] Cheng Y, Zhang Y, Hu J. Mining for similarities in urban traffic flow using wavelets[C]. International Transportation Systems Conference, Seattle, 2007: 119-124.

[53] 林瑜, 杨晓光, 马莹莹. 城市道路间断交通流阻塞量化方法研究[J]. 同济大学学报(自然科学版), 2007, 35(3): 336-343.

[54] 高云峰. 动态交叉口群协调控制基础问题研究[D]. 上海: 同济大学, 2007.

[55] 李岩. 过饱和状态交叉口群关键路径识别及交通信号控制研究[D]. 南京: 东南大学, 2011.

[56] 沈峰. 城市道路交叉口群交通控制模型算法及其实现[D]. 上海: 同济大学, 2008.

[57] 任敏. 饱和状态下交叉口群控制策略与配时优化研究[D]. 南京: 东南大学, 2010.

[58] Karoonsoontawong A, Waller S T. Robust dynamics continuous network design problem[J]. Transportation Research Record, 2007, 2029: 58-71.

[59] Hajbabaie A, Medina J C, Benekohal R F. Traffic signal coordination and queue management in oversaturated intersection[R]. Urbana: University of Illinois at Urbana-Champaign, 2011.

[60] 高云峰, 胡华, 杨晓光. 交叉口群协调控制相位差优化模型研究[C]. 第二届中国智能交通年会, 北京, 2006: 329-333.

[61] 吴洋. 干道过饱和交叉口群的实时交通控制策略研究[D]. 成都: 西南交通大学, 2008.

[62] 李岩, 过秀成, 杨洁. 过饱和状态交叉口群信号控制机理及实施框架[J]. 交通运输系统工程与信息, 2011, 11(4): 28-34.

[63] 牟海波, 俞建宁. 城市交叉口群交通信号控制研究[J]. 兰州交通大学学报, 2011, 30(6): 106-110.

[64] 徐建闽, 周沛, 刘轼介. 区域交叉口群协调控制方法研究[C]. 第七届中国智能交通年会, 北京, 2012: 224-232.

[65] Gipps P G. A model for the structure of lane-changing decisions[J]. Transportation Research Part B: Methodological, 1986, 20(5): 403-414.

[66] 张亚平, 李硕. 信号交叉口车辆集结与消散分析[J]. 交通科学与工程, 1999, 15(3): 57-61.

[67] Noh S, Park B, An K, et al. Co-Pilot agent for vehicle/driver cooperative and autonomous driving[J]. Etri Journal, 2015, 37(5): 1032-1043.

[68] 姚丽亚, 孙立山, 关宏志. 基于分层Logit模型的交通方式选择行为研究[J]. 武汉理工大学学报(交通科学与工程版), 2010, 34(4): 738-741.

[69] 张德祥, 方斌. 基于等倾线法实现高阶非线性微分方程求解[J]. 计算机仿真, 2003, 20(10): 60-61.

[70] 陈强, 曹红红, 黄海波. 分子动力学中势函数研究[J]. 天津理工大学学报, 2004, 20(2): 101-105.

[71] 杨少辉, 王殿海, 董斌, 等. 应用交通波理论分析城市快速路交通流特性[C]. 全国博士生学术论坛, 北京, 2005: 279-286.

[72] 王琳. 城市道路车辆换道行为特性研究[D]. 北京: 北京交通大学, 2014.

[73] 张立东, 张远, 张萌萌, 等. OV模型交通流阻尼特性研究[J]. 交通运输系统工程与信息, 2014, 14(5): 209-215.

[74] 常书金, 石建军, 李晓莉. 交通驾驶行为的行为过程及行为影响因素分析[J]. 交通运输研究, 2010, (7): 103-107.

[75] 张海林. 微观交通流的非线性建模与参数激励研究[D]. 武汉: 华中科技大学, 2013.

[76] 雷英杰. MATLAB遗传算法工具箱及应用[M]. 西安: 西安电子科技大学出版社, 2005.

[77] 许翔华. 车流运行的加速度波动特性及其稳定性机理研究[D]. 青岛: 青岛理工大学, 2018.

[78] 张智勇. 城市快速道路车辆跟驰模型研究[D]. 北京: 北京工业大学, 2002.

[79] Daganzo C F. The cell transmission model: A dynamic representation of highway traffic consistent with the hydrodynamic theory[J]. Transportation Research Part B: Methodological, 2008, 28(4): 269-287.

[80] 吴超仲, 马晓凤, 严新平. 考虑驾驶员反应能力的跟驰模型[J]. 武汉理工大学学报(交通科学与工程版), 2007, 31(4): 630-632.

[81] 左奇, 史忠科. 一种新的交通流视频检测方法[J]. 西安交通大学学报, 2004, 38(4): 396-399.

[82] 王进展, 曲大义, 曹俊业, 等. 基于多普勒雷达交通实时监控的交通冲突判别技术研究[J]. 科学技术与工程, 2016, 16(32): 308-313.

[83] 祝付玲. 城市道路交通拥堵评价指标体系研究[D]. 南京: 东南大学, 2006.

[84] 徐婷, 杨明丽, 杨丽丽. 城市交通拥堵分类研究——以南京市为例[C]. 中国城市交通规划年会, 青岛, 2018: 1216-1225.

[85] 刘鹏, 刘英舜, 等. 潮汐式交通特性分析及应对措施研究[J]. 交通科技与经济, 2011, 13(3): 92-94.

[86] 曹静, 宫建, 杨孝宽. 解决北京市潮汐性交通拥堵的措施研究[J]. 武汉理工大学学报(交通科学与工程版), 2009, 33(6): 1116-1119.

[87] 裴玉龙, 蒋贤才. 饱和交通状态下的绿信比及其应用研究[J]. 哈尔滨工业大学学报, 2005, 37(11): 1499-1502.

[88] 王兹林. 基于交通状态判别的干线动态协调控制优化方法研究[D]. 青岛: 青岛理工大学, 2015.

[89] 卢顺达, 程琳. 非对称相位相序方式下的双向绿波协调控制图解法的优化[J]. 公路交通科技, 2015, 32(1): 128-132.

[90] 卢凯, 徐建闽. 干道协调控制相位差模型及优化方法[J]. 中国中路学报, 2008, 21(1): 83-88.

[91] 王进, 向阳, 邹志云. 考虑上游交叉口信号设计的排队长度计算[J]. 武汉理工大学学报(交通科学与工程版), 2015, 39(1): 21-29.

[92] 李岩, 过秀成. 过饱和状态下交叉口群交通运行分析与信号控制[M]. 南京: 东南大学出版社, 2012.

[93] 张彪. 交叉口群拥堵扩散机理及其控制与诱导协同模型研究[D]. 长春: 吉林大学, 2013.

[94] 王铁成. 信号交叉口间路段上的车辆排队模型研究[D]. 大连: 大连理工大学, 2010.

[95] 王殿海. 交通系统分析[M]. 北京: 人民交通出版社, 2007.

[96] 贾婧. 车辆排队的链式反应模型及其数值模拟[D]. 大连: 大连理工大学, 2012.

[97] 王进, 白玉, 杨晓光. 关联信号交叉口排队长度计算模型[J]. 同济大学学报(自然科学版), 2012, 40(11): 1634-1640.

[98] 侯永芳. 干线绿波交通信号控制方法研究[D]. 长春: 吉林大学, 2015.

[99] Tian Z, Mangal V, Liu H. Effectiveness of lead-lag phasing on progression bandwidth[J]. Transportation Research Record Journal of the Transportation Research Board, 2008, 2080(1): 22-27.

[100] Lu K, Zeng X, Li L, et al. Two-way bandwidth maximization model with proration impact factor for unbalanced bandwidth demands[J]. Journal of Transportation Engineering, 2010, 138(5): 527-534.

[101] 马楠, 邵春福, 赵熠. 基于双向绿波带宽最大化的交叉口信号协调控制优化[J]. 吉林大学学报(工学版), 2009, 39(S2): 19-24.

[102] 王殿海, 李凤, 宋现敏. 干线协调控制中公共周期优化方法研究[J]. 交通信息与安全, 2009, 27(5): 10-12.